国家社会科学基金重大（委托）项目（项目编号：2015YZD16）
国家自然科学基金项目（项目编号：71673123；71863016）

长江经济带绿色发展研究：
水平、路径与机制创新

孔凡斌　潘　丹　著

中国环境出版集团・北京

图书在版编目（CIP）数据

长江经济带绿色发展研究：水平、路径与机制创新/孔凡斌，潘丹著. —北京：中国环境出版集团，2018.12

ISBN 978-7-5111-3881-1

Ⅰ. ①长… Ⅱ. ①孔… ②潘… Ⅲ. ①长江经济带—绿色经济—区域经济发展—中国 Ⅳ. ①F127.5

中国版本图书馆 CIP 数据核字（2018）第 299902 号

出 版 人 武德凯
责任编辑 张维平
责任校对 任 丽
封面设计 岳 帅

出版发行 中国环境出版集团
（100062 北京市东城区广渠门内大街 16 号）
网 址：http://www.cesp.com.cn
电子邮箱：bjgl@cesp.com.cn
联系电话：010-67112765（编辑管理部）
发行热线：010-67125803，010-67113405（传真）
印 刷 北京建宏印刷有限公司
经 销 各地新华书店
版 次 2018 年 12 月第 1 版
印 次 2018 年 12 月第 1 次印刷
开 本 787×1092 1/16
印 张 18
字 数 400 千字
定 价 86.00 元

前　言

长江经济带覆盖上海、江苏、浙江、安徽、江西、湖北、湖南、重庆、四川、云南、贵州11省市，面积约205万km^2，占全国的21%，人口和经济总量均超过全国的40%，生态地位重要、综合实力较强、发展潜力巨大。推动长江经济带绿色发展，建设长江经济带沿江地区生态文明先行示范带，是党中央、国务院主动适应把握引领经济发展新常态，科学谋划中国经济新棋局做出的既利当前又惠长远的重大决策部署，对于实现"两个一百年"奋斗目标和中华民族伟大复兴的中国梦，具有重大现实意义和深远历史意义。

推动长江经济带绿色发展，必须以生态优先，把修复长江生态环境摆在压倒性位置，涉及长江的一切经济活动都要以不破坏生态环境为前提，共抓大保护，不搞大开发，把长江经济带建设成为我国生态文明建设的先行示范带、引领全国转型发展的创新驱动带、具有全球影响力的内河经济带、东中西互动合作的协调发展带。推动长江经济带绿色发展，必须以不断优化国土空间格局与利用水平、全面提高自然资源利用水平、切实加大自然生态系统保护和环境治理力度为基本路径，以创新一体化协调机制为根本动力。

为了客观评价长江经济带绿色发展水平，探索长江经济带绿色发展路径，创新长江经济带一体化协调机制，我们以《长江经济带建设战略引领下沿江地区绿色发展与生态文明先行示范带建设研究》为题，申请承担了2015年国家社会科学基金重大（委托）项目"长江经济带建设战略引领下沿江地区经济发展路径研究"（项目编号：2015YZD16）的《绿色发展路径研究》子专题研究任务。本着"探讨理论基础、完善总体框架、分析实施难点、提出对策建议"的指导思想，采用"定性与定量相结合、案例研究与理论探讨相结合、系统科学和行为科学相结合的综合集成"的研究方法，本课题将长江经济带绿色发展水平评价研究、长江经济带产业绿色发展路径研究、长江经济带国土空间格局优化路径研究、长江经济带自然资源集约利用路径研究、长江经济带环境污染治理路径研究以及体制机制创新研究等作为课题研究的核心内容进行较为系统全面的研究和探索。

课题执行两年期间，课题组在国内核心学术期刊上发表学术论文 10 篇，课题组提交政策咨询报告 8 篇，其中的 2 篇报告被中办采纳送中央领导参阅。政策咨询报告获中央和省部级领导批示 14 次，其中，获得时任中共中央政治局常委、国务院副总理张高丽批示 1 次，时任中央政治局委员、国务院副总理汪洋同志批示 1 次，获得国家发改委主任批示 1 次，时任中共江西省委书记批示 4 次、省委副书记和副省长批示 7 次。多数批示得到相关政府部门落实，转化为党委和政府决策。本著作是基于以上重大项目子课题研究成果充实提升而成。

本课题成果凝聚了课题组全体成员的心血和劳动，他们是江西省社会科学院李志萌研究员、陈胜东副研究员、何雄伟副研究员、李华旭助理研究员、马回助理研究员、盛方富助理研究员，江西财经大学生态经济研究院在读硕士研究生郭巧苓同学、钟海燕同学、杨佳莹同学、陆雨同学。在课题立项、管理和研究环节，得到了时任中共江西省委常委、宣传部部长姚亚平教授的整体性指导，还得到时任中共江西省委宣传部副部长朱民安先生、现任中共江西省委宣传部副部长吴永明教授、时任江西省社会科学院党组书记姜玮研究员、南昌大学周绍森教授、南昌大学陈东有教授、江西财经大学伍世安教授、南昌工程学院院长金志农研究员、江西省生态文明建设办公室专职副主任刘兵博士，以及时任中共江西省委办公厅信息处处长李子煌先生、副处长郭晓飞先生和中共江西省委宣传部理论处、江西省社会科学院科研处、应用对策研究室《专报》编辑部等部门的领导、专家和同志们的具体指导、热情鼓励、大力支持和无私帮助，在此对以上人员及其他未能列出并给予了热情关注的领导、朋友和同事们一并表示衷心的感谢！

本书集合了重大项目子课题组成员已经公开发表的学术论文和内部出版的应用对策研究报告等成果，本书力求全面体现重大项目子课题组参与人员的学术贡献，尽可能地列入参考文献中，但却难免有遗漏和疏忽之处，敬请相关专家原谅！

本书适合生态经济学、资源环境经济学、农林经济管理学、区域经济学、流域管理学等学科专业的专家学者和研究生阅读和参考，也适合自然资源和生态环境管理政府部门工作人员阅读参考。书中存在的不足之处，敬请广大读者批评指正！

孔凡斌　潘　丹

2018 年 11 月　江西　南昌

目　录

第1章 导 论

长江经济带覆盖上海、江苏、浙江、安徽、江西、湖北、湖南、重庆、四川、云南、贵州 11 省市，面积约 205 万 km^2，占全国的 21%，人口和经济总量均超过全国的 40%，生态地位重要、综合实力较强、发展潜力巨大。坚持生态优先、绿色发展之路，把修复长江生态环境摆在压倒性位置，共抓大保护，推动长江经济带绿色发展，建设长江经济带沿江地区生态文明先行示范带，是党中央、国务院主动适应把握引领经济发展新常态，科学谋划中国经济新棋局做出的既利当前又惠长远的重大决策部署，对于实现“两个一百年”奋斗目标和中华民族伟大复兴的中国梦，具有重大现实意义和深远历史意义。

1.1 背景与价值

1.1.1 长江经济带绿色发展战略背景及其重大意义

（1）长江经济带是具有全局性控制作用的生态功能带和支撑中国崛起的生态主轴，发挥着确保整个中国总体生态功能格局安全稳定的全局性作用。

长江上游是“中华水塔”，是关系全局的敏感性生态功能区，是珍稀濒危动植物的家园和生物多样性的宝库；中下游是我国无以替代的战略性饮用水水源地和润泽数省的调水源头。长江经济带是我国“两屏三带”为主体的生态安全战略格局的重要组成部分，是支撑中国崛起的具有全局性意义的生态主轴。适时修复治理长江生态环境，维护长江生态功能和格局稳定，确保全流域生态安全，是“共抓大保护”的首要任务，是实施整体性保护、压倒性保护的根本和核心，是不能突破的底线。

（2）长江经济带是有重大影响的绿色经济示范带和引领中国崛起的经济主轴，有望成为今后 30 年经济增长潜力最大、影响范围最广的地区。

长江经济带 GDP 总量占全国的比重由 1992 年的 36.7%上升到 2014 年的 44.8%，总体呈现上升趋势。长江经济带是世界上最大的内河产业带和制造业基地，对我国经济社会发展的重要引领作用在国际上无可比拟。未来长江经济带必将持续释放“共抓大保护”的时空红利，成为优化和拓展我国区域发展战略格局的主战场，进一步奠定其引领我国经济转型升级的战略地位。

（3）长江经济带是环境清洁安全的人口集中承载区和保障中国崛起的人居主轴，是全球人口最密集的流域之一。

长江经济带是我国“两纵三横”为主体的城市化战略格局的重要组成部分，集中了长三角城市群、长江中游城市群、成渝城市群等世界级城市群，人口占全国的 42.7%，人口密度远超全国平均水平。一条流域经济带集中 5 亿多人口，在全球较为罕见。2014 年，长江经济带 9 省 2 市中尚有安徽、江西、湖南、四川、贵州、云南 6 个省的城镇化率低于全国平均水平；整个长江经济带内仍有 2.67 亿乡村人口，占全国乡村人口的 43.2%。切实改善长江生态环境，事关数亿人的生存与健康。

（4）生态优先、绿色发展是长江经济带建设的基本思路，是引领长江经济带经济发展路径的基本遵循和战略抉择。

2016 年 1 月 5 日，习近平总书记在重庆召开的推动长江经济带发展座谈会上，强调推动长江经济带发展必须要求当前和今后相当长一个时期，把修复长江生态环境摆在压倒性位置，共抓大保护，不搞大开发。2016 年 1 月 26 日，中央财经领导小组第十二次会议再次强调，涉及长江的一切经济活动都要以不破坏生态环境为前提，共抓大保护，不搞大开发。长江生态环境只能优化，不能恶化。2016 年 10 月发布的《长江经济带发展规划纲要》明确提出，把保护和修复长江生态环境摆在首要位置，共抓大保护，不搞大开发，全面落实主体功能区规划，明确生态功能分区，划定生态保护红线、水资源开发利用红线和水功能区限制纳污红线，强化水质跨界断面考核，推动协同治理，严格保护一江清水，努力建成上中下游相协调、人与自然相和谐的绿色生态廊道。

1.1.2 长江生态文明先行示范带建设战略定位及其目标任务

生态文明先行示范带建设是长江经济带发展的首要战略定位，是全面落实绿色发展战略的首要工程。2016 年 1 月 5 日，习近平总书记在重庆召开的推动长江经济带发展座谈会上，提出“把长江经济带建设成为我国生态文明建设的先行示范带、创新驱动带、协调发展带”。2016 年 10 月发布的《长江经济带发展规划纲要》确立了长江经济带的四大战略定位：生态文明建设的先行示范带、引领全国转型发展的创新驱动带、具有全球影响力的内河经济带、东中西互动合作的协调发展带。

长江经济带的生态文明建设目标：到 2020 年，生态环境明显改善，生态环境保护体制机制进一步完善；到 2030 年，水环境和水生态质量全面改善，生态系统功能显著增强，上中下游一体化发展格局全面形成，生态环境更加美好、经济发展更具活力、人民生活更加殷实，在全国经济社会发展中发挥更加重要的示范引领和战略支撑作用。

1.2 长江经济带绿色发展的基本判断

1.2.1 正确把握五大关系推动新时代长江经济带绿色发展

2018年4月26日，习近平总书记在深入推动长江经济带发展座谈会上明确提出，新形势下推动长江经济带发展，关键是要正确把握整体推进和重点突破、生态环境保护和经济发展、总体谋划和久久为功、破除旧动能和培育新动能、自身发展和协同发展的关系，坚持新发展理念，坚持稳中求进的工作总基调，坚持共抓大保护、不搞大开发，加强改革创新、战略统筹、规划引导，以长江经济带发展推动经济高质量发展。这是新形势下习近平总书记为推动长江经济带发展做出的重大战略部署，为深入推动长江经济带绿色发展提供了根本遵循。

（1）正确把握整体推进和重点突破的关系，全面做好长江生态环境保护修复工作。

推进长江经济带高质量发展是一项系统工程，长江经济带各个省市、各个地区、各个领域、各个环节的关联性、耦合性、互动性非常强，整体推进，才能统筹协调，把握发展大局；重点突破，才能以点带面，激发发展动力。正确把握整体推进和重点突破的关系，既是对推动长江经济带发展方法的科学认识，也是对长江经济带建设规律的深刻把握，对于打好“共抓大保护”攻坚战至关重要。正确把握整体推进和重点突破的关系，打好“共抓大保护”攻坚战，前提是坚持生态优先。首先要做好长江岸线生态环境保护修复工作，牢固树立系统治理理念，从长江流域系统性全局着眼，统筹全流域山水林田湖草等生态要素，实施好生态修复和环境保护工程，加快全流域山水林田湖草系统统筹治理力度，打造绿色可持续发展的美丽长江岸线。在实践中，要坚持整体推进，增强各项措施的关联性和耦合性，防止畸重畸轻、单兵突进、顾此失彼。要牢牢抓住改善和提升流域水生态环境质量这一关键，实施重点突破，持续推进山、江、河、湖、库及其岸线生态系统修复和保护，着力提升森林生态系统质量，增强植被系统生态防护能力，持续开展岸线地区城乡及其江、河、湖、塘、库的水环境污染综合整治，构筑和完善水污染立体防控体系，遏制水污染物排放，加大湿地生态系统保护力度，修复和保护湿地生态系统，推动农田土壤污染治理，加大农业面源污染治理，修复农田生态系统，努力做到生态环境全局修复和局部治理相配套、治本和治标相结合、渐进和突破相衔接，真正做到流域生态系统修护和保护的整体推进和重点突破相统一。

（2）正确把握生态环境保护和经济发展的关系，探索协同推进生态优先和绿色发展新路子。

推动长江经济带绿色发展，关键是要处理好绿水青山和金山银山的关系，这是实现可持续发展的内在要求，是推进长江经济带建设的重要原则。生态环境保护和经济发展不是矛盾对立的关系，而是辩证统一的关系。生态环境保护的成败归根结底取决于经济结构和经济发展方式。正确把握和切实处理好两者之间的关系，既有利于推动长江经济带高质量的发展，也有助于加快推进长江流域生态环境的改善。正确把握生态环境保护和经济发展的关系，打造美丽长江岸线，必须立足于基本国情和流域实际，必须立足于长江生态文明先行示范带的历史使命和光荣任务，始终坚持“在发展中保护、在保护中发展”，探索协同推进生态优先和绿色发展的新路子。要大力推进“共抓大保护”攻坚行动，强化山水林田湖草“生命共同体”意识，筑牢长江中下游生态屏障。要加快建设现代化经济体系，坚持把“生态优先、绿色发展”理念融入产业升级、通道建设、开放合作、城乡发展。要加大长江岸线生态建设和环境保护，构建安全可靠的生态保护体系，实施生态建设重点工程、环境保护重点工程。要以重大生态工程为抓手，积极保护和修复生态系统，全面推进污染防治项目的实施，不断提升生态环境质量，使岸线和流域生态优势不断得到提升。要坚持预防为主、源头严控、过程严控、责任追究，努力形成节约资源和环境保护的空间开发格局、产业结构、生产方式、生活方式，保护建设好天蓝、地绿、水净的美丽家园，走出一条绿色、循环、低碳、可持续发展之路，实现最大经济社会效益、最小环境代价、最合理资源消耗的有机统一。要加快构建长江岸线及流域环境友好的绿色产业体系，推行绿色循环低碳生产方式，构建节约集约的资源能源利用体系，加快实施现代农业体系建设工程、现代服务业集聚区建设工程、旅游强省基础工程、清洁能源重大工程等，推进新型工业化、信息化、城镇化、农业现代化和绿色化，大力促进循环经济和清洁生产。

（3）正确把握总体谋划和久久为功的关系，坚定不移将一张蓝图干到底。

推动长江经济带发展是一个系统工程，不可能毕其功于一役，必须做好顶层设计，以“钉钉子”精神，脚踏实地抓成效。把握好总体谋划，就要用整体思维、系统思维，全面把握、统筹各地改革发展、各项区际政策、各领域建设、各种资源要素，增强发展的统筹度和整体性、协调性、可持续性，提高要素配置效率，推动沿江各省市协同发展，促进长江经济带实现上中下游协同发展、东中西部互动合作，把长江经济带建设成为生态更优美、交通更顺畅、经济更协调、市场更统一、机制更科学的黄金经济带。把握好久久为功，就是要有“功成不必在我”的胸襟，发扬“钉钉子”精神，坚定不移地坚持生态优先，把修复长江生态环境摆在压倒性位置，坚持稳扎稳打，分步推进，对实现既定目标制定明确的时间表、路线图，坚定不移地扎实推进供给侧结构性改革，推动长江经济带发展动力转换，建设现代化经济体系，形成合力、挖掘潜力，驰而不息、久久为功，让长江经济带发展的蓝图变成现实。正确把握总体谋划和久久为功的关系，打造美丽长江岸线，就要以贯彻落实《长江经济带发展规划纲要》为主线，结合长江经济带实际及国家调整完善规划纲要的新要求，积极创造条件，争取国家支持，推进美丽长江岸线绿色发展示范区建设方案的编制，明确目标定位、主要任务和重大工程实施规划，建立健全规划推进和保障机制，稳扎稳打，分步推进。

（4）正确把握破除旧动能和培育新动能的关系，推动长江经济带建设现代化经济体系。

长江经济带绿色高质量发展必须以发展动力转换为条件，着力建设现代化经济体系。要以“壮士断腕、刮骨疗毒”的决心，积极稳妥腾退化解旧动能，破除无效供给，彻底摈弃以投资和要素投入为主导的老路，为新动能发展创造条件、留出空间，实现“腾笼换鸟、凤凰涅槃”。正确把握破除旧动能和培育新动能的关系，建设美丽长江岸线，各地必须立足于发展阶段和长江岸线地区实际，加强系统谋划、顶层设计、动态调整。要深入调查研究，找出长江经济带新旧动能转换的定位、重点、难点、优势、劣势、突出短板等，加强系统谋划，找到突破口和具有带动性的关键领域，达成广泛共识，在此基础上进行顶层设计，在实施过程中进行动态调整，坚决淘汰落后产能，积极稳妥腾退化解旧动能，尽快培育发展新动能，不断提升经济发展“绿色含量”。

（5）正确把握自身发展和协同发展的关系，努力将长江经济带打造成为有机融合的高效经济体。

长江经济带作为流域经济，涉及水、路、港、岸、产、城等多个方面，要正确把握自身发展和协同发展的关系。推进长江经济带高质量发展，要有系统思维，在大视野、大思路、大格局下推进，处理好局部与全局的关系，注重充分发挥沿江省市各自比较优势，着力打破“一亩三分地”的思维定式，坚持“一盘棋”、增强整体性，处理好整体规划与分步实施的关系，加强顶层设计和统筹谋划，明晰区域功能定位，明确基本思路和发展方向，立足现实基础，确定分阶段任务的时间表、路线图，把控好推进的步骤、节奏和力度。正确把握自身发展和协同发展的关系，建设美丽长江岸线，推动岸线各个地区、每个城市实现错位发展、协调发展、有机融合，合力推动产业绿色化发展。要制定和实施岸线绿色产业发展整体规划，明确适度开发发展功能区定位，加快划定岸线产业发展的生态红线，从源头上解决岸线产业绿色化发展问题。切实衔接发展规划和生态红线，研究制定岸线绿色产业发展和空间布局规划，建立产业项目负面清单管理制度，防止高排放、高污染产业向岸线地区转移，有效引导岸线地区产业绿色转型升级。要以生态承载力为底线，进一步优化岸线地区产业开发格局，加强指导岸线地区以生态承载力为产业发展的基础和底线，从水资源供给、开发需求、地域与产业协调及可持续发展的角度出发，逐步调整沿江整体密集开发的空间布局。实施产业结构调整“加减”法，采取有效措施推动传统产业清洁生产和循环化改造，淘汰一批潜在环境危险大、升级改造困难的企业。要严格限制新建的小水电和引水式水电项目，严禁在长江干流及主要支流岸线 1 km 范围内新建布局重化工园区，严控在中上游沿岸地区新建石油化工、煤化工项目，严防高污染企业向上游转移，科学、有序地推进产业绿色转移，鼓励战略性新兴产业和节能环保产业等生态产业向岸线地区转移。要着力放大“绿色”增量，加快培育发展生物医药、研发设计服务、检验检测服务、软件和信息技术服务、新材料产业、现代物流、现代金融服务、节能环保、新能源装备、航空航天等新兴产业集群。

1.2.2 以共抓大保护推动新时代长江经济带绿色发展

习近平总书记在党的十九大报告中强调：以共抓大保护、不搞大开发为导向推动长江经济带发展。推动长江经济带绿色发展，就是要牢牢把握“共抓大保护，不搞大开发”战略导向，坚持“生态优先、绿色发展”战略定位，以最大决心、最实用举措坚决打好“共抓大保护”攻坚战，努力向党中央和人民群众交出打造美丽长江岸线的优异成绩单。

（1）以生态优先、绿色发展为引领，推动长江经济带绿色发展。

推动长江经济带绿色发展必须以生态优先，把修复长江生态环境摆在压倒性位置，涉及长江的一切经济活动都要以不破坏生态环境为前提，共抓大保护，不搞大开发，把长江经济带建设成为我国生态文明建设的先行示范带、引领全国转型发展的创新驱动带、具有全球影响力的内河经济带、东中西互动合作的协调发展带。推动长江经济带绿色发展，必须以不断优化国土空间格局与利用水平、全面提高自然资源利用水平、切实加大自然生态系统保护和环境治理力度、努力创新一体化协调机制为基本路径。要全面落实主体功能区规划，明确生态功能分区，划定生态保护红线、水资源开发利用红线和水功能区限制纳污红线，强化跨界断面水质考核，推动协同治理，严格保护一江清水，努力建成上中下游相协调、人与自然相和谐的绿色生态廊道。

（2）不断优化长江经济带国土空间开发格局，推进流域和区域协调可持续发展。

长江通道是我国国土空间开发最重要的东西轴线，在区域发展总体格局中具有重要战略地位。优化长江经济带空间布局是落实长江经济带功能定位及各项任务的载体，是长江经济带规划战略实施的重点，必须抓好五个着力点。一要着力优化长江经济带产业发展路径，推进产业空间布局的绿色化进程，实行差异化分工、协同式发展，严格沿江产业环境准入，推动沿江产业调整优化。二要着力发展绿色产业，加快产业绿色生态化改造升级步伐，在长江经济带产业结构调整中，把生态环保产业列入优先发展领域，制定和落实有利于生态环保产业发展的产业经济政策和财税制度，从根本上解决环保资金投入不足的问题，坚持创新引领，强化绿色技术创新，加强环保高新技术研究和成果产业化推广应用，补齐长江经济带绿色产业创新不足的短板。三要着力优化长江经济带城市空间发展布局，推进长江经济带绿色生态城市建设大发展，把长江经济带不同区域的产业结构调整和土地资源的合理配置结合起来，提高土地开发利用效率，突出规划先行，科学编制森林城市、生态城市的基本构架，优化长江经济带区域内城市体系布局，构建长江经济带城市间快速交通系统、生态资源共享系统和环境保护系统。四要着力完善空间规划体系，划定和全面落实生态保护红线管控制度，将生态保护红线纳入各类空间规划，实施生态保护红线区域统一监管机制，围绕长江经济带生态保护红线区域面临的突出生态问题，布局重大生态建设工程，促进退化生态系统恢复，增强生态保护红线区的生态服务功能，构筑生态安全格局。五要着力实施长江经济带生态空间生态保护和修复工程，巩固和提升长江经济带生态系统安全水平，把实施重大生态修复工程作为推动长江经济带绿色发展项目的优先选项，实施长江经济带脆弱生态系统修复和综合治理工程，重点实施长江经济带河湖湿地生态系统修复工程、长江经济带中上游地区森林生态系统质量提升工程和全流域水资源保护工程，大力实施大湖地区农村农业面源污染治理工程，构建长江经济带牢固的生态屏障，打造生态文明建设的先行示范带。

（3）提高自然资源集约化利用水平，构建自然资源高效产业化体系。

节约集约利用自然资源是保护长江经济带生态环境、提高环境承载能力的根本之策，是长江经济带打造生态文明建设先行示范带的重要抓手。提高自然资源集约化利用水平，推动长江经济带绿色发展，必须创新资源利用方式，着力提高资源利用效率。一是着力发展循环经济，严格监督管理，全面提升资源集约和循环利用水平，加快发展长江经济带生态循环农业，提高长江经济带水资源利用效率，推进长江经济带土地集约节约利用，提高矿产资源开发利用水平，全面推进农业、工业和服务业等领域的循环利用工作，建立集约用地奖惩制度，加大项目用地审批后管理，实施建设项目用地全程监管。二是着力加大政策支持力度，推进特色生态资源产业振兴发展，将长江经济带特色生态资源产业振兴列入战略性新兴产业发展规划，完善长江经济带规划实施体系方案，加大生态资源产业科技研发投入，努力建立一批国家级和省部级重大实验室、工程中心，突破关键技术，加快成果转化，促进沿江特色生态资源的产业转化。三是着力推进林地规模化经营，全面提高林地资源利用效率，稳妥推进林地流转，推动林地规模化经营模式的多样化发展，提高林农参与林地规模化经营的积极性，健全促进林地规模化经营的长效政策机制。

（4）加大自然生态系统保护和环境治理，构建安全可靠的生态安全体系。

完整健康有效的生态系统是保护生态环境、支撑长江经济带绿色发展的基础保障，是国家维护区域生态安全和提升长江经济带生态文明建设水平的总体要求。推动长江经济带绿色发展，必须着力加快生态保护与环境治理。一是着力构建长江经济带生态管控体系，科学划定和守住生态红线，做好划定生态红线的顶层设计，形成生态屏障、构建生态廊道，切实发挥水源涵养、水土保持、生物多样性保护等生态功能，确保生态用地适度扩充，严格限制生态用地征占，加强对生态用地“占补平衡”的管理，健全生态法律法规制度，使用法律手段保障生态红线。二是着力加强长江经济带重点生态功能区建设，全面贯彻实施主体功能区分区治理，编制和实施重点生态功能区生态保护与建设规划，开展生态监测评估，构建以重点生态功能区保护为中心的综合生态系统评估体系。三是着力推进长江经济带关键节点保护与修复，大力保护天然林资源，继续推进退耕还林工程，巩固长江防护林体系，加快重点湿地保护与恢复，加强岩溶地区石漠化综合治理，推进生物多样性保护，推动城市群森林城镇建设。四是着力加快沿江湖泊地区农村面源污染治理，完善高效农业技术推广体系，建立农业面源污染生态补偿政策，健全农业面源污染法规，大力实施农业清洁生产工程，强化农业面源污染管理体制。

（5）创新一体化协调机制，构建科学有效的协同治理体系。

推动长江经济带绿色发展，推进产业生态化改造、发展生态产业是关键，保护自然生态系统、治理环境污染是抓手。创新一体化协调机制是推动长江经济带协同治理的有效手段，是协调长江经济带各类发展主体的关键举措，是长江经济带获得持久发展动力的有力保证。推动长江经济带绿色发展，必须着力推进机制创新。一要明确一体化协调推进长江经济带产业绿色生态化改造的着力点，制定和实施绿色产业发展整体规划，从源头上解决产业绿色化发展问题，始终坚持和全面落实上游保护优先、中游适度开发、下游优化发展的总体发展布局，以生态承载力为底线，进一步优化产业开发格局，实施产业结构调整“加减法”，打造绿色产业集群。二要加快建立健全产业绿色生态化改造的政策协调机制，加快建立健全促进产业绿色生态化改造的管控机制，建立区域间合力推进产业绿色生态化改造的内生动力机制，增强区域产业绿色生态化改造的创新能力机制，用经济手段促进形成产业绿色生态化改造的利益补偿机制。三要加快构建长江经济带一体化环保监控体系，加快建立健全自然资源登记监测制度，完善污染源实时监控系统，建立健全长效生态环境监测和评估体系。四要建立健全长江经济带生态环保一体化协调机制，设立统筹协调机构，深入实施《长江经济带生态环境保护规划》。五要建立健全长江经济带生态环保法制硬性约束机制，建立长江经济带危险物质泄漏事故的报告制度和应急计划制度，一体化解决长江经济带建设过程中出现的重大生态环境问题。六要创新长江经济带生态环保资金保障机制，建立长江上游水资源保护和生态建设专项资金，加快建立长江经济带水环境保护治理基金，推动长江经济带生态环保投资主体多元化。七要加快实施长江经济带生态补偿机制，完善生态补偿法律制度，加快建立和完善长江经济带森林、湿地、农业、矿产、水资源等自然资源保护的生态补偿制度，设立长江经济带生态补偿基金，落实长江经济带生态环境责任政府间协议，搭建长江经济带生态环境保护一体化协商平台，探索多元化补偿机制。

1.3　研究方法与数据来源

1.3.1　研究方法

（1）文献分析法

综合国内外学者已有的研究成果，把握长江经济绿色发展领域的最新研究动态，借鉴已有研究的有益观点与方法，分析本研究可能的创新领域，进一步论证本研究的科研价值。

（2）计量模型方法

主成分分析方法。采用主成分分析方法评价了长江经济带绿色发展水平（第 2 章）以及长江经济带产业竞争力（第 5 章）。具体设计了由 3 个一级指标、34 个基础性指标组成的绿色发展水平评价指标体系，基于长江经济带 11 省（市）2010—2016 年的相关统计数据，运用主成分分析法，对长江经济带绿色发展指数进行定量评价与排序。从产业规模竞争力、产业结构竞争力、产业效率竞争力、产业创新竞争力和产业生态竞争力 5 个方面，设计了由 5 个一级指标、33 个基础性指标组成的产业竞争力评价指标体系。

采用 DEA 方法对产业生态效率进行评价。产业生态效率评价方法主要采用数据包络分析方法。数据包络分析（DEA）方法由 A.Charnes、W.W.Cooper 和 E.Rhodes 于 1978 年首先提出，用来评价具有多个输入与输出单元（DMU）间的相对有效性，它的第一个模型是基于规模报酬不变的 DEA 模型，即 CRS 模型。假设有 K 个投入指标和 L 个产出指标，评价 N 个城市的投入产出效率。

产业集聚对环境污染影响的计量经济模型。为了检验长江经济带产业集聚对环境污染的影响，本书构建如下单方程模型作为产业转移效应分析模型。

$$\ln \mathrm{RIEP}_{it} = \alpha + \beta_1 \cdot \ln \mathrm{IAD}_{it} + \beta_2 \cdot \left(\ln \mathrm{IAD}_{it}\right)^2 + \beta_3 \cdot \ln \mathrm{ERF}_{it} + \beta_4 \cdot \ln \mathrm{ISF}_{it} + \beta_5 \cdot \ln \mathrm{LPF}_{it} + \beta_6 \cdot \ln \mathrm{FCF}_{it} + \varepsilon_{it}$$

式中，i 和 t —— 地区和时期（i=1，2，…，11；t=1，2，…，10）；

RIEP_{it} —— 长江经济带 i 地区 t 时期环境污染相对指数；

IAD_{it} —— 长江经济带产业集聚度；

ERF_{it} —— 环境规制因素；

ISF_{it} —— 长江经济带产业结构因素；

LPF_{it} —— 长江经济带劳动生产率因素；

FCF_{it} —— 长江经济带要素成本因素；

α —— 截距；

ε_{it} —— 误差项。

1.3.2 数据来源

本书的数据主要来源于宏观统计年鉴数据，所采用的数据来自历年《中国统计年鉴》《中国环境统计年鉴》《中国旅游统计年鉴》以及上海、江苏、浙江、安徽、江西、湖北、湖南、四川、重庆、贵州、云南各个地区的统计年鉴。

1.4 研究内容安排

基于上述对长江经济带绿色发展的基本判断，本书具体的章节结构安排如下：

第 1 章为导论。着重提出研究所要分析的问题，明确研究目的和意义，简要介绍所采用的主要研究方法、数据来源、研究的内容安排。

第 2 章为长江经济带绿色发展水平评价研究。遵循科学性、系统性、综合性、层次性以及动态性原则，设计由 3 个一级指标、34 个基础性指标组成的绿色发展水平评价指标体系，测算 2016 年长江经济带绿色发展水平指数，进一步对 2010—2016 年长江经济带绿色发展水平的变化进行分析。

第 3 章为提高产业绿色发展程度推动长江经济带绿色发展研究。推进产业生态化改造、发展生态产业、提高产业竞争力是长江经济带绿色发展的关键。从产业生态效率、产业梯度转移及其环境效应、产业竞争力 3 个方面对长江经济带的产业绿色发展程度进行分析，剖析长江经济带产业发展面临的主要问题，进而提出长江经济带产业绿色发展的政策建议。

第 4 章为优化国土空间开发格局推动长江经济带绿色发展研究。优化长江经济带国土空间布局是落实长江经济带功能定位及各项任务的载体，也是长江经济带规划战略实施的重点。从《长江经济带发展规划纲要》《国家主体功能区规划》以及生态红线战略中对长江经济带国土空间布局的规划现状进行阐述；定量分析长江经济带国土资源利用效率及其空间差异性特征，并厘清影响土地集约利用效应的关键因素；从整体上分析长江经济带国土空间利用上存在的主要问题；提出优化长江经济带国土空间布局的政策建议。

第 5 章为提高自然资源集约利用水平推动长江经济带绿色发展研究。节约集约利用自然资源是保护长江经济带生态环境、提高环境承载能力的根本之策，也是长江经济带生态文明先行示范带建设的重要抓手。从提高自然资源集约利用的战略视角，以森林资源、农地资源、水资源、矿产资源、旅游资源和湿地资源六大自然生态资源为具体研究对象，定量计算长江经济带土地、矿产资源和水资源等主要自然资源的集约利用水平，提出资源高效集约利用方式及推动长江经济带绿色发展的具体对策建议。

第 6 章为加大环境污染治理推动长江经济带绿色发展研究。长江经济带日益突出的环境污染问题引起政府和社会的高度关注，推动长江经济带绿色发展，必须协调好长江经济带经济发展与环境保护的关系，必须把环境治理放在首位。对长江经济带2005—2016 年的工业环境污染情况、生活污染情况、农村环境污染情况以及环境污染治理现状进行统计分析，并指出长江经济带主要环境问题及其保护治理面临的主要困境，最后提出长江经济带环境污染治理的路径和策略。

第 7 章为创新体制机制推动长江经济带绿色发展研究。长江经济带不同地区之间开发与保护不协调、竞争与合作不同步、上下游利益诉求不一致等问题突出，直接导致长江承载能力下降，发展潜力破坏，亟须通过创新全流域体制机制，通过大保护，共促大修复，共享绿色发展。充分论述创新一体化协调机制推进长江经济带绿色发展的意义，阐述长江经济带创新体制机制推进绿色发展的实践经验和主要措施，分析一体化协调机制推进长江经济带绿色发展面临的现实困境，提出建立一体化协调机制推进长江经济带绿色发展的路径及对策建议。

第 2 章 长江经济带绿色发展水平评价研究

长江经济带建设已经进入了绿色发展新阶段。为了对长江经济带绿色发展现状、水平及其发展进程进行科学判断，寻找制约绿色发展的关键因素，必须建立一套科学、完整、适用、可操作的理论与评价方法，对绿色发展水平进行有效评估、监测及适时预警，引导领导干部形成正确的施政导向，建立健全有利于推动绿色发展评价机制和政策优化机制，是建设绿色长江经济带和生态文明先行示范带的必然要求。

2.1 长江经济带绿色发展水平评价指标体系

2.1.1 绿色发展水平评价指标体系的建立

遵循科学性、系统性、综合性、层次性以及动态性原则，建立长江经济带绿色发展水平评价指标体系如表 2-1 所示。

表 2-1 长江经济带绿色发展水平评价指标体系

<table>
<tr><th rowspan="2">一级指标</th><th rowspan="2">二级指标</th><th colspan="2">三级指标</th><th rowspan="2">单位</th><th rowspan="2">指标属性</th></tr>
<tr><th>分类</th><th>具体指标</th></tr>
<tr><td rowspan="9">长江经济带绿色发展水平</td><td rowspan="9">经济增长绿化度</td><td rowspan="6">绿色增长效率</td><td>人均地区生产总值（X_1）</td><td>元/人</td><td>正</td></tr>
<tr><td>单位地区生产总值能耗（标准煤）（X_2）</td><td>t/万元</td><td>逆</td></tr>
<tr><td>单位地区生产总值二氧化硫排放量（X_3）</td><td>t/亿元</td><td>逆</td></tr>
<tr><td>单位地区生产总值化学需氧量排放量（X_4）</td><td>t/亿元</td><td>逆</td></tr>
<tr><td>单位地区生产总值氮氧化物排放量（X_5）</td><td>t/亿元</td><td>逆</td></tr>
<tr><td>单位地区生产总值氨氮排放量（X_6）</td><td>t/亿元</td><td>逆</td></tr>
<tr><td rowspan="3">第一产业</td><td>第一产业劳动生产率（X_7）</td><td>元/人</td><td>正</td></tr>
<tr><td>土地产出率（X_8）</td><td>万元/hm^2</td><td>正</td></tr>
<tr><td>有效灌溉面积占耕地面积比重（X_9）</td><td>%</td><td>正</td></tr>
</table>

一级指标	二级指标	三级指标		单位	指标属性
		分类	具体指标		
长江经济带绿色发展水平	经济增长绿化度	第二产业	第二产业劳动生产率（X_{10}）	元/人	正
			单位工业增加值能耗（标准煤）（X_{11}）	t/万元	逆
			工业固体废物综合利用率（X_{12}）	%	正
		第三产业	第三产业劳动生产率（X_{13}）	元/人	正
			第三产业增加值比重（X_{14}）	%	正
			第三产业就业人员比重（X_{15}）	%	正
	资源环境承载潜力	资源丰裕度	人均水资源量（X_{16}）	m^3/人	正
			人均森林面积（X_{17}）	hm^2/万人	正
			森林覆盖率（X_{18}）	%	正
			自然保护区面积占辖区面积比重（X_{19}）	%	正
		环境压力	单位土地面积二氧化硫排放量（X_{20}）	t/万 hm^2	逆
			单位土地面积化学需氧量排放量（X_{21}）	t/万 hm^2	逆
			人均化学需氧量排放量（X_{22}）	t/万人	逆
			单位土地面积氮氧化物排放量（X_{23}）	t/万 hm^2	逆
			人均氮氧化物排放量（X_{24}）	t/万人	逆
			单位土地面积氨氮排放量（X_{25}）	t/万 hm^2	逆
			人均氨氮排放量（X_{26}）	t/万人	逆
			单位耕地面积化肥施用量（X_{27}）	t/万 hm^2	逆
	政府支持度	环境治理	环境污染治理投资占地区生产总值比重（X_{28}）	%	正
		绿色投资	教育支出与地方一般公共预算支出比重（X_{29}）	%	正
			文化与传媒支出与地方一般公共预算支出比重（X_{30}）	%	正
			人均公园绿地面积（X_{31}）	m^2/人	正
			建成区绿化覆盖率（X_{32}）	%	正
			建成区绿地率（X_{33}）	%	正
			农村累计已改水受益人口占农村总人口比重（X_{34}）	%	正

2.1.2　指标体系说明

（1）经济增长绿化度。经济增长绿化度指标以及该指标下的三级指标的选取，借鉴了施发启等（2012）所采用的指标选取方法。这里将经济增长绿化度作为二级指标来进行测算分析，将三级指标分为四大类，分别为绿色增长效率、第一产业、第二产业和第三产业。

绿色增长效率里面所包含的人均地区生产总值（X_1），是衡量一个地区经济发展状况的重要指标，是最重要的宏观经济指标之一。单位地区生产总值能耗（X_2）指标为逆向指标，它反映的是地区生产能源消耗的强度，需要进行正向化处理，单位地区生产总值能耗越低，绿色增长效率越高。社会生产过程中，尤其是工业生产，往往伴随着污染的产生以及排放，单位地区生产总值二氧化硫排放量（X_3）、单位地区生产总值化学需氧量排放量（X_4）、单位地区生产总值氮氧化物排放量（X_5）、单位地区生产总值氨氮排放量（X_6）是地区生产过程中环境污染强度指标，这 4 个指标均为逆指标，数值越大，地区绿色增长效率越低，需要正向化处理。

第一产业劳动生产率（X_7）反映的是全地区第一产业的劳动生产率，土地产出率（X_8）反映的都是地区第一产业的发展水平与效率问题。有效灌溉面积占耕地面积比重（X_9）反映的是地区耕地利用情况，有效灌溉面积占耕地面积比重指数越高，第一产业水平越高。

第二产业劳动生产率（X_{10}）反映的是区域第二产业的劳动生产率，同时也反映了地区工业发展水平，而单位工业增加值能耗（X_{11}）是一个逆指标，单位工业增加值能耗越低，工业发展水平越高。工业固体废物综合利用率（X_{12}）为工业固体废物综合利用量与工业固体废物产生量和综合利用往年贮存量之和的比值，反映的是区域对于工业固体废物的处理与资源回收再利用的水平。

第三产业为第一、第二产业以外的其他行业，是指不生产物质产业的行业，包括信息传输、计算机服务和软件业，金融业，科学研究、技术服务和地质勘查业，水利、环境和公共设施管理业，居民服务和其他服务业，教育，社会保障和社会福利业，文化、体育和娱乐业等。长江经济带第三产业的发展，有利于建立和完善区域市场经济体制，加快区域经济发展；有利于扩大就业，缓解就业压力，提高人民生活水平，实现小康。第三产业劳动生产率（X_{13}）、第三产业增加值比重（X_{14}）、第三产业就业人员比重（X_{15}）反映的是各地区第三产业发展水平状况，对长江经济带绿色发展水平的研究具有重要意义。

（2）资源环境承载潜力指数。借鉴了江明清等（2012）对全国环境与资源承载潜力的测算方法，将资源环境承载潜力划分为资源丰裕度以及环境压力两个层面。

人均水资源量（X_{16}）、人均森林面积（X_{17}）、森林覆盖率（X_{18}）、自然保护区面积占辖区面积比重（X_{19}）4 个指标，可以直观地反映长江经济带的水资源、森林资源以及自然保护区的状况，可以较好地反映出长江经济带绿色发展的生态基础。

单位土地面积二氧化硫排放量（X_{20}）、单位土地面积化学需氧量排放量（X_{21}）、人均化学需氧量排放量（X_{22}）、单位土地面积氮氧化物排放量（X_{23}）、人均氮氧化物排放量（X_{24}）、单位土地面积氨氮排放量（X_{25}）、人均氨氮排放量（X_{26}），是整个地区生活以及生产所排放的污染物强度，二氧化硫、化学需氧量、氮氧化物、氨氮等为水和大气的主要污染物，排放强度越大，对生态环境破坏越严重。单位耕地面积化肥施用量（X_{27}）是农业生产中化肥的使用强度，化肥使用量过大，会对土壤以及水资源造成严重的破坏，对生态影响较大。由于这些指标与长江经济带绿色发展呈负相关，因此需要将环境压力指标做正向化处理，才能够纳入长江经济带绿色发展水平评价指标体系中来。

（3）政府支持度指数。赵军利等（2012）采用专家附权值法对各指标进行权重赋值，对全国 30 个省和直辖市的政府政策支持度进行测算分析，本书借鉴此方法，并对指标体系进行优化调整。

环境污染治理投资占地区生产总值比重（X_{28}）体现长江经济带对环境污染治理的重视程度，教育支出与地方一般公共预算支出比重（X_{29}）、文化与传媒支出与地方一般公共预算支出比重（X_{30}）是政府对教育、文化、传媒的投入。

人均公园绿地面积（X_{31}）、建成区绿化覆盖率（X_{32}）、建成区绿地率（X_{33}）反映的是城市生态环境状况，农村累计已改水受益人口占农村总人口比重（X_{34}）则是政府对农村改水投入的效用。

2.1.3　数据来源

运用 SPSS 19.0 分析工具，采用主成分分析法对长江经济带江苏、浙江、安徽、江西、湖北、湖南、四川、贵州、云南 9 个省以及上海、重庆 2 个直辖市的绿色发展水平进行评价研究，由于 2016 年部分数据的缺失，故取 2010—2016 年长江经济带相应数据进行分析。所采用的数据来自 2010—2016 年《中国统计年鉴》《中国环境统计年鉴》以及上海、江苏、浙江、安徽、江西、湖北、湖南、四川、重庆、贵州、云南各个地区的统计年鉴。

长江经济带绿色发展水平评价指标体系中的部分三级指标为逆向指标，该三级指标对二级指标的作用是逆作用，如单位地区生产总值能耗越高，绿色增长效率越低，其作用是逆向作用。为了将逆向指标纳入长江经济带绿色发展水平评价指标体系，需要对逆向指标进行正向化，对正向指标数据运用式（2-1）进行处理，对逆向指标数据运用式（2-2）进行处理，使得指标权重可以客观直接地反映该指标的作用方向。

$$X' = \frac{X - \min}{\max - \min} \tag{2-1}$$

$$X' = \frac{\max - X}{\max - \min} \tag{2-2}$$

2.1.4　指标体系的权重

（1）经济增长绿化度指标权重

基于主成分分析法（方法过程省略，下同），将指标 X_1～X_{15} 进行主成分分析得到长江经济带经济增长绿化度指标权重如表 2-2 所示。

表 2-2　经济增长绿化度指标权重

二级指标	三级指标名称		指标权重
经济增长绿化度	绿色增长效率	人均地区生产总值（X_1）	0.081 2
		单位地区生产总值能耗（X_2）	0.039 7
		单位地区生产总值二氧化硫排放量（X_3）	0.031 8
		单位地区生产总值化学需氧量排放量（X_4）	0.097 9
		单位地区生产总值氮氧化物排放量（X_5）	0.032 9
		单位地区生产总值氨氮排放量（X_6）	0.089 0
	第一产业	第一产业劳动生产率（X_7）	0.071 6
		土地产出率（X_8）	0.080 3
		有效灌溉面积占耕地面积比重（X_9）	0.072 7
	第二产业	第二产业劳动生产率（X_{10}）	0.049 1
		单位工业增加值能耗（X_{11}）	0.030 5
		工业固体废物综合利用率（X_{12}）	0.083 9
	第三产业	第三产业劳动生产率（X_{13}）	0.088 5
		第三产业增加值比重（X_{14}）	0.080 9
		第三产业就业人员比重（X_{15}）	0.070 1

从表 2-2 中可以看出，经过正向化处理后的指标对经济增长绿化度的作用都是积极正向的，其中人均地区生产总值、单位地区生产总值化学需氧量排放量、单位地区生产总值氨氮排放量、第一产业劳动生产率、土地产出率、有效灌溉面积占耕地面积比重、工业固体废物综合利用率、第三产业劳动生产率、第三产业增加值比重和第三产业就业人员比重的指标权重值为 0.07～0.10，单位地区生产总值能耗、单位地区生产总值二氧化硫排放量、单位地区生产总值氮氧化物排放量、第二产业劳动生产率和单位工业增加值能耗的指标权重值相对略低，为 0.03～0.05。

整体来看，第三产业指标对提高经济增长绿化度有较强的影响。因此，调整优化产业结构，提高第三产业在产业构成中的比重，提高劳动生产率，降低能源消耗，提高土地的产出效率，降低工业废气和废水中有害物质的排放，对于提高长江经济带经济增长绿化度至关重要。

（2）资源环境承载潜力指标权重

将指标 X_{16}～X_{27} 进行主成分分析得到长江经济带资源环境承载潜力指标权重如表 2-3 所示。

从表 2-3 可以看出，经过正向化处理后的指标对资源环境承载潜力的作用都是积极的。除自然保护区面积占辖区面积比重指标权重过小外，其他指标对资源环境承载潜力的影响比较均衡。长江经济带沿江部分地区生态资源丰裕，面临的环境压力小；也有部分地区生态资源匮乏，却面临着严峻的环境压力。

表 2-3　资源环境承载潜力指标权重

二级指标	三级指标名称		指标权重
资源环境承载潜力	资源丰裕度	人均水资源量（X_{16}）	0.112 5
		人均森林面积（X_{17}）	0.122 9
		森林覆盖率（X_{18}）	0.084 8
		自然保护区面积占辖区面积比重（X_{19}）	0.018 3
	环境压力	单位土地面积二氧化硫排放量（X_{20}）	0.067 1
		单位土地面积化学需氧量排放量（X_{21}）	0.099 5
		人均化学需氧量排放量（X_{22}）	0.062 8
		单位土地面积氮氧化物排放量（X_{23}）	0.076 5
		人均氮氧化物排放量（X_{24}）	0.059 6
		单位土地面积氨氮排放量（X_{25}）	0.087 8
		人均氨氮排放量（X_{26}）	0.087 2
		单位耕地面积化肥施用量（X_{27}）	0.121 0

（3）政府支持度指标权重

将指标 X_{28}～X_{34} 进行主成分分析得到长江经济带政府支持度指标权重如表 2-4 所示。

表 2-4　政府支持度指标权重

二级指标	三级指标名称		指标权重
政府支持度	环境治理	环境污染治理投资占地区生产总值比重（X_{28}）	0.146 5
	绿色投资	教育支出与地方一般公共预算支出比重（X_{29}）	0.177 1
		文化与传媒支出与地方一般公共预算支出比重（X_{30}）	0.092 2
		人均公园绿地面积（X_{31}）	0.163 0
		建成区绿化覆盖率（X_{32}）	0.168 3
		建成区绿地率（X_{33}）	0.171 4
		农村累计已改水受益人口占农村总人口比重（X_{34}）	0.081 6

从表 2-4 可以看出，文化与传媒支出与地方一般公共预算支出比重与农村累计已改水受益人口占农村总人口比重指标权重相对较小，分别为 0.092 2 和 0.081 6。教育支出与地方一般公共预算支出比重、文化与传媒支出与地方一般公共预算支出比重的指标权重之和为 0.269 3，这说明，政府对于绿色文化的教育、宣传和普及，对于长江经济带绿色发展是有重要意义的。

2.2 长江经济带绿色发展水平指数测算及其排名

根据长江经济带绿色发展水平指数测算方法，利用 2016 年的数据，从经济增长绿化度、资源环境承载潜力和政府支持度 3 个二级指标的具体测算结果中剖析长江经济带 9 省 2 市的绿色发展水平指数。

2.2.1 长江经济带绿色发展水平指数测算与比较分析

本书基于长江经济带实际情况的考虑，选取以下 9 省 2 市来测算绿色发展水平指数，以此来研究现阶段长江经济带绿色发展现状，对各省市进行排名，如表 2-5 和图 2-1 所示。

表 2-5 2016 年长江经济带各省市绿色发展水平指数及排名

省/直辖市	二级指标						一级指标	
	经济增长绿化度		资源环境承载潜力		政府支持度		绿色发展水平指数	
	数值	排名	数值	排名	数值	排名	数值	排名
上海	2.192 5	1	0.935 0	11	0.530 7	11	0.851 1	1
江苏	1.926 8	2	1.182 1	10	1.117 2	2	0.702 4	2
浙江	1.588 6	3	1.549 7	3	1.095 9	3	0.455 2	3
安徽	1.119 0	7	1.422 6	6	1.031 2	4	0.332 2	7
江西	0.977 5	8	1.575 9	2	1.169 1	1	0.236 6	8
湖北	1.208 6	5	1.321 0	9	0.771 8	9	0.385 6	5
湖南	1.181 4	6	1.418 3	7	0.809 4	8	0.344 2	6
重庆	1.300 4	4	1.359 8	8	0.872 5	6	0.409 3	4
四川	0.947 8	9	1.539 4	4	0.831 3	7	0.221 5	9
贵州	0.886 1	11	1.528 3	5	0.882 7	5	0.206 5	10
云南	0.929 3	10	1.747 3	1	0.744 8	10	0.138 2	11

注：1. 本表是依据长江经济带各省市绿色发展水平指数指标框架，依据各项指标 2016 年数据测算得出。本表中的年份均指当年期数据。

2. 本表中地区顺序是依据《中国统计年鉴》中行政区划先后顺序来排列的，并不是根据排名先后来排序。

3. 基于原始数据小数点分布规律，本表采用了小数点后四位的处理方式来表示指数值，如果存在指数值完全一样的情况，根据其实际值的大小排名。

4. 本表数据主要来源于《中国统计年鉴》《中国环境统计年鉴》《中国卫生和计划生育统计年鉴》及各省份统计年鉴等。

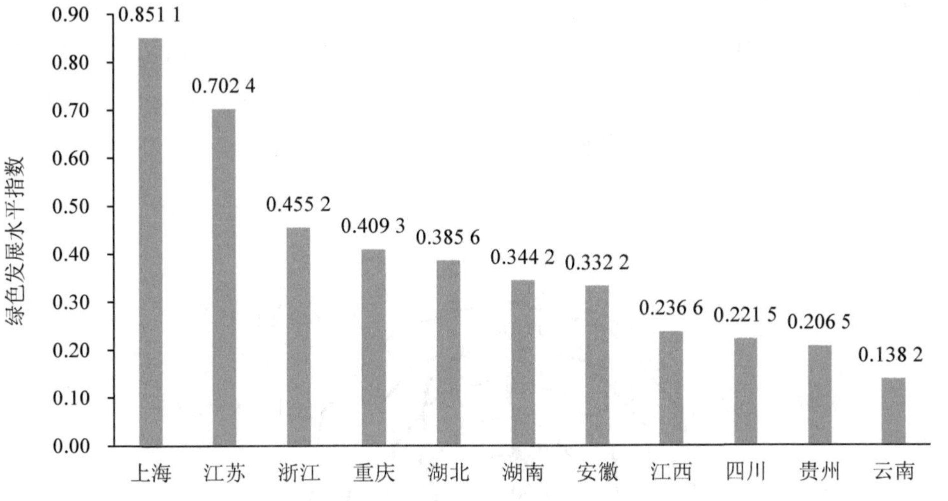

图 2-1　2016 年长江经济带各省市绿色发展水平指数及排名

由图 2-1 和表 2-5 可以看出：2016 年长江经济带 9 省 2 市绿色发展水平指数排名依次为上海、江苏、浙江、重庆、湖北、湖南、安徽、江西、四川、贵州、云南。就具体数值可以看出，上海和江苏的绿色发展水平指数处于较高的水平，其中上海的绿色发展水平指数远超于其他省区，主要得益于其经济增长绿化度居首位。江苏的经济增长绿化度和政府支持度都排位在第 2 位。排在第 3 位的浙江绿色发展是比较均衡的，经济增长绿化度、资源环境承载潜力和政府支持度均排在第 3 位。随后是重庆、湖北、湖南、安徽的绿色发展情况也较为良好，紧随浙江之后。其中重庆的经济增长绿化度和政府支持度都排位在前列，湖北主要得益于经济增长绿化度排在第 5 位，湖南的绿色发展比较均衡，二级指标数值都处于中等发展水平，而安徽则是得益于政府支持度的排位比较靠前，处于第 4 位。排名末位的江西、四川、贵州、云南四省绿色发展水平指数值偏低，其中江西资源环境承载潜力和政府支持度都处于领先地位，但是受限于经济增长绿化度排名靠后，使得江西的绿色发展水平指数处于中等偏下水平。四川、贵州、云南的资源环境承载潜力都排名靠前，但是经济增长绿化度排名靠后，拉低了整体的排名，绿色经济发展水平有待进一步提高，此外云南的政府支持度也有待进一步提高。

根据长江经济带 9 省 2 市的二级指标实际值数值可以看出，有些省市的经济增长绿化度水平较高，但是资源环境遭到严重破坏；有些省市则是政府支持度较高，但是经济增长绿化度欠缺；有些省市的资源环境承载潜力较强，但是经济增长绿化度水平较低；有的则是资源环境承载潜力较强，但是政府支持的力度不足。当然，还有些省市各项指标水平都较高，或者都存在一定的缺陷的情况。

为了更加直观地展示长江经济带各省市绿色发展水平指数分析结果，本书绘制了相关指数结果的雷达图。图 2-2 为根据雷达图指向来判断长江经济带 9 省 2 市绿色发展水平以及不同的二级指标排名情况。从图 2-2 中可以看出，排在前两位的上海、江苏指向标处在最外围，排名靠后的贵州、云南则是处于雷达图指向标内侧区域。接下来通过对绿色发展水平指数的二级指标进一步分解，深入分析出现这一指数值的内在原因。

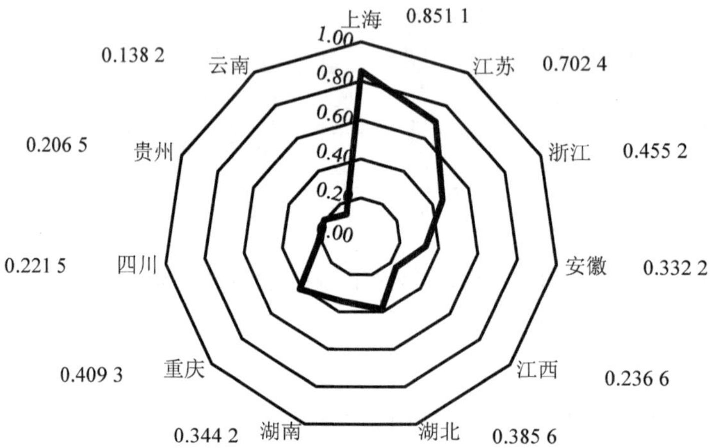

图 2-2　2016 年长江经济带各省市绿色发展水平指数及排名

图 2-3 为 2016 年长江经济带经济增长绿化度及排名，结合表 2-5 和图 2-3 可以看出：2016 年，二级指标经济增长绿化度排名依次是上海、江苏、浙江、重庆、湖北、湖南、安徽、江西、四川、云南、贵州。根据经济增长绿化度的具体数值分布来看，排在首位的上海在经济增长绿化度方面拥有较大优势，三级指标绿色增长效率和第一、第二、第三产业的数值均排在第 1 位。江苏和浙江紧随其后，经济增长绿化度都处于一个较高的水平，但是与上海相比，仍然有较大的差距。其中江苏的经济增长绿化度对应的三级指标，即绿色增长效率和第一、第二、第三产业的数值均排在第 2 位。而浙江除了三级指标第二产业数值排在第 4 位，其他的三级指标均排在第 3 位。重庆、湖北、湖南和安徽的经济增长绿化度的数值均大于 1，都处于一个较高的水平。其中重庆主要得益于第二产业的绿色发展水平较高，湖北则是绿色增长效率排名在第 5 位，湖南的第一产业绿色化程度比较高，而安徽的第一、第二产业的数值都排在第 5 位。排名靠后的江西、四川、云南、贵州经济增长绿化度数值偏低，经济增长绿化水平还存在较大的上升空间。其中江西受限于绿色增长效率较低，还有第三产业绿色发展水平落后于其他省份。四川的第二产业的数值排名靠后，拉低了整体的排名。贵州的第一、第二产业排名都垫底，云南的绿色增长效率和第一产业都靠后，这两个省份的经济增长绿化程度都有待提高。

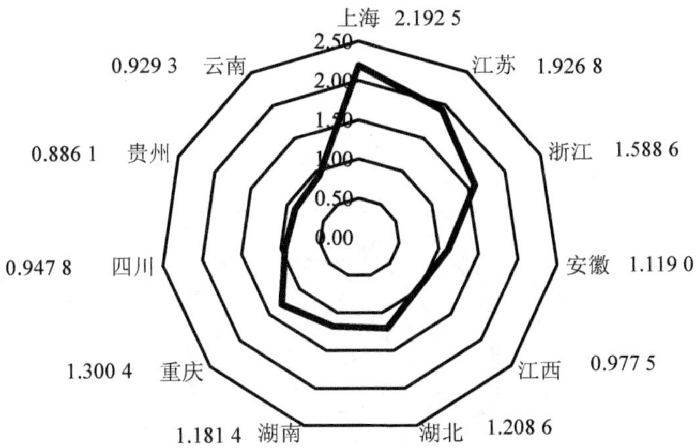

图 2-3　2016 年长江经济带经济增长绿化度及排名

图 2-4 为 2016 年长江经济带资源环境承载潜力及排名，由表 2-5 和图 2-4 可以看出：2016 年，二级指标资源环境承载潜力排名依次是云南、江西、浙江、四川、贵州、安徽、湖南、重庆、湖北、江苏、上海。根据资源环境承载潜力具体数值分布来看，排在首位的云南在资源环境承载潜力方面拥有较大优势，其数值远高于其他省区。排第 2 位的江西主要得益于三级指标资源丰裕度排名居第 2 位。紧随其后的是浙江、四川和贵州，都具有较高的资源环境承载潜力。其中浙江主要得益于三级指标环境压力排在第 2 位，四川的资源丰裕度和环境压力都排在第 4 位，而贵州则是三级指标环境压力排在第 3 位。安徽和湖南的资源环境承载潜力水平比较相似，都处于一个较高的水平。其中安徽的环境压力排在首位，而湖南主要得益于资源丰富，资源丰裕度比较高，排在第 3 位。其次重庆、湖北、江苏的资源环境承载潜力处于偏低的水平，但是相互之间的差距不大。其中重庆的三级指标资源丰裕度和环境压力均比较靠后，湖北的三级指标环境压力的排名靠后，而江苏主要受限于三级指标资源丰裕度排名靠后。而排在末位的上海在资源丰裕度和环境压力两个指标上均排名垫底，与其他省份相比，其资源环境承载潜力还存在较大的改善空间。

图 2-5 为 2016 年长江经济带政府支持度及排名，由表 2-5 和图 2-5 可以看出：2016 年，二级指标政府支持度排名依次是江西、江苏、浙江、安徽、重庆、贵州、四川、湖南、湖北、云南、上海。根据政府支持度的具体数值分布来看，政府支持度排在首位的江西主要得益于其三级指标环境治理和绿色投资均排在第 2 位，江苏是绿色投资居首位，但是环境治理拉低了其排名，安徽则是环境治理居首位，浙江的三级指标均在前列。重庆、贵州、四川、湖南、湖北之间的差异并不明显，其中四川的三级指标环境治理和绿色投资都排在第 8 位，重庆受到环境治理不足的影响，排名比较靠后，而湖北的排名则

是绿色投资较少。排在末位的云南和上海在环境治理和绿色投资方面都有所欠缺，上海的三级指标绿色投资垫底。

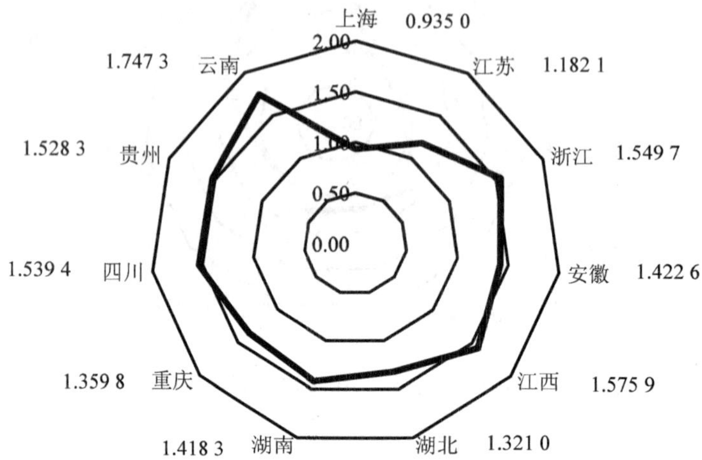

图 2-4　2016 年长江经济带资源环境承载潜力及排名

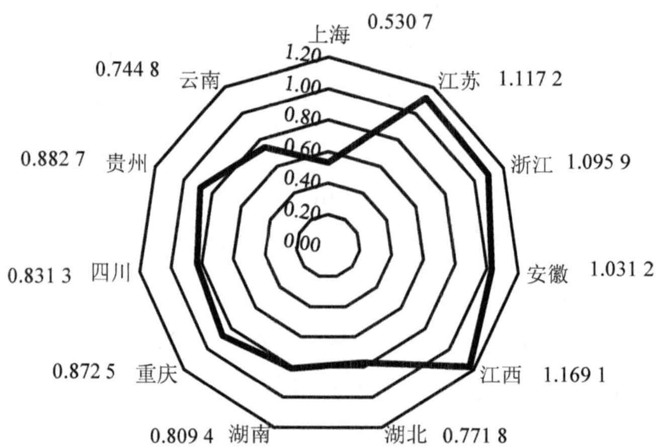

图 2-5　2016 年长江经济带政府支持度及排名

2.2.2　长江经济带经济增长绿化度指数测算与比较分析

在前面已经研究了长江经济带绿色发展水平指数的基础上，进一步研究长江经济带绿色发展水平指数的二级指标情况。根据长江经济带绿色发展水平指数的指标框架中经济增长绿化度指数的测算，结果如表 2-6 和图 2-6 所示。

表 2-6 2016 年长江经济带各省市经济增长绿化度

省/直辖市	三级指标								二级指标	
	绿色增长效率		第一产业		第二产业		第三产业		经济增长绿化度	
	数值	排名	数值	排名	数值	排名	数值	排名	数值	排名
上海	0.840 7	1	0.374 7	1	0.391 5	1	0.585 6	1	2.192 5	1
江苏	0.783 3	2	0.367 1	2	0.382 9	2	0.393 5	2	1.926 8	2
浙江	0.754 4	3	0.154 7	3	0.328 5	4	0.351 0	3	1.588 6	3
安徽	0.545 7	8	0.139 5	5	0.290 9	5	0.142 9	11	1.119 0	7
江西	0.510 6	10	0.117 7	6	0.185 1	9	0.164 1	10	0.977 5	8
湖北	0.619 0	5	0.096 5	7	0.269 2	6	0.223 8	7	1.208 6	5
湖南	0.555 0	6	0.140 3	4	0.248 0	7	0.238 2	6	1.181 4	6
重庆	0.649 9	4	0.034 5	9	0.333 0	3	0.283 0	4	1.300 4	4
四川	0.548 2	7	0.055 7	8	0.124 4	10	0.219 6	8	0.947 8	9
贵州	0.514 3	9	0.013 3	11	0.112 6	11	0.245 8	5	0.886 1	11
云南	0.504 5	11	0.022 6	10	0.193 8	8	0.208 4	9	0.929 3	10

注：1. 本表是依据长江经济带各省市绿色发展水平指数指标框架的经济增长绿化度，依据各项指标 2016 年数据测算得出。本表中的年份均指当年期数据。

2. 本表中地区顺序是依据《中国统计年鉴》中行政区划先后顺序来排列的，并不是根据排名先后来排序。

3. 基于原始数据小数点分布规律，本表采用了小数点后四位的处理方式来表示指数值，如果存在指数值完全一样的情况，根据其实际值的大小排名。

4. 本表数据主要来源于《中国统计年鉴》《中国环境统计年鉴》《中国卫生和计划生育统计年鉴》及各省份统计年鉴等。

由表 2-6 和图 2-6 可以看出：2016 年二级指标经济增长绿化度排名依次是上海、江苏、浙江、重庆、湖北、湖南、安徽、江西、四川、云南、贵州。从经济增长绿化度的具体数值分布来看，排在首位的上海在经济增长绿化度方面拥有较大优势，三级指标绿色增长效率和第一、第二、第三产业的数值均排在第 1 位。江苏和浙江紧随其后，经济增长绿化度都处于一个较高的水平，但是与上海相比，仍然有较大的差距。其中江苏的经济增长绿化度对应的三级指标，即绿色增长效率和第一、第二、第三产业的数值均排在第 2 位。而浙江除了三级指标第二产业数值排在第 4 位，其他的三级指标均排在第 3 位。重庆、湖北、湖南和安徽的经济增长绿化度的数值均大于 1，都处于一个较高的水平。其中重庆主要得益于第二产业的绿色发展水平较高，湖北则是绿色增长效率排名在第 5 位，湖南的第一产业绿色化程度比较高，而安徽的第一、第二产业的数值都排在第 5 位。排名靠后的江西、四川、云南、贵州经济增长绿化度数值偏低，经济增长绿化水平还存在较大的上升空间。其中江西受限于绿色增长效率较低，还有第三产业绿色发展水平落后于其他省份。四川的第二产业的数值排名靠后，拉低了整体的排名。贵州的第一、第二产业排名都垫底，云南的绿色增长效率和第一产业都靠后，这两个省份的经济增长绿化程度都有待提高。

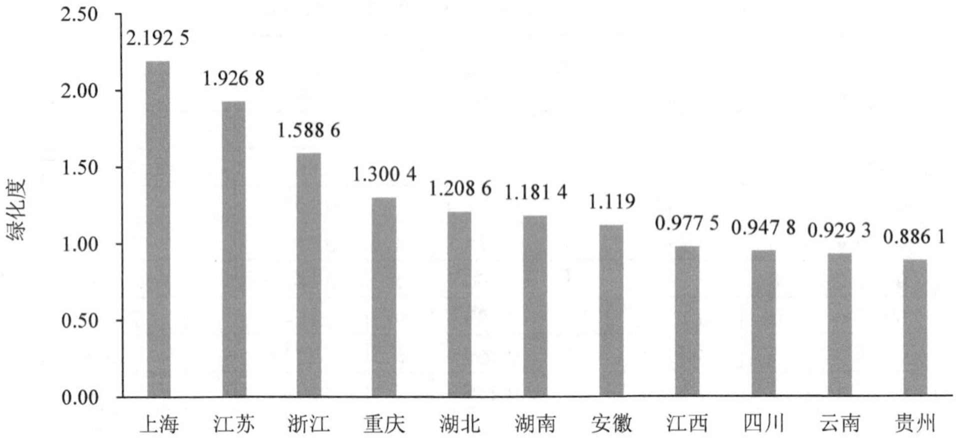

图 2-6　2016 年长江经济带各省市经济增长绿化度及排名

为了进一步深入展示 2016 年长江经济带二级指标经济增长绿化度的分析结果，本书绘制了相关指标结果的雷达图。根据雷达图指向标来判断长江经济带经济增长绿化度不同的三级指标排名情况，并且进行详细分析。

前文所述绿色增长效率作为经济增长绿化度的第一个三级指标，主要是因为它代表了经济增长绿化度的基础指标。其中涉及的四级指标人均地区生产总值、单位地区生产总值能耗、单位地区生产总值二氧化硫排放量、单位地区生产总值化学需氧量排放量、单位地区生产总值氮氧化物排放量、单位地区生产总值氨氮排放量都是体现各省市绿色增长效率不同方面的突出代表。课题组在充分讨论研究以及数据可得性条件充分的基础上，选取以上四级指标来体现各省份绿色增长效率的特征。

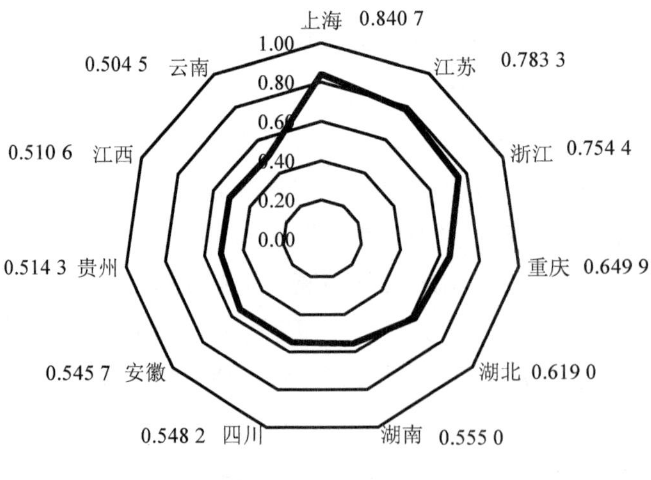

图 2-7　2016 年长江经济带绿色增长效率及排名

由表 2-6 和图 2-7 可以看出：2016 年经济增长绿化度中的绿色增长效率排名依次是上海、江苏、浙江、重庆、湖北、湖南、四川、安徽、贵州、江西、云南。从绿色增长效率具体数值分布来看，排在首位的上海依然保持着较大的优势，说明绿色增长效率很高。其中主要得益于其四级正向指标人均地区生产总值排在第 1 位，逆向指标单位地区生产总值二氧化硫排放量、单位地区生产总值化学需氧量排放量、单位地区生产总值氮氧化物排放量的数值最小，表明上海经济的绿色增长效率处于很高的水平。江苏和浙江紧随其后，也保持着较高的效率水平，且与第 4 位的差距比较明显。其中江苏和浙江主要得益于四级指标人均地区生产总值排在第 2 位和第 3 位。重庆和湖北的绿色增长效率比较接近，其中重庆的人均地区生产总值排在靠前，单位地区生产总值的污染物排放比较低，湖北则是四级逆向指标单位地区生产总值能耗较低，能源的利用率处于较高水平。四川、安徽、贵州、江西这 4 个省份的绿色增长效率比较低，不过相互之间的差异不大。其中四川和安徽的绿色增长效率受到单位地区生产总值的污染物排放量较多的影响，排名比较靠后，贵州主要受限于四级逆向指标单位地区生产总值能耗最多，而江西的排名靠后则是由于单位地区生产总值化学需氧量排放量排在首位。排在末位的云南绿色增长效率相对较低，其中主要是受限于经济不发达，人均地区生产总值在长江经济带各省市中垫底，且其他四级指标都排名靠后。

前文所述第一产业作为经济增长绿化度的第二个三级指标，主要是因为第一产业是国民经济的基础。其中涉及的四级指标第一产业劳动生产率、土地产出率、有效灌溉面积占耕地面积比重都体现了各省市的第一产业的发展水平。根据数据可得性和实际调查研究选取了这些具体指标，可以很好反映出经济增长绿化度的实际情况。

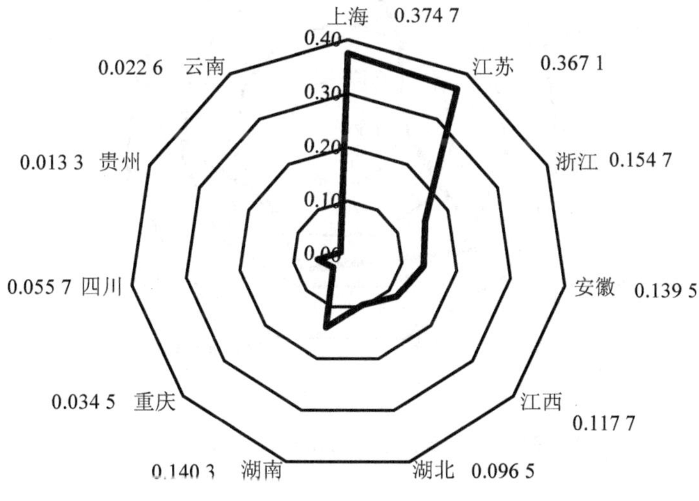

图 2-8　2016 年长江经济带第一产业及排名

由表 2-6 和图 2-8 可以看出：2016 年经济增长绿化度中的第一产业排名依次是上海、江苏、浙江、湖南、安徽、江西、湖北、四川、重庆、云南、贵州。从第一产业具体数值分布来看，排在首位的上海依然保持着较大的优势，说明第一产业发展水平很高。其中主要得益于其四级指标土地产出率、有效灌溉面积占耕地面积比重均排在第 1 位。江苏紧随其后，也保持着较高的水平。主要得益于第一产业劳动生产率排在第 1 位，江苏的农业比较发达。浙江、湖南、安徽、江西和湖北是第一产业数值比较接近，都处在一个较高的水平，但是与排在第 1 位的上海还有很大的差距。其中浙江的农业发展水平比较高，第一产业劳动生产率排在第 2 位，湖南的有效灌溉面积占耕地面积比重排在第 4 位，安徽的土地产出率仅次于上海，排在第 2 位，江西和湖北各项四级指标比较均衡，处于中等水平。四川、重庆、云南、贵州这 4 个省份的第一产业的数值都排在末位，第一产业发展水平处于较低的水平，不过相互之间的差异不大。其中四川受到土地产出率较低的影响，排名比较靠后，重庆的四级指标有效灌溉面积占耕地面积比重排名垫底，云南则是第一产业劳动生产率排名垫底。

前文所述第二产业作为经济增长绿化度的第三个三级指标，主要是因为第二产业是国民经济的重要组成部分。其中涉及的四级指标第二产业劳动生产率、单位工业增加值能耗、工业固体废物综合利用率都体现了各省市的第二产业的发展水平。根据数据可得性和实际调查研究选取了这些具体指标，可以很好反映出经济增长绿化度的实际情况。

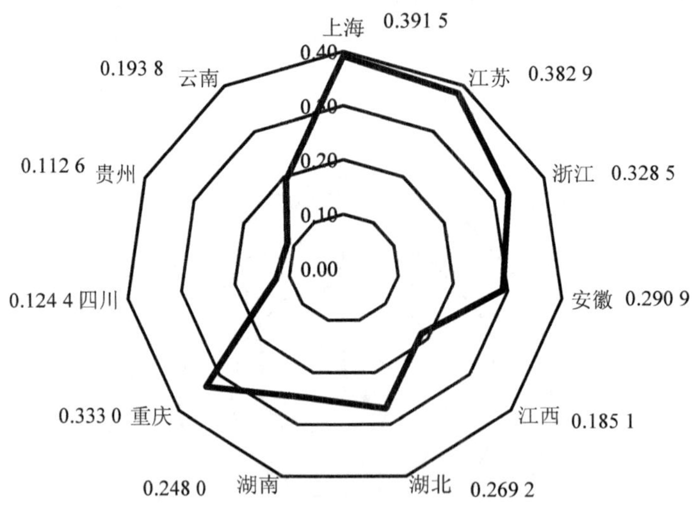

图 2-9 2016 年长江经济带第二产业及排名

由表 2-6 和图 2-9 可以看出：2016 年经济增长绿化度中的第二产业排名依次是上海、江苏、重庆、浙江、安徽、湖北、湖南、云南、江西、四川、贵州。从第二产业具体数值分布来看，上海、江苏、重庆、浙江、安徽的第二产业发展水平较高，且相互之间差距很小。其中上海主要得益于其四级指标第二产业劳动生产率、工业固体废物综合利用率均排在第 1 位，江苏的工业固体废物综合利用率仅次于上海，排在第 2 位，浙江的工业固体废物综合利用率排在第 3 位，安徽的工业固体废物综合利用率排在第 4 位，而重庆则是第二产业劳动生产率排名靠前。湖北、湖南、云南紧随其后，也保持着较高的水平。湖北主要得益于第二产业劳动生产率排在第 2 位，湖南第二产业劳动生产率和工业固体废物综合利用率排名都靠前。四川和贵州的第二产业数值比较接近，都处在一个较低的水平。其中四川受限于其工业固体废物综合利用率很低，贵州的第二产业劳动生产率垫底，拉低了其整体的排名。

前文所述第三产业作为经济增长绿化度的第四个三级指标，主要涉及的四级指标第三产业劳动生产率、第三产业增加值比重、第三产业就业人员比重都体现了各省市的第三产业的发展水平。根据数据可得性和实际调查研究选取了这些具体指标，可以很好反映出经济增长绿化度的实际情况。

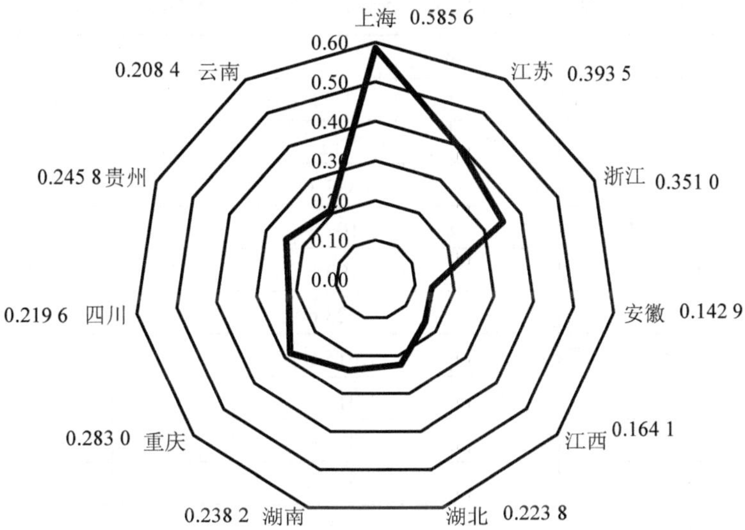

图 2-10　2016 年长江经济带第三产业及排名

由表 2-6 和图 2-10 可以看出：2016 年经济增长绿化度中的第三产业排名依次是上海、江苏、浙江、重庆、贵州、湖南、湖北、四川、云南、江西、安徽。从第三产业具体数值分布来看，排在首位的上海依然保持着较大的优势，说明第三产业发展水平很高。其中主要得益于其四级指标第三产业劳动生产率、第三产业增加值比重和第三产业就业人员比重均排在首位。江苏和浙江紧随其后，也保持着较高的水平，但是与排在第 1 位的上海还有很大的差距。江苏主要得益于四级指标第三产业劳动生产率仅次于上海，其他指标也处于领先水平，而浙江的四级指标第三产业增加值比重和第三产业就业人员比重均排在第 2 位。重庆、贵州、湖南、湖北、四川、云南的第三产业数值比较接近，其中重庆的第三产业增加值比重和第三产业就业人员比重均排在第 4 位，贵州、湖南和湖北的各项指标均处于中等偏下位置，四川的第三产业增加值比重排在第 5 位，云南则是第三产业就业人员比重排名靠后。排在末位的江西和安徽的第三产业发展水平相对较低。其中江西的第三产业发展有待提高，安徽则受限于第三产业劳动生产率、第三产业增加值比重和第三产业就业人员比重均垫底。

2.2.3 长江经济带资源环境承载潜力指数测算与比较分析

在前面已经研究了长江经济带绿色发展水平指数的基础上，进一步研究长江经济带绿色发展水平指数的二级指标情况。根据长江经济带绿色发展水平指数的指标框架中资源环境承载潜力指数的测算，结果如表 2-7 和图 2-11 所示。

表 2-7 2016 年长江经济带各省市资源环境承载潜力及排名

省/直辖市	三级指标				二级指标	
	资源丰裕度		环境压力		资源环境承载潜力	
	数值	排名	数值	排名	数值	排名
上海	0.051 9	11	0.883 1	11	0.935 0	11
江苏	0.080 8	10	1.101 3	6	1.182 1	10
浙江	0.356 2	6	1.193 5	2	1.549 7	3
安徽	0.199 1	9	1.223 6	1	1.422 6	6
江西	0.560 3	2	1.015 5	9	1.575 9	2
湖北	0.306 6	7	1.014 4	10	1.321 0	9
湖南	0.391 2	3	1.027 1	8	1.418 3	7
重庆	0.277 3	8	1.082 6	7	1.359 8	8
四川	0.387 1	4	1.152 4	4	1.539 4	4
贵州	0.363 2	5	1.165 1	3	1.528 3	5
云南	0.621 7	1	1.125 6	5	1.747 3	1

注：1. 本表是依据长江经济带各省市绿色发展水平指数指标框架的资源环境承载潜力，依据各项指标 2016 年数据测算得出。本表中的年份均指当年期数据。

2. 本表中地区顺序是依据《中国统计年鉴》中行政区划先后顺序来排列的，并不是根据排名先后来排序。

3. 基于原始数据小数点分布规律，本表采用了小数点后四位的处理方式来表示指数值，如果存在指数值完全一样的情况，根据其实际值的大小排名。

4. 本表数据主要来源于《中国统计年鉴》《中国环境统计年鉴》《中国卫生和计划生育统计年鉴》及各省份统计年鉴等。

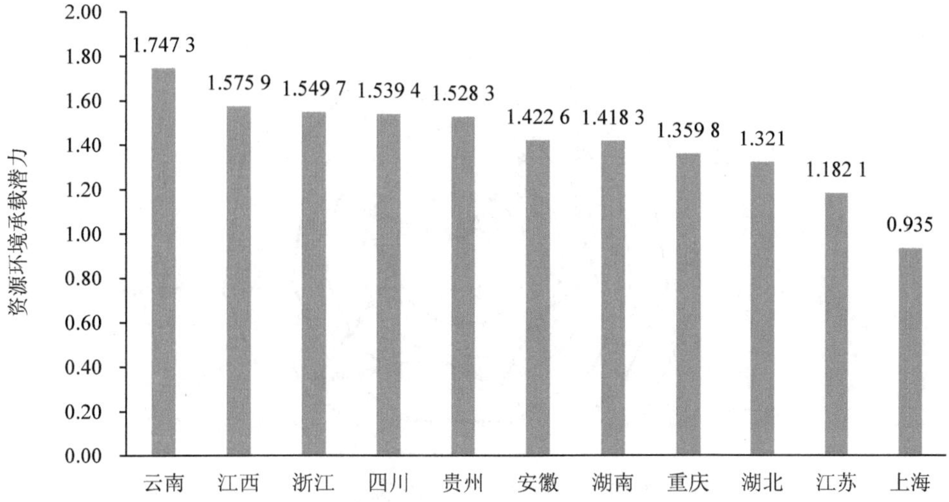

图 2-11　2016 年长江经济带各省市资源环境承载潜力

由表 2-7 和图 2-11 可以看出：2016 年二级指标资源环境承载潜力排名依次是云南、江西、浙江、四川、贵州、安徽、湖南、重庆、湖北、江苏、上海。从资源环境承载潜力具体数值分布来看，排在首位的云南在资源环境承载潜力方面拥有较大优势，其数值远高于其他省区。第 2 位的江西主要得益于三级指标资源丰裕度。紧随其后的是浙江、四川和贵州，都具有较高的资源环境承载潜力。其中浙江主要得益于三级指标环境压力排在第 2 位，四川的资源丰裕度和环境压力都排在第 4 位，而贵州则是三级指标环境压力排在第 3 位。安徽和湖南的资源环境承载潜力水平比较相似，都处于一个较高的水平。其中安徽的环境压力排在首位，而湖南主要得益于资源丰富，资源丰裕度比较高，排在第 3 位。其次重庆、湖北、江苏的资源环境承载潜力处于偏低的水平，但是相互之间的差距不大。其中重庆的三级指标资源丰裕度和环境压力均比较靠后，湖北的三级指标环境压力的排名靠后，而江苏主要受限于三级指标资源丰裕度排名靠后。而排在末位的上海在资源丰裕度和环境压力两个指标上均排名垫底，与其他省份相比，其资源环境承载潜力还存在较大的改善空间。

前文所述资源丰裕度作为资源环境承载潜力的第一个三级指标，主要涉及的四级指标包括人均水资源量、人均森林面积、森林覆盖率、自然保护区面积占辖区面积比重，这些指标可以直观地反映长江经济带水资源、森林资源以及自然保护区的状况，可以较好地反映出长江经济带绿色发展的生态基础。根据数据可得性和实际调查研究选取了这些具体指标，可以很好反映出资源环境承载潜力的实际情况。

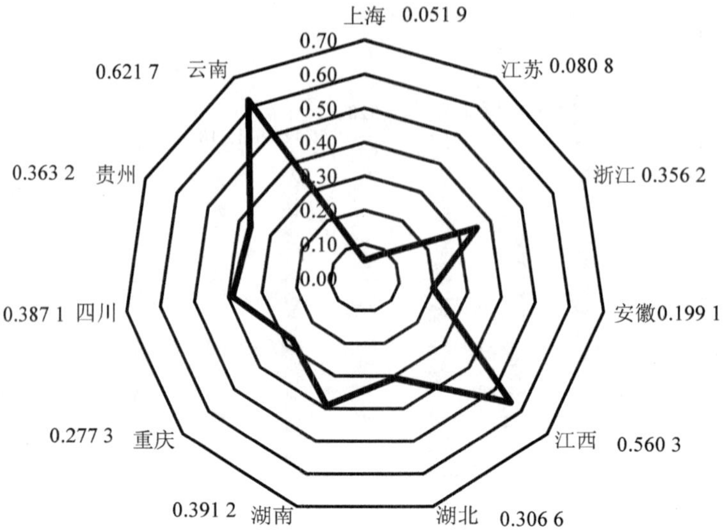

图 2-12　2016 年长江经济带资源丰裕度及排名

由表 2-7 和图 2-12 可以看出：2016 年资源环境承载潜力中的资源丰裕度排名依次是云南、江西、湖南、四川、贵州、浙江、湖北、重庆、安徽、江苏、上海。从资源丰裕度的具体数值分布来看，排在首位的云南的资源丰裕度很高。其中主要得益于其四级指标人均森林面积排在首位，云南有丰富的森林资源。紧随其后的是江西、湖南、四川、贵州和浙江，也保持着较高的水平，但是与排在第 1 位的云南还有很大的差距。江西水资源和森林资源都较丰富，其人均水资源量和森林覆盖率都居首位，湖南和贵州资源丰裕度的各项指标都靠前，四川主要得益于自然保护区面积占辖区面积比重排在第 2 位，且人均森林面积排在第 3 位，浙江则是森林覆盖率排在第 2 位。湖北和重庆的资源丰裕度处于较低的水平。其中湖北的人均森林面积较少，重庆受限于人均水资源量较少，拉低了整体的排名。排在末位的安徽、江苏和上海的资源丰裕度有所欠缺。其中安徽主要是受限于森林覆盖率排名靠后，江苏的四级指标都排名靠后，而上海的自然保护区面积占辖区面积比重虽然排在首位，但是其他指标均垫底，拉低了整体的排名。

前文所述环境压力作为资源环境承载潜力的第二个三级指标，主要涉及的四级指标单位土地面积二氧化硫排放量、单位土地面积化学需氧量排放量、人均化学需氧量排放量、单位土地面积氮氧化物排放量、人均氮氧化物排放量、单位土地面积氨氮排放量、人均氨氮排放量和单位耕地面积化肥施用量都体现了各省市的环境压力的程度。根据数据可得性和实际调查研究选取了这些具体指标，可以很好反映出资源环境承载潜力的实际情况。

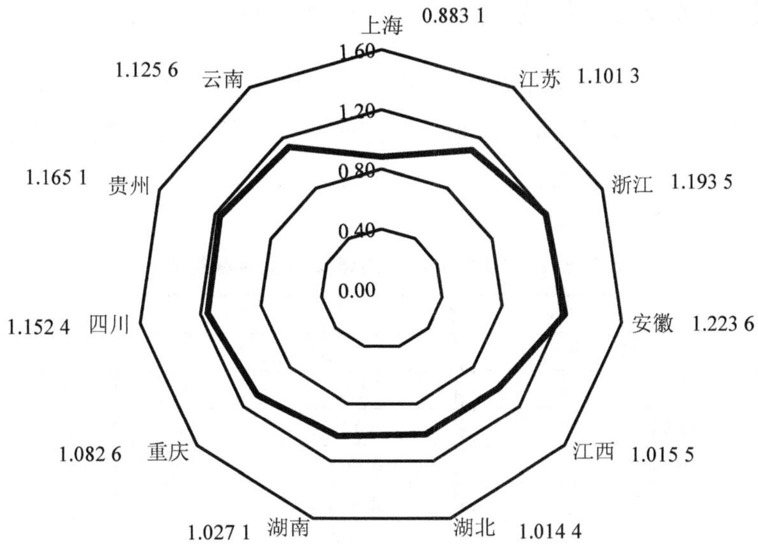

图 2-13　2016 年长江经济带环境压力及排名

由表 2-7 和图 2-13 可以看出：2016 年资源环境承载潜力中的环境压力排名依次是安徽、浙江、贵州、四川、云南、江苏、重庆、湖南、江西、湖北、上海。从环境压力具体数值分布来看，排在首位的安徽与排在第 2 位的浙江保持着较大的优势，资源压力数值较高且差距很小。其中安徽和浙江主要得益于其人均化学需氧量排放量和人均氮氧化物排放量较少。紧随其后的是贵州、四川、云南和江苏，这 4 个省份环境压力数值比较接近。其中贵州主要得益于人均氨氮排放量和单位耕地面积化肥施用量都是最少的，四川的单位土地面积二氧化硫排放量、单位土地面积氮氧化物排放量和人均氮氧化物排放量均最少，云南的单位土地面积化学需氧量排放量和单位土地面积氨氮排放量最少，江苏则是人均氮氧化物排放量较少。重庆、湖南、江西和湖北的环境压力相对较低，其中重庆单位土地面积化学需氧量排放量和人均氮氧化物排放量均较多，湖南、江西和湖北都是农业大省，其单位耕地面积化肥施用量较多，远超其他省份。排在末位的上海的环境压力最为明显，其四级指标单位土地面积二氧化硫排放量、单位土地面积化学需氧量排放量、单位土地面积氮氧化物排放量、单位土地面积氨氮排放量和人均氨氮排放量都垫底，主要原因是上海的经济比较领先，人口集中度高，人们生活和生产造成的污染物对环境的压力也就较大。从整体上看，长江经济带的环境压力数值差异并不明显，相互之间并不存在明显的优势。主要是国家对长江经济带 9 省 2 市的环境所面临的压力是相当的，就目前而言，区域间的差异不明显。

2.2.4 长江经济带政府支持度和绿色生态化指数测算与比较分析

在前面已经研究了长江经济带绿色发展水平指数的基础上，进一步研究长江经济带绿色发展水平指数的二级指标情况。根据长江经济带绿色发展水平指数的指标框架中政府支持度指数的测算，结果如表 2-8 和图 2-14 所示。

表 2-8 2016 年长江经济带政府支持度及排名

地区	三级指标				二级指标	
	环境治理		绿色投资		政府支持度	
	数值	排名	数值	排名	数值	排名
上海	0.084 4	11	0.446 3	11	0.530 7	11
江苏	0.354 8	5	0.762 4	2	1.117 2	2
浙江	0.442 3	1	0.653 6	5	1.095 9	3
安徽	0.364 5	3	0.666 7	4	1.031 2	4
江西	0.387 2	2	0.782 0	1	1.169 1	1
湖北	0.285 4	6	0.486 4	9	0.771 8	9
湖南	0.274 1	8	0.535 3	7	0.809 4	8
重庆	0.118 6	10	0.753 9	3	0.872 5	6
四川	0.256 0	9	0.575 3	6	0.831 3	7
贵州	0.361 9	4	0.520 8	8	0.882 7	5
云南	0.276 4	7	0.468 4	10	0.744 8	10

注：1. 本表是依据长江经济带各省市绿色发展水平指数指标框架的政府扶持度，依据各项指标 2016 年数据测算得出。本表中的年份均指当年期数据。

2. 本表中地区顺序是依据《中国统计年鉴》中行政区划先后顺序来排列的，并不是根据排名先后来排序。

3. 基于原始数据小数点分布规律，本表采用了小数点后四位的处理方式来表示指数值，如果存在指数值完全一样的情况，根据其实际值的大小排名。

4. 本表数据主要来源于《中国统计年鉴》《中国环境统计年鉴》《中国卫生和计划生育统计年鉴》及各省份统计年鉴等。

由表 2-8 和图 2-14 可以看出：2016 年二级指标政府支持度排名依次是江西、江苏、浙江、安徽、贵州、重庆、四川、湖南、湖北、云南、上海。从政府支持度的具体数值分布来看，政府支持度排在首位的江西主要得益于其三级指标环境治理和绿色投资均排在第 2 位，江苏的绿色投资居首位，但是环境治理拉低了其排名，安徽则是环境治理居首位，浙江的三级指标均在前列。贵州、重庆、四川、湖南、湖北之间的差异并不明显，其中四川的三级指标环境治理和绿色投资都排在第 8 位，重庆受到环境治理不足的影响，排名比较靠后，而湖北的排名则是绿色投资较少。排在末位的云南和上海在环境治理和绿色投资方面都有所欠缺，上海的三级指标环境治理和绿色投资垫底。

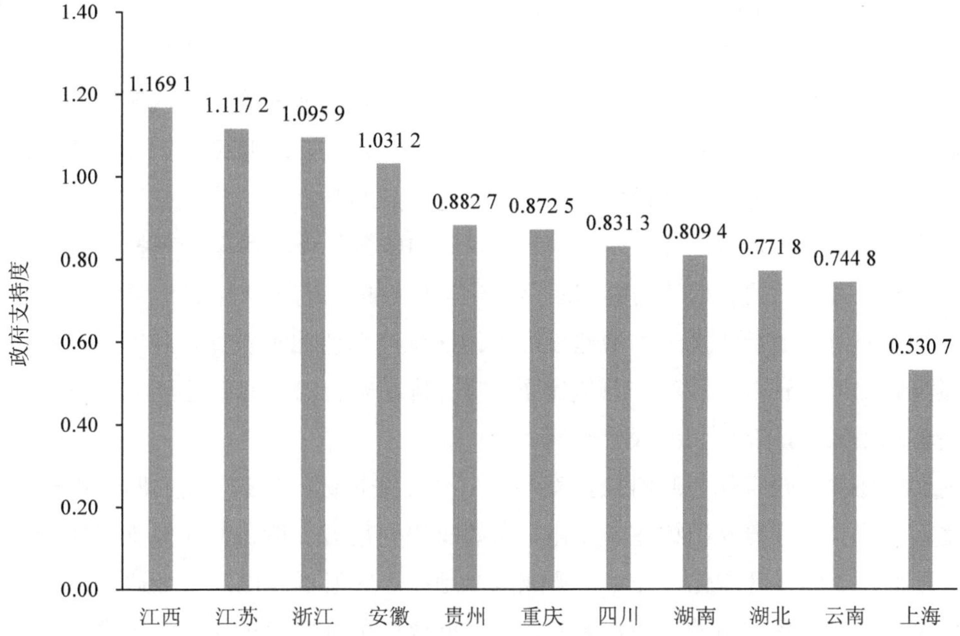

图 2-14　2016 年长江经济带各省市政府支持度

前文所述环境治理作为政府扶持度的第一个三级指标，主要涉及的四级指标是环境污染治理投资占地区生产总值比重，该指标体现了长江经济带对环境污染治理的重视程度。根据数据可得性和实际调查研究选取了这些具体指标，可以很好反映出政府扶持度的实际情况。

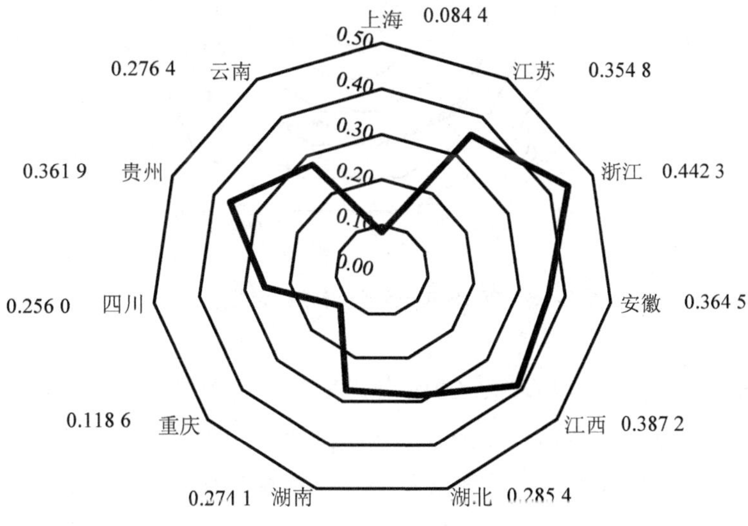

图 2-15　2016 年长江经济带环境治理及排名

由表 2-8 和图 2-15 可以看出，2016 年政府扶持度中的环境治理排名依次是浙江、江西、安徽、贵州、江苏、湖北、云南、湖南、四川、重庆、上海。从环境治理具体数值分布来看，排在首位的浙江环境治理能力很强，远超其他省份，依然保持着较大的优势。紧随其后的江西在环境治理方面也保持着较高的水平，江西投入大量财政资金来治理环境污染，其环境污染治理投资占地区生产总值比重排在第 2 位。安徽、贵州和江苏的环境治理数值比较接近，处于较高的水平。其中安徽的环境污染治理投资占地区生产总值比重最大。其后的云南、湖南和四川的环境治理能力有所欠缺，但是相互之间差距较小。其中云南受限于环境污染治理投资占地区生产总值比重较低，湖南、湖北和云南的环境污染治理投资占地区生产总值比重垫底。排在末位的上海缺乏环境污染治理投资，环境治理水平低下，有极大的改善空间。

前文所述绿色投资作为政府扶持度的第二个三级指标，主要涉及的四级指标教育支出与地方一般公共预算支出比重、文化与传媒支出与地方一般公共预算支出比重、人均公园绿地面积、建成区绿化覆盖率、建成区绿地率、农村累计已改水受益人口占农村总人口比重都体现了各省市的生态环境状况。根据数据可得性和实际调查研究选取了这些具体指标，可以很好反映出政府扶持度的实际情况。

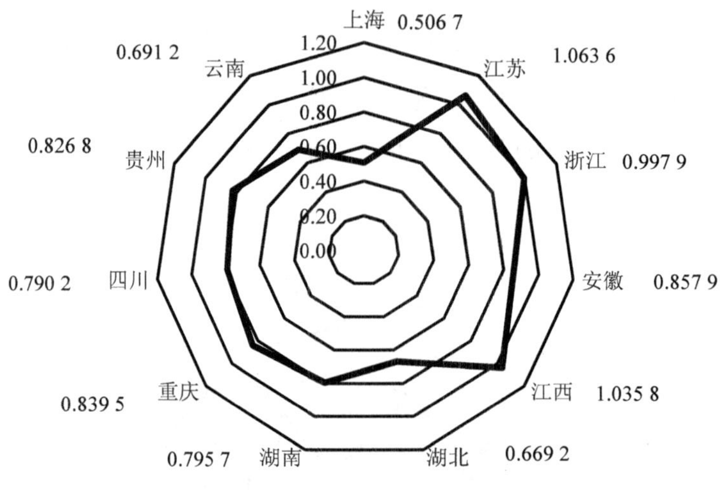

图 2-16　2016 年长江经济带绿色投资及排名

由表 2-8 和图 2-16 可以看出：2016 年政府扶持度中绿色投资排名依次是江西、江苏、重庆、安徽、浙江、四川、湖南、贵州、湖北、云南、上海。从绿色投资具体数值分布来看，排在首位的江西与排在第 2 位的江苏在绿色投资方面差距很小，且都处于一个较高的水平。其中江西主要得益于其四级指标建成区绿化覆盖率和建成区绿地率均排在首位，而江苏的建成区绿化覆盖率很高。紧随其后的重庆绿色投资力度也较大，主要得益于人均公园绿地面积排在首位。安徽和浙江的绿色投资数值比较接近。其中安徽的建成区绿化覆盖率较高，而浙江的各项四级指标均排名靠前。四川、湖南和贵州的绿色投资的力度比较相近。其中四川和湖南受限于人均公园绿地面积和农村累计已改水受益人口占农村总人口比重都较小，贵州的建成区绿化覆盖率、建成区绿地率和农村累计已改水受益人口占农村总人口比重都靠后。排在末位的湖北、云南和上海的绿色投资力度相对较弱。其中湖北主要受限于建成区绿化覆盖率和建成区绿地率垫底，云南主要是受限于农村累计已改水受益人口占农村总人口比重最小，且其他四级指标都排名靠后，而上海的农村累计已改水受益人口占农村总人口比重排在首位，但是其人均公园绿地面积和建成区绿地率靠后，从而拉低了其整体的排名。

2.3　2010—2016 年长江经济带绿色发展水平指数变化分析

在 2016 年长江经济带各省市绿色发展水平指数分析的基础上，根据 2010—2016 年数据，本书从东、中、西部不同的区域出发，对 2010—2016 年长江经济带各省市绿色发展水平指数做比较分析。

2.3.1　长江经济带绿色发展水平指数变化分析

2.3.1.1　长江经济带绿色发展水平指数变化结果

将 2010—2016 年长江经济带经济增长绿化度指数、资源环境承载潜力指数、政府支持力度指数进行主成分分析，由于得出的绿色发展水平指数既有正数也有负数，为了更加直观地反映长江经济带绿色发展水平，将分析结果再进行归一化，使得指数位于区间[0，1]。2010—2016 年长江经济带绿色发展水平指数及排名如表 2-9 所示。

从图 2-17 和表 2-9 可以看出：上海、江苏、浙江的绿色发展水平指数排名一直分别位于第 1 位、第 2 位和第 3 位，它们的绿色发展水平处于较高的水平。湖北省绿色发展水平排名第 4 位（2010 年和 2016 年都下降到第 5 位，2015 年下降到第 6 位），安徽省排名第 5 位（2010 年和 2015 年都上升到第 4 位，2011 年下降到第 6 位，2016 年下降到第 7 位），其次排名为重庆第 6 位（2011 年和 2015 年都位于第 5 位，2016 年上升到第 4 位），湖南省第 7 位（2016 年上升到第 6 位），江西省第 8 位（2015 下降到第 9 位），四川省第 9 位（2014 年下降到第 10，2015 年上升到第 8 位），贵州省第 10 位（2014 年上升到第 9 位），云南省为第 11 位。总体来看， 2010—2016 年，长江经济带沿江各个地区绿色发展水平不断在提升。

表 2-9　2010—2016 年长江经济带绿色发展水平指数及排名表

省/直辖市	2010 年		2011 年		2012 年		2013 年		2014 年		2015 年		2016 年	
	绿色发展水平指数	排名	绿色发展水平指数	排名	绿色发展水平指数	排名	绿色发展水平指数	排名	绿色发展水平指数	排名	绿色发展水平指数	排名	绿色发展水平指数	排名
上海	0.824 5	1	0.990 7	1	0.992 8	1	0.995 0	1	0.992 5	1	1.000 0	1	0.851 1	1
江苏	0.606 7	2	0.682 0	2	0.697 5	2	0.676 2	2	0.732 3	2	0.769 6	2	0.702 4	2
浙江	0.429 3	3	0.466 6	3	0.507 5	3	0.502 5	3	0.525 7	3	0.548 9	3	0.455 2	3
安徽	0.353 0	4	0.326 4	6	0.369 5	5	0.396 3	5	0.421 2	5	0.466 2	4	0.332 2	7
江西	0.200 1	8	0.152 6	8	0.233 8	8	0.210 7	8	0.254 4	8	0.261 7	9	0.236 6	8
湖北	0.337 8	5	0.339 8	4	0.388 9	4	0.405 7	4	0.422 7	4	0.439 9	6	0.385 6	5
湖南	0.287 8	7	0.246 9	7	0.303 8	7	0.309 6	7	0.349 7	7	0.435 6	7	0.344 2	6
重庆	0.311 9	6	0.329 1	5	0.364 3	6	0.387 5	6	0.410 4	6	0.451 1	5	0.409 3	4
四川	0.148 3	9	0.116 3	9	0.162 3	9	0.170 6	9	0.194 8	10	0.299 6	8	0.221 5	9
贵州	0.107 8	10	0.054 7	10	0.146 0	10	0.162 6	10	0.195 0	9	0.224 3	10	0.206 5	10
云南	0.063 7	11	0.000 0	11	0.069 4	11	0.099 0	11	0.102 4	11	0.158 0	11	0.138 2	11

注：1. 本表是依据长江经济带各省市绿色发展水平指数指标框架的经济增长绿化度，依据各项指标 2016 年数据测算得出。本表中的年份均指当年期数据。

2. 本表中地区顺序是依据《中国统计年鉴》中行政区划先后顺序来排列的，并不是根据排名先后来排序。

3. 基于原始数据小数点分布规律，本表采用了小数点后四位的处理方式来表示指数值，如果存在指数值完全一样的情况，根据其实际值的大小排名。

4. 本表数据主要来源于《中国统计年鉴》《中国环境统计年鉴》《中国卫生和计划生育统计年鉴》及各省份统计年鉴等。

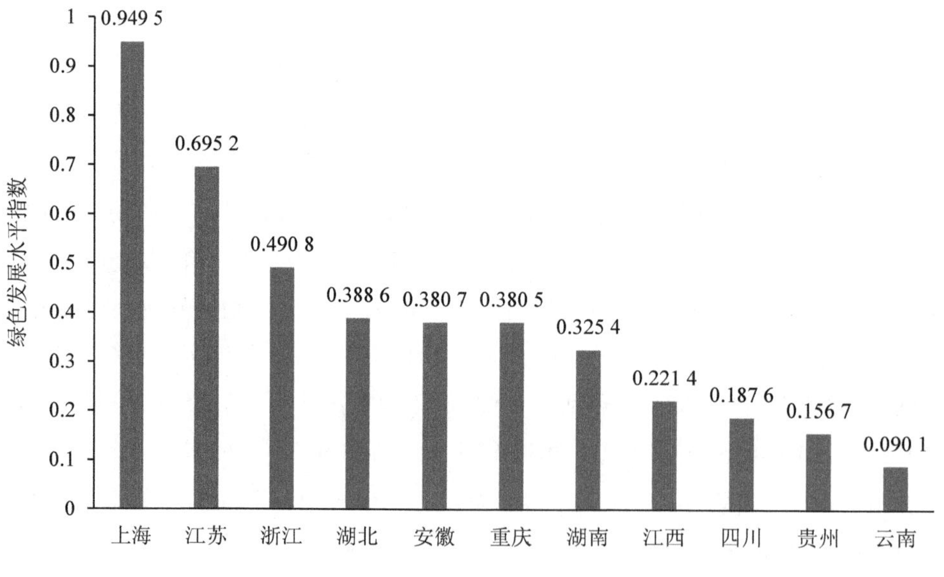

图 2-17　2010—2016 年长江经济带绿色发展水平指数平均值

首先，分析长江经济带绿色发展水平指数均衡态势，为了方便进行比较，本书测算了 2010—2016 年长江经济带绿色发展水平指数的平均值。从图 2-17 可以看出，以平均值来分析的话，绿色发展水平指数排名依次是上海、江苏、浙江、湖北、安徽、重庆、湖南、江西、四川、贵州、云南。从绿色发展水平指数具体指数值分布来看，平均值排在首位的上海绿色发展水平很高，且一直保持着领先的优势。紧随其后的江苏和浙江两省的绿色发展水平指数值也较高，江苏的绿色发展水平领先于浙江。湖北、安徽、重庆、湖南和江西的绿色发展水平指数值处在中等水平，整体的绿色发展潜力不错。排名靠后的四川、贵州和云南 3 个省份绿色发展水平指数值偏低，且与排名首位的上海差距较大，其绿色发展水平有待提高。

其次，由于长江经济带横跨东部、中部、西部，考虑不同地区的产业梯度和要素禀赋差异比较大，所以本节从这 3 个地区出发，对相同地区不同省市的绿色发展水平进行比较。从 7 年来长江经济带绿色发展水平指数来看，各省市的绿色发展水平指数也反映了长江经济带绿色发展水平实际情况。

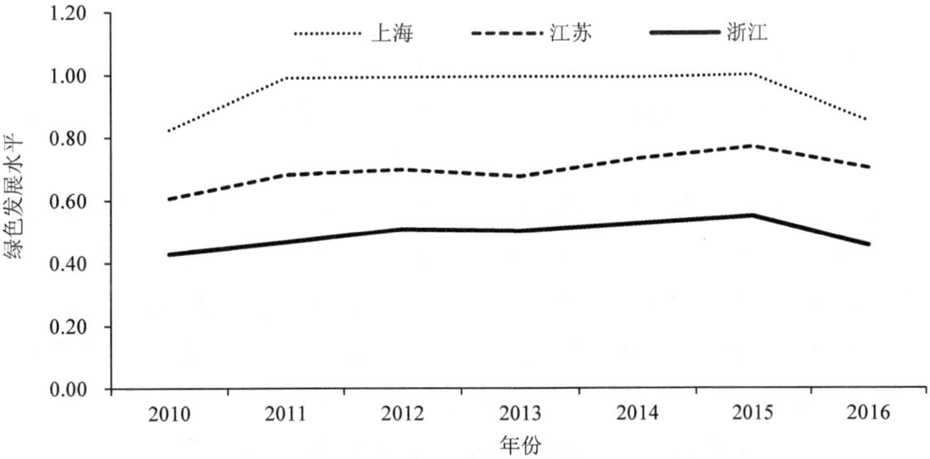

图 2-18　2010—2016 年长江经济带东部地区绿色发展水平

根据图 2-18 分析，从空间分布上来看，长江经济带的东部地区包括上海、江苏和浙江，其中在 2010—2016 年上海的绿色发展水平很高，且一直处于领先地位，排在第 2 位的是江苏，江苏与上海绿色发展水平的差距有缩小的趋势，其次是浙江，与上海和江苏一直保持一定的差距，绿色发展水平有待提高。从时间分布上来看，长江经济带东部 3 个省份的绿色发展水平指数呈现先上升后下降的趋势， 2010—2011 年上海的绿色发展水平指数呈现上升趋势，之后在 2011—2015 年维持在较高的水平，到 2016 年有一定的下降趋势。2010—2016 年，江苏的绿色发展水平指数有小幅度的变动。2010—2015 年，浙江的绿色发展水平指数小幅波动上升，到 2016 年有所下降。

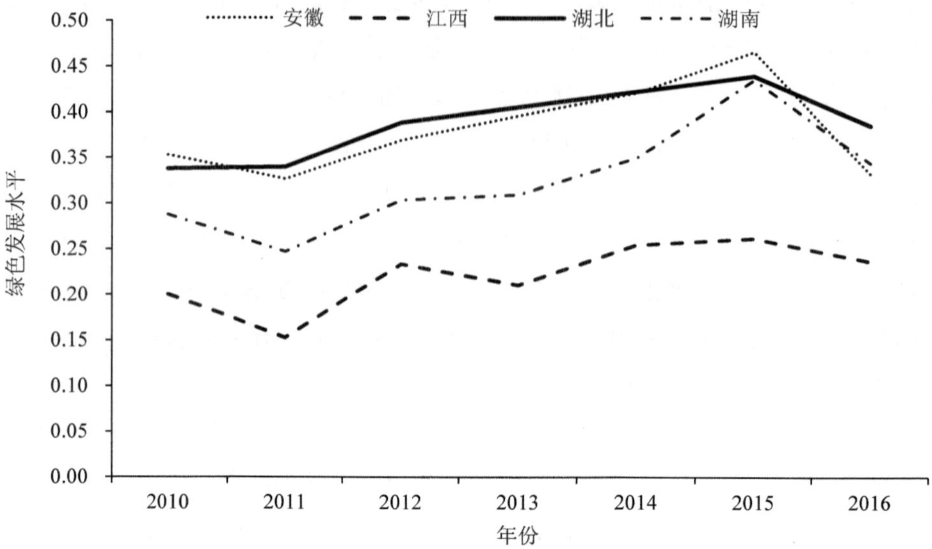

图 2-19　2010—2016 年长江经济带中部地区绿色发展水平

根据图 2-19 分析，从空间分布上来看，长江经济带的中部地区包括安徽、江西、湖北和湖南，其中在 2010 年和 2015 年，安徽的绿色发展水平在中部地区排名居首位，但是 2011—2014 年和 2016 年，湖北的绿色发展水平超越了安徽，成为第 1 位。2010—2016 年，湖南的绿色发展水平指数在中部地区一直排在第 3 位，江西的绿色发展水平在中部地区排名则是一直垫底。从时间分布上来看，2010—2011 年，安徽、江西和湖南的绿色发展水平指数都呈现下降趋势，2011—2015 年，安徽和湖北的绿色发展水平指数在稳步上升，2015—2016 年，安徽、江西、湖北和湖南的绿色发展水平指数都在下降，其中安徽和湖南的下降幅度很明显。与其他省份不同的是，江西的绿色发展水平指数还在 2013 年有小幅度的下降，在 2011—2015 年总体趋势上是上升的。

根据图 2-20 分析，从空间分布上来看，长江经济带的西部地区包括重庆、四川、贵州和云南，2010—2016 年，重庆的绿色发展水平指数在长江经济带西部地区中一直居首位，四川一直排在第 2 位，贵州一直排在第 3 位，而云南一直排在第 4 位，重庆的绿色发展水平指数与四川、贵州、云南差距很大，说明四川、贵州和云南的绿色发展有进一步提升的空间。从时间分布上来看，2010—2011 年，四川、贵州和云南的绿色发展水平指数均有明显的下降趋势，2011—2015 年，四川、贵州和云南的绿色发展水平指数都持续上升，2015—2016 年，重庆、四川、贵州和云南的绿色发展水平指数都在下降，其中四川的下降幅度最大。与其他省份不同的是，2010—2015 年，重庆的绿色发展水平指数在持续上升。

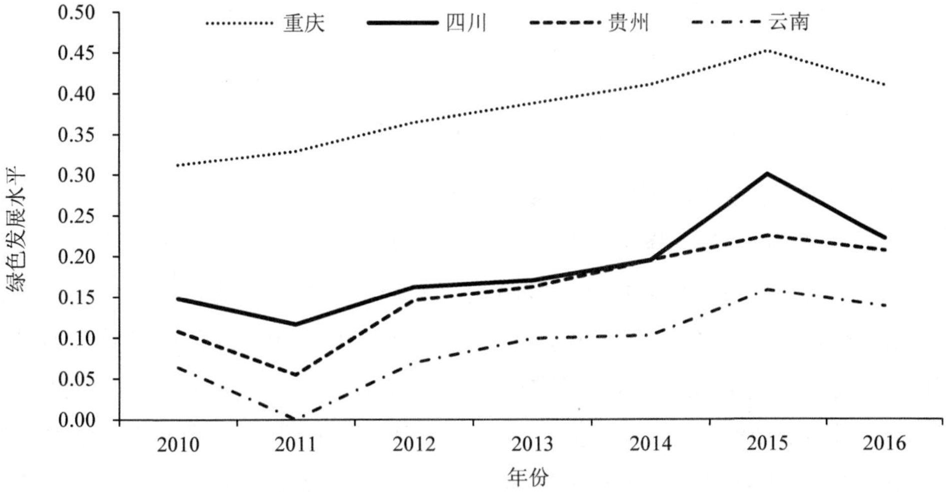

图 2-20　2010—2016 年长江经济带西部地区绿色发展水平

2.3.1.2　长江经济带绿色发展水平指数排名结果及其政策含义

（1）在空间分布上，长江经济带绿色发展水平表现出明显的区域特征。长江经济带东部地区一直稳居前三位，长江经济带中部地区处于中等位置，长江经济带西部地区（除了重庆）整体排名靠后。从绿色发展水平指数得分上看，长江经济带东部地区的整体得分与西部地区得分是存在很大差距的（几乎可以达到 4～5 倍），尽管西部地区（四川、贵州、云南）有较好的资源环境承载潜力，但是地区的绿色发展整体水平还是较低的，因此，在长江经济带西部地区要尽快找到适合的绿色经济发展方式，将绿色资源优势转换为绿色生产力，推进区域的跨越式发展；在长江经济带中部地区重点要改造传统产业、发展生态产业，提高绿色经济规模与产出水平，提升绿色治理能力，避免走先污染后治理的老路。

（2）在时间分布上，2010—2015 年，长江经济带大部分省市的绿色发展水平整体上呈现上升的趋势，但是 2015—2016 年，长江经济带大部分省市的绿色发展水平整体上呈现下降的趋势。这说明，长江经济带都开始重视经济增长的方式，但是从 2010—2015 年的数据来看，长江经济带各省市的绿色发展水平上升幅度还是不大，上升速度较为缓慢，到 2015 年之后，长江经济带大部分省市的绿色发展处于瓶颈期，有下降的趋势，说明在处理长江经济带的经济发展与生态建设的矛盾上没有完成实质性的突破，在推动绿色经济转型发展上还是有很大的提升空间。因此，长江经济带应根据各自区域发展特点积极探索差异化的绿色发展路径。

（3）长江经济带绿色发展地区不平衡特征明显，且绿色发展水平差距有扩大的趋势。地区之间绿色发展的不平衡影响了长江经济带绿色发展的全面推进。因此，缩小长江经济带东、中、西三大区域及省域之间的差距，完善协调发展机制，提升长江经济带的整体绿色发展能力，是需要解决的重大课题。

2.3.2 长江经济带经济增长绿化度指数变化分析

2.3.2.1 长江经济带经济增长绿化度指数变化结果

将指标X_1～X_{15}进行主成分分析得到2010—2016年长江经济带经济增长绿化度指数及排名如表2-10所示。从图2-21和表2-10可以看出，上海的经济增长绿化度指数排名一直位于第1位，其经济增长绿化度指数较高。江苏的经济增长绿化度指数排名第2位（2013年下降到第3位），浙江的经济增长绿化度指数排名第3位（2013年上升到第2位），重庆经济增长绿化度排名第4位（2010年下降到第6位），湖北排名第5位（2015年下降到第6位），其次湖南和安徽的经济增长绿化度指数排名在第6位和第7位之间波动，江西排名第8位（2015年下降到第10位），四川排名第9位（2015年上升到第8位），云南和贵州的经济增长绿化度指数排名在第10位和第11位之间波动。总体来看，2010—2016年，长江经济带沿江各个地区经济增长绿化度呈现上升的趋势。

表2-10 2010—2016年经济增长绿化度指数及排名表

省/直辖市	2010年		2011年		2012年		2013年		2014年		2015年		2016年	
	经济增长绿化度	排名	经济增长绿化度	排名	经济增长绿化度	排名	经济增长绿化度	排名	经济增长绿化度	排名	经济增长绿化度	排名	经济增长绿化度	排名
上海	1.922 6	1	1.888 6	1	1.944 2	1	2.011 0	1	2.094 9	1	2.223 6	1	2.192 5	1
江苏	1.440 8	2	1.361 6	2	1.422 0	2	1.387 1	3	1.598 7	2	1.769 7	2	1.926 8	2
浙江	1.370 9	3	1.267 9	3	1.322 8	3	1.397 8	2	1.445 2	3	1.595 0	3	1.588 6	3
安徽	1.028 0	7	0.680 5	7	0.784 6	6	0.871 9	6	0.964 2	7	1.141 6	7	1.119 0	7
江西	0.896 4	8	0.579 0	8	0.678 6	8	0.764 5	8	0.843 7	8	0.940 5	10	0.977 5	8
湖北	1.067 4	5	0.786 9	5	0.866 5	5	0.959 6	5	1.062 3	5	1.184 1	6	1.208 6	5
湖南	1.090 6	4	0.683 9	6	0.777 8	7	0.867 5	7	0.978 4	6	1.237 8	5	1.181 4	6
重庆	1.039 1	6	0.846 8	4	0.958 1	4	1.048 9	4	1.153 1	4	1.284 9	4	1.300 4	4
四川	0.855 6	9	0.533 7	9	0.626 6	9	0.703 1	9	0.771 1	9	1.063 7	8	0.947 8	9
贵州	0.705 3	11	0.397 4	11	0.588 4	10	0.659 7	11	0.770 3	10	0.992 1	9	0.886 1	11
云南	0.794 8	10	0.461 3	10	0.584 0	11	0.701 2	10	0.755 9	11	0.940 2	11	0.929 3	10

注：1. 本表是依据长江经济带各省市绿色发展水平指数指标框架的经济增长绿化度，依据各项指标2016年数据测算得出。本表中的年份均指当年期数据。

2. 本表中地区顺序是依据《中国统计年鉴》中行政区划先后顺序来排列的，并不是根据排名先后来排序。

3. 基于原始数据小数点分布规律，本表采用了小数点后四位的处理方式来表示指数值，如果存在指数值完全一样的情况，根据其实际值的大小排名。

4. 本表数据主要来源于《中国统计年鉴》《中国环境统计年鉴》《中国卫生和计划生育统计年鉴》及各省份统计年鉴等。

首先，分析长江经济带经济增长绿化度均衡态势，为了方便进行比较，本书测算了 2010—2016 年长江经济带经济增长绿化度的平均值。从图 2-21 可以看出，以平均值来分析的话，经济增长绿化度排名依次是上海、江苏、浙江、重庆、湖北、湖南、安徽、江西、四川、云南、贵州。根据经济增长绿化度的具体指数值分布来看，平均值排在首位的上海经济增长绿化程度很高，且与第 2 位相比仍然有一定的优势。江苏和浙江两省的经济增长绿化度值都比较接近，也处于一个较高的水平。其后的重庆、湖北、湖南和安徽经济增长绿化度数值相互之间的差距不大，但与排在首位的上海相比仍有较大的发展潜力。而排名靠后的江西、四川、云南和贵州 4 个省份经济增长绿化度数值偏低，有很大的提升空间。

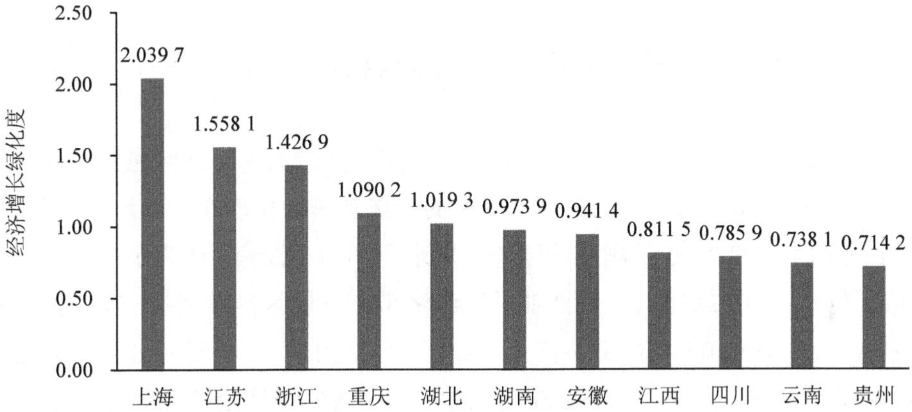

图 2-21　2010—2016 年经济增长绿化度指数平均值

其次，由于长江经济带横跨东部、中部、西部，考虑不同地区的产业梯度和要素禀赋差异比较大，所以本节从这 3 个地区出发，对相同地区的不同省市的绿色发展水平进行比较。从 7 年来长江经济带绿色发展水平指数来看，各省市的经济增长绿化度也反映了长江经济带经济增长绿化度的实际情况。

根据图 2-22 分析，从空间分布上来看，长江经济带的东部地区包括上海、江苏和浙江，其中 2010—2016 年，上海的经济增长绿化度很高，且一直处于领先地位，江苏除了 2013 年排在第 3 位之外，都排在第 2 位，与上海绿色发展水平的差距有缩小的趋势，其次浙江除了 2013 年排在第 2 位，都排在第 3 位，与上海一直保持一定的差距，绿色发展水平有待提高。从时间分布上来看，长江经济带东部三个省份的绿色发展水平指数呈现上升的趋势，2010—2011 年，上海、江苏和浙江的经济增长绿化度有小幅度下降，之后在 2011—2015 年上海和浙江的经济增长绿化度上升，到 2016 年上海和浙江的经济增长绿化度有一定的下降趋势。2012—2013 年，江苏的经济增长绿化度小幅度下降。

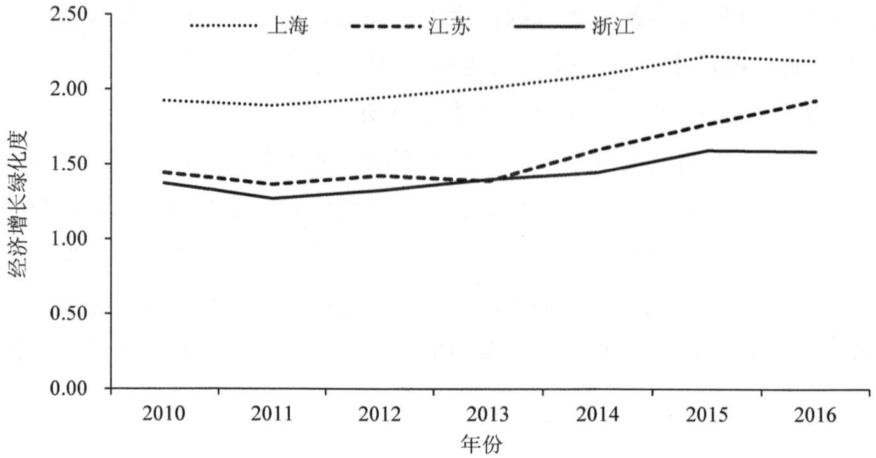

图 2-22　2010—2016 年长江经济带东部地区经济增长绿化度

根据图 2-23 分析，从空间分布上来看，长江经济带的中部地区包括安徽、江西、湖北和湖南，其中 2010 年和 2015 年，湖南的经济增长绿化度在中部地区排名居首位，但是 2011—2014 年和 2016 年湖北的绿色发展水平超越了湖南，成为了长江经济带中部地区的第 1 位。2010—2016 年，江西在长江经济带中部地区排名则是一直垫底。从时间分布上来看，2010—2011 年安徽、江西、湖北和湖南的经济增长绿化度都呈现大幅度下降的趋势，2011—2015 年，安徽、江西、湖北和湖南的经济增长绿化度在不断升高，2015—2016 年，安徽和湖南的经济增长绿化度在小幅度下降，而在此期间江西和湖北的经济增长绿化度在小幅度上升。

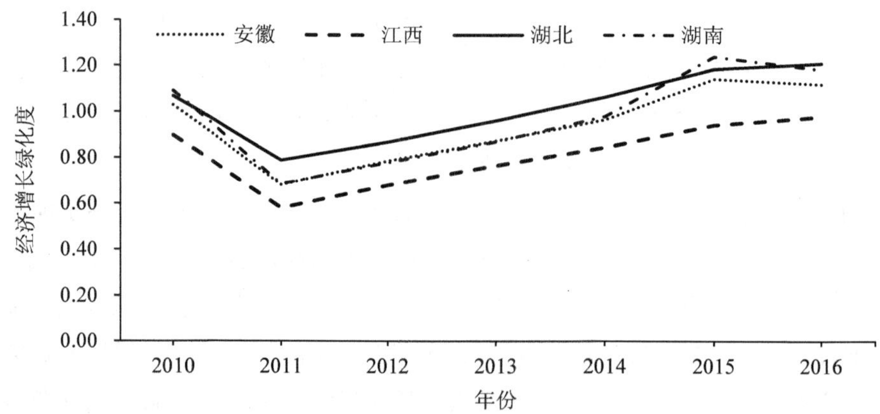

图 2-23　2010—2016 年长江经济带中部地区经济增长绿化度

根据图 2-24 分析，从空间分布上来看，长江经济带的西部地区包括重庆、四川、贵州和云南，2010—2016 年，重庆的经济增长绿化度在长江经济带西部地区中一直居首位，四川一直排在第 2 位，贵州和云南的经济增长绿化度排名在长江经济带西部地区的第 3 位到第 4 位之间波动。重庆的经济增长绿化度与四川、贵州、云南差距很大，说明四川、贵州和云南的经济增长绿化度有进一步提升的空间。从时间分布上来看，2010—2011 年，重庆、四川、贵州和云南的经济增长绿化度均有下降趋势，2011—2015 年，重庆、四川、贵州和云南的经济增长绿化度都持续上升，2015—2016 年四川、贵州和云南的经济增长绿化度都在下降，其中四川的下降幅度最大，而在此期间重庆的经济增长绿化度呈现小幅度的上升趋势。

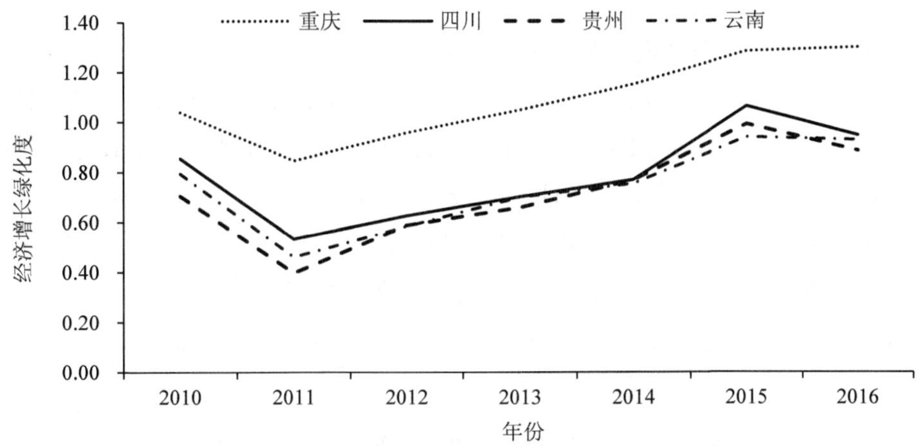

图 2-24　2010—2016 年长江经济带西部地区经济增长绿化度

2.3.2.2　长江经济带经济增长绿化度指数排名结果及其政策含义

（1）经济增长绿化度区域差异明显。总体呈现出长江经济带东部地区持续较好，而中部地区居中，西部地区偏低（除重庆）的局面。在长江经济带 9 省 2 市中，排名前三位的省（市）都位于长江经济带东部地区，这得益于其经济绿色化转型相对领先，且生态环保基础设施相对完备，长江经济带中部地区排名居中，长江经济带西部地区排名普遍靠后。

（2）经济增长绿化度排名与地区经济发展水平呈现出同向变动关系。长江经济带经济增长绿化度指数的排名顺序与沿江省（市）经济发展水平呈同向变动的趋势，即长江经济带的经济发展水平越高，经济增长绿化度指数的排名越在前列，这也反映出绿色发展方式可以实现经济增长。长江经济带经济发展一直都是东部地区处于领先位置，中部地区居中，西部地区靠后，这也与长江经济带绿色增长度指数排名大体一致。因此，应通过错位发展和合理布局推动产业绿色转型。

（3）提高经济增长绿化度将有助于推进经济绿色发展。对比长江经济增长绿化度指数排名与绿色发展水平指数排名以后可以发现，除了安徽、湖北和湖南 3 省在排名中表现出较大的差异，其他 8 个省（市）在两个排名中的差距都不大，在两个排名中，上海、江苏、浙江都排名前三位，四川、贵州、云南都排名后三位。由此可见，长江经济带绿色增长度对绿色发展有重大的影响，绿色增长度是绿色发展的重要影响因素，但不是唯一因素。长江经济带经济增长绿化度的提高在很大程度上会加速推进绿色发展的进程，因此，加快推进产业结构优化、产业循环发展等方面的工作，可以于促进经济增长绿色度提高，进而推动长江经济带绿色发展。

2.3.3 长江经济带资源环境承载潜力指数变化分析

2.3.3.1 长江经济带资源环境承载潜力指数变化结果

将指标 X_{16}～X_{27} 进行主成分分析得到 2010—2016 年长江经济带资源环境承载力指数及排名如表 2-11 所示。从图 2-25 和表 2-11 可以看出，云南的资源环境承载力指数排名一直分别位于第 1 位，其资源环境承载力指数较高。浙江、江西、四川、贵州、重庆、湖南的资源环境承载力排名在第 2 位到第 7 位之间波动。其次湖北排在第 8 位（2016 年下降到第 9 位），安徽排在第 9 位（2016 年上升到第 6 位），江苏一直排在第 10 位，上海一直排在第 11 位。总体上来看，2010—2016 年，长江经济带沿江各个地区资源环境承载力在波动上升。

表 2-11　2010—2016 年资源环境承载潜力指数及排名

省/直辖市	2010 年		2011 年		2012 年		2013 年		2014 年		2015 年		2016 年	
	资源环境承载潜力	排名	资源环境承载潜力	排名	资源环境承载潜力	排名	资源环境承载潜力	排名	资源环境承载潜力	排名	资源环境承载潜力	排名	资源环境承载潜力	排名
上海	0.739 2	11	0.236 4	11	0.292 1	11	0.358 1	11	0.445 5	11	0.542 9	11	0.935 0	11
江苏	0.956 1	10	0.662 4	10	0.693 3	10	0.723 6	10	0.772 4	10	0.836 2	10	1.182 1	10
浙江	1.385 2	7	1.169 9	5	1.131 7	6	1.217 5	5	1.204 2	6	1.285 2	5	1.549 7	3
安徽	1.236 7	9	0.986 1	9	0.972 0	9	0.996 3	9	1.008 0	9	1.057 3	9	1.422 6	6
江西	1.591 8	3	1.437 7	2	1.316 8	4	1.445 7	2	1.390 5	4	1.460 3	3	1.575 9	2
湖北	1.293 7	8	1.020 2	8	0.986 2	8	1.006 7	8	1.063 0	8	1.121 3	8	1.321 0	9
湖南	1.449 2	5	1.156 6	7	1.114 0	7	1.181 5	7	1.182 7	7	1.222 9	6	1.418 3	7
重庆	1.388 4	6	1.156 9	6	1.177 2	5	1.185 8	6	1.211 5	5	1.222 8	7	1.359 8	8
四川	1.608 3	2	1.401 0	3	1.389 1	2	1.438 5	3	1.426 6	3	1.425 1	4	1.539 4	4
贵州	1.542 1	4	1.398 2	4	1.351 5	3	1.400 7	4	1.427 4	2	1.575 2	2	1.528 3	5
云南	1.813 3	1	1.673 4	1	1.617 4	1	1.637 5	1	1.664 5	1	1.687 7	1	1.747 3	1

注：1. 本表是依据长江经济带各省市绿色发展水平指数指标框架的资源环境承载潜力，依据各项指标 2016 年数据测算得出。本表中的年份均指当年期数据。

2. 本表中地区顺序是依据《中国统计年鉴》中行政区划先后顺序来排列的，并不是根据排名先后来排序。

3. 基于原始数据小数点分布规律，本表采用了小数点后四位的处理方式来表示指数值，如果存在指数值完全一样的情况，根据其实际值的大小排名。

4. 本表数据主要来源于《中国统计年鉴》《中国环境统计年鉴》《中国卫生和计划生育统计年鉴》及各省份统计年鉴等。

首先，分析长江经济带资源环境承载潜力均衡态势，为了方便进行比较，本书测算了 2010—2016 年长江经济带资源环境承载力的平均值。从图 2-25 可以看出，以平均值来分析的话，资源环境承载潜力排名依次是云南、四川、贵州、江西、浙江、湖南、重庆、湖北、安徽、江苏、上海。根据资源环境承载潜力具体指数值分布来看，平均值排在首位的云南资源环境承载潜力很高，优势明显。四川、贵州和江西三省的资源环境承载潜力值都比较接近，也处于一个较高的水平。其后的浙江、湖南、重庆、湖北和安徽的资源环境承载潜力相互之间差距不大，资源环境承载潜力尚可。而排名靠后的江苏和上海资源环境承载潜力偏低，与排名首位的云南差距较大。

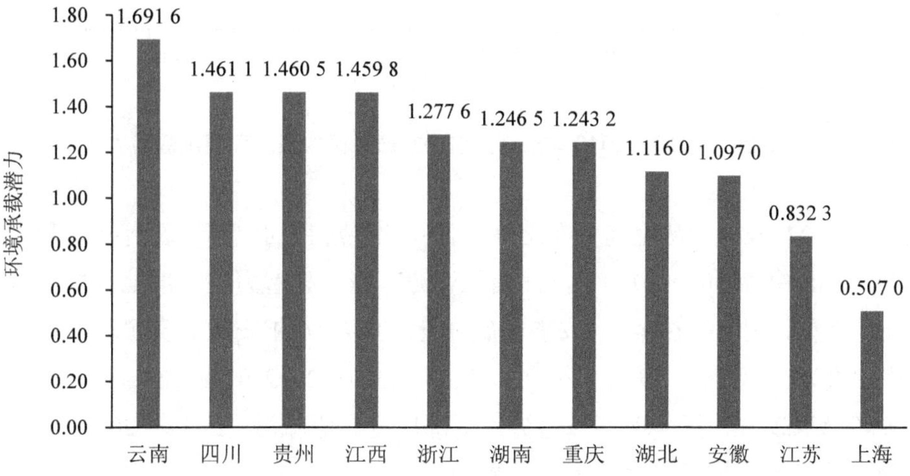

图 2-25　2010—2016 年资源环境承载潜力指数平均值

其次，由于长江经济带横跨东部、中部、西部，考虑不同地区的产业梯度和要素禀赋差异比较大，所以本节从这 3 个地区出发，对相同地区的不同省（市）的绿色发展水平进行比较。从 7 年来长江经济带绿色发展水平指数来看，各省市的经济增长绿化度也反映了长江经济带资源环境承载潜力的实际情况。

根据图 2-26 分析，从空间分布上来看，长江经济带的东部地区包括上海、江苏和浙江，其中 2010—2016 年，浙江的资源环境承载潜力在长江经济带东部地区处于领先地位，排在第 2 位的是江苏，江苏的资源环境承载潜力有提高的趋势，其次是上海，与浙江有很大的差距，处于垫底的地位，说明上海的资源环境承载潜力有待提高。从时间分布上来看，长江经济带东部 3 个省份的绿色发展水平指数呈现先下降后上升的趋势，2010—2011 年，上海、江苏和浙江的资源环境承载潜力都呈现大幅度下降的趋势，下降幅度最大的是上海，之后在 2011—2016 年，上海和江苏的资源环境承载潜力在持续提升，而在此期间浙江的资源环境承载潜力有小幅度的波动，总体趋势是上升的。

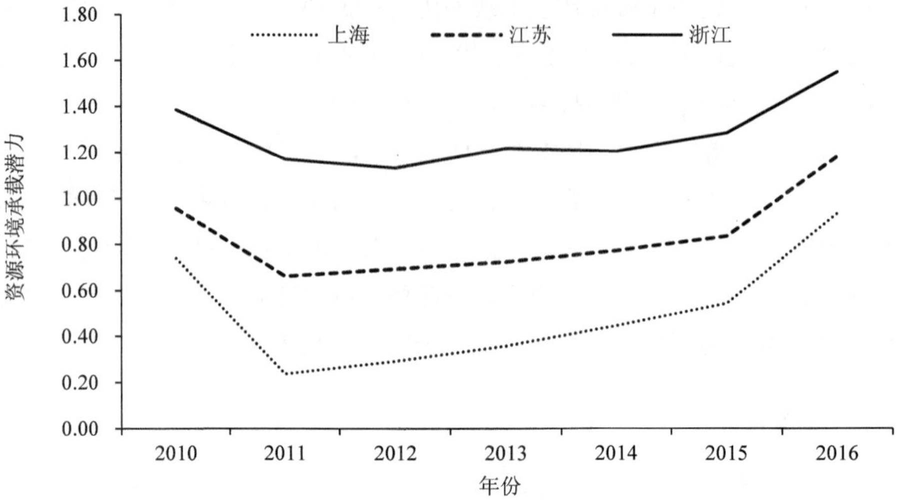

图 2-26　2010—2016 年长江经济带东部地区的资源环境承载潜力

根据图 2-27 分析，从空间分布上来看，长江经济带的中部地区包括安徽、江西、湖北和湖南，其中 2010—2015 年，江西的资源环境承载潜力在中部地区排名居首位，湖南排在第 2 位，湖北排在第 3，安徽垫底。但是在 2016 年安徽的资源环境承载潜力超越了湖南，成为了第 2 位。从时间分布上来看，2010—2012 年，安徽、江西、湖北和湖南的资源环境承载潜力都呈现下降趋势，下降速度有所减缓，2012—2015 年，安徽、湖北和湖南的资源环境承载潜力都有小幅度上升，2015—2016 年，安徽、湖北和湖南的资源环境承载潜力都大幅度上升，其中安徽的上升幅度最大。与其他省份不同的是，江西的资源环境承载潜力在 2012 先上升，在 2013 年有小幅度下降后，又在 2013—2015 年持续上升。

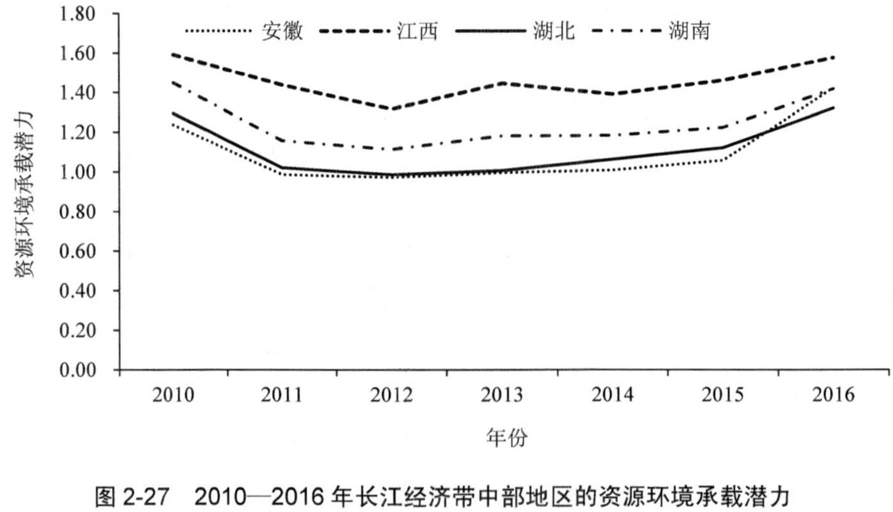

图 2-27　2010—2016 年长江经济带中部地区的资源环境承载潜力

根据图 2-28 分析，从空间分布上来看，长江经济带的西部地区包括重庆、四川、贵州和云南，2011—2016 年长江经济带资源环境承载潜力的西部地区排名略有变化，但是相对稳定。2010—2016 年，云南的资源环境承载潜力在长江经济带西部地区中乃至整个长江经济带 11 个省市中一直居首位，重庆在长江经济带西部地区中一直排名垫底，而四川和贵州排名在第 2 位和第 3 位之间波动，2014—2015 年，贵州排在第 2 位，四川排在第 3 位，2010—2013 年和 2016 年，四川排在第 2 位，贵州排在第 3 位。从时间分布上来看，2010—2012 年四川、贵州和云南的资源环境承载潜力均有明显的下降趋势。就云南而言，其资源环境承载潜力在 2012—2016 年小幅度稳步上升。就四川而言，其资源环境承载潜力 2011—2015 年有小幅度的波动，2015—2016 年呈现上升趋势。就贵州而言，其资源环境承载潜力在 2012—2015 年先上升，但在 2015—2016 年有小幅度的下降。就重庆而言，其资源环境承载潜力在 2010—2011 年先下降，在 2011—2016 年持续上升。

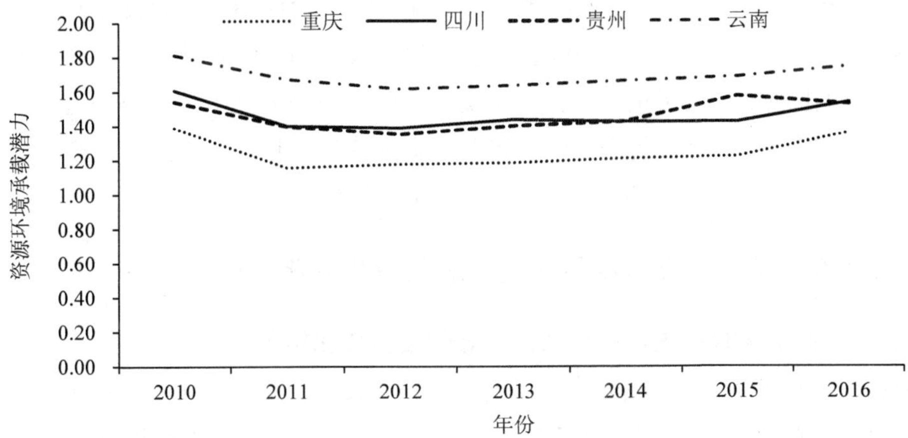

图 2-28　2010—2016 年长江经济带西部地区的资源环境承载潜力

2.3.3.2　长江经济带资源环境承载潜力排名结果及其政策含义

（1）长江经济带资源环境承载潜力表现出明显的地域特征。从资源环境承载潜力排名来看，大部分长江经济带西部地区表现出较大的资源环境承载潜力，大部分长江经济带中部地区资源环境承载潜力居中，东部地区资源环境承载潜力较小。从指数值来看，长江经济的资源环境承载潜力的省级差异是很明显的，但是这种差距有缩小的趋势，例如，云南、贵州、四川和上海、江苏、浙江的得分差距较大，2014 年，云南的资源环境承载潜力指数是江苏的资源环境承载潜力的 4 倍，而 2016 年，云南的资源环境承载潜力指数约是江苏的资源环境承载潜力的 2 倍。

（2）资源环境承载潜力的大小受生态资源的丰裕程度影响。一般来说，一个地区的生态资源越丰富，该地经济绿色发展的承载空间相对较大。长江经济带西部地区是生态资源最为丰富、环境最为良好的区域，从资源环境承载潜力排名来看，长江经济带西部地区排名整体靠前。长江经济带东部地区，尤其是上海，自身的资源丰裕程度较低，排名靠后。云南、四川、贵州、江西等地区的资源环境承载潜力较大，拥有较多的生态资源，生态资源比较充足，对环境污染的承载能力较强；湖南、湖北、安徽、重庆资源环境承载潜力处于中等位置；江苏、浙江、上海等地区的资源环境承载力相对偏小，资源环境承载潜力较小。在区域绿色协调发展上，加快中、西部地区赶超力度仍为重点，中部地区应特别关注制造业升级和水资源节约问题，西部区域需要在传统产业改造上下功夫。

（3）资源环境承载潜力与经济发展水平呈现出一定的负相关性。在目前很多区域的经济增长还是依靠传统的粗放型的增长方式，经济增长对生态环境的破坏和环境的污染影响还是非常大的。长江经济带西部地区是在整个经济带经济尤其是工业相对薄弱的区域，因此，污染性产出相对较小。长江经济带中部地区尽管也拥有较为良好的生态基础，但是工业污染对于这些省（市）的绿色发展产生了较大的负面影响，尤其这些区域在承接产业转移时出现了二次污染的现象。如果经济增长的动力更多依靠科技进步、要素创新等新动能，那么经济增长将会有助于资源环境承载潜力提高，因此，在经济的绿色发展中，应注重发展绿色产业、重视绿色治理，加快对绿色发展新动能与新生产力的培育。

2.3.4 长江经济带政府支持度与绿色生态化指数变化分析

2.3.4.1 长江经济带政府支持度与绿色生态化指数变化结果

将指标 X_{28}～X_{34} 进行主成分分析得到 2010—2016 年长江经济带政府支持度指数及排名如表 2-12 所示。从图 2-29 和表 2-12 可以看出，江西和江苏的政府支持度排在前两位，在 2015 年江苏的政府支持度超过了江西，成为第 1 位，浙江、安徽、重庆、湖北、湖南、四川、贵州、云南的政府支持度排名一直在第 3 位到第 10 位之间波动，上海的政府支持度排在第 11 位（2010 年和 2011 年都上升到第 9 位，2012 年又下降到第 10 位）。总体上来看，2010—2016 年，长江经济带沿江各个地区政府支持度有小幅度波动。

表 2-12 2010—2016 年政府支持度与指数及排名

省/直辖市	2010 年		2011 年		2012 年		2013 年		2014 年		2015 年		2016 年	
	政府支持度	排名	政府支持度	排名	政府支持度	排名	政府支持度	排名	政府支持度	排名	政府支持度	排名	政府支持度	排名
上海	0.517 7	9	0.573 6	9	0.615 1	10	0.651 3	11	0.625 5	11	0.557 9	11	0.530 7	11
江苏	1.022 7	2	1.035 2	2	1.135 7	2	1.164 4	2	1.149 3	2	1.145 5	1	1.117 2	2
浙江	0.955 4	3	0.921 3	5	1.084 4	3	1.059 1	4	1.098 6	3	1.081 7	3	1.095 9	3

省/直辖市	2010 年		2011 年		2012 年		2013 年		2014 年		2015 年		2016 年	
	政府支持度	排名	政府支持度	排名	政府支持度	排名	政府支持度	排名	政府支持度	排名	政府支持度	排名	政府支持度	排名
安徽	0.792 6	5	0.935 9	4	0.972 6	5	1.066 2	3	1.002 4	4	1.007 8	4	1.031 2	4
江西	1.119 7	1	1.305 5	1	1.389 0	1	1.230 3	1	1.168 9	1	1.126 2	2	1.169 1	1
湖北	0.614 8	7	0.704 6	7	0.890 7	6	0.723 7	8	0.737 3	8	0.640 1	10	0.771 8	9
湖南	0.539 9	8	0.522 7	10	0.703 4	9	0.664 2	10	0.700 2	9	0.881 7	5	0.809 4	8
重庆	0.945 7	4	1.017 8	3	1.084 3	4	0.976 8	5	0.889 0	5	0.863 3	6	0.872 5	5
四川	0.499 7	10	0.656 9	8	0.841 7	8	0.818 7	6	0.746 6	7	0.787 3	8	0.831 3	7
贵州	0.283 9	11	0.365 8	11	0.527 2	11	0.701 2	9	0.760 8	6	0.827 3	7	0.882 7	5
云南	0.655 4	6	0.733 4	6	0.871 1	7	0.786 4	7	0.665 2	10	0.651 4	9	0.744 8	10

注：1. 本表是依据长江经济带各省市绿色发展水平指数指标框架的政府支持度，依据各项指标 2016 年数据测算得出。本表中的年份均指当年期数据。
2. 本表中地区顺序是依据《中国统计年鉴》中行政区划先后顺序来排列的，并不是根据排名先后来排序。
3. 基于原始数据小数点分布规律，本表采用了小数点后四位的处理方式来表示指数值，如果存在指数值完全一样的情况，根据其实际值的大小排名。
4. 本表数据主要来源于《中国统计年鉴》《中国环境统计年鉴》《中国卫生和计划生育统计年鉴》及各省份统计年鉴等。

首先，分析长江经济带政府支持度均衡态势，为了方便进行比较，本书测算了 2010—2016 年长江经济带政府支持度的平均值，从图 2-29 可以看出，以平均值来分析的话，政府支持度排名依次是江西、江苏、浙江、安徽、重庆、四川、云南、湖北、湖南、贵州、上海。从政府支持度的具体指数值分布来看，平均值排在首位的江西政府支持度很高。江苏、浙江、安徽和重庆四省的政府支持度数值都比较接近，也处于一个较高的水平。紧跟其后的四川、云南、湖北和湖南政府支持度数值相互之间的差距不大，政府支持度尚可。而排名靠后的贵州和上海的政府支持度偏低，还需进一步提高政府扶持力度。

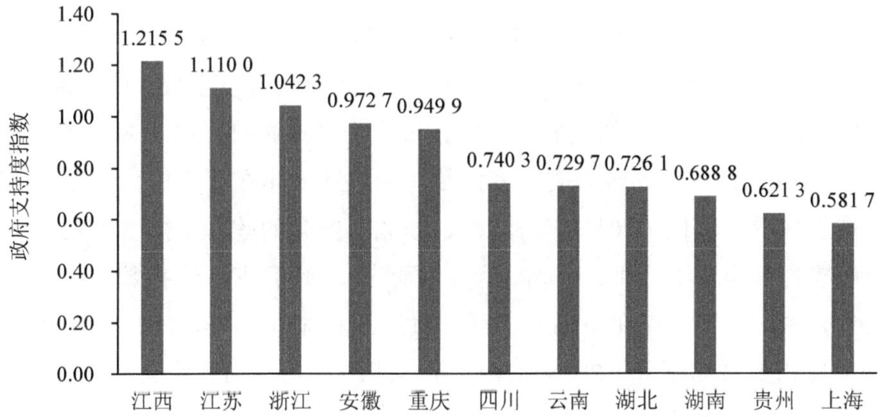

图 2-29　2010—2016 年政府支持度指数平均值

其次，由于长江经济带横跨东部、中部、西部，考虑不同地区的产业梯度和要素禀赋差异比较大，所以本节从这 3 个地区出发，对相同地区的不同省（市）的绿色发展水平进行比较。从 7 年来长江经济带政府支持度指数来看，各省市的政府支持度指数也反映了长江经济带政府支持力度的实际情况。

根据图 2-30 分析，从空间分布上来看，长江经济带的东部地区包括上海、江苏和浙江，其中在 2010—2016 年江苏的政府支持度一直略高于浙江，排在第 2 位的是浙江，其次是上海，一直与江苏保持较大的差距，政府支持度有待提高。从时间分布上来看，上海和江苏的政府支持度指数呈现先上升后下降的趋势，在 2010—2013 年上海和江苏的政府支持度指数呈现上升趋势，之后在 2013—2016 年有下降的趋势，因此上海和江苏的政府支持度指数在 2013 年出现一个最高值点。就浙江而言，其政府支持度指数在 2010—2011 年先上升，在 2011—2016 年有小幅度的波动，影响不大。

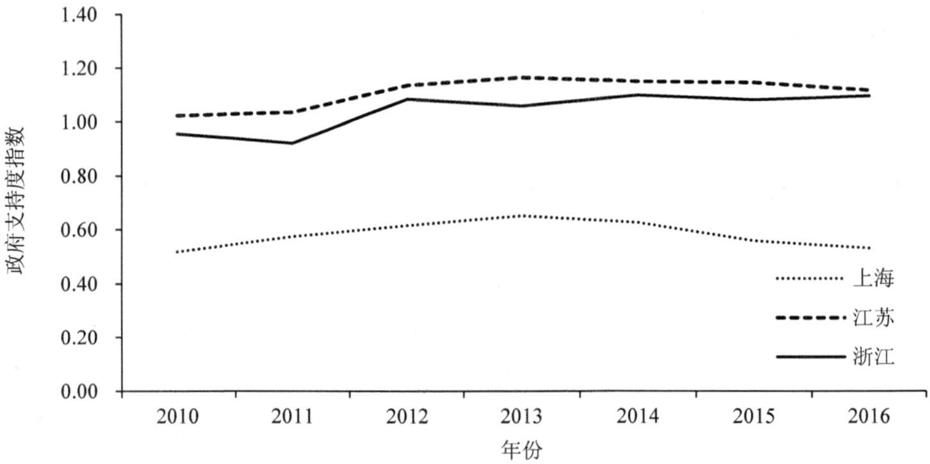

图 2-30　2010—2016 年长江经济带东部地区政府支持度指数

根据图 2-31 分析，从空间分布上来看，长江经济带的中部地区包括安徽、江西、湖北和湖南，其中在 2010—2016 年江西和安徽的政府支持度指数在中部地区排名在前两位，2010—2014 年，湖北的政府支持度指数在中部地区排在第 3 位，湖南排在第 4 位，2015—2016 年，湖南的政府支持度指数在中部地区排在第 3 位，湖北排在第 4 位。从时间分布上来看，2010—2012 年，江西、湖北和安徽的政府支持度指数在持续上升，安徽的政府支持度指数上升到 2013 年。就安徽而言，其政府支持度指数在 2013 年下降，之后在 2014—2016 年一直在小幅度上升。就江西和湖北而言，2012—2015 年，它们的政府支持度指数波动下降，2015—2016 年，江西和湖北的政府支持度指数呈现上升趋势。就湖南而言，其政府支持度指数在 2010—2011 年下降，2011—2012 年有明显的上升，在 2012—2013 年又下降，在 2014—2015 年持续上升，在 2016 年又下降，一直处于波动之中。

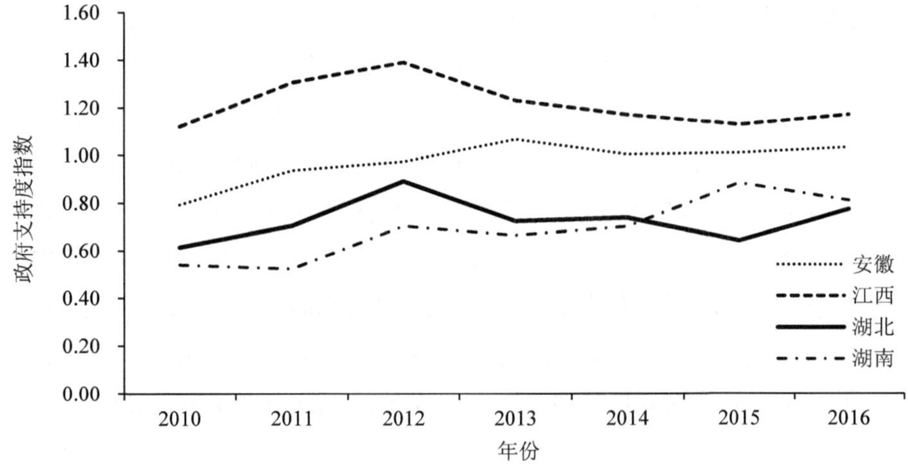

图 2-31　2010—2016 年长江经济带中部地区政府支持度指数

根据图 2-32 分析，从空间分布上来看，长江经济带的西部地区包括重庆、四川、贵州和云南，2010—2016 年，重庆的政府支持度指数在长江经济带西部地区中一直居首位，2010—2012 年，云南排在第 2 位，在 2014—2016 年贵州排在第 2 位，其中重庆的政府支持度指数与四川、贵州、云南差距较大，说明四川、贵州和云南的绿色发展有进一步提升的空间。从时间分布上来看，2010—2016 年，贵州的政府支持度指数在持续上升，而重庆、四川和云南的政府支持度指数在 2010—2012 年也都在上升，但是在 2012 年之后开始下降，直至 2015—2016 年又恢复上升的趋势，其中云南的上升幅度最大。

图 2-32　2010—2016 年长江经济带西部地区政府支持度指数

2.3.4.2 长江经济带政府支持度排名结果及其政策含义

（1）长江经济带政府支持度方面存在差异，但是地区性不明显。长江经济带政府支持度排名前三位的是江西、江苏、浙江，从前三名的排名来看，长江经济带东部地区的省份占了两个，长江经济带中部地区占了一个。与其绿色增长度和资源环境承载潜力相比，江西在政府支持度指数上表现优异，可见江西政府对于地区经济绿色发展是高度重视的，加大对地区经济发展的绿色投入对于提高地区绿色发展水平是至关重要的。

（2）长江经济带 9 省 2 市每年的政府支持度出现差异化。2010—2016 年的 7 年间，只有贵州一个省份呈现出了逐年上涨的趋势，长江经济带沿江 9 省 2 市的政府支持度都出现了先上升再下降的态势，说明大部分长江经济带在政府支持力度上都没有表现出可持续性，因此，加大政府对长江经济带的绿色发展的支持力度是十分必要的。

2.4 本章小结

本章首先遵循科学性、系统性、综合性、层次性以及动态性原则，设计了由 3 个一级指标 34 个基础性指标组成的绿色发展水平评价指标体系，测算出了 2016 年长江经济带绿色发展水平指数，分析结果表明：2016 年长江经济带绿色发展水平指数排名依次为上海、江苏、浙江、重庆、湖北、湖南、安徽、江西、四川、贵州、云南。二级指标的进一步细化分析得到，2016 年长江经济带二级指标经济增长绿化度排名依次是上海、江苏、浙江、重庆、湖北、湖南、安徽、江西、四川、云南、贵州；二级指标资源环境承载潜力排名依次是云南、江西、浙江、四川、贵州、安徽、湖南、重庆、湖北、江苏、上海；二级指标政府支持度排名依次是江西、江苏、浙江、安徽、重庆、贵州、四川、湖南、湖北、云南、上海。其次，本章进一步对 2010—2016 年长江经济带绿色发展水平的变化进行了分析，结果发现长江经济带绿色发展地区不平衡特征明显，且绿色发展水平差距有扩大的趋势。具体而言，经济增长绿化度区域差异明显，总体呈现出长江经济带东部地区持续较好，而中部地区居中，西部地区偏低（除重庆）的局面。资源环境承载潜力也表现出明显的地域特征，从资源环境承载潜力排名来看，长江经济带西部地区表现出较大的资源环境承载潜力，中部地区资源环境承载潜力居中，东部地区资源环境承载潜力较小。地区之间绿色发展的不平衡影响了长江经济带绿色发展的全面推进。因此，缩小长江经济带东、中、西三大区域及省域之间的差距，完善协调发展机制，提升长江经济带的整体绿色发展能力，是需要解决的重大课题。

第3章 提高产业绿色发展程度推动长江经济带绿色发展研究

推动长江经济带绿色发展和生态文明示范带建设，推进产业生态化改造、发展生态产业、提高产业竞争力是关键。长江经济带产业绿色发展对于推进长江经济带绿色发展和生态文明先行示范带建设有着极其重要的意义。本章从产业生态效率、产业梯度转移及其环境效应、产业竞争力三个方面对长江经济带的产业绿色发展程度进行分析，剖析长江经济带产业发展面临的主要问题，提出长江经济带产业绿色发展的政策建议。

3.1 长江经济带产业绿色发展程度——产业生态效率评价

3.1.1 产业生态效率评价的指标体系构建

产业生态化是将产业发展活动中对自然资源能源的消耗和对生态环境的影响置于生态系统的物质能的总交换过程之中，以建立高效率、低污染、零污染的经济增长与生态环境之间相互协调的产业生态系统的过程，用系统思想将产业发展与资源、生态环境作为一个整体进行研究（郭守前，2002）。长江经济带产业生态化程度对区域范围内的生态文明建设有着深远的影响。产业发展的生态效率不仅是衡量长江经济带可持续发展水平的关键指标，还是衡量长江经济带产业生态化的重要指标，引进生态效率对长江经济带产业生态化程度进行评估，据此提出生态资源型产业发展的重点和具体措施，对于推进绿色发展和生态文明先行示范带建设有着极其重要的意义。

产业生态化思想借鉴的是生态系统中的一体化模式，用系统思想将产业发展与资源、生态环境作为一个整体进行研究。生态效率早在1990年由Schaltegger和Stum两位德国学者提出，认为生态效率可以更加合理地衡量经济活动对环境的影响。国外关于生态效率的评估主要有经济/环境单一比值法、指标体系法、模型法三种方法（伊科等，2012；潘丹，2012）。国内学者对此研究起步较晚，主要是在继承国外学者的研究基础上进行了有益探索，如在行业、生态园区、城市及区域等大尺度研究，国内学者以数据包络分析（DEA）方法为主要研究方法，具体在生态效率的评估与核算上（程晓娟等，2013；王晶等，2012；刘晶茹等，2014；杨斌，2009；潘丹等，2013）、生态与循环经济的关系上（诸大建等，2009；韩瑞玲等，2011；陈傲，2008；陈武新等，2009）、生态效率的影响因素与差异性表现上（王恩旭等，2011；程翠云等，2014；陈殊，2008）有了系列研究，但是对于从区域性国家战略层面上对产业生态化整体效率研究还是有限的。

产业生态化效率评价指标体系是以生态效率为基础的一种多层次、多准则的指标体系，它由若干相互独立而又相互联系、相互补充、具有层次性和结构性的指标构成，这些评价指标能够总体反映产业的投入以及产出状况。国内外学者在生态效率指标体系研究中主要从资源以及环境两个维度进行研究，其中资源维度主要包括资本、劳动力、能源、土地和科技；环境维度主要包括产业发展中产生的环境污染和治理。

本研究以生产函数 $Y=F(K, L)$ 为基础，借鉴诸大建（2006）提出的描述社会物质代谢的 6 个指标，建立产业生态化效率评价指标体系，见表 3-1。投入要素包括资本、劳动力、能源、土地和科技，产出要素包括经济和环境，以期实现用尽可能少的投入生产达到尽可能多的产出。然而，产业产出除了以经济产出为主的合意性产出之外，往往也伴随水污染、空气污染和固体污染等非合意性环境产出。环境污染主要来源于工业污染，而工业污染的主要污染排放物以“工业三废”为主，本书采用固体废物综合利用率指标表示固体废物的污染产出，固体废物综合利用率为合意性产出，代表的是产业固体废物综合利用的产出水平。在这种情况下，生产函数的生产效率评价应以尽可能少的投入生产达到尽可能多的合意性产出和尽可能少的非合意性产出。

表 3-1　产业生态化效率评价指标体系及说明

类别	指标名称	指标说明	单位
投入	固定资产投资额	反映固定资产投资规模、速度与质量	亿元
	从业人员数	反映一定时期内可用劳动力总数	万人
	综合能源消耗总量	反映各产业对能源的需求和能源消费情况	万 t 标准碳
	城市建成区面积	反映区域建设用地投入量	km^2
	研发经费内部支出	反映地区工业企业对科技研发创新的投入情况	万元
合意性产出	地区生产总值	反映一定时期内区域经济的总产出	亿元
	工业固体废物综合利用率	反映工业固体废物综合利用的产出水平	%
非合意性产出	工业废水排放量	反映工业废水的排放状况	万 t
	工业二氧化硫排放量	反映工业二氧化硫的排放状况	t

指标选取与指标处理进行具体说明如下：

（1）投入指标。共设计了 5 个投入指标，以考察生态化生产过程中投入要素的多少。①固定资产投资额：反映固定资产的投资规模、结构、速度和使用方向，评价的是资本的投入。②从业人员数：选用的是长江经济带主要城市一定时期内的全社会就业年平均数作为劳动投入指标，反映的是一定时期内经济区可用劳动力总数。③综合能源消耗总量：GB/T 2589—90 针对综合能耗的定义为“规定的耗能体系在一段时间内实际消耗的各种能源实物量，按规定的计算方法和单位，分别折算为一次能源后的总和”，反映的是地区产业能源需求和消费情况。④城市建成区面积：反映的是区域建设用地投入指标。⑤研发经费内部支出：研发经费支出是工业企业对科技创新的投入，对科技创新具有重要的作用，研发经费的支出，体现了一个地区对技术创新的重视度。其中，研发经费的支出，分为内部支出和外部支出，内部支出是指为开展研发活动实际用于本单位内的全部支出；外部支出是指委托外单位进行研发活动所实际支付的费用。为避免对实施单位和委托单位的重复计算，经费统计的是实施单位开展研发活动的内部支出，这里我们选用研发经费内部支出作为投入指标。

（2）合意性产出指标。合意性产出指标包括地区 GDP 产出指标和固体废物综合利用率产出指标。地区 GDP 反映地区一定时期内产业的经济总产出，投入越少，地区 GDP 越高，地区生产效率越高。固体废物综合利用率是指固体废物综合利用量占固体废物产生量的百分率，它反映的是固体废物被转化重复利用的能力，指标越高，对生态污染越少，生态化效率越高。

（3）非合意性产出指标。产业在生产过程中，对生态会造成污染，而这些产业产出，是不被期望的，为非合意性产出指标。目前，生态污染主要来源于大气、水资源以及固体废物污染。国内外研究中常用工业废水和工业二氧化硫的排放指标来衡量生态主要污染，工业废水排放量和工业二氧化硫排放量，可以较科学地反映地区产业环境产出状况。

（4）指标处理及数据来源。DMU（具有多个输入与输出的决策单元）的个数应大于等于投入产出指标总数的两倍更佳（Charnes et al.，1978），并且投入指标数与产出指标数之积与 DEA 有效的数量更加接近（张俊容等，2014）。由于浙江湖州、湖南岳阳以及湖北除武汉外其他城市的相关指标暂缺，本书研究中将其剔除，研究的样本量为 27 个城市。由于生态效率指标与非合意性产出指标呈负相关，为了将非合意性产出指标纳入 DEA 生态效率评价体系，有些学者采用通过单调递减函数形式将非合意性产出指标进行间接转换，使得产出指标数据在技术不变的情况下能够纳入正常的生产函数中。如国外学者 Holger Scheel 在 2000 年对多种转化法进行比较，证明 MLT（multiplicative inverse）方法下的效率分析比其他几种方法更为严谨（Holger Scheel，2001）。也有学者为了方便计算分析，将环境产出中的指标作为投入指标进行处理（马勇等，2015）。为了方便计算，本书将长江经济带生态效率评价的环境产出中的非合意性指标工业废水排放量和工业二氧化硫排放量、环境产出中的合意性指标工业固体废物综合利用率作为投入指标处理。

3.1.2 产业生态效率评价模型构建

本研究中产业生态效率评价方法主要采用数据包络分析（DEA）方法。数据包络分析方法由 A.Charnes、W.W.Cooper 和 E.Rhodes 于 1978 年首先提出，用来评价具有多个输入与输出单元（DMU）间的相对有效性，它的第一个模型是基于规模报酬不变的 DEA 模型，即 CRS 模型。假设有 K 个投入指标和 L 个产出指标，评价 N 个城市的投入产出效率，CRS 模型为（盛昭翰等，1996）：

$$\min\left(\theta-\varepsilon\left(\sum_{k=1}^{K}s^{-}+\sum_{l=1}^{L}s^{+}\right)\right) \tag{3-1}$$

$$\text{s.t.}\sum_{n=1}^{N}x_{nk}\lambda_n+s^{-}=\theta x_k^n,\ k=1,\ 2,\ \cdots,\ K \tag{3-2}$$

$$\sum_{n=1}^{N}y_{nl}\lambda_n-s^{+}=y_l^n,\ l=1,\ 2,\ \cdots,\ L \tag{3-3}$$

$$\lambda_n\geqslant 0,\ n=1,\ 2,\ \cdots,\ N \tag{3-4}$$

式中，θ—— 投入产出效率综合指数，$0<\theta\leqslant 1$，θ 越接近 1，说明效率越有效；

ε—— 非阿基米德无穷小量；

s^{-}—— 城市需要达到 DEA 有效需要减少的投入指标投入量的松弛变量，$s^{-}\geqslant 0$；

s^{+}—— 城市需要达到 DEA 有效需要增加的产出指标产出量的剩余变量，$s^{+}\geqslant 0$；

λ_n—— 第 n 个城市的规模收益情况的权重变量，$\lambda_n\geqslant 0$；

x_{nk}—— 第 n 个城市第 k 种投入指标的投入量；

y_{nl}—— 第 n 个城市第 l 种产出指标的产出量。

$$\sum_{n=1}^{N}\lambda_n=1 \tag{3-5}$$

当式（3-5）成立时，式（3-1）～式（3-4）则转变为规模报酬可变（VRS）的 DEA 模型，本书采用 VRS 模型对长江经济带产业生态效率进行分析。VRS 模型可以将产业生态化综合效率分解为纯技术效率和规模效率的乘积，长江经济带产业纯技术效率反映的是城市群产业资源的配置和利用水平，而规模效率反映的是长江经济带城市群产业规模集聚水平。

3.1.3 长江经济带产业生态效率分析

3.1.3.1 指标相关性分析

忽略指标间的相关性会使多指标综合评价的结果产生偏差，采用因子分析法对指标处理后再进行 DEA 是非常有必要的（智冬晓，2009）。在使用 DEA 进行产业生态化效率分析之前，通过统计分析软件 SPSS 19.0 对长江经济带主要的 27 个城市 2011—2014 年各指标进行相关性分析，结果如表 3-2 所示。

表 3-2　2011—2014 年投入产出指标 Person 相关系数

相关性	GDP	固定资产投资额	从业人员人数	总能源消耗量	城市建成区面积	研发经费内部支出	工业废水排放量	工业二氧化硫排放量	工业固体废物综合利用率
GDP	1	0.807**	0.820**	0.875**	0.873**	0.930**	0.779**	0.574**	0.283**
固定资产投资额		0	0	0	0	0	0	0	0.003
从业人员人数	0.807**	1	0.891**	0.741**	0.918**	0.577**	0.584**	0.716**	0.243*
总能源消耗量	0		0	0	0	0	0	0	0.011
城市建成区面积	0.820**	0.891**	1	0.711**	0.928**	0.653**	0.618**	0.823**	0.203*
研发经费内部支出	0	0		0	0	0	0	0	0.035
工业废水排放量	0.875**	0.741**	0.711**	1	0.779**	0.778**	0.666**	0.534**	0.185
工业二氧化硫排放量	0	0	0		0	0	0	0	0.055
工业固体废物综合利用率	0.873**	0.918**	0.928**	0.779**	1	0.692**	0.686**	0.827**	0.188

注：***表示在 0.01 水平（双侧）上显著相关，**表示在 0.05 水平（双侧）上显著相关。

由表 3-2 可知，除工业固体废物综合利用率指标与其他指标相关性较弱外，其余指标之间的相关性较强，所以本书将通过主成分分析对各投入指标进行处理。

3.1.3.2　主成分分析

由于各投入产出指标变量的单位不同，在进行主成分分析之前，先对 27 个城市的产业投入产出指标按照式（3-6）进行无量纲化处理，使得其标准化为处理后的投入产出指标值在[0，1]。

$$x'_{nk}=\frac{x_{nk}-\min x_{nk}}{\max x_{nk}-\min x_{nk}} \tag{3-6}$$

按照特征值大于 1，提取 2011—2014 年的主成分，运用 SPSS 19.0 对其进行 KMO 和 Bartlett 的检验，检验结果如表 3-3～表 3-6 所示。

表 3-3　KMO 和 Bartlett 的检验

取样足够度的 KMO（Kaiser-Meyer-Olkin）度量		0.755
Bartlett 的球形度检验	近似卡方	943.246
	df	28
	Sig.	0.000

表 3-4　公因子方差

变量	初始	提取
固定资产投资额	1.000	0.829
从业人员人数	1.000	0.891
总能源消耗量	1.000	0.755
城市建成区面积	1.000	0.949
研发经费内部支出	1.000	0.701
工业废水排放量	1.000	0.632
工业二氧化硫排放量	1.000	0.871
工业固体废物综合利用率	1.000	0.809

表 3-5　解释的总方差

成分	初始特征值			提取平方和载入			旋转平方和载入		
	合计	方差/%	累积/%	合计	方差/%	累积/%	合计	方差/%	累积/%
1	5.278	65.974	65.974	5.278	65.974	65.974	5.129	64.111	64.111
2	1.159	14.489	80.463	1.159	14.489	80.463	1.308	16.352	80.463
3	0.695	8.684	89.147						
4	0.397	4.967	94.114						
5	0.225	2.816	96.930						
6	0.150	1.880	98.810						
7	0.066	0.826	99.636						
8	0.029	0.364	100.000						

表 3-6　成分矩阵

变量	成分	
	1	2
固定资产投资额	0.909	−0.053
从业人员人数	0.937	−0.115
总能源消耗量	0.862	0.113
城市建成区面积	0.969	−0.103
研发经费内部支出	0.783	0.295
工业废水排放量	0.780	0.151
工业二氧化硫排放量	0.783	−0.508
工业固体废物综合利用率	0.239	0.867

KMO 值为 0.755，Sig＜0.05（拒绝原假设相关系数矩阵为单位矩阵），因此可以进行主成分分析。变量共同度较高，变量中大部分信息能被因子所提取，因子分析的结果有效。只有前两个因子的特征值大于 1，且累积解释贡献率达到 80.463%，提取前两个因子作为主因子。因此，用 X_1 和 X_2 可以代表所有 8 个投入指标的大多数信息，将主成分载荷矩阵每列的系数除以其对应特征根的平方根后得到主成分系数向量：

$$A=(a_1,a_2,a_3,a_4,a_5,a_6,a_7,a_8) \tag{3-7}$$

$$B=(b_1,b_2,b_3,b_4,b_5,b_6,b_7,b_8) \tag{3-8}$$

主成分得分：

$$X_{n1}=\sum_{k=1}^{8}x_{nk}\cdot a_k \tag{3-9}$$

$$X_{n2}=\sum_{k=1}^{8}x_{nk}\cdot b_k \tag{3-10}$$

得到的两个主成分的得分出现负数，因此采用式(3-11)对各主成分得分进行处理，得到新的投入数据，以满足 DEA 计算的要求。

$$X'_{nk}=0.1+0.9\frac{X_{nk}-\min X_{nk}}{\max X_{nk}-\min X_{nk}}，\ k=1，2 \tag{3-11}$$

3.1.3.3　DEA 分析

首先将长江经济带产业投入产出指标原始数据代入 DEAP 2.1 软件中，采用 VRS 模型计算得到表 3-7。

表 3-7　2011—2014 年长江经济带产业生态效率

城市	2011 年	2012 年	2013 年	2014 年	城市	2011 年	2012 年	2013 年	2014 年
上海	1.000	0.995	0.980	1.000	合肥	1.000	0.975	1.000	1.000
南京	0.948	0.982	0.979	1.000	马鞍山	0.887	0.806	0.765	0.723
镇江	0.870	0.877	0.867	0.879	安庆	1.000	1.000	0.958	1.000
扬州	0.849	0.869	0.869	0.905	铜陵	0.821	0.745	0.742	0.741
苏州	1.000	1.000	1.000	1.000	池州	1.000	0.865	0.831	0.821
无锡	0.999	1.000	1.000	1.000	芜湖	0.972	0.841	0.829	0.840
常州	0.860	0.887	0.933	1.000	九江	1.000	1.000	1.000	1.000
南通	1.000	1.000	1.000	1.000	武汉	0.967	1.000	1.000	1.000
泰州	1.000	1.000	0.992	1.000	重庆	1.000	1.000	1.000	1.000
杭州	0.863	0.867	0.861	0.879	泸州	1.000	1.000	1.000	1.000
嘉兴	0.811	0.790	0.783	0.765	攀枝花	1.000	1.000	0.942	0.948
宁波	1.000	0.952	0.953	0.983	成都	0.936	0.936	0.989	1.000
绍兴	1.000	1.000	0.989	0.994	宜宾	0.977	0.839	0.944	0.785
舟山	1.000	1.000	1.000	1.000					

从表 3-7 中可以看出，将未经处理的投入产出指标原始数据代入 DEAP 软件后，苏州、南通、舟山、九江、重庆和泸州 2011—2014 年的产业生态化效率全部为 1，上海、南京、无锡、常州等 13 个城市至少有一年的产业生态化效率为 1。从长江经济带整体上来看，2011—2014 年产业生态化效率呈上升趋势，也有部分城市出现了下降。将经过主成分分析处理后的长江经济带产业投入产出指标数据代入 DEAP2.1 软件中，采用 VRS 模型计算得到图 3-1 和图 3-2。

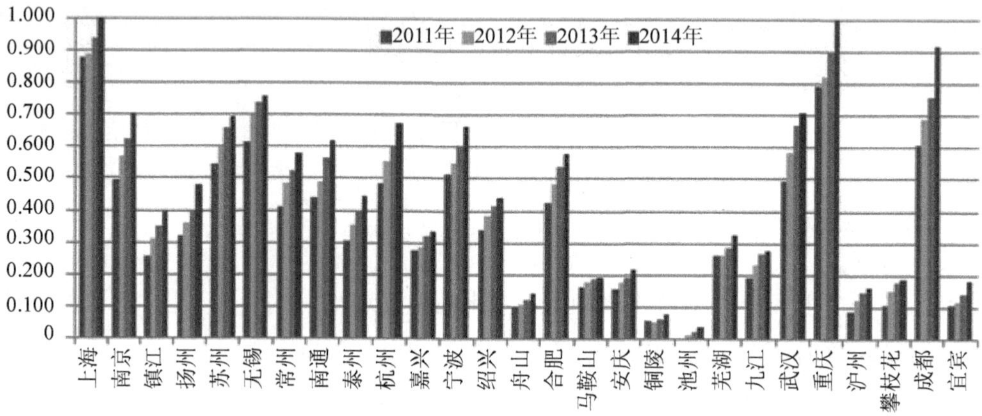

图 3-1 经过处理后的 2011—2014 年长江经济带产业生态效率

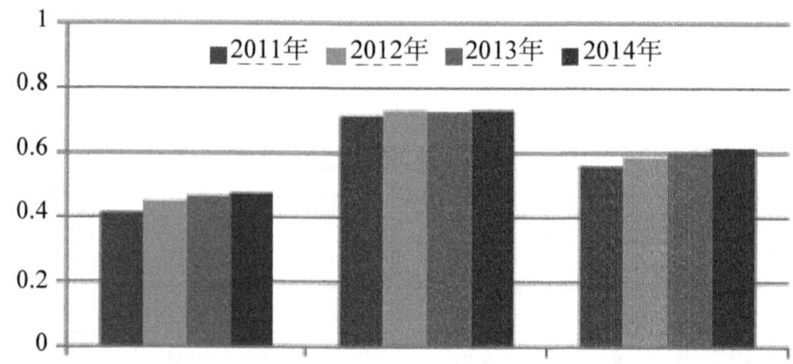

图 3-2 2011—2014 年长江经济带产业平均生态效率

从图 3-1 中可以看出，长江经济带不同城市之间的产业生态化效率水平存在较大差异性，长江下游地区总体上来说产业生态化效率要高于中游地区产业生态化水平，但总的来说，2011—2014 年产业生态效率逐年提升，这说明长江经济带各个城市产业生态化效率得到了进一步优化提升。

图 3-2 说明，2011—2014 年长江经济带产业平均综合效率逐年提升，其中平均规模效率有上升趋势，平均纯技术效率基本保持一致，因此，总的来说，长江经济带产业平

均综合效率虽然有所提高，但是提高幅度不大，说明平均规模效率和纯技术效率均需不断提高。

3.1.3.4　产业结构对产业生态效率的影响

国内学者韩永辉等采用 Bootstrap-DEA 方法对省域生态效率进行计算分析，将各省 GDP 作为生态效率分析模型的产出指标，从业人员数、能源消耗总量和二氧化硫排放量等作为投入指标，先得出各省的生态效率，然后通过线性回归分析产业结构对生态效率的影响，结果表明产业结构对生态效率具有显著性的影响（韩永辉等，2016）。本书前面已采用 VRS-DEA 对长江经济带产业生态效率进行了研究，接下来将简要分析主成分提取后的长江经济带生态效率受地区产业结构影响的分析。

使用 SPSS 19.0 软件对 2011—2014 年长江经济带生态效率与地区二次产业所占比例进行线性回归分析，线性回归分析结果拟合度较高，且在 0.01 水平下显著（表 3-8）。

表 3-8　线性回归系数

模型		非标准化系数		标准系数	t	Sig.
		B	标准 误差	试用版		
1	（常量）	1.423	0.125		11.388	0.000
	第二产业比重	−1.871	0.228	−0.623	−8.202	0.000

注：因变量为综合效率。

从表 3-8 可以看出，第二产业所占比重对地区产业生态效率产生了影响，第二产业比重回归系数为−1.871，从经济意义来看，二次产业结构比重降低 1 个百分点，可以带来 1.871 个百分点的产业生态效率的提升。由此可见，产业结构的调整在一定程度上能够影响产业生态效率。

综上所述，将经过主成分提取处理后的投入产出数据代入 DEA 后得到的长江经济带产业生态化效率和将原始投入产出指标数据直接代入 DEA 后得到的产业生态化效率相比，其评价结果有了较大的改善。由于进行了主成分提取，减弱了数据之间的相关性，只有个别城市的产业生态化效率为 1，各城市有了明显的区分度，DEA 分析结果的准确性有了提高，这为进一步提升长江经济带产业生态化效率提供了良好的基础。

从经过主成分提取后的投入产出指标代入 DEA 计算后得到的长江经济带 27 个城市的结果来看，长江经济带产业生态化效率发展水平和基础存在较大差异，2011—2014 年的纯技术效率高于规模效率的城市所占比重相对较大，从总体上看，各个城市纯技术效率平均水平要高于规模效率平均水平，长江经济带产业规模效率低与产业规模未达到最优状态有关，也与长江经济带产业同质化有关。同时，从长江经济带的纯技术效率来看，纯技术效率增长速度较慢，说明各个城市在产业技术创新方面还有待进一步提高。

从长江经济带生态效率与地区二次产业所占比例进行线性回归分析结果来看，第二次产业占 GDP 比重略高的地区生态效率略低，由此可见，产业结构调整在一定程度上会影响生态效率。

3.2 长江经济带产业梯度转移及其环境效应分析

长江经济带是中国国土开发和经济布局“T”形空间结构战略中极其重要的发展轴，既是引领中国经济转型升级的经济主轴，又是对生态功能格局具有全局控制性的生态主轴。长江经济带拥有世界上最大的内河产业带和制造业基地，促进产业协调发展是长江经济带建设的核心任务。充分发挥长江下游地区的辐射引领作用，促进中上游地区有序承接产业转移，是国务院推动长江经济带建设的重要战略举措。在当前战略背景下，准确把握长江经济带上中下游地区产业梯度转移态势，辨析长江经济带流域内产业转移及其环境效应，破解产业转移中的环境污染问题，成为当前长江经济带建设中亟待解决的重大问题。

产业梯度转移是基于经济、技术水平和要素禀赋等因素，由于成本、资源、市场等多方面原因，通过贸易或投资等方式，实现产业由高梯度地区向低梯度地区转移（彭继增等，2017）。国外学者对于产业转移的研究始于 20 世纪 30 年代，形成了诸多产业转移经典理论，如雁形学说（Kaname Akamatsu，1937）、产品生命周期（Raymond Vernon，1966）以及边际产业扩张（小岛清，1978）等。20 世纪 90 年代以来，国内学者开始重视研究产业梯度转移问题，且主要集中于产业梯度转移的动力机制解析（符正平等，2008；李娅等，2010）、区域内产业转移或承接的实证分析（省域、省际或东中西三大地带）（万永坤，2011；滕堂伟等，2016）和产业转移与产业结构演进（杨亚平等，2013；沈惊宏等，2012）等方面。

在研究产业转移的环境影响方面，国内外学者的研究主要遵循三种思路：一是产业转移对环境的正向影响，即“环境光环”假说。这一观点认为产业转移的同时伴随着先进生产技术和先进生产力的转移，因此对于承接转移的国家和地区来说产业转移是有益的。Grossman 等（1994）认为 FDI 所承载的先进的生产技术能够改善东道国环境。Zarsky 等（1999）则提出 FDI 会诱发东道国加大环境投入，进而提高东道国的生态环境效益。国内相关研究也支持这一说法。例如，周力等（2009）、未良莉等（2010）、盛斌等（2012）运用相关面板数据进行实证分析，结果表明，产业转移在一定程度上可以通过经济增长、产业结构和环境治理等路径提高我国生态水平，而这种正向影响主要是因为产业转移的技术效应（正向）超出了规模效应和结构效应（负向）。二是产业转移对环境的负向影响，即“污染避难假说”，这一假说最早是于 1979 年由 Walter 等提出，认为污染密集型产业转移方向是由环境管制严格的区域向环境管制宽松区域转移。Chichilnisky（1994）和 CoPeland（1994）则系统论述了“污染避难假说”的理论意义。国内的一些实证研究也支持这一观点。例如，包群等（2010）、豆建民等（2014）、董琨（2015）、孔凡斌（2017）实证分析表明产业转移对生态环境的负效应是存在的，产业转移同时伴随着工业废水、废气和废弃物的转入。三是产业转移的分解效应。Keydiche 等（1993）、Grossman 等（1995）提出产业转移对环境影响可以分解为技术效应、结构效应和规模效应。产业转移为承接国和地区所带来的技术进步效应是一种正向效应，规模效应和结构效应对环境是一种负向效应（徐鹤等，2007）；张宇等（2013）则提出产业转移对环境究竟是正向效应还是负向效应，关键在于承接产业转移的国家和地区所采取的环境管制力度。

现有的理论和实证研究方法为深化产业梯度转移及其环境效应研究奠定了坚实的基础。从力所能及的文献检索结果来看，目前关于长江经济带产业转移研究仍属起步阶段，对产业梯度转移的程度及其对环境影响探索尚待开启，而基于定量分析的相关政策优化研究亟待深化。基于此，借鉴已有理论基础，本书对长江经济带产业梯度转移程度进行测度，对长江经济带产业梯度转移的环境效应进行综合评价，据此提出推进产业梯度转移的政策建议，具有重要的理论和现实指导价值。

3.2.1　研究方法与计量模型设计

3.2.1.1　长江经济带产业梯度转移的度量方法

产业转移对环境的影响主要集中在以工业为代表的一些污染密集型产业，因此，本书对长江经济带产业梯度转移的度量，重点以长江经济带的工业转移情况为对象，借鉴姚从容构造污染产业集聚度的方法[26]，运用地区工业增加值与全国工业增加值的比重构造产业相对集聚度，用以衡量长江经济带沿江各地区的产业相对集聚程度。

$$\mathrm{IAD}_{it}=\frac{\mathrm{IAV}_{it}}{\sum \mathrm{IAV}_t} \tag{3-12}$$

式中，IAD_{it} —— t 时期 i 地区的产业集聚度；

IAV_{it} —— 同时期 i 地区的工业增加值；

$\sum \mathrm{IAV}_t$ —— 同时期全国的工业增加值。

IAD 值越大，表示该地区该产业占全国份额越高。

为了分析某地区某时期的产业转入、产业转出具体情况，用某时期的产业集聚度与上一时期的产业集聚度的比值构造长江经济带产业集聚度变化指数（IOI），以衡量长江经济带产业梯度转移情况。

$$\mathrm{IOI}_{it}=\frac{\mathrm{IAD}_{it}}{\mathrm{IAD}_{it-1}} \tag{3-13}$$

式中，IOI_{it} —— t 时期 i 地区的产业集聚度变化指数；

IAD_{it} —— 同时期 i 地区的产业集聚度。

IAD 值越大，表示地区产业占全国份额越高。IOI 大于 1，表示该地区为产业转入地；若 IOI 小于 1，表示该地区为产业转出地。

3.2.1.2 长江经济带环境污染相对指数的度量方法

与多数文献相似，本书选取工业废水排放量、工业二氧化硫排放量和工业固体废物产生量作为度量长江经济带环境污染状况的指标，并根据三类主要工业污染物排放量占同期全国三类主要工业污染物排放量的比值之和构造长江经济带环境污染相对指数（RIEP），用以表示环境污染的相对程度。

$$\mathrm{RIEP}_{it}=\frac{\mathrm{IWD}_{it}}{\sum\mathrm{IWD}_{t}}+\frac{\mathrm{ISD}_{it}}{\sum\mathrm{ISD}_{t}}+\frac{\mathrm{ISSP}_{it}}{\sum\mathrm{ISSP}_{t}} \tag{3-14}$$

式中，IWD_{it}、ISD_{it}、$ISSP_{it}$ —— 分别是 i 地区 t 时期的工业废水排放量、工业二氧化硫排放量以及工业固体废物产生量；

$\sum IWD_t$、$\sum ISD_t$、$\sum ISSP_t$ —— 分别是同时期全国工业废水、工业二氧化硫以及工业固体废物的排放总量。

RIEP 值越大，表明该地区环境污染状况越严重或者说污染物聚集情况越严重；反之，表明该地区环境状况越好。

运用 i 地区在 $t+n$ 时期和 n 时期的差值 $\nabla \mathrm{RIEP}_{it+n}=\mathrm{RIEP}_{it+n}-\mathrm{RIEP}_{it}$ 来表示环境污染的变化情况，如果 $\nabla \mathrm{EPI}_{it}$ 大于 0，表示地区环境污染进一步恶化，反之，表示地区环境污染排放有所改善。通过计算 2006—2010 年和 2011—2015 年这两个五年长江经济带环境污染相对指数的差值来观察其环境污染状况。本书 RIEP 相关数据均取自 2007—2016 年《中国环境统计年鉴》，并通过整理和计算得到。

3.2.1.3 计量模型选择与控制变量说明

为了检验长江经济带产业集聚对环境污染的影响，本书构建如下单方程模型作为产业转移效应分析模型。

$$\begin{aligned}\ln \mathrm{RIEP}_{it}=\alpha+\beta_1\cdot\ln \mathrm{IAD}_{it}+\beta_2\cdot\left(\ln \mathrm{IAD}_{it}\right)^2+\beta_3\cdot\ln \mathrm{ERF}_{it}+\beta_4\cdot\ln \mathrm{ISF}_{it}+\\ \beta_5\cdot\ln \mathrm{LPF}_{it}+\beta_6\cdot\ln \mathrm{FCF}_{it}+\varepsilon_{it}\end{aligned} \tag{3-15}$$

式中，i 和 t —— 分别代表地区和时期（i=1，2，…，11；t=1，2，…，10）；

$RIEP_{it}$ —— 长江经济带 i 地区 t 时期环境污染相对指数；

IAD_{it} —— 长江经济带产业集聚度；

ERF_{it} —— 环境规制因素；

ISF_{it} —— 长江经济带产业结构因素；

LPF_{it} —— 长江经济带劳动生产率因素；

FCF_{it} —— 长江经济带要素成本因素；

α —— 截距；

ε_{it} —— 误差项。

由于环境污染相对指数（RIEP）和产业集聚度（IAD）在前面已做说明，这里对其他指标变量进行说明。

（1）环境规制因素（ERF）。采用长江经济带各地区工业污染治理完成投资额与地区生产总值的比值（彭可茂等，2013），构建环境规制影响因素 $ERF_{it}=\dfrac{IPC_{it}}{GDP_{it}}$。其中 IPC_{it} 为 i 地区 t 年份工业污染治理完成投资额，包括用于工业废水、工业废气、工业固体废物及噪声治理的投资，GDP_{it} 为同期地区生产总值。

（2）产业结构因素（ISF）。环境污染的排放与产业结构密切相关，工业发展伴随着工业污染物的产出和排放，工业是一个地区污染排放的主要生产部门，工业在一个地区产业结构中所占比重是衡量环境污染的重要因素。因此，选取地区工业增加值与该地区生产总值的比重对长江经济带产业结构进行分析。

（3）劳动生产率因素（LPF）。劳动生产率由地区社会生产力的发展水平决定，一般来说，经济发达、市场化水平、技术水平越高的地区劳动生产率越高，产业集聚度越高，劳动生产率也相对较高。因此，选取某时期地区工业增加值与城镇单位就业人员数的比值对地区的劳动生产率水平进行分析，用以反映特定时期特定地区的产业发展的技术水平和产业集聚水平。

（4）要素成本因素（FCF）。采用地区城镇单位就业人员平均工资水平对地区劳动力要素成本进行分析。地区平均工资水平反映了长江经济带劳动力成本和劳动力质量。要素成本对于产业转移的影响有两层含义：一方面，产业倾向于向低工资水平地区转移，以便获取低成本的劳动力，进而能在成本竞争上占据优势；另一方面，产业倾向于向高劳动力水平地区转移以获得高质量、高水平的劳动力来保持竞争力。

本章的环境规制因素、产业结构因素、劳动生产率因素和要素数据均取自于 2007—2016 年《中国统计年鉴》和《中国环境统计年鉴》，以及中华人民共和国国家统计局的统计数据，通过整理和计算得到。

3.2.2　长江经济带产业梯度转移与环境污染情况分析

3.2.2.1　长江经济带产业梯度转移情况分析

第一，从 2006—2015 年长江经济带下游地区产业集聚度变化指数图（图 3-3）可以发现：从总体趋势上看，上海、江苏、浙江三地 2006—2015 年产业集聚度变化指数在多数时段均小于 1，这意味着长江下游地区总体上属于产业转出地；从时序变化上看，上海产业转出规模最大的时期是 2010 年，江苏是在 2010 年和 2011 年，浙江是在 2008 年和 2013 年，随后三地产业转移规模在不同程度上出现波动。

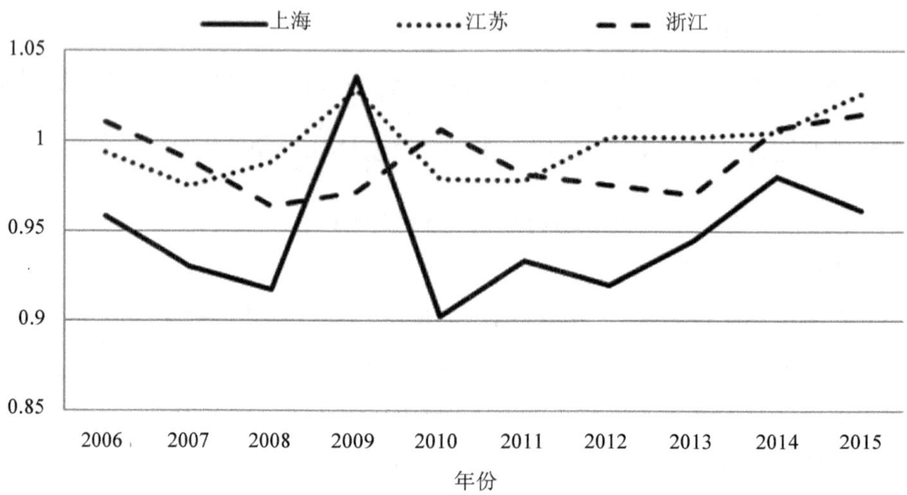

图 3-3　长江经济带下游地区产业集聚度变化指数图

第二，从 2006—2015 年长江经济带中游地区产业集聚度变化指数图（图 3-4）可以发现：从总体趋势上看，位于长江中游地区的安徽、江西、湖北和湖南四省的产业集聚度变化指数均大体上大于 1，说明长江经济带中游地区属于承接产业转移地区。从时序变化上看，安徽的产业集聚度变化指数呈现“倒 U”形，承接产业转移规模最大时期在 2009—2011 年，2011 年以后承接产业转移规模逐渐变小；江西在 2010 年承接产业规模最大，2010—2012 年开始下降，2013 年承接产业转移规模有所提高，而在 2013—2015 年，其承接产业规模有所下降；湖北承接产业转移规模最大时期发生在 2009 年，2009—2013 年，其承接产业转移规模有所下降，直至在 2013 年出现部分产业转出现象，2013—2015 年，承接产业转移规模有所提高；湖南在 2010—2011 年承接产业转移规模最大，2011 年以后承接产业规模开始缩小。由此可见，长江经济带中游地区承接产业转移规模较大时期出现在 2009—2011 年，随后承接产业转移势头有所减弱。

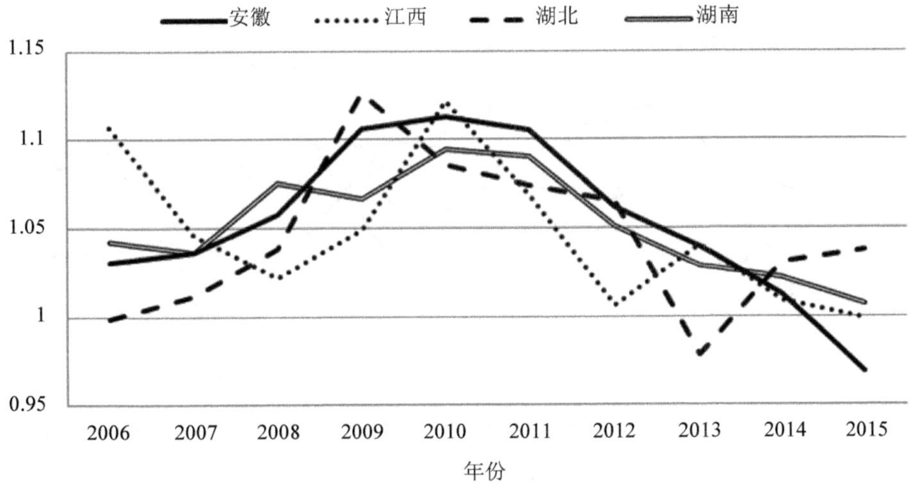

图 3-4　长江经济带中游地区产业集聚度变化指数图

第三，从 2006—2015 年长江经济带上游地区产业集聚度变化指数图（图 3-5）可以发现：从总体趋势来看，处于长江经济带上游地区的重庆、四川、贵州和云南大体上产业集聚度变化指数均大于 1，这说明长江经济带上游地区总体上是承接产业转移地区，但是也有部分省（市）在不同时期出现例外，例如，重庆在 2012—2014 年出现了产业转出现象，四川在 2014—2015 年也出现了产业转出现象，这与重庆、四川的经济发展和产业布局调整有密切关系。从时序发展上看，重庆大规模承接产业转移的时期出现在 2008 年，四川发生在 2009—2010 年，而贵州和云南出现时间较晚，这与各个区域的经济发展阶段有关，长江经济带上游地区四川、重庆经济发展水平整体上高于贵州和云南。云南承接产业转移量最大时期是 2012 年，贵州则是在 2012—2013 年。总体上看，长江经济带上游地区的重庆、四川大规模承接产业转移时期与长江经济带中游地区基本同步，而长江经济带上游地区的贵州、云南大规模承接产业转移时间则出现在较晚的 2012—2013 年。

3.2.2.2　长江经济带环境污染情况分析

第一，从 2006—2015 年长江经济带下游地区环境污染相对指数图（图 3-6）可以发现：上海 2006—2015 年的环境污染相对指数稳步下降，是长江经济带下游地区省市中产业发展对环境污染最小的省（市）；江苏环境污染相对指数在 2006—2015 年稳步小幅下降，但仍然是长江经济带下游省市中环境污染相对指数最高的省份；浙江环境污染相对指数在 2006—2010 年保持稳定，2010—2011 年有所下降，2011—2015 年基本保持稳定。总体上看，长江经济带下游地区环境污染相对指数在 2006—2015 年的变化幅度不大。

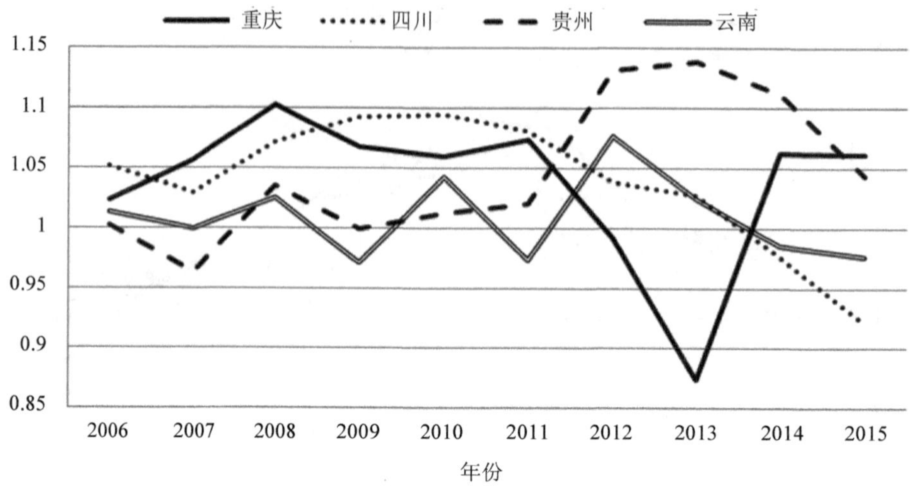

图 3-5 长江经济带上游地区产业集聚度变化指数图

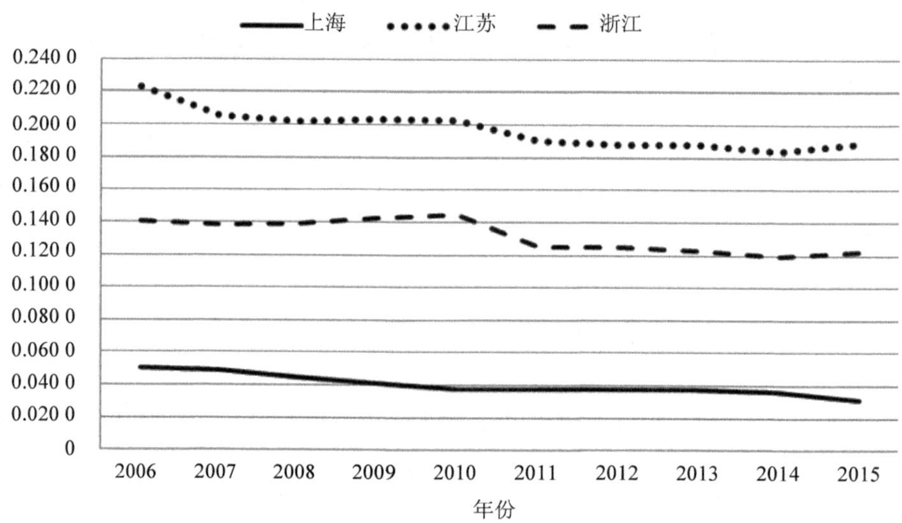

图 3-6 长江经济带下游地区环境污染相对指数图

第二，从 2006—2015 年长江经济带中游地区环境污染相对指数图（图 3-7）可以发现：安徽 2006—2009 年环境污染相对指数在不断上升，2009—2011 年呈现下降趋势，2011—2015 年恢复为不断上升；江西 2006—2014 年环境污染相对指数不断波动，2006—2012 年呈现下降趋势，2012 年是其 10 年间环境污染相对指数最小的年份，2012—2014 年环境污染相对指数先上升再下降，2014 年回落到 10 年间较低水平，2014—2015 年出现急剧上升；湖北 2006—2015 年环境污染相对指数在 0.095 上下波动，波动幅度在 0.002 5 左右，2007—2011 年出现小幅度提高，2011—2015 年呈现下降趋势；湖南 2006—2015 年环境污染相对指数波动较大，波动幅度在 0.005 0 以内，尤以 2013—2015 年波动较大，2014 年是湖南环境污染相对指数最小的年份，2014—2015 年则出现急剧上升。总体上看，2014—2015 年长江经济带中游地区环境污染指数都出现上升趋势，这与承接产业转移地区对环境污染治理的可持续性和产业转移对环境的影响存在滞后性有关。

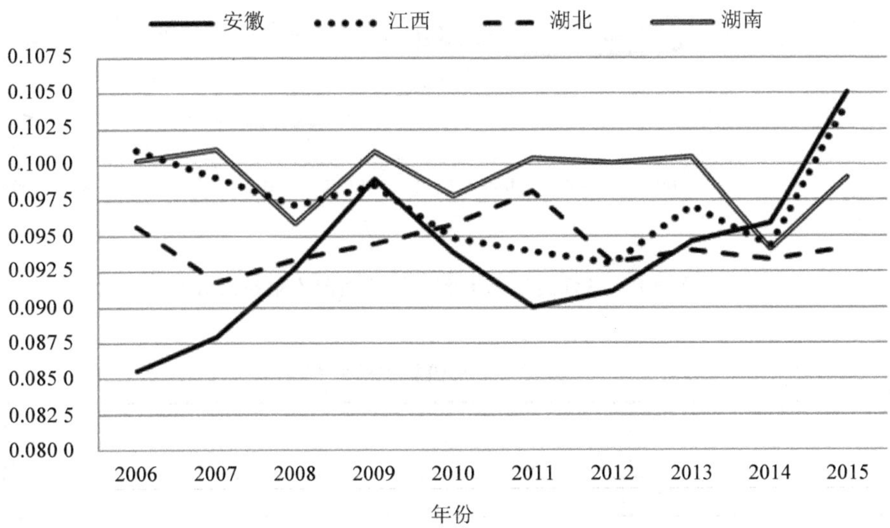

图 3-7　长江经济带中游地区环境污染相对指数趋势图

第三，从 2006—2015 年长江经济带上游地区环境污染相对指数图（图 3-8）可以发现：重庆 2006—2015 年环境污染相对指数在不断下降，且在长江经济带上游地区省市中为最小；四川 2006—2015 年环境污染相对指数整体呈现下降，但在长江经济带上游地区省市中位居最高；贵州 2006—2008 年环境污染相对指数下降明显，但在 2008—2015 年基本保持稳定；云南 2006—2010 年环境污染相对指数变化波动较小，2010—2011 年增幅较大，随后的 5 年基本稳定在 2011 年的高位水平。

3.2.3　长江经济带产业梯度转移的环境效应分析

3.2.3.1　数据分析

依据本书上述构建的产业转移效应模型，运用长江经济带 9 省 2 市 2006—2015 年产业转移和环境面板数据，对长江经济带产业梯度转移的环境效应进行定量分析。

单位根检验。通过 Eviews6.0 对指标数据进行 ADF 单位根检验，检验结果（表 3-9）表明各变量均未通过 5%显著性检验，各变量均非平稳序列。

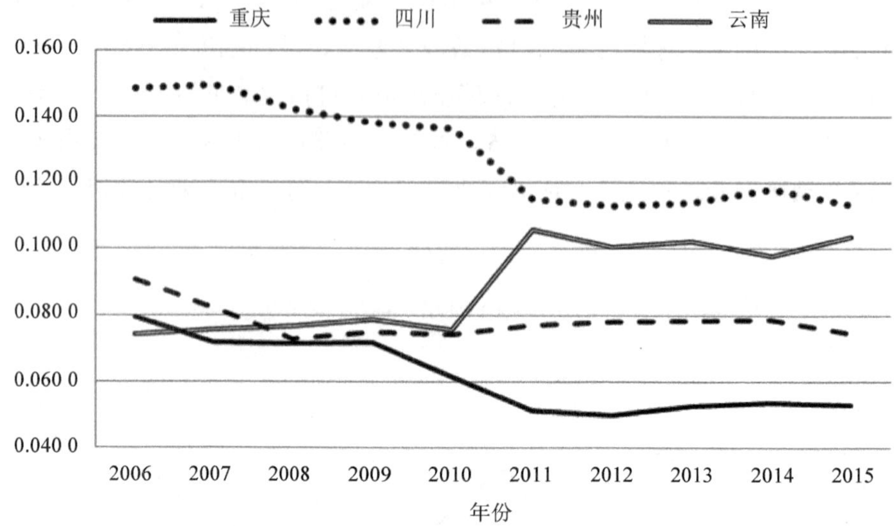

图 3-8 长江经济带上游地区环境污染相对指数图

表 3-9 单位根检验结果

方法	统计量	*P* 值
ADF - Fisher Chi-square	12.764 6	0.386 4
ADF - Choi Z-stat	3.267 61	0.999 5

协整检验。为了避免直接对非平稳序列进行回归分析产生“伪回归”问题，再运用Eviews6.0 对非平稳序列进行协整检验，以判断一组非平稳序列的线性组合是否具有稳定的均衡关系。通过检验结果（表 3-10）可以看出，在 5%的显著水平上存在 5 个协整关系，这表明各指标变量之间存在着长期的稳定关系。

表 3-10 Johansen 协整检验结果

检验变量	检验值	迹统计量	0.05 临界值
None *	0.757 357	439.001	95.753 66
At most 1 *	0.693 979	286.055 5	69.818 89
At most 2 *	0.555 798	158.172 5	47.856 13
At most 3 *	0.312 07	70.533 14	29.797 07
At most 4 *	0.216 299	30.133 82	15.494 71
At most 5	0.034 674	3.811 202	3.841 466

注：*表示在 5%水平上显著。

3.2.3.2　计量模型的估计结果

将 2006—2015 年的长江经济带截面数据导入 Eviews6.0 计算分析，得到 Prob（*F*-statistic）=0.000 0，表示以 lnRIEP 为因变量，以 lnIAD、（lnIAD）²、lnERF、lnISF、lnLPF、lnFCF 为自变量的多元线性回归方程通过显著性检验，在 5%水平显著；调整后 R^2 为 0.668 9，表示线性拟合度较好，可以做线性回归分析，结果见表 3-11。

表 3-11　环境污染指数计量模型回归分析结果

	系数	标准误差	*t* 统计量	*P* 值
C	1.661 151	1.503 835	1.104 61	0.271 9
lnIAD	1.814 275	0.293 157	6.188 76	0.000 0
（lnIAD）^{2}	0.215 649	0.043 384	4.970 688	0.000 0
（lnIAD）^{3}	0.147 599	0.053 091	2.780 11	0.006 5
lnERF	−0.734 588	0.363 926	−2.018 507	0.046 1
lnISF	0.543 655	0.164 434	3.306 228	0.001 3
lnLPF	−0.615 39	0.108 625	−5.665 3	0.000 0
lnFCF	1.661 151	1.503 835	1.104 61	0.271 9

3.2.3.3　对模型估计结果的讨论

第一，产业集聚度 IAD 对环境污染相对指数 RIEP 有显著性影响。长江经济带环境污染相对指数与产业集聚度成“正 U”形关系，其拐点位于 IAD=0.014 898 处（临界值），当地区产业集聚度达到临界值之前，产业集聚度的提升并不会对环境造成不良影响，但是当地区产业集聚度达到临界值之后，承接产业转移的规模越大，环境恶化越严重。从原始数据来看，除贵州以外，长江经济带沿江其他省（市）2006—2015 年的产业聚度均大于临界值，这意味着，随着产业梯度转移规模增加，大部分省市环境污染随之加剧。

第二，环境规制因素 ERF 对环境污染相对指数 RIEP 有显著性影响，且环境规制对环境污染相对指数的影响呈现负向特征。这说明长江经济带对工业污染治理完成投资额的投入强度越大，环境污染相对指数越小。因此，加大环境污染治理投资力度，加强对生产设备的技术改进，提高污染物的综合利用水平，可以促进环境改善。

第三，产业结构因素 ISF 对环境污染相对指数 RIEP 有显著性影响，工业在产业结构中所占比重增加会进一步恶化环境。长江经济带中上游地区多数省市依然处于工业化的初中期，随着承接工业规模的扩大，同时也伴随着环境污染物的大量转入。因此，长江经济带在承接产业转移时要依据各自的环境承载能力，科学选择和引入适合当地环境特点的产业，特别是在长江经济带生态脆弱的地区，要减少对自然资源消耗型和污染密集型产业的引进和依赖，要在源头上把好产业引进的环境准入门槛。

第四，劳动生产率因素 LPF 对环境污染相对指数 RIEP 的影响显著，其影响呈现负向特征。劳动生产率水平在一定程度上代表了生产技术的水平，一般来说，技术水平的提高，伴随着劳动生产率水平提高和资源、能源利用率的提高。因此，提高长江经济带劳动生产率，将有利于承接产业转移地区的环境改善。

第五，要素成本因素 FCF 对环境污染的影响不显著。要素成本是劳动力成本和劳动力质量的综合反映，产业转移有可能会流向劳动力质量高的地区，可以有效促进产业升级。但是，目前这种影响在长江经济带并不显著。

3.3 长江经济带产业竞争力评价

长江经济带是我国经济发展的“黄金走廊”，也是我国经济发展的重要驱动力，2016年3月，中央政治局审议通过的《长江经济带发展规划纲要》强调要“充分发挥长江黄金水道作用、促进产业分工协作有序转移”，由此可见，产业的科学发展是长江经济带建设的重要组成部分，也是当前长江经济带发展中面临的巨大的理论和实践问题。因此，引进产业竞争力对长江经济带产业发展情况进行综合评估，对长江经济带产业发展有着重要而深远的意义。

国外关于产业竞争力的研究比较代表性的有 IMD“国家竞争力理论”、波特的国家钻石模型（Porter，1992）、邓宁等的国际化钻石模型（Dunning，1993，1995）、Dong-Sung Cho（2000）的九要素模型等。纵观国内外关于产业竞争力的整体研究，从研究视角上看可以归纳为三种。第一种对某一特定产业在不同区域范围内的产业竞争力进行比较，这是现有研究中最为普遍的一种，如潘霞等（2013）从内在竞争力和外在竞争力的视角运用因子分析对我国高新技术产业进行评价，得出得分和排名后进行聚类分析，得出高新技术产业竞争力的相关结论。吴姗姗等（2014）运用应用集分析和主成分分析的方法从海洋产业发展环境、产值、产量等多个方面对沿海的 11 个省（市）的海洋产业竞争力进行了评估和打分。刘刚等（2016）以现实、潜在和环境三种竞争力为研究角度，运用因子分析对长江经济带区域的物流产业竞争力进行评价分析，并按照物流竞争力强弱等级将长江经济带省（市）进行排序。第二种是针对某一特定区域内的各个产业的竞争力进行比较，如王钰（2013）以低碳经济的产业国际竞争力的评价指标体系为基础，运用 AHP 法从产业规模、效率、市场、创新和低碳化这 5 个层面对中国制造业进行评价，并得出中国制造业 28 个产业的国际竞争力排序。第三种是针对某一区域的整体产业情况进行竞争力比较，如陈桃红（2012）运用灰色关联度和聚类分析方法对西部 11 省（区、市）的区域竞争力进行评价，并得出提升领先发展地区和落后地区区域竞争力的对策建议。目前从第三个角度进行竞争力研究的并不多，本书就从第三种角度入手，对长江经济带 9 省 2 市的整体产业情况进行竞争力评价。

3.3.1　长江经济带产业竞争力评价指标体系的构建与说明

3.3.1.1　五维视角下的产业竞争力体系

长江经济带产业竞争力是一种综合实力，包括了产业规模竞争力、产业结构竞争力、产业效率竞争力、产业创新竞争力和产业生态竞争力。产业规模是产业发展的“量”，也是产业发展的空间载体；产业的效率和结构是产业发展的“质”，也是产业发展的内在要求；产业的创新力是产业发展的根本动力，产业的生态竞争力则可以体现出产业发展的可持续发展水平，五大竞争力是产业集约式发展、创新发展、低碳发展的要求。而产业的规模竞争力、结构竞争力、效率竞争力、创新竞争力以及生态竞争力之间并不是孤立的，而是相互关联，相辅相成，互相促进的。例如，产业规模的提高让结构的调整有了更大的空间，而结构的调整，必然带来效率的提升以及生态的优化；技术的创新可以提高产业效率，同时也能带动整个产业规模的增长、促进产业结构的优化以及提高产业的可持续发展水平；规模的提升、结构的优化、效率的提高，反过来必然也会进一步推动产业的技术创新和生态发展。

因此，以产业的规模、结构、效率、创新、生态五大要素作为长江经济带产业竞争力的直接构成要素，而以规模、结构、效率、创新、生态的各自影响因素作为长江经济带产业竞争力的间接影响因素，通过影响产业竞争力的“间接因素→直接因素→最终结果”的逻辑，构建一套比较全面、系统的长江经济带产业竞争力评价指标体系（表 3-12），对长江经济带产业竞争力做出一个客观的评价。

表 3-12　长江经济带产业竞争力评价指标体系

一级指标	二级指标	三级指标	指标编号
长江经济带产业竞争力评价指标体系	规模竞争力	固定资产投资额/亿元	X_1
		能源消费总量/万 t 标准煤	X_2
		从业人员数/万人	X_3
		规模以上工业企业数/个	X_4
		建成区面积/km^2	X_5
		地区国内生产总值/亿元	X_6
		第一产业增加值/亿元	X_7
		工业增加值/亿元	X_8
		第三产业增加值/亿元	X_9
	结构竞争力	第一产业增加值比重/%	X_{10}
		第三产业增加值比重/%	X_{11}
		工业化率/%	X_{12}
		第二产从业人员数占比/%	X_{13}
		第三产从业人员数占比/%	X_{14}
		城镇人口比重/%	X_{15}

一级指标	二级指标	三级指标	指标编号
长江经济带产业竞争力评价指标体系	效率竞争力	劳动生产率/元	X_{16}
		大中型工业企业流动资产周转率/次	X_{17}
		规模以上工业企业成本费用利润率/%	X_{18}
		大中型工业企业销售利润率/%	X_{19}
		固定资产投资效果系数	X_{20}
		在岗职工平均工资/元	X_{21}
	创新竞争力	研发经费内部支出与 GDP 比重/%	X_{22}
		有研发活动单位数/个	X_{23}
		研发人员/人	X_{24}
		研发项目（课题）数/项	X_{25}
		高技术产业主营业务收入与 GDP 比重/%	X_{26}
		国内专利申请授权数/项	X_{27}
	生态竞争力	工业污染治理完成投资/万元	X_{28}
		工业废水排放强度/（t/万元）	X_{29}
		二氧化硫排放强度/（kg/万元）	X_{30}
		氮氧化物排放强度/（kg/万元）	X_{31}
		烟（粉）尘排放强度/（kg/万元）	X_{32}
		工业固体废物综合利用率/%	X_{33}

3.3.1.2 长江经济带产业竞争力指标选取与说明

（1）规模竞争力指标

长江经济带产业规模竞争力包括投入规模和产出规模两个子项。

投入规模子项包括地区固定资产投资额（X_1）、能源消费总量（X_2）、从业人员数（X_3）、规模以上工业企业数（X_4）以及建成区面积（X_5）五项具体指标。由于企业总数数据的缺失，我们采用规模以上工业企业数来替代。其中，固定资产投资额是反映地区固定资产投资的规模、速度、比例以及使用方向的综合性指标，是一项反映一个地区产业投入的非常重要的指标。能源消费总量是一定时期内地区用于产生以及生活所消费的各种能源的总和，不同品种、不同含量的能源要转换为标准煤计算。

产出规模子项则选取地区国内生产总值（X_6）、第一产业增加值（X_7）、工业增加值（X_8）以及第三产业增加值（X_9）四项具体指标表示。

（2）结构竞争力指标

结构竞争力可以从产业结构以及人员结构来考察，产业结构包括第一产业增加值比重（X_{10}）、工业化率（X_{12}）以及第三产业增加值比重（X_{11}），人员结构可以从各产业就业人员结构以及城镇农乡人口结构两个方面来分析，本章选取第二产从业人员数占比（X_{13}）、第三产从业人员数占比（X_{14}）和城镇人口比重（X_{15}）这三项具体指标表示。

（3）效率竞争力指标

效率竞争力包括劳动生产率（X_{16}）、大中型工业企业流动资产周转率（X_{17}）、规模以上工业企业成本费用利润率（X_{18}）、大中型工业企业销售利润率（X_{19}）、固定资产投资效果系数（X_{20}）以及在岗职工平均工资（X_{21}）六项具体指标。由于长江经济带部分产业数据缺失，因此采用大中型工业企业数据及规模以上工业企业数据替代。其中，劳动生产率可以反映社会生产率水平，反映地区经济和技术水平；流动资产周转率评价企业资产利用率；成本费用利润率指标越高，利润就越大，企业经济效应越好；销售利润率属于盈利能力类指标，衡量的是企业销售收入的收益水平；固定资产投资效果系数是一项宏观经济效益指标，反映该报告期地区投资的经济效益；在岗职工平均工资反映的是一个地区产业经济水平。

（4）创新竞争力指标

地区研究与开发（R&D）活动的规模与强度反映了一个地区的科技创新实力，是地区核心竞争力的体现。研发活动规模与强度体现在经费的支出、活动的单位数、从事该活动的人员数以及项目的数量上。研发经费支出包括内部支出和外部支出，内部支出是指为开展研发活动实际用于本单位内的全部支出；外部支出是指委托外单位进行研发活动所实际支付的费用，一般采用内部支出来避免对实施单位和委托单位的重复计算。创新竞争力具体包括研发经费内部支出与 GDP 比重（X_{22}）、有研发活动单位数（X_{23}）、研发人员（X_{24}）、研发项目（课题）数（项）（X_{25}）、高技术产业主营业务收入与 GDP 比重（X_{26}）以及国内专利申请授权数（X_{27}）。

（5）生态竞争力指标

生态竞争力又可以分为生态投入指标和生态产出指标，生态投入指标包括用于前端治理生态的工业污染治理完成投资（X_{28}），它体现出长江经济带对生态污染治理的重视程度以及投入的强度。

生态产出指标包括工业废水排放强度（X_{29}）、二氧化硫排放强度（X_{30}）、氮氧化物排放强度（X_{31}）、烟（粉）尘排放强度（X_{32}）以及工业固体废物综合利用率（X_{33}）五项具体指标。其中 X_{29}～X_{32} 这四项指标，为非合意性产出指标，分别用其排放量与地区国内生产总值的比值表示，如工业废水排放强度=工业废水排放总量/地区国内生产总值。

3.3.1.3 数据来源及说明

本章采用主成分分析法，对 2010—2014 年长江经济带 9 省 2 市的产业竞争力进行研究。所采用的数据来自 2011—2015 年《中国统计年鉴》《中国科技统计年鉴》以及上海、江苏、浙江、安徽、江西、湖北、湖南、四川、重庆、贵州、云南的统计年鉴。

对于部分缺失的数据，采用前后两年数据的均值进行填补处理。生态竞争力指标中包含四项非合意性指标，与生态竞争力呈负相关，为了将非合意性指标纳入地区产业竞争力评价体系，需要对非合意性指标进行转换。王晶、孔凡斌（2012）采用对非合意性指标取 k 次幂后取倒数（k=1）的方法进行数据处理，本章借鉴其方法对指标 X_{29}～X_{32} 进行指标数据处理。

根据所建立的评价指标体系，分别创建规模竞争力（11×9×5）、结构竞争力（11×6×5）、效率竞争力（11×6×5）、创新竞争力（11×6×5）和生态竞争力（11×6×5）五张时序数据表，分别通过 SPSS 19.0 软件进行主成分分析，将得出的 5 个方面竞争力指标重新构建一张 11×5×5 的时序立体数据表进行综合分析，得出长江经济带产业综合竞争力指标。

3.3.2 分析方法：主成分分析法模型

（1）建立时序数据表

假设统计的 M 个地区的产业竞争力，采用 n 个相同的指标 X_1，X_2，…，X_N 来描述，那么在第 t 年就有一张数据表 $X_t=(X_{ij})_{M\times N}$。T 年共有 T 张数据表，将这 T 张数据表从上往下排列，就构成了一张（T×M）×N 的时序数据表，称为全局数据表，记为：

$$X=(X^1,X^2,X^T)_{M\times N}=(X_{ij})_{(T\times M)\times N}\quad (i=1,\ 2,\ \cdots,\ TM;\ j=1,\ 2,\ \cdots,\ N)$$

全局数据表的每一行为一个样本，共有 T×M 个样本。

（2）数据标准化

将数据进行标准化以消除量纲的影响，使得各指标值都在同一个级别上。

$$X'_{ij}=\frac{X_{ij}-\overline{X_j}}{\sigma_j}\quad (i=1,\ 2,\ \cdots,\ TM;\ j=1,\ 2,\ \cdots,\ N)$$

式中，$\overline{X_j}$ —— 第 j 个指标的平均值；

σ_j —— 第 j 个指标的标准差。

将标准化后的数据表仍然记为 X。

（3）计算协方差矩阵

定义全局数据表的重心：

$$g=(\overline{X_1},\overline{X_2},\cdots,\overline{X_M})=\sum_{t=1}^{T}\sum_{i=1}^{M}q_i^t e_i^t$$

式中，q_i^t —— 第 t 年样本点 e_i 的权重，且：

$$\sum_{t=1}^{T}\sum_{i=1}^{M}q_i^t=1$$

$$\sum_{i=1}^{M} q_i^t = 1 \quad (t=1, 2, \cdots, T)$$

样本点 e_i 不随时间改变，全局数据表的重心等于各表重心的平均。定义全局变量为：

$$X_j = (X_{1j}^1, \cdots, X_{Mj}^1; X_{1j}^2, \cdots, X_{Mj}^2; X_{1j}^T, \cdots, X_{Mj}^T)$$

则全局数据表方差为：

$$s_j^2 = \mathrm{Var}(X_j) = \sum_{t=1}^{T} \sum_{i=1}^{M} q_i^t (x_{ij}^t - \overline{X_j}) \quad (j=1, 2, \cdots, N)$$

协方差为：

$$s_{jk} = \mathrm{Cov}(X_j, X_k) = \sum_{t=1}^{T} \sum_{i=1}^{M} q_i^t (x_{ij}^t - \overline{X_j})(x_{ij}^t - \overline{X_k}) \quad (j=1, 2, \cdots, N; k=1, 2, \cdots, N)$$

可得出全局数据表协方差矩阵为：

$$V = (S_{jk})_{N \times N} = \sum_{t=1}^{T} \sum_{i=1}^{M} q_i^t (e_i^t - g)(e_i^t - g)' \quad (j=1, 2, \cdots, N; k=1, 2, \cdots, N)$$

由于 X 是已标准化过的，因此 V 又是 X 的相关系数矩阵。

（4）求协方差矩阵特征向量

全局协方差矩阵 V 的初始特征值为 $\lambda_1 \geqslant \lambda_2 \geqslant, \cdots, \geqslant \lambda_N$，对应的特征向量为 $\mu_1, \mu_2, \cdots, \mu_N$，且它们是标准正交的，所以 $\mu_1, \mu_2, \cdots, \mu_N$ 也称为全局数据表主轴。

（5）求主成分及其方差贡献率

第 h 个主成分为 $F_h = \mu_h' X$，可求得主成分 $F_1, F_2, \cdots, F_p$ 的方差贡献率为：

$$\delta_h = \frac{\lambda_h}{\sum_{h=1}^{N} \lambda_h} \quad (h=1, 2, \cdots, N)$$

累积方差贡献率为：

$$\sum_{h=1}^{p} \delta_h = \frac{\sum_{h=1}^{p} \lambda_h}{\sum_{i=1}^{N} \lambda_i}$$

选出前 p 个初始特征值对应的主成分，使得累积方差贡献率大于或者接近 85%。

（6）求因子载荷矩阵

首先求出 X_i 与 F_h 的相关系数 r_{ih}（i=1，2，…，N；h=1，2，…，p），计算出因子载荷矩阵 A=(r_{ih})，而 r_{ih} 即为第 i 个指标 X_i 在第 h 个主成分 F_h 上的负荷。

（7）求指标的主成分系数

指标的主成分系数为：

$$a_{ih}=\frac{r_{ih}}{\sqrt{F_h}}\quad（i=1，2，\cdots，N；h=1，2，\cdots，p）$$

（8）求指标权重

指标权重为：

$$\theta_i=\frac{\sum_{h=1}^{p}a_{ih}\cdot\alpha_h}{\sum_{h=1}^{p}\alpha_h}\quad（i=1，2，\cdots，N）$$

式中，α_h——第 h 个主成分初始特征值的方差贡献率。

（9）求主成分得分

指标的主成分得分为：

$$F_{jh}=\sum_{i=1}^{N}X_{ij}\cdot a_{ih}\quad（j=1，2，\cdots，TM）$$

（10）求综合得分

第 j 个样本的综合得分为：

$$Y_j=\frac{\sum_{h=1}^{p}F_{jh}\cdot\alpha_h}{\sum_{h=1}^{p}\alpha_h}\quad（j=1，2，\cdots，TM）$$

3.3.3 长江经济带产业竞争力的指标测算

3.3.3.1 指标权重的确定

首先分别对每项二级指标下的所有三级指标进行主成分分析，然后综合每项二级指标的综合得分，再次进行主成分分析，采用累积方差贡献率接近或者超过 85%的前几个主成分，分析计算得出结果见表 3-13。

表 3-13 指标权重

二级指标	三级指标系数			三级指标权重	二级指标权重
		1	2		
规模竞争力指标	X_1	0.348 8	0.125 2	0.122 3	0.233 4
	X_2	0.352 0	0.044 4	0.119 1	
	X_3	0.284 6	0.540 5	0.122 9	
	X_4	0.311 9	−0.310 3	0.087 1	
	X_5	0.364 3	−0.041 8	0.118 6	

二级指标	三级指标系数			三级指标权重	二级指标权重
		1	2		
	X_6	0.358 1	−0.215 7	0.107 4	
	X_7	0.277 7	0.600 5	0.123 7	
	X_8	0.362 8	−0.170 3	0.111 4	
	X_9	0.326 3	−0.395 1	0.087 4	
结构竞争力指标	X_{10}	−0.494 1	−0.049 8	−0.343 7	0.171 1
	X_{11}	0.384 3	−0.495 4	0.117 9	
	X_{12}	−0.019 6	0.778 8	0.204 7	
	X_{13}	0.402 8	0.377 3	0.374 3	
	X_{14}	0.439 8	0.057 3	0.309 5	
	X_{15}	0.502 0	0.007 9	0.337 2	
效率竞争力指标	X_{16}	0.494 2	0.289 1	0.372 8	0.142 1
	X_{17}	−0.340 9	0.300 1	−0.072 2	
	X_{18}	−0.407 2	0.470 2	−0.044 8	
	X_{19}	−0.357 2	0.506 8	−0.004 4	
	X_{20}	0.362 4	0.484 4	0.374 3	
	X_{21}	0.463 5	0.337 3	0.374 2	
创新竞争力指标	X_{22}	0.371 5		0.152 0	0.252 0
	X_{23}	0.415 4		0.170 0	
	X_{24}	0.439 9		0.180 1	
	X_{25}	0.439 8		0.180 0	
	X_{26}	0.366 9		0.150 2	
	X_{27}	0.409 7		0.167 7	
生态竞争力指标	X_{28}	0.230 7	0.373 5	0.143 8	0.201 4
	X_{29}	0.290 9	−0.354 5	0.076 4	
	X_{30}	0.506 0	0.031 3	0.215 2	
	X_{31}	0.484 2	−0.035 4	0.197 6	
	X_{32}	0.466 6	−0.099 5	0.182 1	
	X_{33}	0.392 5	0.164 8	0.184 8	

从表 3-13 可以看出，规模、结构、效率、创新以及生态五项指标，对长江经济带产业综合竞争力均具有促进作用。其中创新竞争力的促进作用最为明显，权重系数为 0.252 0，影响系数最小的为效率竞争力，权重系数为 0.142 1。而这五项指标对综合竞争力的权重系数差别并不是很明显，这说明产业规模、产业结构、产业生产效率、技术创新以及生态对区域产业发展均具有举足轻重的作用。

3.3.3.2 长江经济带产业竞争力得分及排名

2010—2014 年长江经济带的产业规模竞争力、产业结构竞争力、产业效率竞争力、产业创新竞争力、产业生态竞争力的得分与排名的结果分别如表 3-14～表 3-19 所示。

表 3-14 长江经济带各地区产业规模竞争力得分与排名

排序	2010 年		2010 年		2012 年		2013 年		2014 年	
	省市	得分	省市	得分	省市	得分	省市	得分	省市	得分
1	江苏	4.066 4	江苏	4.066 4	江苏	5.392 3	江苏	6.111 8	江苏	6.752 3
2	浙江	1.330 1	浙江	1.330 1	浙江	1.768 9	浙江	2.161 8	浙江	2.518 9
3	四川	0.455 2	四川	0.455 2	四川	1.443 2	四川	1.751 5	四川	2.142 3
4	湖北	−0.185 8	湖北	−0.185 8	湖北	0.813 1	湖北	1.289 6	湖北	1.721 9
5	湖南	−0.265 8	湖南	−0.265 8	湖南	0.610 5	湖南	0.974 3	湖南	1.179 4
6	安徽	−0.720 1	安徽	−0.720 1	安徽	0.014 4	安徽	0.375 9	安徽	0.768 4
7	上海	−2.021 2	上海	−2.021 2	江西	−1.580 3	江西	−1.320 4	江西	−1.084 9
8	江西	−2.051 7	江西	−2.051 7	云南	−1.730 6	云南	−1.481 5	云南	−1.283 6
9	云南	−2.285 6	云南	−2.285 6	上海	−1.908 0	上海	−1.782 2	重庆	−1.623 5
10	重庆	−2.617 5	重庆	−2.617 5	重庆	−2.145 6	重庆	−1.788 6	上海	−1.648 0
11	贵州	−3.095 4	贵州	−3.095 4	贵州	−2.629 6	贵州	−2.362 9	贵州	−2.171 4

表 3-15 长江经济带各地区产业结构竞争力得分与排名

排序	2010 年		2011 年		2012 年		2013 年		2014 年	
	省市	得分	省市	得分	省市	得分	省市	得分	省市	得分
1	上海	3.035 1	上海	3.020 3	上海	2.946 1	上海	2.900 3	上海	2.845 1
2	浙江	1.553 3	浙江	1.613 1	浙江	1.633 1	浙江	1.668 1	浙江	1.670 8
3	江苏	1.241 5	江苏	1.232 6	江苏	1.256 3	江苏	1.300 0	江苏	1.354 0
4	重庆	0.119 7	重庆	0.294 4	重庆	0.375 7	重庆	0.384 5	重庆	0.394 9
5	江西	−0.349 1	江西	−0.217 3	江西	−0.082 7	江西	0.013 7	江西	0.135 1
6	安徽	−0.675 7	安徽	−0.484 8	安徽	−0.269 0	安徽	−0.112 8	安徽	0.033 3
7	湖北	−0.728 8	湖北	−0.584 2	湖北	−0.459 2	湖北	−0.383 6	湖北	−0.233 3
8	四川	−0.973 1	湖南	−0.744 7	湖南	−0.661 0	湖南	−0.533 6	湖南	−0.427 4
9	湖南	−1.097 0	四川	−0.809 6	四川	−0.680 7	四川	−0.574 6	四川	−0.447 2
10	云南	−1.994 4	云南	−1.986 1	云南	−1.902 4	贵州	−1.862 5	云南	−1.777 4
11	贵州	−2.232 9	贵州	−2.010 4	贵州	−2.019 1	云南	−1.880 0	贵州	−1.826 3

表 3-16 长江经济带各地区产业效率竞争力得分与排名

排序	2010 年		2011 年		2012 年		2013 年		2014 年	
	省市	得分	省市	得分	省市	得分	省市	得分	省市	得分
1	上海	2.448 8	上海	2.889 0	上海	3.107 0	上海	3.405 5	上海	3.573 8
2	浙江	0.417 3	浙江	0.749 4	浙江	0.880 2	浙江	1.096 5	浙江	1.218 8
3	江苏	0.088 4	江苏	0.468 0	江苏	0.743 3	江苏	1.008 6	江苏	1.144 4

排序	2010 年		2011 年		2012 年		2013 年		2014 年	
	省市	得分	省市	得分	省市	得分	省市	得分	省市	得分
4	重庆	−0.706 1	重庆	−0.371 2	重庆	−0.071 1	重庆	0.009 6	重庆	0.097 3
5	湖北	−0.856 5	湖北	−0.632 2	湖南	−0.424 4	湖北	−0.150 1	湖南	−0.017 6
6	湖南	−0.925 6	湖南	−0.686 0	湖北	−0.465 8	湖南	−0.191 1	四川	−0.048 7
7	贵州	−0.963 3	四川	−0.712 4	四川	−0.514 8	四川	−0.245 4	湖北	−0.173 4
8	四川	−1.010 1	安徽	−0.761 3	安徽	−0.564 5	安徽	−0.324 2	安徽	−0.187 9
9	江西	−1.179 8	江西	−0.938 8	云南	−0.671 0	云南	−0.473 5	云南	−0.264 1
10	安徽	−1.257 5	云南	−0.938 9	江西	−0.811 2	贵州	−0.571 8	贵州	−0.344 8
11	云南	−1.324 2	贵州	−1.080 5	贵州	−1.077 3	江西	−0.717 5	江西	−0.690 8

表 3-17　长江经济带各地区产业创新竞争力得分与排名

排序	2010 年		2011 年		2012 年		2013 年		2014 年	
	省市	得分	省市	得分	省市	得分	省市	得分	省市	得分
1	江苏	3.166 8	江苏	3.984 5	江苏	5.430 6	江苏	5.871 2	江苏	6.269 8
2	上海	1.617 1	上海	1.818 0	浙江	2.213 9	浙江	2.651 7	浙江	2.896 3
3	浙江	0.910 7	浙江	1.335 6	上海	2.015 0	上海	2.159 4	上海	0.872 4
4	四川	−0.605 0	湖北	−0.506 6	安徽	−0.172 1	安徽	0.307 2	安徽	0.647 1
5	湖北	−0.628 6	四川	−0.567 4	四川	−0.185 5	四川	0.179 8	四川	0.518 9
6	湖南	−1.100 4	湖南	−0.804 1	湖北	−0.201 5	湖北	0.077 2	湖北	0.141 9
7	安徽	−1.263 0	安徽	−0.812 1	湖南	−0.538 6	湖南	−0.348 2	湖南	−0.129 6
8	重庆	−1.787 6	重庆	−1.581 7	重庆	−1.240 0	重庆	−0.950 8	重庆	−0.716 2
9	江西	−1.895 2	江西	−1.859 7	江西	−1.725 3	江西	−1.380 3	江西	−1.217 0
10	贵州	−2.512 1	贵州	−2.491 4	云南	−2.415 9	云南	−2.354 4	云南	−2.282 7
11	云南	−2.564 2	云南	−2.492 3	贵州	−2.456 8	贵州	−2.394 4	贵州	−2.313 0

表 3-18　长江经济带各地区产业生态竞争力得分与排名

排序	2010 年		2011 年		2012 年		2013 年		2014 年	
	省市	得分	省市	得分	省市	得分	省市	得分	省市	得分
1	上海	1.823 3	上海	2.288 9	上海	2.754 3	上海	3.238 3	上海	3.635 2
2	江苏	0.309 1	江苏	0.880 1	江苏	1.416 8	江苏	2.253 4	浙江	2.748 0
3	浙江	0.239 4	浙江	0.748 9	浙江	1.416 7	浙江	2.264 5	江苏	2.305 0
4	安徽	−1.082 5	安徽	−0.837 5	安徽	−0.485 4	安徽	0.332 3	湖北	0.802 8
5	江西	−1.905 6	江西	−1.493 8	江西	−1.349 6	江西	−0.937 2	四川	0.418 8
6	湖北	−0.330 2	湖北	−0.407 6	湖北	0.007 9	湖北	0.535 1	湖南	0.361 7
7	湖南	−0.735 4	湖南	−0.669 5	湖南	−0.185 2	湖南	0.215 8	重庆	0.144 5
8	重庆	−1.034 0	重庆	−0.636 6	重庆	−0.253 7	重庆	0.047 1	安徽	0.026 6
9	四川	−1.321 9	四川	−0.781 2	四川	−0.427 9	四川	0.011 0	江西	−0.812 3
10	贵州	−2.259 4	贵州	−1.902 9	贵州	−1.645 0	贵州	−1.513 9	云南	−0.995 4
11	云南	−1.784 1	云南	−1.753 7	云南	−1.446 2	云南	−1.126 7	贵州	−1.111 1

表 3-19　长江经济带各地区产业综合竞争力得分与排名

排序	2010 年		2011 年		2012 年		2013 年		2014	
	省市	得分	省市	得分	省市	得分	省市	得分	省市	得分
1	江苏	1.738 8	江苏	2.237 4	江苏	2.859 0	江苏	3.351 5	江苏	3.600 8
2	上海	1.599 1	上海	1.855 8	上海	2.054 6	上海	2.281 1	浙江	2.346 7
3	浙江	0.907 1	浙江	1.217 6	浙江	1.661 8	浙江	2.086 0	上海	2.163 2
4	湖北	−0.577 1	湖北	−0.412 8	湖北	−0.086 8	湖北	0.269 9	四川	0.491 9
5	四川	−0.789 1	四川	−0.455 3	四川	−0.137 0	四川	0.182 2	湖北	0.453 5
6	湖南	−0.881 8	湖南	−0.589 8	湖南	−0.274 0	安徽	0.124 4	安徽	0.248 4
7	安徽	−1.064 3	安徽	−0.705 5	安徽	−0.326 2	湖南	0.006 5	湖南	0.183 9
8	重庆	−1.210 9	重庆	−0.911 2	重庆	−0.630 2	重庆	−0.413 3	重庆	−0.290 5
9	江西	−1.549 7	江西	−1.317 1	江西	−1.157 4	江西	−0.897 3	江西	−0.759 3
10	云南	−2.078 2	云南	−1.924 2	云南	−1.705 5	云南	−1.522 1	云南	−1.372 9
11	贵州	−2.302 6	贵州	−2.150 4	贵州	−2.035 0	贵州	−1.800 6	贵州	−1.593 5

3.3.4　长江经济带产业竞争力比较与评价

（1）长江经济带产业规模竞争力比较

从横向比较来看，在 2010—2014 年的 5 年中长江经济带产业规模竞争力得分相应地都有所提高，这说明长江经济带的产业规模都在做大，也都处于不断发展之中。从横向比较来看，这 5 年中长江经济带产业规模竞争力排名都比较稳定，没有大幅变动。从区域产业规模竞争力的区域分布上看，可以分为 3 个档次，第一档为排名前三的江苏、浙江、四川，第二档为湖北、湖南、安徽，其他 5 个省市为第三档。

（2）长江经济带产业结构竞争力比较

从长江经济带产业结构竞争力排名可以看出，整体排名相对较为稳定，2011—2014 年，排名前三位的主要是东部地区、长江下游（上海、浙江、江苏）；排名居中的地区主要是长江中游地区（重庆、江西、安徽、湖北、湖南）；排名后三位的是长江上游地区（四川、云南、贵州）。从 2010—2011 年的结果中可以看出，湖南省的产业结构做了相对合理的调整，排名也从第 9 位升到第 8 位。结合表 3-15 可以看出第一产业增加值占比对产业结构起到抑制作用，权重系数为−0.343 7，而第三产业发展会对产业结构竞争力得分有促进作用，上海第三产业的高度发达也是上海排名一直居首的重要原因，从原始数据可以看出，上海第三产业增加值比重以及第三产业从业人员占比在不断上升。由此可见，长江经济带上游和中游地区应该根据各自地区特点对产业结构进行优化。

（3）长江经济带产业效率竞争力比较

从长江经济带产业效率竞争力排名可以看出，2010—2014 年，上海、浙江、江苏、重庆稳定排在前四位，可见四地产业发展效率较高，2010 年排名后三位的是江西、安徽、云南，2011—2014 年，排名后三位的是江西、云南、贵州，但是名次略有变化。总的来说，江西产业竞争力效率有所下降，排名从 2010 年的第 9 位下降到 2014 年的第 11 位，贵州从 2010 年排名第 7 位下降到第 11 位后又略浮上升到第 10 位，而效率提高较为明显的有安徽（排名从 2010 年的第 10 位到稳定在第 8 位）、云南（排名从 2010 年的末位逐步提高到第 9 位）、四川（排名从 2010 年的第 8 位提高到 2014 年的第 6 位），其他省（市）排名相对稳定。

（4）长江经济带产业创新竞争力比较

从长江经济带产业创新竞争力排名可以看出，2010—2014 年江苏、浙江、上海稳居前三位，排名后四位的是重庆、江西、贵州、云南。总的来看，长江经济带产业创新竞争力都是有所提高的，说明各地对于产业创新力都很重视。从区域分布上看，长江下游地区产业创新竞争力较强，创新让经济发展更为强劲，也更有活力；长江中游地区（除了江西）产业创新竞争力基本处于中等水平，而长江上游地区的四川省产业创新竞争力也表现良好，但是 5 年间排名略有下降（从第 4 位下降到第 5 位），说明四川省的产业创新力的进步幅度上需要进一步加大；长江上游地区（除了四川）和江西省在 5 年间虽然得分都有所提高，但是产业创新竞争力还是相对薄弱，有待进一步提高，增强经济的活力。

（5）长江经济带产业生态竞争力比较

在长江经济带产业生态竞争力排名中，上海、江苏、浙江依然保持在前列，其中上海稳居第一位，生态产业竞争力不仅与各地区产业结构有关，还与各地产业创新和对产业污染的后端治理有关，因此产业生态竞争力与产业结构竞争力、产业创新竞争力都息息相关。2010—2013 年长江经济带的中部地区基本处于产业生态竞争力的中游水平，而安徽、江西是中部在这 4 年间表现相对较好的，位居第 4 位、第 5 位；2010—2013 年排名后四位的主要是长江经济带的西部地区，而且重庆、四川、贵州、云南的排名也没有发生变化；但是在 2014 年，排名发生了较大的调整，安徽、江西分别从第 4 位、第 5 位排名下降到第 8 位、第 9 位，从得分上来看，安徽与江西的得分都略有提高，但是和其他省（市）相比产业生态竞争力提高程度不高，因此，排名下降；2014 年湖北、四川的产业生态竞争力大幅度提高，排名分别从第 6 位、第 9 位跨越到第 4 位、第 5 位，说明两地对产业的生态化发展高度重视。

（6）长江经济带产业综合竞争力比较

全面考察长江经济带产业竞争力的综合排名，总体上变动幅度平稳。江苏、上海、浙江有产业竞争优势，是富有竞争力地区；湖北、四川、安徽、湖南、重庆具有中等产业竞争力；而江西、云南、贵州属于缺乏产业竞争力地区。长江经济带中游地区（江西除外）整体产业发展处于中等水平，整体产业竞争力还有待进一步提高；从前面分析可以看出，江西产业发展在规模、结构、生态上排名居中等水平，但是在产业效率和产业创新力上排名都靠后，可见，江西产业发展要取得突破必须在质上和创新动力上跨越。上海在综合竞争力上排名稳居前三位，之所以没有排在首位和上海产业发展规模有关，但是上海产业发展在效率、结构和生态上都排在首位，产业发展的创新力上也是非常良好。四川省和安徽省都在产业综合竞争力取得了较大的进步，排名分别从 2010 年第 5 位、第 7 位提升到 2014 年的第 4 位和第 6 位，说明这两省产业发展较快。其他省（市）产业综合竞争力在 5 年间也都有所提高，但是排名相对稳定。

3.4 长江经济带产业绿色发展面临的主要问题

3.4.1 产业布局重化现象明显，生态化改造升级难度大

一是产业内部结构重复建设严重。从长江经济带产业内部结构分析，长江经济带各省区间产业结构重复建设现象严重。以长江经济带各省市制造业为例，长江经济带上游地区四川、重庆、贵州等省市产业结构相似度较低，而长江经济带中游地区湖南、湖北、江西等省份之间，下游地区江苏、上海、浙江等省市之间产业结构相似度较高。特别是湖南和江西两省之间、江苏和上海产业结构相似度较高。进一步对统计数据进行分析比较表明，长江经济带各省市内占到一定比例规模的产业，在各个省市之间具有一定雷同性，重复建设严重。例如，上游地区上海、浙江、江苏地区都在纺织服装装饰业、金属制品业、化学原料和化学制品制造业、通用设备和专业设备制造业等产业都形成产业规模。中游地区江西、湖北、湖南在化学原料和化学制品制造业、有色金属冶炼和压延加工业、医药制造业、非金融矿产制造业、食品制造业等产业方面都形成产业规模。

二是长江经济带能源重化工产业密集。长期以来，长江作为“黄金水道”、沿江各省市集聚大量的以能源、冶金、化工、机械制造、农产品加工为主的工业企业，形成名副其实的长江重化工产业带。能源重化产业的成本中，运输成本占比高，选择既靠近消费地和市场，又能够降低运输成本，就成为这些产业提升竞争力的重要措施。因水运成本低，且重化工产业对水运依赖程度高，因而在产业布局上沿长江流域进行配置成为首选。长江沿线分布有上海、武汉、攀枝花、马鞍山、重庆五大钢铁基地，上海、南京、安庆、九江、岳阳、荆门、武汉七大炼油厂以及上海、南京、仪征等大型石化基地。如江苏，从 2003 年开始的新一轮长江经济大开发，长江江苏段集中了全省 80%以上的能源重化工产业，成为了江苏经济持续在全国保持领先的主引擎。这在一定程度上反映了

中国经济发展的阶段性演进规律。近年来，长江中上游地区借助沿海地区经济转型之机，大力推动化工产业向内陆地区转移，沿江大量规划建设了各类化工产业园区，宜昌、长寿、万州、涪陵等化工园区相继建成，加之长江中下游南京、仪征、安庆、九江、武汉、岳阳等地是我国传统石化产业聚集区，长江沿线已逐步形成了覆盖上中下游的石化工业走廊。如中游地区的湖北、湖南和江西三省，石化产业产值均已接近 3 000 亿元，总量突破万亿元。在长江沿岸，分布着九江石化（江西省）、武汉石化（湖北省）、荆门石化（湖北省）、长岭石化（湖南省）等全国重要的石化产业基地。在钢铁行业方面，湖北的钢铁企业主要集中在武汉、鄂州、黄石等长江沿线。据统计，目前长江沿线共布局化工园区 62 个，沿线化工产量约占全国的 46%，成为我国涉危企业最集中、布局性环境风险最突出的流域，详见表 3-20。

表 3-20　长江经济带部分省份规模以上工业分布情况比较

工业类型	江苏省/个	湖北省/个	湖南省/个	江西省/个	四川省/个
资源产业、重工业企业	12 213	5 742	6 307	3 534	3 876
其中：					
黑色金属矿采选业、黑色金属冶炼和压延加工业	1 516	481	582	203	543
石油加工、炼焦和核燃料加工业	143	49	36	22	64
化学原料和化学制品制造业	3 834	1 098	1 602	788	871
化学纤维制造业	829	22	11	11	22
橡胶和塑料制品业	2 037	618	341	282	497
非金属矿物制品业	2 761	1 920	1 562	996	1 586
有色金属矿采选业、有色金属冶炼和压延加工业	1 093	211	758	698	293

资料来源：各省 2015 年统计年鉴。

3.4.2　产业布局对环境影响日趋加重，有效治理任重道远

一是工业严重污染已使长江不堪重负。根据长江水利委员会的通报，2012 年长江流域排放的废污水总量为 347.4 亿 t，废水排放量几乎相当于黄河水量，长江经济带沿线省市的工业废水排放量占全国的比重持续在 42%。污染主要集中在技术水平低、治理难度大的造纸、制革、电镀、印染、有色金属等行业，此外，生活污水污染、农业面源污染、长江航运污染同样使长江不堪重负，已远超长江水体自身净化能力。造成水质下降，白

鲭豚、白鲟多年不见踪迹，顶级物种纷纷告急。目前，长江流域部分支流及湖库污染严重，主要超标因子是氨氮、总磷和化学需氧量。螳螂川云南昆明段、府河四川成都段和上海市的苏州河等城市河段为重度污染河段，巢湖和滇池等湖泊水体富营养化严重，岷江、沱江和乌江等流域总磷超标问题突出。洞庭湖、鄱阳湖均呈不同程度的水体富营养化现象。

二是突发环境安全事件频发。大量工业园区建设尤其是重化工企业密集分布，不仅造成河湖湿地生态破坏和岸线不合理占用，而且还导致突发环境事件频发，并严重威胁所在地及下游地区的供水安全。长江经济带突发环境事件次数一直位居高位。2014 年，长江经济带突发环境污染事件 256 件，约占全国突发环境事件总次数的 54.4%。2015 年长江经济带突发环境污染事件 136 件，约占全国突发环境事件总次数的 41%。如 2015 年重庆市连续发生 5 起重大水污染型突发环境事件；2016 年 4 月 22 日江苏一化工公司油罐起火事故，只是这类安全事件的“冰山一角”，详见图 3-9。

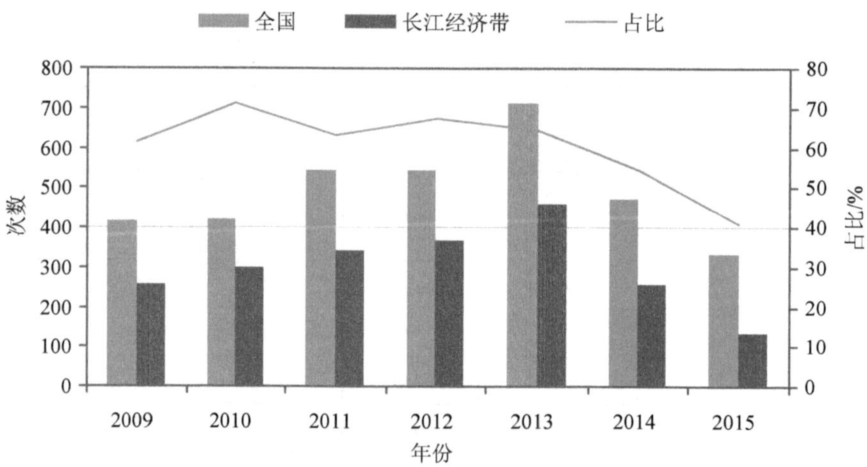

图 3-9　2009—2015 年长江经济带及全国突发环境事件变化

资料来源：《中国统计年鉴》（2010—2016 年）。

三是能源重化工产业沿江密布，环境承载力已然接近上限。因水运成本低，且重化工产业对水运依赖程度高，因而，在产业布局上，长江经济带沿江各省市集中了一大批大耗水、大耗能的工业行业和特大型龙头骨干企业，形成了一批煤炭、化工、医药、冶金、机械、电力等高耗能、高耗水和高污染以及资源依赖较强的产业。按 41 个工业行业的产值计算，2015 年沿江 11 省市工业产值最大的十大工业行业依次为化学原料和化学制品业、计算机通信和其他电子设备制造业、电气机械和器材制造业、黑色金属冶炼和压延加工业、汽车制造业、有色金属冶炼和压延加工业、电力、热力生产和供应业、通用设备制造业、非金属矿物制品业和农产品加工业，占 11 省市规模以上工业总产值的 61.5%（徐长乐等，2015）。在石化、水泥、钢铁等高能耗、高排放产业的高强度分布，约束机制和督察机制不健全的情况下，长江经济带的环境承载力已接近上限。

3.5　提高长江经济带产业绿色发展的政策建议

（1）需要在政策和制度上统筹协调产业发展

要从长江经济带整体发展，统筹城市产业发展重点，明确长江经济带不同城市产业发展侧重点，不同城市要根据自身基础制定不同产业生态化效率目标，避免长江经济带地区产业发展同质化。调整地区产业结构，适当降低二次产业占 GDP 的比重，减少高能耗、高污染行业，重点发展环保生态、新能源、新材料、信息技术、服务业等产业，鼓励技术含量高、经济效益高、能源消耗低的产业集群壮大，推进长江经济带产业结构向合理化、生态化、高级化转变。对于长江经济带要提高产业准入门槛，长江经济带应根据本区域产业生态化效率制定不同区域范围的能源消耗、资源回收率、资源综合利用率、“三废”排放等标准。此外，长江经济带要建立产业退出机制，对于不符合长江经济带建设总体目标和各地区产业生态化效率要求的产业和企业，应通过补贴、土地置换和贷款担保等多种手段逐步淘汰落后生产。

（2）要加强创新驱动促进产业转型升级

长江经济带产业纯技术效率不在前沿面上，这说明城市群内部要进一步增强技术创新，从而减少产业生产过程中对生态环境的影响，如减少二氧化硫、（烟）粉尘、废水和固体废物的排放量。因此，推动沿江产业由要素驱动向创新驱动转变，大力发展战略性新兴产业，加快改造提升传统产业，大幅提高服务业比重，培育区域产业发展的技术创新驱动力。大力推广清洁生产，广泛开展清洁生产试点，从生产设计、能源与材料选用、工艺技术与设备维护管理等生产服务的各个环节实施全过程控制，从源头减少资源的消耗，控制污染的产生，促进资源的循环利用，广泛使用清洁能源和可再生能源。

（3）要大力倡导区域联动，形成生态文明建设的强大合力

建立长江经济带产业发展协会，在“生态共同体”共建共享的理念下，探索建立全流域的生态保护、产业发展合作机制，推动长江经济带生态保护与产业发展实现共同发展。建立多层级的协商对话机制，在产业发展中实行生态环境负责制，开展生态补偿示范建设，实现长江经济带产业的可持续发展。

（4）严守生态底线，优化建设产业转移承接高地

长江经济带梯度转移是产业发展到一定阶段的必然产物，在当前发展阶段，长江经

济带上游和中游地区承接产业转移，对于地区经济发展与产业升级十分必要，但是在建设产业转移承接高地的过程中，要十分注意控制产业转移的环境负面效应：一是以地区环境承载量为依据，科学控制承接产业转移规模。长江经济带跨度大，各个区域生态环境承载能力不同，需根据当地环境容量的实际情况，科学适度控制承接产业转移规模。二是要不断优化升级承接产业转移结构。长江经济带中上游地区在承接产业转移时要对产业选择严格把控，逐步减少自然资源消耗型和污染密集型产业项目引进和依赖，特别在长江经济带禁止开发区要“留白”，在限制开发区则要注重选择对资源消耗较低的产业；在重点开发区要选择中高端产业替代中低端产业，形成长江经济带产业的良性梯度转移和阶段性替代。

（5）建立健全产业转移制度安排，提高环境技术创新利用水平

长江经济带产业梯度转移与环境问题不是对立问题，要充分发挥产业梯度转移对环境的正向效应，从源头防治和末端治理两个层面解决产业梯度转移给环境所带来的负面影响。一是建立健全资源约束下的产业转移制度安排。研究制定和实施严格的承接产业转移环境标准和环境规章制度，充分发挥地区环境标准的约束作用，加大政府对转移产业的环境管制力度；二是提高环保技术创新利用水平。承接产业转移的当地政府要进一步加大对环境技术研发、创新和应用方面的经费投入与设施投入，提高对工业“三废”的再利用水平，提高政府对污染治理投资的稳定性与可持续性，避免走“多污染、少防治”的老路。

（6）构建长江经济带产业发展共同体，打造产业转移协作升级版

一是加快建立长江经济带上中下游协作、利益共享的产业发展共同体，破解区划分割、市场分割、跨区域标准不统一等问题，为长江经济带产业梯度转移清除障碍。在长江经济带下游地区产业输出过程中，要联动实施“六大输出政策”，即将输出地的“政策、服务、标准、管理和技术”整体打包一并输出，鼓励长江经济带中上游地区的园区做长江下游地区的“飞地园区”。二是建立完善长江经济带产业梯度转移平台，充分发挥市场化、信息化和社会化手段，为长江经济带中游、上游区域承接产业转移创造便利条件，推进长江上中下游地区产业项目全方位对接，实现长江经济带上中下游产业对接协作的常态化和时效化。

（7）统筹长江经济带产业发展规划，提高产业布局科学性

长江经济带建设产业布局涉及多个省市地区，为了实现产业在全流域内协同发展，需要长江经济带沿江省市全方位、多层次的合作、沟通与协调，统筹制定长江经济带产业发展的整体规划，充分考虑各个地区的发展基础与优势，做到整体规划与各地区产业发展规划相衔接，而且沿江各地区产业发展要服从大流域的整体发展规划，避免低水平建设、资源浪费和产业同质化，真正做到全流域资源的优化配置。建立长江流域利益协

调合作发展机制，保障长江经济带产业发展规划顺利实施，促进长江经济带互动合作，真正实现长江经济带区域协同发展。

（8）充分发挥各地区特色优势，优化产业结构，促进产业内涵式发展

充分发挥长江经济带沿江各个地区产业发展的特色优势，找准各地区产业定位，错位发展。长江上游地区要充分利用其资源与能源优势，延伸产业链条，提升产业发展附加值；长江下游地区要充分利用资本和技术优势，加快推动高新技术产业、新兴产业和现代服务业等进一步发展和传统产业的合理有序转移，提高长江下游地区对于长江经济带的整体辐射效应；对于产业基础相对薄弱的地区，在保证对生态环境保护的基础上主动承接长江下游地区的产业转移，并且加快推动高端装备制造业、高新技术产业和现代服务业等产业的发展。优化产业结构、提升产业发展质量是转变经济发展方式的客观要求。长江经济带要合理安排产业发展布局，注重产业发展的质量和效益，为产业结构优化、产业内涵式发展奠定良好基础。

（9）实施创新能力提升工程，增强长江经济带产业发展活力

实施创新能力提升工程，对于长江经济带整体产业竞争力的提升和产业的长远发展有着至关重要的作用。从产业层面看，长江经济带沿江的 11 个省市应加强合作，建立长江经济带产学研合作联盟和共性技术创新联盟等各种创新平台，提升区域创新能力，加快科技成果转化，进一步发展壮大高新技术产业和战略新兴产业。从区域层面来看，加快长江经济带自主创新示范区建设，从点到面构建长江经济带区域创新体系。

（10）实施产业绿色低碳发展工程，提升产业可持续发展水平

充分认识长江经济带产业布局与可持续发展的关联性，一方面，要加大可持续产业发展力度，提高高新技术产业和现代服务业的产业比重，全面推动绿色循环低碳发展；另一方面，推动传统产业技术升级改造，推进长江经济带钢铁、有色金属、石化、建材、装备制造等传统产业转型升级，开展制造业绿色转型示范工程，提升产业清洁化水平，推进节能减排。在低碳产业发展上创新思路，建立长江经济带可持续发展的健康产业体系。

3.6　本章小结

第一，以可持续发展思想为指导，通过运用经主成分分析方法处理后的 DEA 模型，对长江经济带 2011—2014 年总体产业生态化效率进行评估分析，为今后长江经济带的产业生态化效率提升明确了方向。研究结果表明：运用经主成分分析处理后的 DEA 方法得出的长江经济带产业生态化效率结果更为科学；长江经济带城市间产业生态化效率存在较大差异，但均呈现出生态效率上升趋势；长江经济带的纯技术效率与规模效率都

有待进一步提高。第二，本章基于长江经济带 9 省 2 市 2006—2015 年相关统计数据，利用构造的产业集聚度相对变化指数，估算长江经济带产业梯度转移总体情况；利用单方程模型方法，计量分析长江经济带产业转移相对指数与环境污染之间的关系。研究结果表明：随着长江经济带产业集聚度的提高，长江经济带多数省（市）承接工业产业转移的规模随之快速扩大，由此带来的环境负面效应不断增大，工业在产业结构中所占比重的增加进一步恶化了环境；劳动生产率和环境规制政策两个因素对长江经济带环境污染带来显著的抑制作用。第三，采用主成分分析法对 2010—2014 年长江经济带产业规模竞争力、产业结构竞争力、产业效率竞争力、产业创新竞争力、产业生态竞争力和产业综合竞争力进行测评和排序，研究结果表明：江苏、上海、浙江处于富有竞争力区间，湖北、四川、安徽、湖南、重庆处于中等产业竞争力区间，而江西、云南、贵州属于缺乏产业竞争力区间，这为长江经济带产业优化发展提供理论基础。第四，分析长江经济带产业发展面临的主要问题并提出了产业绿色发展的政策建议。

第 4 章
优化国土空间开发格局推动长江经济带绿色发展研究

2014 年 12 月，习近平总书记着重强调长江通道是我国国土空间开发最重要的东西轴线，在区域发展总体格局中具有重要战略地位。优化长江经济带国土空间布局是落实长江经济带功能定位及各项任务的载体，也是长江经济带规划战略实施的重点。系统分析长江经济带国土空间格局及其规划利用现状，厘清长江经济带国土空间利用上存在的主要问题，提出优化长江经济带国土空间布局的举措和对策，对于推进长江经济带绿色发展与生态文明建设具有基础性与全局性意义。

4.1 长江经济带国土空间格局及其规划现状分析

4.1.1 国家《长江经济带发展规划纲要》对长江经济带的国土空间布局

根据《长江经济带发展规划纲要》，按照“生态优先、流域互动、集约发展”的思路，规划对长江经济带主要提出了“一轴、两翼、三极、多点”的格局（图 4-1）。

——“一轴”：是指以长江“黄金水道”为依托，发挥上海、武汉、重庆的核心作用，以沿江主要城镇为节点，构建沿江绿色发展轴。突出生态环境保护，统筹推进综合立体交通走廊建设、产业和城镇布局优化、对内对外开放合作，引导人口经济要素向资源环境承载能力较强的地区集聚，推动经济由沿海溯江而上梯度发展，实现上中下游协调发展。

——“两翼”：是指发挥长江主轴线的辐射带动作用，向南北两侧腹地延伸拓展，提升南北两翼支撑力。南翼以沪瑞运输通道为依托，北翼以沪蓉运输通道为依托，促进交通互联互通，加强长江重要支流保护，增强省会城市、重要节点城市人口和产业集聚能力，夯实长江经济带的发展基础。

——“三极”：是指以长江三角洲城市群、长江中游城市群、成渝城市群为主体，发挥辐射带动作用，打造长江经济带三大增长极。最终形成以长江三角洲城市群为龙头，以长江中游和成渝城市群为支撑，以黔中和滇中两个区域性城市群为补充，以沿江大中小城市和小城镇为依托的新型城镇化格局。着重发挥上海、武汉、重庆等超大城市和南京、杭州、成都等特大城市引领作用，发挥合肥、南昌、长沙、贵阳、昆明等大城市对地区发展的核心带动作用。

——“多点”：是指发挥三大城市群以外地级城市的支撑作用，以资源环境承载力为基础，不断完善城市功能，发展优势产业，建设特色城市，加强与中心城市的经济联系与互动，带动地区经济发展。

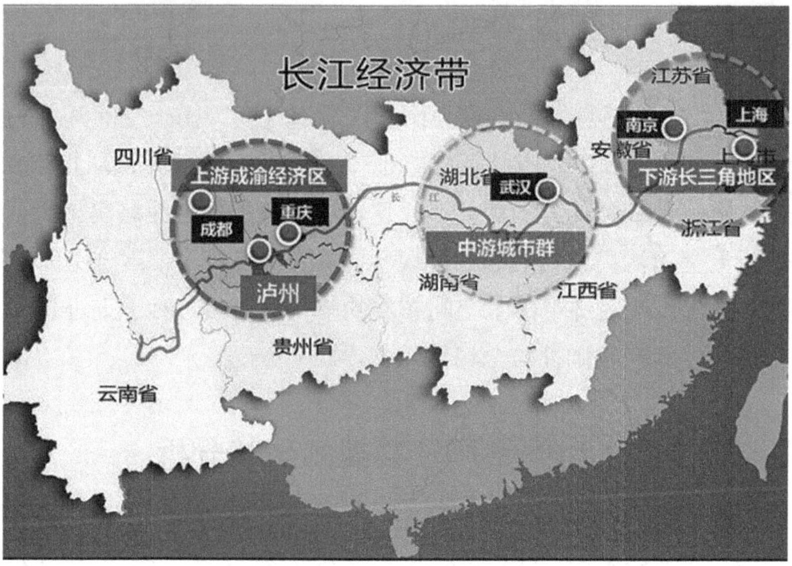

图 4-1　长江经济带发展国土空间布局

4.1.2　《国家主体功能区规划》对长江经济带的国土空间布局

《国家主体功能区规划》[①]将我国国土空间分为以下主体功能区：按开发方式，分为优化开发区域、重点开发区域、限制开发区域和禁止开发区域；按开发内容，分为城市化地区、农产品主产区和重点生态功能区。

（1）长江经济带在我国国土空间规划中的“三大战略格局”定位

《国家主体功能区规划》提出着力构建我国国土空间的“三大战略格局”。

——构建“两横三纵”为主体的城市化战略格局。其中“两横”之一就包括长江通道。在国家优化开发和重点开发的城市化地区就涉及长江经济带中的长江三角洲地区，

---

① 国务院关于印发全国主体功能区规划的通知[EB/OL]. http：//www.gov.cn/zwgk/2011-06/08/content_1879180.htm，2011-06-08.

形成的3个特大城市群之一就是长江三角洲城市群；国家重点开发的领域包括江淮、长江中游、成渝等长江经济带地区，这些地区也将作为国家新的大城市群和区域性的城市群来打造，具体如图4-2所示。

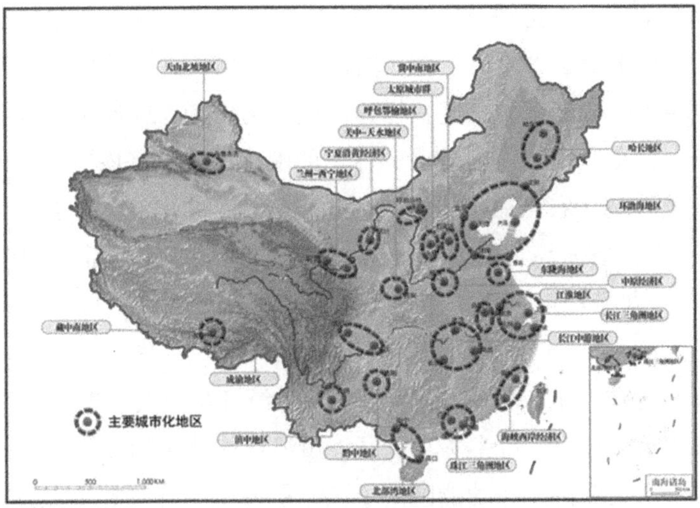

图4-2　城市化战略格局示意图

——构建“七区二十三带”为主体的农业战略格局。“七区”包括了长江流域农产品主产区。长江流域农产品主产区，主要是要建设优质水稻、优质专用小麦、优质棉花、油菜、畜产品和水产品产业带。

——构建“两屏三带”为主体的生态安全战略格局。包括长江经济带区域的黄土高原—川滇生态屏障、南方丘陵山地带。黄土高原—川滇生态屏障要重点加强水土流失防治和天然植被保护，发挥保障长江、黄河中下游地区生态安全的作用；南方丘陵山地带要重点加强植被修复和水土流失防治，发挥华南和西南地区生态安全屏障的作用。

（2）长江经济带在主体功能区开发方式上的定位

——国家层面的优化开发区域。长江经济带长三角地区就是我国国家层面优化开发区域，该区域位于全国“两横三纵”城市化战略格局中沿海通道纵轴和沿长江通道横轴的交汇处，包括上海市和江苏省、浙江省的部分地区。

——国家层面的重点开发区域。长江经济带涉及的区域包括：江淮地区，该区域位于全国“两横三纵”城市化战略格局中沿长江通道横轴，包括安徽省合肥及沿江的部分地区，构建以安庆、池州、铜陵、巢湖、芜湖、马鞍山沿江六市为发展轴，合肥、芜湖为双核，滁州、宣城为两翼的“一轴双核两翼”空间开发格局。长江中游地区，该区域位于全国“两横三纵”城市化战略格局中沿长江通道横轴和京哈京广通道纵轴的交汇处，包括湖北武汉城市圈、湖南环长株潭城市群、江西鄱阳湖生态经济区。成渝地区，该区域位于全国“两横三纵”城市化战略格局中沿长江通道横轴和包昆通道纵轴的交汇处，包括重庆经济区和成都经济区。黔中地区，该区域位于全国“两横三纵”城市化战略格局中包昆通道纵轴的南部，包括贵州省中部以贵阳为中心的部分地区，构建以贵阳为中心，以遵义、安顺、都匀、凯里等城市为支撑，以主要交通走廊为主轴的空间开发格局。滇中地区，该区域位于全国“两横三纵”城市化战略格局中包昆通道纵轴的南端，包括云南省中部以昆明为中心的部分地区，构建以昆明为中心，以曲靖、玉溪和楚雄等节点城市为支撑，以主要交通轴线为纽带，一体化的滇中城市经济圈空间开发格局。

——限制开发区域（农产品主产区）。包括长江流域主产区。建设以双季稻为主的优质水稻产业带，以优质弱筋和中筋小麦为主的优质专用小麦产业带，优质棉花产业带，“双低”优质油菜产业带，以生猪、家禽为主的畜产品产业带，以淡水鱼类、河蟹为主的水产品产业带。

——限制开发区域（重点生态功能区）。长江经济带中的桂黔滇喀斯特石漠化防治生态功能区、三峡库区水土保持生态功能区、川滇森林及生物多样性生态功能区、武陵山区生物多样性及水土保持生态功能区属于国家层面限制开发的重点生态功能区。

——禁止开发区域。国家禁止开发区域是指有代表性的自然生态系统、珍稀濒危野生动植物物种的天然集中分布地、有特殊价值的自然遗迹所在地和文化遗址等，需要在国土空间开发中禁止进行工业化城镇化开发的重点生态功能区。

4.1.3 生态红线战略中的长江经济带国土空间布局

生态保护红线是指在生态空间范围内具有特殊重要生态功能、必须强制性严格保护的区域，是保障和维护国家生态安全的底线和生命线。根据习近平总书记“共抓大保护，不搞大开发”的要求，长江经济带发展根据长江流域生态环境系统特征，以主体功能区为基础，系统构建长江经济带的区域生态安全格局。为此，原环境保护部提出长江经济带沿江各省（市）应在 2017 年年底前率先划定生态保护红线，从源头上规范和约束空间开发活动，优化产业布局、城市功能分区和岸线开发利用。并且提出将长江经济带内重点生态功能区、生态环境敏感区和脆弱区等区域全部划入生态保护红线。以下是我们收集的长江经济带沿线东中西省份生态红线划定情况。

（1）东部——江苏省。江苏省共划定十五类[①]（自然保护区、风景名胜区、森林公园、地质遗迹保护区、湿地公园、饮用水水源保护区、海洋特别保护区、洪水调蓄区、重要水源涵养区、重要渔业水域、重要湿地、清水通道维护区、生态公益林、太湖重要保护区、特殊物种保护区）生态红线区域，总面积 24 103.49 km^2。其中，陆域生态红线

① 江苏省人民政府公报. 省政府关于印发江苏省生态红线区域保护规划的通知，2013-10-11.

区域总面积 22 839.58 km^2，占全省国土面积的 22.23%；海域生态红线区域面积 1 263.91 km^2。

（2）中部——江西省。江西省把全省的世界文化和自然遗产、省级以上自然保护区、省级以上风景名胜区、省级以上森林公园、省级以上地质公园、省级以上重要湿地（湿地公园）、集中式饮用水水源保护区、《国家蓄滞洪区修订名录》中的全省洪水调蓄区、重点生态功能区、省级以上生态公益林以及对局部生态环境具有重要保护意义的区域划入生态空间保护红线范围内，基本涵盖了全省禁止开发区、重点生态功能区、生态环境脆弱区和敏感区等重要生态区域。江西全省生态空间保护红线汇总面积为 55 239.1 km^2，占全省国土面积的 33.09%。其中一级管控区面积 5 878.1 km^2，占全省国土面积的 3.52%；二级管控区面积 49 361.0 km^2，占全省国土面积的 29.57%。

（3）西部——贵州省。贵州省保护红线区由禁止开发区、5 000 亩以上耕地大坝永久基本农田、重要生态公益林和石漠化敏感区四部分组成。贵州确定生态保护面积（扣除重叠部分）为 56 236.16 km^2，占全省国土总面积的 31.92%。禁止开发区包括遗产地、风景名胜区、自然保护区、地质公园、森林公园、国家重要湿地、千人以上集中式饮用水水源保护区、水产种质资源保护区。全省 165 个 5 000 亩以上耕地大坝中，划定永久基本农田 882.2 km^2，纳入生态保护红线区域严格管控，其中，51 个万亩大坝中永久基本农田面积达到 378.55 km^2。

4.2　长江经济带国土资源集约利用水平及其影响因素分析

针对长江经济带土地资源开发方式粗放、综合利用效率偏低及其相伴的生态问题日益突出，环境污染加剧的问题，定量分析长江经济带土地利用效率及其空间差异性特征，厘清影响土地集约利用效应的关键因素，整体分析和把握长江经济带自然资源集约利用存在的主要问题，提出提高资源集约利用效率的路径和对策方案，对于有效提高资源利用效率水平，推动长江经济带生态文明先行示范带建设，具有重大的理论和现实指导意义。

4.2.1　长江经济带国土资源集约利用水平评价

4.2.1.1　评价指标的选取

土地集约利用是以布局合理、结构优化和可持续发展为前提，通过增加存量土地的投入，改善土地经营和管理，使土地利用的综合效益和土地利用的效率不断得到提高。针对长江经济带的实际情况，本研究以长江经济带为例，借鉴赵丹丹等（2016）设计的土地资源评价指标体系，从土地投入水平、土地利用的经济效益和土地利用的可持续性

3 个方面来构建土地集约利用综合评价指标体系。其中，土地投入水平的测度指标为：房屋竣工面积占当地总面积之比（%）；土地利用的经济效益的测度指标为：地均 GDP（亿元/km^2）；土地利用的可持续性的测度指标为：城市绿地覆盖率（%）。并将这三项指标通过对原始数据进行无量纲标准化处理后确定长江经济带不同省市地区的土地资源集约利用综合指数。具体的评价指标见表 4-1。

表 4-1　2015 年长江经济带土地资源集约利用各评价指标数值

土地集约利用综合评价指标/地区	土地投入水平方面	土地利用的经济效益	土地利用的可持续性
	房屋竣工面积占当地总面积之比/%	地均 GDP/（亿元/km^2）	城市绿地覆盖率/%
上海	1.145	3.962	38.5
南京	1.040	1.476	44.5
镇江	0.241	0.910	42.8
扬州	1.611	0.609	43.7
苏州	0.473	1.709	42.4
无锡	0.318	1.841	43.0
常州	0.789	1.206	43.1
南通	2.293	0.768	42.8
泰州	2.127	0.637	41.4
杭州	0.611	0.606	38.78
嘉兴	0.156	0.899	37.78
湖州	0.349	0.358	41.1
宁波	1.042	0.815	36.89
绍兴	0.084	0.539	36.34
舟山	0.067	0.751	37.0
合肥	0.133	0.495	38.3
马鞍山	0.299	0.337	41.3
安庆	0.042	0.104	42.2
铜陵	0.142	0.303	43.6
池州	0.028	0.066	33.5
芜湖	0.153	0.408	35.7
九江	0.070	0.101	49.9
黄石	0.237	0.268	38.0
鄂州	0.248	0.457	37.59
武汉	1.408	1.284	39.2
荆州	0.058	0.113	36.9
宜昌	0.061	0.161	42.0
黄冈	0.231	0.091	31.82
咸宁	0.058	0.103	32.9
恩施	0.018	0.028	32.72

土地集约利用综合评价指标/地区	土地投入水平方面	土地利用的经济效益	土地利用的可持续性
	房屋竣工面积占当地总面积之比/%	地均 GDP/（亿元/km^2）	城市绿地覆盖率/%
岳阳	0.017	0.178	40.55
重庆	0.056	0.191	38.9
泸州	0.030	0.103	35.1
攀枝花	0.029	0.118	39.4
成都	0.115	0.830	37.0
宜宾	0.033	0.109	35.4

根据表 4-1 的数据结果，在土地投入水平方面，长江经济带 36 个城市 2015 年的房屋竣工面积占当地总面积在 1%以上的城市由大到小依次为南通市、泰州市、扬州市、武汉市、上海市、宁波市和南京市；在土地利用的经济效益方面，长江经济带 36 个城市 2015 年的地均 GDP 在 1 亿元/km^2 以上的城市由大到小依次为上海市、无锡市、苏州市、南京市、武汉市和常州市；而在土地利用的可持续性方面，长江经济带 36 个城市 2015 年的城市绿地覆盖率范围在 31.82%～46.9%，且该指标与土地利用的投入水平指标和经济效益指标不是线性相关的关系。

关于土地资源集约利用指数的计算，本研究采取无量纲化处理方法，将指标转化为 0～10 的数值，依据指标数值大小与土地资源利用效果影响程度高低的理论关系，当指标数值与土地资源集约利用正相关时，代入式（4-1）计算，数据越大，指数得分越高，表示土地资源集约利用程度越高：

$$第\ i\ 个指数得分=\frac{V_i-V_{\min}}{V_{\max}-V_{\min}}\times 10 \tag{4-1}$$

式中，V_i —— 某地区第 i 个指标基期的原始值；

$V_{\max}$ 和 $V_{\min}$ —— 长江经济带 36 个城市第 i 个指标的最大值和最小值。

经过处理后的指标得分与土地资源集约利用程度呈正相关，即指标值越大，土地资源集约利用程度越高，反之则低。关于模型中权重的处理，由于同一层次的测度指标间既具有相对独立性，又具有内在的联系，对各自经济意义的重要性也难以量化区分，因此，本研究对各个指标简单平均的方法，即给各个指数赋予相同的权重，而最终的总指数由三项一级指数简单平均而成。

4.2.1.2　长江经济带土地资源集约利用水平的分析

2015 年长江经济带 9 省（市）36 个城市的土地资源集约利用平均综合指数的数值如表 4-2 所示。再根据求出的各个城市土地资源集约利用综合值，计算出 9 个省（市）的土地资源集约利用评价综合值，如图 4-3 所示。

表 4-2 2015 年长江经济带 36 个城市的土地资源集约利用水平综合值

省份	市级	综合指数	综合排名	省份	市级	综合指数	综合排名
上海	上海市	6.927	1	安徽省	铜陵	3.073	14
江苏省	南京	5.950	3		池州	0.424	34
	镇江	3.595	11		芜湖	1.436	29
	扬州	6.111	2	江西省	九江	3.496	12
	苏州	4.619	6	湖北省	黄石	1.982	24
	无锡	4.573	7		鄂州	2.074	20
	常州	4.056	9		武汉	5.306	5
	南通	5.946	4		荆州	1.272	30
	泰州	4.463	8		宜昌	2.445	17
浙江省	杭州	3.143	13		黄冈	0.456	33
	嘉兴	2.317	19		咸宁	0.379	35
	湖州	2.955	15		恩施	0.201	36
	宁波	3.712	10	湖南省	岳阳	2.057	21
	绍兴	1.559	28	重庆	重庆市	1.777	26
	舟山	1.853	25	四川省	泸州	0.813	32
安徽省	合肥	2.046	22		攀枝花	1.774	27
	马鞍山	2.888	16		成都	2.008	23
	安庆	2.406	18		宜宾	0.890	31

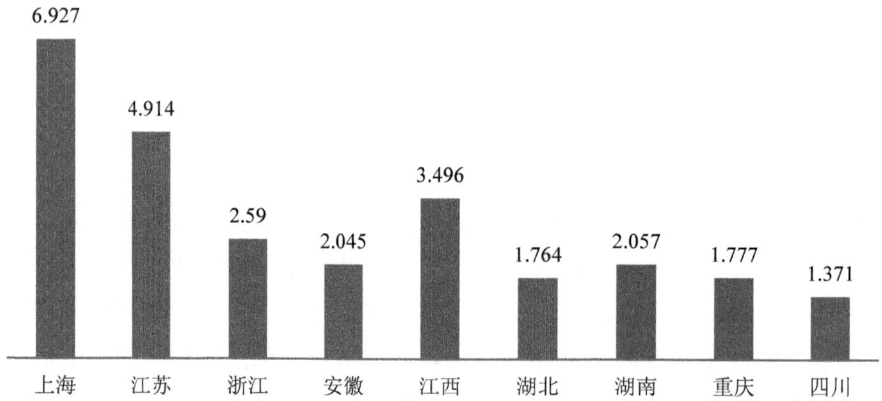

图 4-3 2015 年长江经济带 9 个省（市）的土地资源集约利用水平综合值

根据表 4-2 的相关结果，研究发现 2015 年长江经济带的 36 个城市的土地资源集约利用水平排名前六位的分别是：上海市、扬州市、南京市、南通市、武汉市和苏州市，各个城市的土地资源集约利用水平的数值依次为：6.927、6.111、5.95、5.946、5.306 和 4.619；而 36 个城市中土地资源集约利用水平排名最后六位的分别是：恩施市、咸宁市、池州市、黄冈市、泸州市和宜宾市，各个城市的土地资源集约利用水平的数值依次为：0.201、0.379、0.424、0.456、0.813 和 0.89。由此可见，各个城市的土地资源集约利用水平差距较大，落后地区的评价综合值较优势地区具备更大的提升空间。

图 4-3 反映了 9 个省（市）的平均土地资源集约利用水平，其中安徽省和湖南省由于地属长江经济带的地级市各只有一个，所以其平均土地资源集约利用水平在省级层面上能够解释的力度并不高，故本研究在讨论省级层面上的土地资源集约利用水平时，主要针对除安徽省和湖南省之外的其余 7 个省（市）的有关情况。根据相关结果，各省（市）的平均土地资源集约利用水平由高到低依次为：上海市、江苏省、江西省、浙江省、湖南省、安徽省、重庆市、湖北省、四川省。而长江经济带 2015 年的土地资源集约利用水平的综合平均值经计算后为 2.993。在平均水平以上的省（市）仅有上海市、江苏省和江西省，除去江西省外，只有两个省（市）是处于平均值以上的土地资源集约利用水平，表明各省市之间的土地资源集约利用工作差距仍然较大，且大部分省（市）还存有较大改进空间，距离长江经济带的平均水平仍然较远。

4.2.2　长江经济带土地资源集约利用的影响因素分析

4.2.2.1　土地资源集约利用水平的影响因素指标体系

合理地选择评价指标体系是科学评价长江经济带土地资源集约的关键。本研究参照已有研究成果，通过专家咨询、理论分析和经验借鉴，对长江经济带土地资源集约利用状况选定的评价指标进行综合评价，结合区域实际，将土地资源集约利用水平作为目标层，通过对已有研究成果的分析，最终构建出以直接驱动因素和间接驱动因素为两个准则层的 7 个指标。其中，影响土地资源集约利用的直接驱动因素包括：单位面积劳动力投入、单位面积资本投入和单位面积研发投入；影响土地资源集约利用的间接驱动因素包括：人均 GDP、城市规模、城市化率和二、三产业之比。具体的评价指标体系和相关解释见表 4-3。

表 4-3　长江经济带土地资源集约利用的影响因素

准则层	指标层	变量描述
直接驱动因素	单位面积劳动力投入（x_1）	单位土地面积上劳动力投入数量（人/m^2）
	单位面积资本投入（x_2）	单位土地面积上资本投入（10^4 元/m^2）
	单位面积研发投入（x_3）	单位土地面积上研发投入（10^4 元/m^2）
间接驱动因素	人均 GDP（x_4）	年度国内生产总值/总人口（元/人）
	城市规模（x_5）	城市常住人口数量（万人）
	城市化率（x_6）	非农人口占总人口比重（%）
	二、三产业之比（x_7）	第二产业产值/第三产业产值（%）

4.2.2.2 土地资源集约利用水平的影响因素的研究方法

以“长江经济带土地资源集约利用水平综合值”为因变量，以影响土地资源集约利用的各因素为自变量，构建经济计量模型，在模型的具体形式上，本研究采用双对数回归模型，形式如下：

$$\ln Y = \beta_0 + \beta_1 \ln x_1 + \beta_2 \ln x_2 + \beta_3 \ln x_3 + \beta_4 \ln x_4 + \beta_5 \ln x_5 + \beta_6 \ln x_6 + \beta_7 \ln x_7$$

式中，Y、x_1、x_2、x_3、x_4、x_5、x_6、x_7——分别对应为长江经济带土地资源集约利用水平综合值，单位面积劳动力投入、单位面积资本投入、单位面积研发投入、人均 GDP、城市规模、城市化率和二、三产业之比；

β_1、β_2、β_3、β_4、β_5、β_6、β_7——分别表示单位面积劳动力投入、单位面积资本投入、单位面积研发投入、人均 GDP、城市规模、城市化率和二、三产业之比的弹性。

4.2.2.3 实证结果分析

从表 4-4 的回归结果可以看出，模型的拟合程度总体而言较好，统计检验具有一定的意义。同时，各个解释变量的估计符号基本符合现实情况，具有合理的解释力度。但具体来看，各解释变量对土地资源集约利用影响的显著性和影响程度不同。

表 4-4 长江经济带土地资源集约利用影响因素的回归分析

解释变量	估计值	T 检验值	解释变量	估计值	T 检验值
C	2.797**	2.12	$\ln x_4$	0.528**	2.14
$\ln x_1$	0.253***	2.60	$\ln x_5$	0.234	1.5
$\ln x_2$	0.197**	2.07	$\ln x_6$	1.115*	1.80
$\ln x_3$	0.262**	2.11	$\ln x_7$	0.383	0.72
样本量	36		显著性水平	0.000	
R^2	0.698		统计量 F	0.24	

注：***表示在 0.01 水平上显著相关，**表示在 0.05 水平上显著相关。

（1）直接驱动因素方面。劳动力投入、资本投入和研发投入均能显著性地影响土地资源的集约利用。劳动力投入在 1%的显著性水平下正向地影响着长江经济带的土地资源集约利用，劳动力投入水平每提升 1%，土地资源集约利用程度将提高 0.253。劳动力投入水平能够直观地反映一个地区的经济发展活力，人力资源通常而言是一个地区的核心竞争力，在长江经济带的土地资源集约利用的提升过程中，人力资源的优势能够极大程度地促进地区经济的发展，从而带动地区的土地资源集约利用；资本投入在 5%的显著性水平下正向地影响着长江经济带的土地资源集约利用，资本投入每提升 1%，土地资源集约利用程度将提高 0.197。这是因为资本投入表明该地区在土地利用时是否拥有充足的资金来源，资金丰富的地区无论是在发展地区经济，还是改善土地集约利用方面都拥有更多的优势；研发投入在 5%的显著性水平下正向地影响着长江经济带的土地资源集约利用，研发投入每提升 1%，土地资源集约利用程度将提高 0.262。研发投入反映了地区的科技创新投入，对于土地资源的集约利用最为关键的一点是利用更少的土地资源产生更多的效益，因此，科技创新研发投入的增加，能够利于地区发展质量，改善土地利用的落后模式，促进土地资源朝着集约利用的方向发展。

（2）间接驱动因素方面。人均 GDP 和城市化率同样显著影响着土地资源的集约利用。人均 GDP 在 5%的显著性水平下正向地影响着长江经济带的土地资源集约利用，人均 GDP 每提升 1%，土地资源集约利用程度将提升 0.528；城市化率在 10%的显著性水平下正向地影响着长江经济带的土地资源集约利用，城市化率每提升 1%，土地资源集约利用程度将提升 1.115。主要原因是人均 GDP 和城市化率均是一个城市或者地区的经济发展水平的体现，经济发展程度较快的地区在实现土地资源集约利用化的过程中能够更好地保证相关要素的投入，因此，土地资源的集约利用从侧面上也可以理解为对地区经济发展起着重要的促进作用，故经济发展较快的城市更应该保证土地资源的集约利用水平。

4.3 长江经济带国土空间利用上存在的主要问题

长期以来，长江流域作为我国生产力布局的核心区，国土空间开发利用强度不断加大，国土空间在生态空间布局等方面面临诸多亟待解决的困难和问题。

4.3.1 快速城市化加快了长江经济带生态环境质量退化，趋势难以遏制

长江经济带城市空间快速扩张和高强度开发。以上海为龙头，建设“三大两小”的城市群配置（编注：三大跨区域城市群指的是长三角城市群、长江中游城市群、成渝城市群；两小区域性城市群是指滇中、黔中城市群。其中沿江城市就有 39 个，长江经济带的一级中心城市只有上海 1 个，二级中心城市有 9 个，区域性中心城市有 15 个，一般城市有 14 个）。长江经济带作为内河流域经济带，其开发规模之大、波及范围之广都是其他同类地区无法比拟的。长江经济带高强度的开发建设和高密度的人口产业布局对区域自然环境的干扰强度越来越大，该地区的生态环境正承受着严酷的考验。2013 年长江经济带产出 GDP 25.6 万亿元，约占全国 GDP 总量的 41.2%，每平方千米地区生产总值为 1 265 万元，是全国平均水平的 1.9 倍。高强度开发造成大量资源消耗，整个经济带土地开发强度高出全国平均开发强度 2.5 个百分点；能源消费总量高达 16.2 亿 t 标准煤，占全国能源消费总量的 36.5%；用水总量达 2 651 亿 m^3，其中工业用水为 853 亿 m^3，分

别占全国用水总量的47.2%和工业用水量的60.8%（2013年），详见表4-5。

表4-5 长江经济带及各省市资源消耗状况

地区	建设用地		能源消费（标准煤）		用水总量		工业用水量	
	数量/万 hm^2	占全国比重/%	数量/万 t	占全国比重/%	数量/亿 m^3	占全国比重/%	数量/亿 m^3	占全国比重/%
上海	25	0.8	11 362	2.6	123	2.2	80	5.7
江苏	193	5.9	28 850	6.5	577	10.3	220	15.6
浙江	105	3.2	18 076	4.1	198	3.5	59	4.2
安徽	166	5.0	11 358	2.6	296	5.3	98	7.0
江西	95	2.9	7 233	1.6	265	4.7	60	4.3
湖北	140	4.2	17 675	4.0	292	5.2	92	6.6
湖南	139	4.2	16 744	3.8	332	5.9	94	6.7
重庆	59	1.8	9 278	2.1	84	1.5	40	2.9
四川	160	4.9	20 575	4.6	242	4.3	58	4.1
贵州	56	1.7	9 878	2.2	92	1.6	27	1.9
云南	82	2.5	10 434	2.4	150	2.7	25	1.8
长江经济带	1 220	37.1	161 463	36.5	2 651	47.2	853	60.8

注：数据来源于《2014年中国统计年鉴》《2013年中国能源统计年鉴》，其中建设用地为2008年数据，能源消费为2012年数据，用水量为2013年数据。

随着城市经济的发展，大量的工业布局在城市，造成长江经济带城市排放的二氧化碳、二氧化硫、烟（粉）尘等有害气体不断增加，许多城市中的空气质量逐步下降。根据《2014年中国环境状况公报》，2014年，包括长三角等重点区域及直辖市、省会城市和计划单列市共74个城市监测结果显示，长三角城市空气质量不同程度超标。长三角区域25个地级及以上城市的$PM_{2.5}$年均浓度，也仅有舟山市达标，其他城市都超过国家标准值。2014年，470个监测降水的城市（区、县）中，酸雨频率均值为17.4%。出现酸雨的城市比例为44.3%，酸雨频率在25%以上的城市比例为26.6%，酸雨频率在75%以上的城市比例为9.1%。酸雨区面积约占国土面积的10.6%。2014年，酸雨污染主要分布在长江经济带长江以南—青藏高原以东地区，主要包括浙江、江西、湖南、重庆的大部分地区，以及长三角地区。

4.3.2 生态空间管制体系不健全，生态红线制度实施难度大

一是规划管理碎片化且协调性不足。长江流域缺乏统一的规划和管理是水污染势头不能有效遏制的根本原因。现在的长江流域，交通部门管理航道，农业部门管理养殖，林业部门管理湿地，旅游部门负责管理风景等，存在典型的“九龙治水”困境。长江水

利委员会作为长江流域的管理机构，其管理职能、协调力度都远不能承担统一监管的任务，且其自身由于历史原因存在行政机关、事业单位、企业“三位一体”的问题，既没有保持中立性，也难以树立权威性。长江干流水资源保护规划虽早在 1986 年就已编制完成，但由于没有配套的区域规划，有些城市在编制江段规划时没有考虑与干流规划的衔接，其制定的原则和标准与总体规划不一致。更为重要的是，由于流域缺乏能统一管理、监督水资源保护规划实施的权威机构和相应法规，因而无法在流域内统一实施水资源规划和保护管理，导致污染从上游向下游转移，非法排污加剧，甚至是“以邻为壑”现象时有发生。并且，各地在上马石化化工项目时，虽事先进行了园区规划、环境评价、安全评估，但主要是通过单个项目或园区的局部影响来评估，没有统筹考虑整个长江水系的生态环境承载力和运输系统承载力。

二是生态保护红线制度建立任重道远。目前长江经济带正在划定生态保护红线，原环境保护部要求 2017 年必须完成。但是，目前长江经济带各省相关的机制、政策、法律并不完善，对生态保护红线区域的保护带来巨大障碍。不仅如此，各省生态保护红线制度的建立缺乏切实可行的重要生态系统服务功能区域管理办法，地方生态保护红线配套管理细则不健全。而且，虽然已经确定了重点生态功能区，但主体功能区规划仍然停留在战略规划层面，可操作性不强。

三是生态保护红线管制“落地”难度大。保护区体系是生态保护红线的重要组成部分，但是目前的保护体系尚不完善，主要表现为缺乏统筹规划、保护区保护与发展冲突大，完善自然保护体系、构建生态保护网络的具体措施不完善，“落地”难度很大。另外，长江经济带土地利用规划体系已经基本完成，但是土地利用规划体系缺乏生态土地类型的严格界定，增补和协调生态用地与其他用地类型关系的现实阻力不小。

4.4　优化长江经济带国土空间布局的举措和对策

（1）优化产业发展路径，推进产业空间布局的绿色化进程

一是差异化分工、协同式发展。长三角作为长江流域经济发达、科技实力雄厚的地区，应该成为高科技研发中心、金融贸易中心和高端产业、总部经济的集聚地；长江中游地区有良好的装备制造基础，产业配套能力较强，且区位条件好，应将其打造成全国的制造业中心和物流中心；长江上游地区资源丰富，应以科技资源型产业为主体，对资源进行深加工，延长产业链，提高附加值。

二是严格沿江产业环境准入。全面落实国家主体功能区战略，实施环境分区管治，确定基于主导功能的环境分区管治体系。执行基于不同功能分区的不同产业项目准入标准，防止产业转移带来污染转移。按照区域资源禀赋条件、生态环境容量和主体功能定

位，促进产业布局调整和集聚优化发展。借鉴负面清单管理模式，制定限制开发区和优化开发区、重点开发区环境准入否决性条件负面清单，加强对产业转移的引导，促进中上游地区产业布局与区域资源生态环境相协调，防止出现污染转移和环境风险聚集，避免低水平重复建设。

三是推动产业调整优化。综合考虑长江水系生态环境承载力、沿江饮用水水源保护、运输安全等因素，完善长江危险化学品产业布局规划，规范长江两岸化工园区的建设和发展。推动污染企业退出，石化、化工等污染严重的企业有序搬迁改造或依法关闭。

（2）大力发展绿色产业，加快产业绿色生态化改造升级步伐

一是国家在长江经济带产业结构调整中，要把生态环保产业列入优先发展领域，提出发展生态环保产业的指导思想和优先项目库指南，明确鼓励和支持发展的产业目录及其政策支持措施，为产业发展提供了良好的政策环境。

二是制定和推行有利于生态环保产业发展的产业经济政策和财税制度，在税收、信贷、金融等方面给予优惠政策，支持和鼓励长江经济带生态环保产业的发展。创新生态环保产业投融资机制，鼓励吸收利用外资和各种社会资金，促成长江经济带生态环保产业多元投资的局面，从根本上解决我国环保资金投入不足的问题。

三是坚持创新引领，强化绿色技术创新。优先支持和鼓励长江经济带环保技术开发和产品升级，促进形成基础研究、应用研究、工程设计等配置合理的科技体系，尤其要加强环保高新技术研究和成果产业化推广应用，补齐长江经济带绿色产业创新不足的短板。

（3）优化城市空间发展布局，推进绿色生态城市建设大发展

一是把长江经济带不同区域的产业结构调整和土地资源的合理配置结合起来，提高土地开发利用效率。

二是突出规划先行，科学编制森林城市、生态城市的基本构架。突出城市生态圈和城市森林建设，城市总体规划要秉承“显山、露水、见秀”的建设理念，编制城市绿地系统规划，确立了以“轴、圈、带、廊、园”为骨架的多层次、多功能、开放式的绿化结构体系。

三是优化长江经济带区域内城市体系布局，构建长江经济带城市间快速交通系统、生态资源共享系统和环境保护系统。按照层次推进、轴线延伸等加强与周边城市的联系，拓展共生发展空间，成为生态环境良好的、具备较强竞争力和吸引力的生态型城市连绵带。

（4）完善空间规划体系，划定和全面落实生态保护红线管控制度

一是将生态保护红线纳入各类空间规划。在国土规划、土地利用规划、城乡规划等空间规划中，明确划定生态保护红线，从规划层面强化生态保护红线划定的重要地位，

从土地利用规划角度保障和强化生态保护红线区的生态保护。

二是实施生态保护红线区域统一监管机制。建立基于卫星遥感与地面监督相结合的监管技术体系，对长江经济带生态保护红线区域生态保护状况进行定期监测与评估定期报告，为生态保护红线区域的生态保护提供科学依据。

三是围绕长江经济带生态保护红线区域面临的突出生态问题，布局重大生态建设工程，促进退化生态系统恢复，增强生态保护红线区的生态服务功能，构筑生态安全格局。

（5）实施生态空间生态保护和修复工程，巩固和提升生态系统安全水平

国家要把实施重大生态修复工程作为推动长江经济带绿色发展项目的优先选项，实施长江经济带脆弱生态系统修复和综合治理工程，重点是实施长江经济带河湖湿地生态系统修复工程，长江经济带中上游地区森林生态系统质量提升工程，以及全流域水资源保护工程，大力实施大湖地区农村农业面源污染治理工程，构建长江经济带牢固的生态屏障，建设长江生态文明建设的先行示范带。

4.5　本章小结

首先，本章从《长江经济带发展规划纲要》《国家主体功能区规划》以及生态红线战略中对长江经济带国土空间布局的规划现状进行了阐述；其次，定量分析了长江经济带国土资源利用效率及其空间差异性特征，并厘清了影响土地集约利用效应的关键因素；再次，从整体上分析了长江经济带国土空间利用上存在的主要问题；最后，提出了优化长江经济带国土空间布局的政策建议。

第 5 章
提高自然资源集约利用水平推动长江经济带绿色发展研究

节约集约利用自然资源是保护长江经济带生态环境、提高环境承载能力的根本之策，也是长江经济带生态文明先行示范带建设的重要抓手。本章从提高自然资源集约利用的战略视角，以森林资源、农地资源、水资源、矿产资源、旅游资源和湿地资源等六大自然生态资源为具体研究对象，定量计算长江经济带主要自然资源的集约利用水平，提出创新资源高效集约利用方式，推动长江经济带绿色发展的具体对策建议。

5.1 长江经济带资源禀赋现状

自然资源禀赋包括森林资源、特色农业资源、水资源、矿产资源和旅游资源等几个方面。将自然资源相对较为丰富的长江经济带分省市进行比较分析，以此分析出长江经济带存在的自然资源优势。

5.1.1 森林资源

长江经济带森林资源非常丰富，全国第八次森林资源清查（2009—2013 年）数据显示，云南林业用地面积 2 501.04 万 hm^2，是 9 省 2 市林业用地面积最大的省份，其次是四川，为 2 328.26 万 hm^2，而后按面积从大到小依次为湖南（1 252.78 万 hm^2）、江西（1 069.66 万 hm^2）、贵州（861.22 万 hm^2）、湖北（849.85 万 hm^2）、浙江（660.74 万 hm^2）、安徽（443.18 万 hm^2）、重庆（406.28 万 hm^2）、江苏（178.70 万 hm^2）、上海（7.73 万 hm^2）。活立木总蓄积最大的省份是云南，为 187 514.27 万 m^3，四川处于其次（177 576.04 万 m^3），而后按蓄积量从大到小依次为江西（47 032.40 万 m^3）、湖南（37 311.50 万 m^3）、贵州（34 384.40 万 m^3）、湖北（31 324.96 万 m^3）、浙江（24 224.93 万 m^3）、安徽（21 710.12 万 m^3）、重庆（17 437.31 万 m^3）、江苏（8 461.42 万 m^3）、上海（380.25 万 m^3），具体如表 5-1 所示。

表 5-1　长江经济带各省市第八次森林资源清查数据

地区	林业用地面积/万 hm^2	活立木总蓄积/万 m^3	森林面积/万 hm^2	森林覆盖率/%
全国	31 259	1 643 280.62	20 768.73	21.63
上海	7.73	380.25	6.81	10.74
江苏	178.70	8 461.42	162.10	15.80
浙江	660.74	24 224.93	601.36	59.07
安徽	443.18	21 710.12	380.42	27.53
江西	1 069.66	47 032.40	1 001.81	60.01
湖北	849.85	31 324.96	713.86	38.40
湖南	1 252.78	37 311.50	1 011.94	47.77
重庆	406.28	17 437.31	316.44	38.43
四川	2 328.26	177 576.04	1 703.74	35.22
贵州	861.22	34 384.40	653.35	37.09
云南	2 501.04	187 514.27	1 914.19	50.03

资料来源：《中国统计年鉴》（2016 年）。

由于各省市在森林资源调查的做法不一，因此，本节主要根据全国第八次森林资源清查（2009—2013 年）的数据进行比较分析，长江经济带 9 省 2 市主要森林资源清查数据如表 5-2 所示。

表 5-2　长江经济带各省市主要森林资源清查数据

地区	林业用地面积/万 hm^2	森林面积/万 hm^2	人工林/万 hm^2	森林覆盖率/%	活立木总蓄积/万 m^3	森林蓄积量/万 m^3
上海	7.73	6.81	6.81	10.74	380.25	186.35
江苏	178.70	162.10	156.82	15.80	8 461.42	6 470.00
浙江	660.74	601.36	258.53	59.07	24 224.93	21 679.75
安徽	443.18	380.42	225.07	27.53	21 710.12	18 074.85
江西	1 069.66	1 001.81	338.60	60.01	47 032.40	40 840.62
湖北	849.85	713.86	194.85	38.40	31 324.96	28 652.97
湖南	1 252.78	1 011.94	474.61	47.77	37 311.50	33 099.27
重庆	406.28	316.44	92.55	38.43	17 437.31	14 651.76
四川	2 328.26	1 703.74	449.26	35.22	177 576.04	168 000.04
贵州	861.22	653.35	237.30	37.09	34 384.40	30 076.43
云南	2 501.04	1 914.19	414.11	50.03	187 514.27	169 309.19

资料来源：《中国统计年鉴》（2016 年）。

（1）森林覆盖率：森林覆盖率也称森林覆被率，指一个国家或地区森林面积占土地面积的百分比，是反映一个国家或地区森林面积占有情况或森林资源丰富程度及实现绿化程度的指标，又是确定森林经营和开发利用方针的重要依据之一。从图 5-1 可知，长江经济带 9 省 2 市中森林覆盖率最高的省份是江西省，为 60.01%，其次是浙江（59.07%），而后按覆盖率从大到小依次为云南（50.03%）、湖南（47.77%）、重庆（38.43%）、湖北（38.4%）、贵州（37.09%）、四川（35.22%）、安徽（27.53%）、江苏（15.8%）、上海（10.74%）。

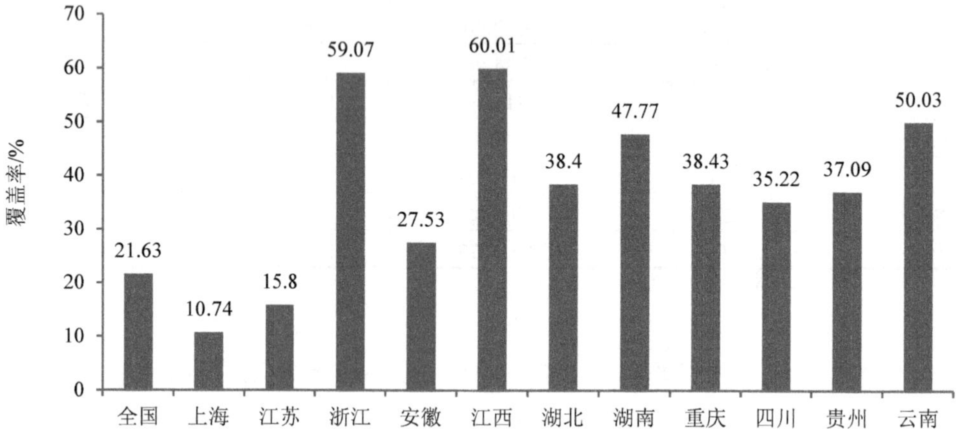

图 5-1 各省市的森林覆盖率

（2）森林面积：森林面积指由乔木树种构成，郁闭度 0.2 以上（含 0.2）的林地或冠幅宽度 10 m 以上的林带的面积，即有林地面积。森林面积包括天然起源和人工起源的针叶林面积、阔叶林面积、针阔混交林面积和竹林面积，不包括灌木林地面积和疏林地面积。从图 5-2 可知，长江经济带 9 省 2 市中森林面积最高的是云南省，为 1 914.19 万 hm^2，其次是四川（1 703.74 万 hm^2），而后按面积从大到小依次为湖南（1 011.94 万 hm^2）、江西（1 011.81 万 hm^2）、湖北（713.86 万 hm^2）、贵州（653.35 万 hm^2）、浙江（601.36 万 hm^2）、安徽（380.42 万 hm^2）、重庆（316.44 万 hm^2）、江苏（162.1 万 hm^2）、上海（6.81 万 hm^2）。

然而近年来，长江经济带森林植被锐减。长江中上游的森林面积急剧减少，林木的主要种类也从原来原始森林变为次生林，导致水土流失现象严重，地质灾害频发。目前，从长江流域所处的自然条件和占有的林地资源来看并不算高，单位面积森林蓄积只有 75 m^3，低于全国平均水平，且分布不均，长江上游的西南国有林区尚有天然林分布；长江中下游以集体林为主，多为 20 世纪 80 年代以来营造的人工林，林种结构单一，中幼林比重偏大，龄组结构不合理，林地生产力低，森林每公顷蓄积量不高。根据长江水利委员会最新统计数据显示，截至“十二五”期末，长江经济带流域降雨总体偏少，汛情基本平稳，但流域内部分地区遭遇强降水，使一些地区发生了严重的地质灾害，长江中下游及西南地区有关省市发生了严重的夏伏干旱。其中，四川、江西等省多次出现连续强降雨过程，降雨集中度高、持续时间长，引发山洪、滑坡、泥石流等灾害相对严重。据测算，长江经济带多年土壤侵蚀量仍高达 23.87 亿 t，三峡大坝、丹江口水库等水利工程的绿色生态屏障十分脆弱，生态问题不容乐观。

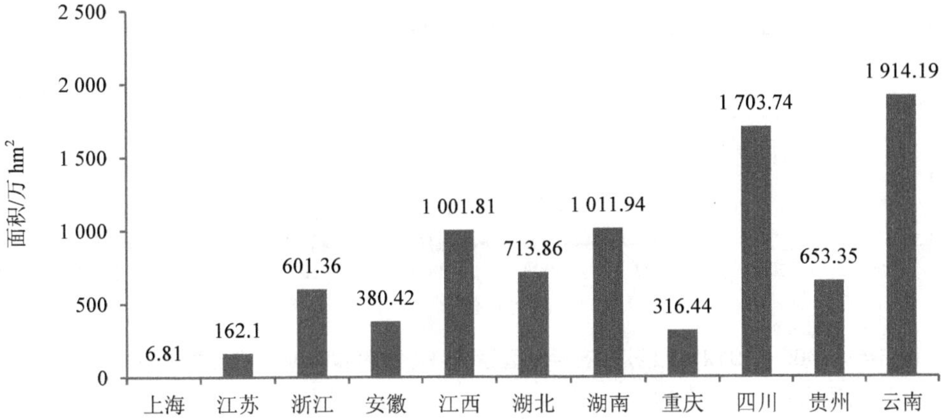

图 5-2　各省市的森林面积

5.1.2　农地资源

长江经济带农业资源丰富，主要表现为农村土地资源相对丰富，根据原国土资源部、国家统计局的数据，长江经济带 9 省 2 市 2005—2012 年农村家庭经营的人均耕地面积和人均山地面积情况为：上海市农村家庭经营的人均耕地面积平稳下降，从 2005 年的 0.43 亩/人下降到 2012 年的 0.26 亩/人，如图 5-3 所示。

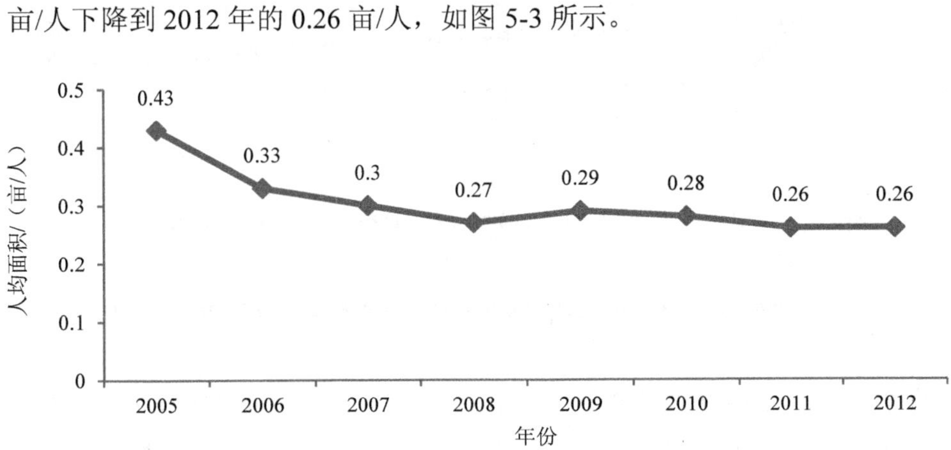

图 5-3　2005—2012 年上海市农村家庭经营耕地面积的变化趋势

江苏省农村家庭经营的人均耕地面积平稳上升，由2005年的1.12亩/人上升到2012年的1.25亩/人，人均山地面积从2007—2012年一直保持在0.01亩/人，如图5-4所示。

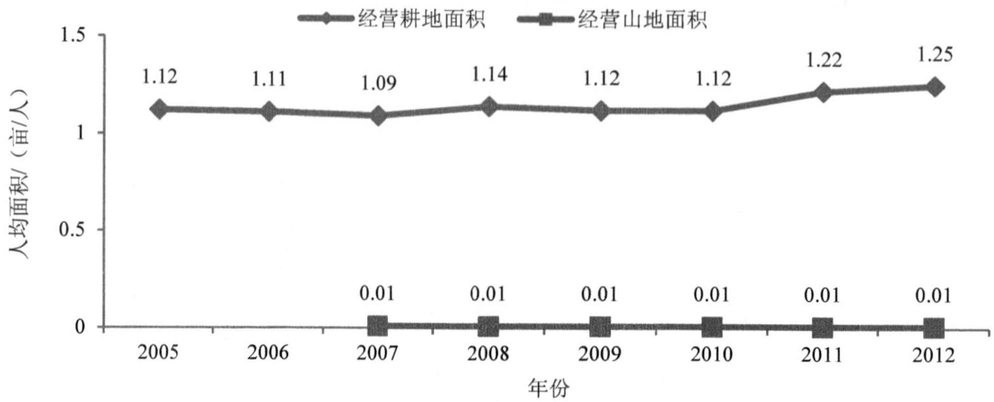

图5-4 2005—2012年江苏省农村家庭经营耕地面积和山地面积的变化趋势

浙江省农村家庭经营的人均耕地面积平稳下降，从2005年的0.7亩/人下降到2012年的0.54亩/人；人均山地面积曲折上升，从2005年的0.92亩/人上升到2012年的1.12亩/人，如图5-5所示。

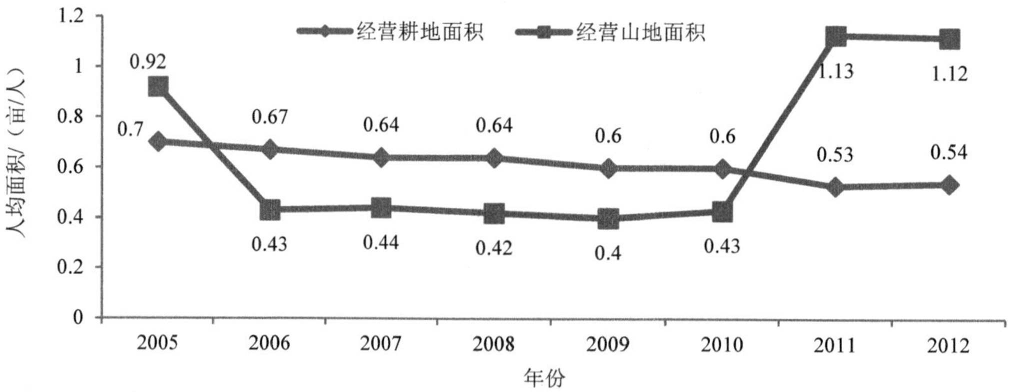

图5-5 2005—2012年浙江省农村家庭经营耕地面积和山地面积的变化趋势

安徽省农村家庭经营的人均耕地面积平稳上升，从2005年的1.68亩/人上升到2012年的1.89亩/人；人均山地面积平稳下降，从2005年的0.32亩/人下降到2012年的0.26亩/人，如图5-6所示。

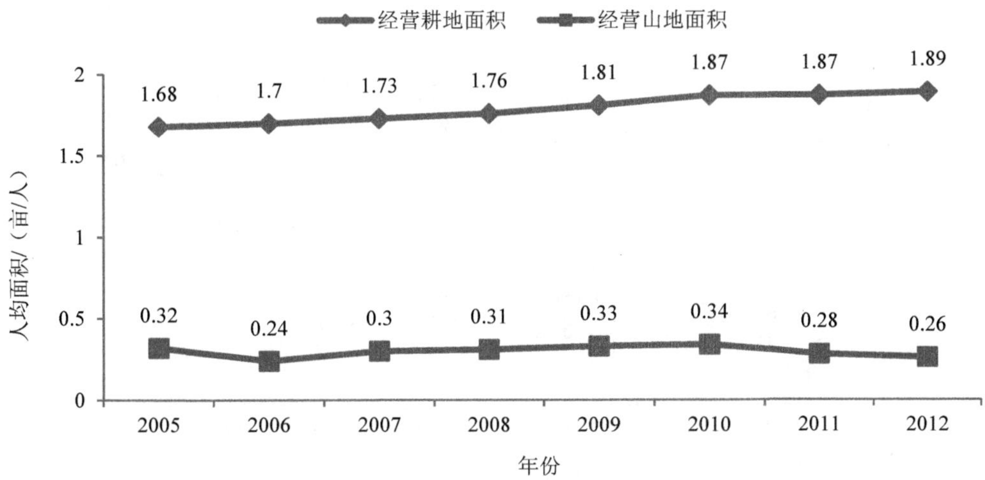

图 5-6 2005—2012 年安徽省农村家庭经营耕地面积和山地面积的变化趋势

江西省农村家庭经营的人均耕地面积和人均山地面积平稳上升，人均耕地面积从 2005 年的 1.47 亩/人上升到 2012 年的 1.57 亩/人，人均山地面积从 2005 年的 0.75 亩/人上升到 2012 年的 1.29 亩/人，如图 5-7 所示。

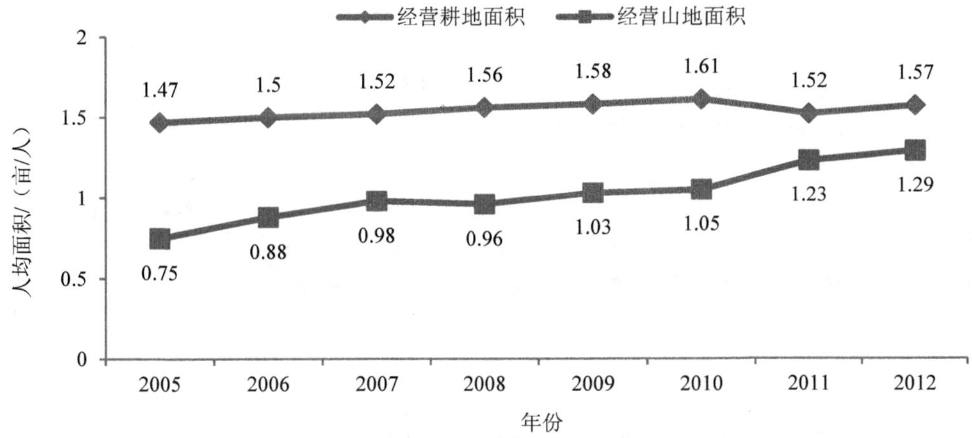

图 5-7 2005—2012 年江西省农村家庭经营耕地面积和山地面积的变化趋势

湖北省农村家庭经营的人均耕地面积和人均山地面积平稳上升，人均耕地面积从 2005 年的 1.53 亩/人上升到 2012 年的 1.71 亩/人，人均山地面积从 2005 年的 0.5 亩/人上升到 2012 年的 1.41 亩/人，如图 5-8 所示。

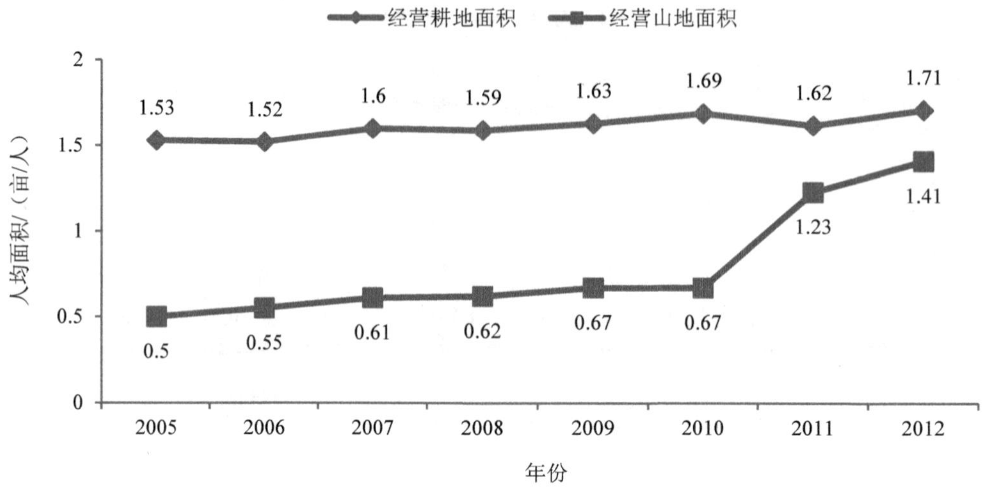

图 5-8　2005—2012 年湖北省农村家庭经营耕地面积和山地面积的变化趋势

湖南省农村家庭经营的人均耕地面积和人均山地面积平稳上升，人均耕地面积从 2005 年的 1.17 亩/人上升到 2012 年的 1.22 亩/人，人均山地面积从 2005 年的 0.56 亩/人上升到 2012 年的 0.82 亩/人，如图 5-9 所示。

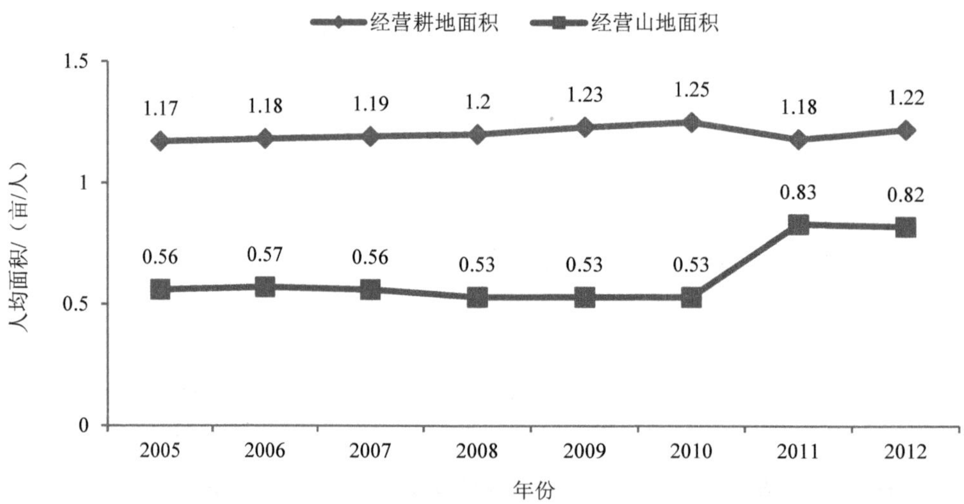

图 5-9　2005—2012 年湖南省农村家庭经营耕地面积和山地面积的变化趋势

重庆市农村家庭经营的人均耕地面积和人均山地面积平稳上升，人均耕地面积从 2005 年的 0.96 亩/人上升到 2012 年的 1.29 亩/人，人均山地面积从 2005 年的 0.31 亩/人上升到 2012 年的 0.32 亩/人，如图 5-10 所示。

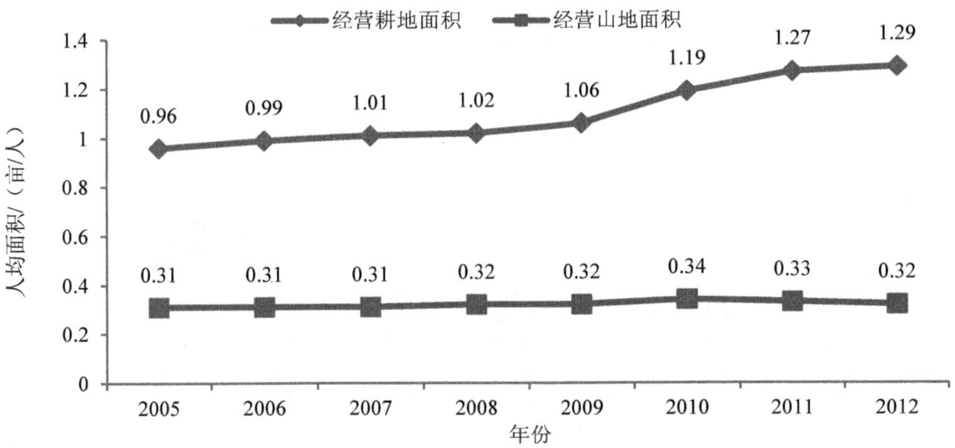

图 5-10　2005—2012 年重庆市农村家庭经营耕地面积和山地面积的变化趋势

四川省农村家庭经营的人均耕地面积和人均山地面积平稳上升，人均耕地面积从 2005 年的 0.96 亩/人上升到 2012 年的 1.14 亩/人，人均山地面积从 2005 年的 0.23 亩/人上升到 2012 年的 0.44 亩/人，如图 5-11 所示。

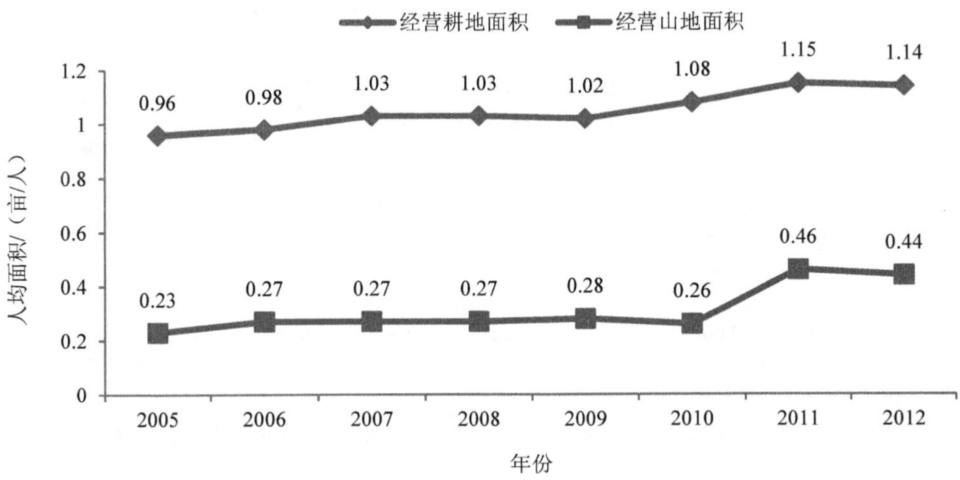

图 5-11　2005—2012 年四川省农村家庭经营耕地面积和山地面积的变化趋势

贵州省农村家庭经营的人均耕地面积平稳上升，从 2005 年的 1.02 亩/人上升到 2012 年的 1.18 亩/人，人均山地面积波动上升，从 2005 年的 0.29 亩/人上升到 2012 年的 0.57 亩/人，如图 5-12 所示。

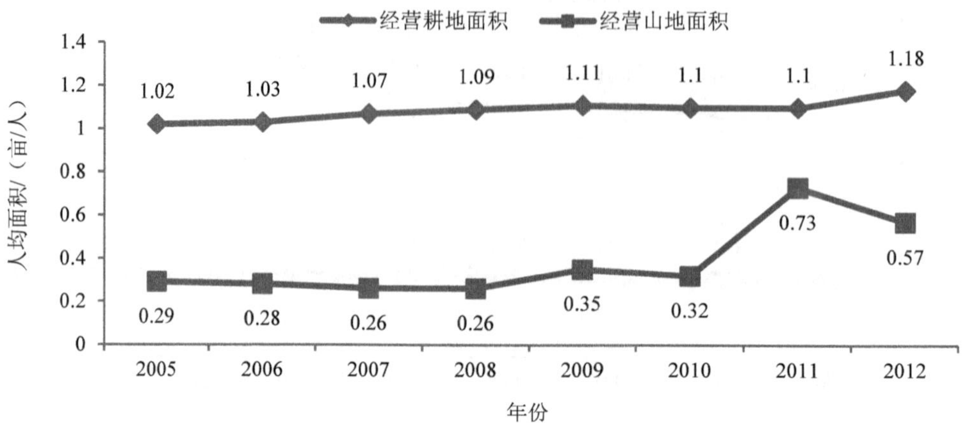

图 5-12　2005—2012 年贵州省农村家庭经营耕地面积和山地面积的变化趋势

云南省农村家庭经营的人均耕地面积和人均山地面积平稳上升，人均耕地面积从 2005 年的 1.4 亩/人上升到 2012 年的 1.6 亩/人，人均山地面积从 2005 年的 0.62 亩/人上升到 2012 年的 1.28 亩/人，如图 5-13 所示。

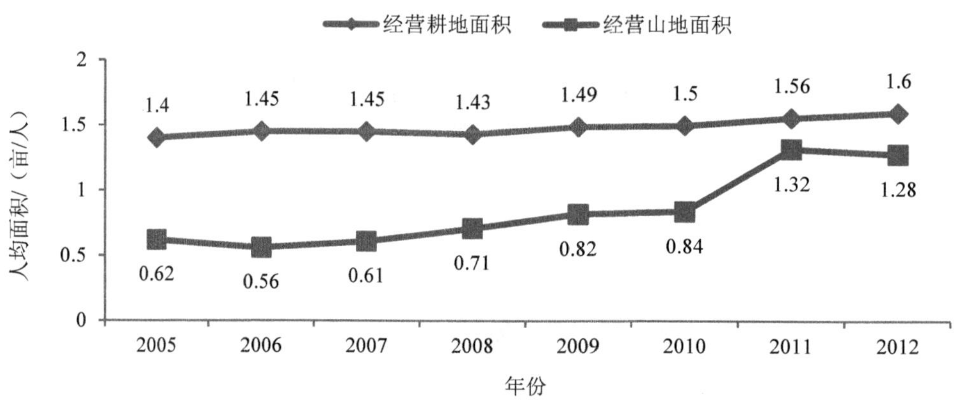

图 5-13　2005—2012 年云南省农村家庭经营耕地面积和山地面积的变化趋势

对长江经济带 9 省 2 市进行比较，2012 年，安徽省农村家庭经营的人均耕地面积最大，为 1.89 亩/人，其次是湖北（1.71 亩/人），而后按面积从大到小依次为云南（1.60 亩/人）、江西（1.57 亩/人）、重庆（1.29 亩/人）、江苏（1.25 亩/人）、湖南（1.22 亩/人）、贵州（1.18 亩/人）、四川（1.14 亩/人）、浙江（0.54 亩/人）、上海（0.26 亩/人）。湖北农村家庭经营的人均山地面积最大，为 1.41 亩/人，其次是江西（1.29 亩/人），而后按面积从大到小依次为云南（1.28 亩/人）、浙江（1.12 亩/人）、湖南（0.82 亩/人）、贵州（0.57 亩/人）、四川（0.44 亩/人）、重庆（0.32 亩/人）、安徽（0.26 亩/人）、江苏（0.01 亩/人）。

5.1.3　水资源

丰富的水资源，为长江经济带的一大潜在优势。根据各省市《2015 年水资源公报》数据，长江经济带 9 省 2 市 2015 年的水资源情况如下：上海市 2015 年降水量 1 635.5 mm，比多年平均降水量增长 49.7%；汛期（6 月 1 日—9 月 30 日）全市降水量为 881.5 mm，比同期多年平均降水量增长 55.8%；全市年地表径流量 55.31 亿 m^3，折合年径流深 872.3 mm；浅层地下水资源量 11.69 亿 m^3。

江苏省 2015 年降水量 1 257.1 mm，折合降水总量 1 281.5 亿 m^3，比多年平均偏多 26.2%，降水主要集中在 6—9 月汛期；水资源总量 582.1 亿 m^3，其中地表水资源量 462.9 亿 m^3，相当于年径流深 454.1 mm，地下水资源量 142.4 亿 m^3。

浙江省 2015 年平均降水量 2 060.6 mm，折合降水总量 2 134.83 亿 m^3，降水集中在 4—9 月；水资源总量 1 405.11 亿 m^3，较多年平均值多 47.1%，其中地表水资源量为 1 388.42 亿 m^3，地下水资源量为 269.83 亿 m^3。

安徽省 2015 年降水量为 1 362.8 mm，较多年平均值多 16.2%，属降水偏丰年份，降水集中在 5—9 月；水资源总量 941.12 亿 m^3，较多年平均值多 27.7%，其中地表水资源量 850.19 亿 m^3，折合面平均径流深 609.6 mm，较多年平均值多 30.4%，地下水资源量 193.71 亿 m^3，比多年平均值多 1.2%。

江西省 2015 年平均降水量 2 075 mm，折合降水总量 3 464.76 亿 m^3，比多年平均值多 26.7%；水资源总量为 2 001.24 亿 m^3，比多年平均值多 27.9%，其中地表水资源量 1 982.99 亿 m^3，折合年径流深 1 188 mm，比多年平均值多 28.3%，地下水资源量为 464.97 m^3，比多年平均值多 22.4%。

湖北 2015 年平均降水量 1 177.0 mm，折合降水总量 2 188.10 亿 m^3，比常年偏少 0.2%，为平水年份；水资源总量 1 015.63 亿 m^3，比常年偏少 2.0%，其中地表水资源量 986.35 亿 m^3，比常年偏少 2.0%，地下水资源量 279.64 亿 m^3，比常年偏少 3.4%。

湖南省 2015 年平均降水量 1 609.7 mm，折合水量 3 410 亿 m^3，比多年平均值偏多 11.0%，属平水偏丰年份；水资源总量 1 919 亿 m^3，比多年平均值偏多 13.6%，其中地表水资源量 1 912 亿 m^3，折合年径流深 902.8 mm，比多年平均值偏多 13.7%，地下水资源量 425.5 亿 m^3。

重庆市 2015 年平均降水量 1 048.3 mm，折合年降水量 863.795 6 亿 m^3，比多年平均降水量偏少 11.47%，属偏枯年份；水资源总量为 456.164 8 亿 m^3，折合径流深 553.6 mm，其中地表水资源量为 456.164 8 亿 m^3，较多年平均值减少 19.65%，地下水资源量为 103.299 6 亿 m^3。

四川省 2015 年降水深 894.6 mm，折合降水量为 4 332.25 亿 m^3，比常年减少 8.6%，

水资源总量 2 220.52 亿 m^3，其中地表水资源量 2 219.35 亿 m^3，折合径流深 458.3 mm，比常年减少 15.1%，地下水资源量 583.98 亿 m^3，比常年减少 15.1%。

贵州省 2015 年平均降水量 1 256.2 mm，折合年降水总量 2 212.92 亿 m^3，比多年平均降水量偏大 6.6%，属平水年份；水资源总量 1 153.72 亿 m^3，比常年偏大 8.6%，其中地表水资源量 1 153.72 亿 m^3，折合径流深 654.9 mm，地下水资源量为 282.25 亿 m^3，比多年平均值多 7.6%。

云南省 2015 年平均降水量 1 239.8 mm，折合降水总量 4 751 亿 m^3，比常年偏少 3.1%，属平水年；水资源总量 1 872 亿 m^3，其中地表水资源量 1 872 亿 m^3，折合径流深 488.5 mm，比常年偏少 15.3%，地下水资源量 615.2 亿 m^3，比常年偏少 19.8%。

如图 5-14 所示，长江经济带 9 省 2 市中水资源总量最高的是四川，为 2 220.5 亿 m^3，其次是江西（2 001.2 亿 m^3），而后按总量从大到小依次为湖南（1 919.3 亿 m^3）、云南（1 871.9 亿 m^3）、浙江（1 407.1 亿 m^3）、贵州（1 153.7 亿 m^3）、湖北（1 015.6 亿 m^3）、安徽（914.1 亿 m^3）、江苏（582.1 亿 m^3）、重庆（456.2 亿 m^3）、上海（64.1 亿 m^3）。从人均水资源量来看，江西的人均水资源量最高，为 4 394.5 m^3/人，其次是云南（3 959.3 m^3/人），而后从大到小依次为贵州（3 278.7 m^3/人）、湖南（2 839.1 m^3/人）、四川（2 717.2 m^3/人）、浙江（2 547.5 m^3/人）、湖北（1 740.9 m^3/人）、重庆（1 518.7 m^3/人）、安徽（1 495.3 m^3/人）、江苏（730.5 m^3/人）、上海（264.8 m^3/人）。

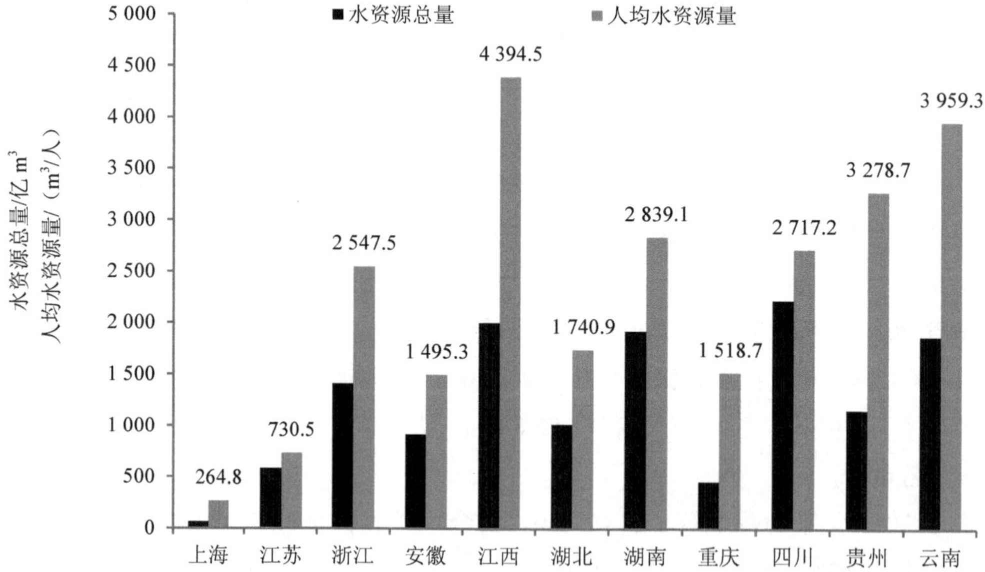

图 5-14　2015 年长江经济带各省市水资源量和人均水资源量

5.1.4　矿产资源

长江经济带拥有储量大、种类多的矿产资源，根据各省市国土资源厅关于矿产资源的数据，长江经济带 9 省 2 市的矿产资源情况如下：上海由于受地质环境和成矿赋存条件的限制，矿产资源相当贫乏。截至 2015 年，共查明矿产资源 4 类 14 种，其中能源矿产有：浅层天然气、地下水含水层储能（非传统矿产资源）2 种；金属矿产有：铜主生矿和银、锌、金、铁、镉伴生组分 6 种；建材及非金属类矿产有：泥炭、安山岩、石英砂和黏土 4 种；水气矿产有：地下水、矿泉水 2 种。

江苏省地跨华北地台和扬子地台两大地质构造单元，有色金属类、建材类、膏盐类、特种非金属类矿产是江苏矿产资源的特色和优势。截至 2012 年年底，全省已发现各类矿产 133 种（不含亚矿种），矿产地共 577 处，查明资源储量的有 67 种，其中，能源矿产有：煤、石油、天然气、地热 4 种；金属矿产有：铁、锰、钛、钒、铜、铅、锌等 19 种；非金属矿产有：金刚石、硫铁矿、蓝晶石、红柱石、硅灰石、云母等 41 种，水气矿产有：地下水、矿泉水、二氧化碳气 3 种。矿产资源保有储量潜在总值为 15 487.57 亿元，其中排列前 10 位的矿产有煤炭、盐矿、芒硝、石膏、水泥用灰岩、铁矿、饰面用大理岩、熔剂用灰岩、制碱用灰岩、硫铁矿，这 10 种矿产合计潜在总值占全部矿产潜在总值的 94.55%。

浙江省矿产种类繁多，有铁、铜、铅、锌、金、钼、铝、锑、钨、锰等，以及明矾石、萤石、叶蜡石、石灰石、煤、大理石、膨润土等。明矾石矿储量居世界第一（60%），萤石矿储量居全国第 2 位。

安徽省矿产种类较全，截至 2011 年，全省已发现的矿种为 158 种（含亚矿种）。查明资源储量的矿种 126 种（含普通建筑石料矿种），其中能源矿种 6 种，金属矿种 22 种，非金属矿种 96 种，水气矿产 2 种，探明储量的 67 种，煤、铁、铜、硫、磷、明矾、石灰岩等 38 种矿产储量居全国前 10 位。现已探明煤炭储量 250 亿 t，铁矿储量 29.9 亿 t，铜矿储量 384.9 万 t，硫铁矿储量 5.64 亿 t，分别居全国第 7 位、第 5 位、第 5 位和第 2 位。

截至 2009 年年底，湖北省已发现 149 个矿种、188 个亚矿种，分别占全国已发现 171 个矿种和 237 个亚矿种数的 87.13%和 79.32%。全省有查明资源储量的矿产共计 92 种，其中，能源矿产有：煤、石油、石煤、天然气等 7 种，金属矿产有：铁、锰、钛、钒、铜等 41 种，非金属矿有：萤石、石灰岩、白云岩、石英岩、砂岩等 42 种，水气矿产有：地下水、矿泉水 2 种。有 65 种（亚种）矿产资源储量居全国同类矿产资源储量前 10 位；有 20 种（亚种）矿产的资源储量居全国同类矿产资源储量前 3 位；有 8 种矿产的资源储量居全国同类矿产资源储量之首，其中钛矿（金红石 TiO_2）、累托石黏土、碘、溴、石榴子石（矿石）等矿产在全国同类矿产查明资源储量中占有50%以上的绝对优势。矿产资源储量潜在总值及每平方千米潜在总值分别为14 720亿元、791.41万元，均居全国第14位，全省共发现非油气类矿产地1 622处。

湖南省矿产资源丰富，素有“有色金属之乡”和“非金属之乡”的美誉。截至2015年年底，已发现矿产143种（含亚种），矿区1 767处，探明储量的101种。钨、铋、锑、普通萤石、海泡石等9个矿种保有资源储量居全国之首，锡、钒、重晶石、隐晶质石墨等7个矿种位居第2位，汞、锂、铷、金刚石等6个矿种位居第3位。

江西省为环西太平洋成矿带的组成部分。区内地层出露齐全，岩浆活动频繁，地质构造复杂，成矿条件优越，矿产资源丰富。此外，江西省是中国重要的有色、稀有、稀土矿产基地之一，也是中国矿产资源配套程度较高的省份之一。截至2009年年底，江西发现各种有用矿产187种（以亚矿种计，以下同），矿产地5 000余处，查明有资源储量的133种，其中，能源矿产有：煤、石煤、地热、铀、钍5种；黑色金属矿产有：锑等12种；贵金属矿产有：金、银2种，稀有稀土金属矿产有：钽、铌、铍、锂、稀土、铷、铯等29种；非金属矿产有：萤石、硫、磷、岩盐、水泥用灰岩、滑石、硅灰石、石膏、高岭土、膨润土，其中居全国首位的有：钽、铷、铀、钍、伴生硫、化工用白云岩、麦饭石、滑石、粉石英9种；居第2位的有：铜、钨、银、锂、锆、铯、碲、冶金用白云岩、冶金用砂岩、水泥用辉绿岩等11种，制灰用灰岩、水泥配料用页岩、海泡石黏土、饰面用板岩、透闪石等15种。潜在经济价值超过100亿元以上的矿产有：煤、铁、铜、钨、铀、金、钽、锂、硫铁矿、伴生硫、水泥用灰岩、冶金用白云岩、饰面用花岗岩、岩盐14种。

截至2012年，重庆市共发现矿产68种，查明资源储量的矿产有54种，涵盖黑色金属、有色金属、贵金属、稀有金属、稀散元素、冶金辅助原料、化工原料非金属矿产、能源矿产、建筑材料及其他非金属矿产等矿种。现实优势矿产有天然气、锶矿、煤、铝土矿、锰矿、毒重石、粉石英、石膏、水泥用灰岩、盐矿、地热等。共发现并开采的矿产68余种，约占世界已知矿种的27%，探明储量的矿产有54种，主要有煤、天然气、锶、硫铁、岩盐、铝土、汞、锰、钡、大理石、石灰石、重晶石等。特别是煤、天然气、铝土矿、盐矿、锶矿、锰矿和钡矿等的储量、品位在全国都有明显优势。

四川省是我国内陆矿产资源大省，截至2015年，具有查明资源储量的矿种有82种，有30种矿产排位进入全国同类矿产查明资源储量的前三位。作为四川优势矿产的天然气、钒、钛、锂、轻稀土、硫铁矿、芒硝、岩盐等16种矿产在全国查明资源储量中排第1位。全年新增矿产资源储量铁矿石10亿t，煤2亿t，铜50万t，锂10万t，铅锌矿49万t。

贵州省矿产资源丰富，特色鲜明。截至2015年年底，全省已发现矿种137种，其中查明资源储量的有 88 种；查明矿产地 3 266 处，其中能源矿产 824 处，金属矿产 1 183 处，非金属矿产 1 259 处。煤炭保有资源储量 653.99 亿 t，居全国第 5 位；锰矿保有资源储量 3.88 亿 t，居全国第 2 位；铝土矿保有资源储量 8.37 亿 t，居全国第 4 位；磷矿保有资源储量 37.68 亿 t，居全国第 3 位；重晶石保有资源储量 11 177.29 万 t，居全国第 1 位；锑矿保有资源储量（金属量）32.30 万 t，居全国第 4 位；金矿保有资源储量（金）344.49 t，居全国第 13 位。

云南地质现象种类繁多，成矿条件优越，矿产资源极为丰富，尤以有色金属及磷矿著称，被誉为有色金属王国，是得天独厚的矿产资源宝地。截至 2015 年年底，全省共发现各类矿产 143 种，占全国已发现矿产 172 种的 83.14%，探明储量的矿产有 86 种，已探明各类矿产地 1 563 个，其中，能源矿产有：煤、油页岩 2 种；有色金属矿产有：铜、铅、锌、铝、镍等 12 种；贵金属矿产有：金、银、铂、钯等 8 种；稀有、稀土、分散元素矿产有：钽、铌、铍、锂、锆、重稀土等 14 种，非金属矿产有：普通萤石、硫铁矿、石墨、压电水晶、芒硝、水泥用灰岩等 45 种。固体矿产保有资源储量居全国前 10 位的有 69 种，居前三位的有 26 种。

据 2016 年《中国统计年鉴》数据表明，长江经济带 9 省 2 市中煤储量最多的是贵州省（101.7 亿 t），铁储量最多的是四川省（25.6 亿 t），铜储量最多的是云南省（297 亿 t），详见表 5-3。

表 5-3　长江经济带各省市矿产基础储量情况　　单位：亿 t

名称	江苏	浙江	安徽	江西	湖北	湖南	重庆	四川	贵州	云南
煤	10.5	0.4	84	3.4	3.2	6.6	17.6	53.8	101.7	59.6
铁	1.7	0.6	8.7	1.5	4.3	1.8	0.2	25.6	0.2	4.1
铜	5.6	5	162.1	557.9	94.3	10.1	—	51.8	0.2	297

5.1.5　旅游资源

“生态旅游”这一术语，最早由世界自然保护联盟（IUCN）于 1983 年首先提出，1993 年国际生态旅游协会把其定义为：具有保护自然环境和维护当地人民生活双重责任的旅游活动。生态旅游的内涵更强调的是对自然景观的保护，是可持续发展的旅游。生态旅游是在自然环境中，对生态和文化有着特别的感受并负有责任感的一种旅游活动。

风景名胜区是指具有观赏、文化或者科学价值，自然景观、人文景观比较集中，环境优美，可供人们游览或者进行科学、文化活动的区域。风景名胜包括具有观赏、文化或科学价值的山河、湖海、地貌、森林、动植物、化石、特殊地质、天文气象等自然景物和文物古迹，革命纪念地、历史遗址、园林、建筑、工程设施等人文景物和它们所处的环境以及风土人情等。

长江经济带拥有众多闻名遐迩的旅游资源，根据中国世界遗产名录（2015 年）、中国地质公园名录（2015 年）、国务院公布的国家级风景名胜区名录（2012 年）、中国省级风景名胜区名录（2012 年）、《2016 年林业统计年鉴》的数据，可知长江经济带 9 省 2 市旅游资源的具体情况如下：

江苏省有 1 处世界遗产；5 个国家级风景名胜区，17 个省级风景名胜区；1 个国家级自然保护区，5 个省级自然保护区；20 个国家级森林公园，46 个省级森林公园，其风景名胜区如表 5-4 所示。

表 5-4　江苏省旅游风景名胜区

名　称	具体地址
国家级风景名胜区	太湖风景名胜区、南京钟山风景名胜区、云台山风景名胜区、蜀冈瘦西湖风景名胜区、镇江三山风景名胜区
省级风景名胜区	南山风景名胜区、云龙湖风景名胜区、茅山风景名胜区、枫桥风景名胜区、濠河风景名胜区、马陵山风景名胜区、夫子庙—秦淮风光带风景名胜区、雨花台风景名胜区、九龙口风景名胜区、溱湖风景名胜区等

浙江省有 2 处世界遗产、1 处世界地质公园；19 个国家级风景名胜区，39 个省级风景名胜区；7 个国家级自然保护区，9 个省级自然保护区；39 个国家级森林公园，80 个省级森林公园，其风景名胜区如表 5-5 所示。

表 5-5　浙江省旅游风景名胜区

名　称	具体地址
国家级风景名胜区	杭州西湖风景名胜区、富春江—新安江风景名胜区、雁荡山风景名胜区、普陀山风景名胜区、天台山风景名胜区、楠溪江风景名胜区、莫干山风景名胜区等
省级风景名胜区	东钱湖风景名胜区、仙岩风景名胜区、南北湖风景名胜区、六洞山风景名胜区、南明山—东西岩风景名胜区、石门洞风景名胜区、泽雅风景名胜区、瑶溪风景名胜区、滨海—玉苍山风景名胜区、仙华山风景名胜区等

安徽省有 2 处世界遗产、2 处世界地质公园；10 个国家级风景名胜区，29 个省级风景名胜区；6 个国家级自然保护区，27 个省级自然保护区；31 个国家级森林公园，49 个省级森林公园，其风景名胜区如表 5-6 所示。

表 5-6　安徽省旅游风景名胜区

名　称	具体地址
国家级风景名胜区	黄山风景名胜区、九华山风景名胜区、天柱山风景名胜区、琅琊山风景名胜区、齐云山风景名胜区、采石风景名胜区、巢湖风景名胜区、花山迷窟—渐江风景名胜区等，其中“黄山”被列入世界遗产名录
省级风景名胜区	天堂寨风景名胜区、浮山风景名胜区、白崖寨风景名胜区、敬亭山风景名胜区、西山风景名胜区、太平湖风景名胜区、齐山—秋浦仙境风景名胜区、石台溶洞群风景名胜区、小孤山风景名胜区、凤阳山风景名胜区等

江西省有 5 处世界遗产、3 处世界地质公园；14 个国家级风景名胜区，25 个省级风景名胜区；15 个国家级自然保护区，32 个省级自然保护区；46 个国家级森林公园，120 个省级森林公园，其风景名胜区如表 5-7 所示。

表 5-7　江西省旅游风景名胜区

名　称	具体地址
国家级风景名胜区	庐山、井冈山、三清山、龙虎山、三百山、龟峰、武功山、仙女湖、梅岭、瑶里等，其中，庐山、三清山、龙虎山和龟峰等被列入“世界遗产名录”
省级风景名胜区	德兴市大茅山风景名胜区、瑞金市罗汉岩风景名胜区、高安市华林寨—上游湖风景名胜区、宜丰县洞山风景名胜区、南昌市象湖风景名胜区、上犹县陡水湖风景区、宁都县翠微峰风景名胜区、遂川县白水仙—泉江风景名胜区、上栗县杨岐山风景名胜区、莲花县玉壶山风景名胜区等

湖北省有 3 处世界遗产、1 处世界地质公园；7 个国家级风景名胜区，27 个省级风景名胜区；14 个国家级自然保护区，20 个省级自然保护区；37 个国家级森林公园，57 个省级森林公园，其风景名胜区如表 5-8 所示。

表 5-8　湖北省旅游风景名胜区

名　称	具体地址
国家级风景名胜区	武汉东湖风景名胜区、武当山风景名胜区、大洪山风景名胜区、隆中风景名胜区、九宫山风景名胜区、陆水风景名胜区、神农架风景名胜区
省级风景名胜区	西山—东坡赤壁风景名胜区、腾龙洞风景名胜区、玉泉山风景名胜区、磁湖风景名胜区、沲水风景名胜区、花纹山竹海风景名胜区、漳河风景名胜区、三潭山风景名胜区、桐柏山太白顶风景名胜区、烈山风景名胜区等

湖南省有 3 处世界遗产、1 处世界地质公园；19 个国家级风景名胜区，40 个省级风景名胜区；22 个国家级自然保护区，27 个省级自然保护区；58 个国家级森林公园，57 个省级森林公园，其风景名胜区如表 5-9 所示。

表 5-9　湖南省旅游风景名胜区

名　称	具体地址
国家级风景名胜区	衡山风景名胜区、武陵源（张家界）风景名胜区、岳阳楼—洞庭湖风景名胜区、韶山风景名胜区、岳麓风景名胜区、崀山风景名胜区、桃花源风景名胜区等
省级风景名胜区	九嶷山风景名胜区、昭山风景名胜区、浯溪碑林风景名胜区、九天洞赤溪河风景名胜区、嘉山风景名胜区、湄江风景名胜区、天门山—茅岩河风景名胜区、栖凤湖风景名胜区、大嵊山—波月洞风景名胜区、锡岩仙洞—洣水风景名胜区等

重庆市有 2 处世界遗产；7 个国家级风景名胜区，29 个省级风景名胜区；6 个国家级自然保护区，9 个省级自然保护区；26 个国家级森林公园，61 个省级森林公园，其风景名胜区如表 5-10 所示。

表 5-10　重庆市旅游风景名胜区

名　称	具体地址
国家级风景名胜区	长江三峡风景名胜区、缙云山风景名胜区、金佛山风景名胜区、四面山风景名胜区、芙蓉江风景名胜区、天坑地缝风景名胜区、潭獐峡风景名胜区
省级风景名胜区	大足石刻风景名胜区、南山—南泉风景名胜区、统景风景名胜区、小南海风景名胜区、红池坝风景名胜区、万州青龙瀑布风景名胜区、百里竹海风景名胜区、定明山—运河风景名胜区、歌乐山风景名胜区、东温泉风景名胜区等

四川省 5 处世界遗产、2 处世界地质公园；14 个国家级风景名胜区，74 个省级风景名胜区；23 个国家级自然保护区，51 个省级自然保护区；38 个国家级森林公园，57 个省级森林公园，其风景名胜区如表 5-11 所示。

表 5-11　四川省旅游风景名胜区

名　称	具体地址
国家级风景名胜区	峨眉山风景名胜区、九寨沟—黄龙寺风景名胜区、青城山—都江堰风景名胜区、剑山蜀道风景名胜区、贡嘎山风景区、蜀南竹海风景名胜区、西岭雪山风景名胜区等
省级风景名胜区	蒙山风景名胜区、自流井—恐龙风景名胜区、朝阳湖风景名胜区、黑龙潭风景名胜区、玉蟾风景名胜区、真佛山风景名胜区、佛宝山风景名胜区、泸沽湖风景名胜区、马湖风景名胜区、华蓥山风景名胜区等

贵州省有 3 处世界遗产、1 处世界地质公园；18 个国家级风景名胜区，54 个省级风景名胜区；8 个国家级自然保护区，3 个省级自然保护区；25 个国家级森林公园，44 个省级森林公园，其风景名胜区如表 5-12 所示。

表 5-12　贵州省旅游风景名胜区

名　称	具体地址
国家级风景名胜区	黄果树风景名胜区、织金洞风景名胜区、㵲阳河风景名胜区、红枫湖风景名胜区、龙宫风景名胜区、荔波樟江风景名胜区、赤水风景名胜区等
省级风景名胜区	百里杜鹃风景名胜区、安龙招堤风景名胜区、百花湖风景名胜区、花溪风景名胜区、遵义娄山风景名胜区、习水风景名胜区、福泉洒金谷风景名胜区、贞丰三岔河风景名胜区、鲁布格风景名胜区、泥凼石林风景名胜区等

云南省有 4 处世界遗产、2 处世界地质公园；12 个国家级风景名胜区，66 个省级风景名胜区；17 个国家级自然保护区，35 个省级自然保护区；27 个国家级森林公园，15 个省级森林公园，其风景名胜区如表 5-13 所示。

表 5-13　云南省旅游风景名胜区

名　称	具体地址
国家级风景名胜区	路南石林风景名胜区、大理风景名胜区、西双版纳风景名胜区、三江并流风景名胜区、昆明滇池名胜区、玉龙雪山风景名胜区、腾冲地热火山风景名胜区等
省级风景名胜区	秀山风景名胜区、老君山风景名胜区、八宝风景名胜区、珠江源风景名胜区、抚仙—星云湖泊风景名胜区、狮子山风景名胜区、威信风景名胜区、多依河—鲁布革风景名胜区、浴仙湖风景名胜区、紫溪山风景名胜等

比较各省份的旅游景区总数，江苏省的旅游景区总数位于第 1 位、为 624 处，其中 5A 景区有 20 处，4A 景区有 173 处；其次是安徽（560 处）、浙江（488 处）、湖北和四川（347 处）、湖南（291 处）、江西（283 处）、云南（232 处）、重庆（198 处）、贵州（132 处）、上海（100 处），具体如表 5-14 所示。

表 5-14　长江经济带各省市旅游景区总数

省市	旅游景区总数	其中景区等级					排名
		AAAAA	AAAA	AAA	AA	A	
全国	8 954	212	2 862	3 489	2 269	122	
上海	100	3	51	46	0	0	10
江苏	624	20	173	207	224	0	1
浙江	488	14	178	168	123	5	3
安徽	560	9	172	220	156	3	2
江西	283	8	91	126	58	0	6
湖北	347	10	117	156	61	3	4
湖南	291	7	92	156	34	2	5
重庆	198	7	68	77	44	2	8
四川	347	10	157	80	100	0	4
贵州	132	4	60	55	13	0	9
云南	232	6	71	56	89	10	7

资料来源：《2016 年中国旅游统计年鉴》。

森林公园开展森林旅游是旅游者对优美的森林生态环境的享受，是对孕育人类文明的大自然的回归，更是生活在现代文明社会中人们对山林野趣的寻觅。它具有放松、猎奇、求知、求新、健身、陶冶情操和激发艺术灵感等多种功能，具有较强的亲近自然性、体验真实性、科普教育性和参与互动性。根据《2016 年林业统计年鉴》数据，长江经济带 9 省 2 市中森林公园总数最高的为浙江（241 处），其他按数量从多到少依次为：江西（179 处）、湖南（128 处）、四川（127 处）、江苏（107 处）、重庆（97 处）、湖北（94 处）、贵州（89 处）、安徽（80 处）、云南（42 处）、上海（5 处），其中国家级森林公园数量从多到少依次为湖南（58 处）、江西（46 处）、浙江（39 处）、四川（38 处）、湖北（37 处）、安徽（31 处）、云南（27 处）、重庆（26 处）、贵州（25 处）、江苏（20 处）、上海（4 处），省级森林公园数量从多到少依次为江西（120 处）、浙江（80 处）、重庆（61 处）、湖北（57 处）、湖南（57 处）、四川（57 处）、安徽（49 处）、江苏（46 处）、贵州（44 处）、云南（15 处）、上海（1 处），具体如图 5-15 所示。

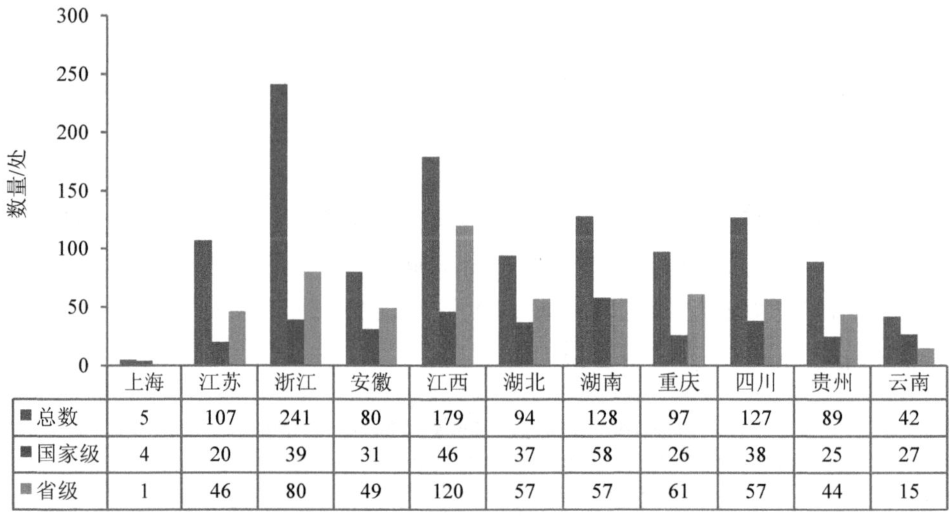

	上海	江苏	浙江	安徽	江西	湖北	湖南	重庆	四川	贵州	云南
■总数	5	107	241	80	179	94	128	97	127	89	42
■国家级	4	20	39	31	46	37	58	26	38	25	27
■省级	1	46	80	49	120	57	57	61	57	44	15

图 5-15 2015 年长江经济带各省市森林公园数量

长江经济带 9 省 2 市中森林公园面积最大的为四川（1 200 551 hm^2），其他省份按面积从大到小依次为江西（518 652 hm^2）、湖南（496 712 hm^2）、浙江（450 744 hm^2）、湖北（420 075 hm^2）、贵州（289 300 hm^2）、重庆（194 375 hm^2）、江苏（180 580 hm^2）、安徽（164 253 hm^2）、云南（151 371 hm^2）、上海（2 252 hm^2）。其中国家级森林公园按面积从大到小依次为四川（1 070 834 hm^2）、江西（378 349 hm^2）、湖南（320 805 hm^2）、湖北（311 372 hm^2）、浙江（222 603 hm^2）、贵州（165 589 hm^2）、重庆（136 303 hm^2）、云南（117 564 hm^2）、安徽（108 791 hm^2）、江苏（51 781 hm^2）、上海（1 952 hm^2），省

级森林公园按面积从大到小依次为湖南（151 445 hm²）、浙江（143 049 hm²）、江西（112 500 hm²）、四川（112 418 hm²）、湖北（108 702 hm²）、贵州（10 780 hm²）、重庆（56 518 hm²）、安徽（55 463 hm²）、江苏（41 010 hm²）、云南（33 807 hm²）、上海（300 hm²），如图 5-16 所示。

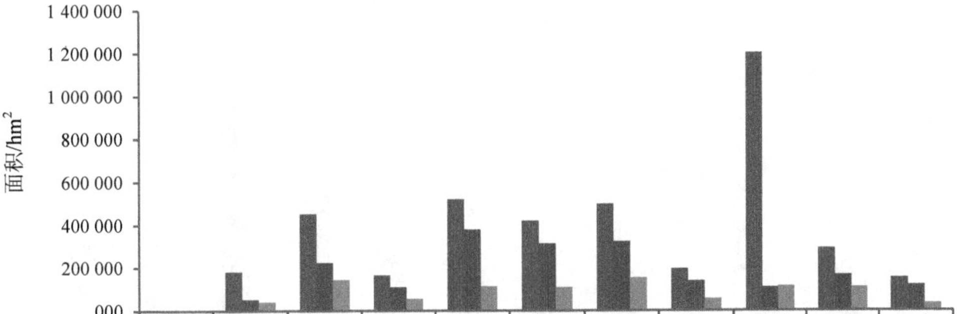

	上海	江苏	浙江	安徽	江西	湖北	湖南	重庆	四川	贵州	云南
总数	2252	180580	450744	164253	518652	420075	496712	194375	1200551	289300	151371
国家级	1952	51781	222603	108791	378349	311372	320805	136303	107083	165589	117564
省级	300	41010	143049	55463	112500	108702	151445	56518	112418	107801	33807

图 5-16 2015 年长江经济带各省市森林公园面积

自然保护区是指对有代表性的自然生态系统、珍稀濒危野生动植物物种的天然集中分布、有特殊意义的自然遗迹等保护对象所在的陆地、陆地水域或海域，依法划出一定面积予以特殊保护和管理的区域。自然保护区分为森林自然保护区、湿地自然保护区两种。根据《2016 年中国林业统计年鉴》的数据，长江经济带 9 省 2 市中森林自然保护区数量最多的省份是湖南，为 191 个，其他省份按数量从大到小依次为江西（186 个）、云南（130 个）、四川（123 个）、贵州（104 个）、安徽（98 个）、湖北（58 个）、重庆（53 个）、江苏（23 个）、浙江（22 个）、上海（1 个），具体如图 5-17 所示。

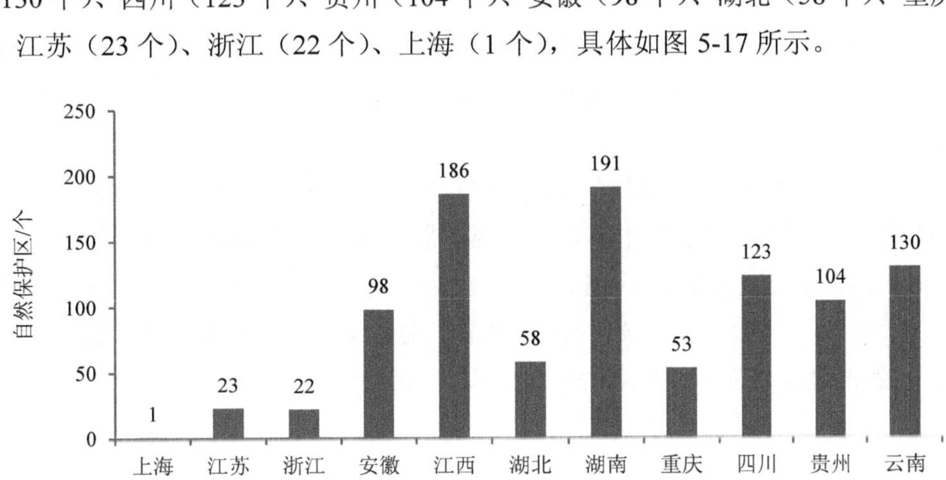

图 5-17 2015 年长江经济带各省市林业系统的自然保护区

自然保护区占土地面积比例最高的省份是四川，为 15.19%，其次是重庆（9.31%），而后按比例从大到小依次为云南（6.65%）、湖南（6.49%）、江西（6.21%）、贵州（5.18%）、湖北（4.93%）、上海（3.81%）、安徽（2.98%）、江苏（2.86%）、浙江（1.11%），如图 5-18 所示。

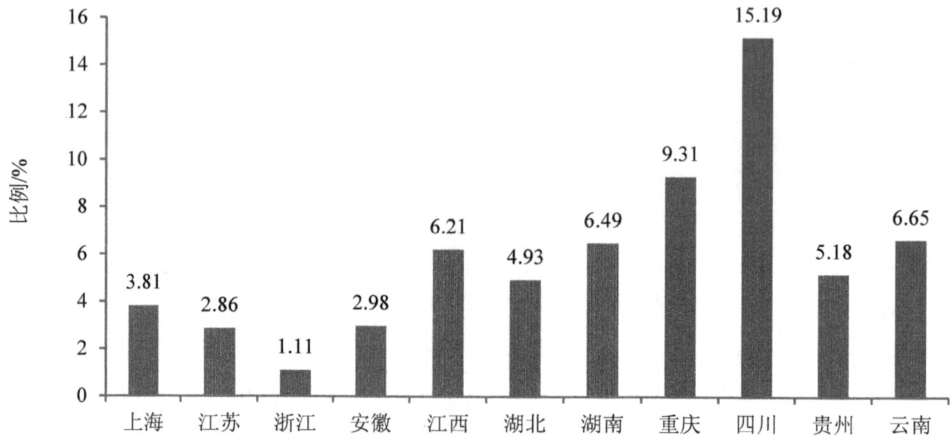

图 5-18　2015 年长江经济带各省市自然保护区占土地面积的比例

5.1.6　湿地资源

在世界自然保护大纲中，湿地与森林、海洋一起并列为全球三大生态系统。湿地被誉为“地球之肾”，它与人类的生存、繁衍、发展息息相关，是人类最重要的生存环境之一。湿地是自然界生物多样性最丰富的生态系统，它不仅为人类的生产、生活提供多种资源，而且具有巨大的生态调节功能，在抵御洪水、调节径流、蓄洪防旱、控制污染、调节气候、控制土壤侵蚀、促淤造陆、环境美化等方面具有其他系统不可替代的作用。保护和合理利用湿地资源越来越引起世界各国的高度重视，成为国际社会普遍关注的热点。

长江经济带地处我国温暖湿润、河流水系发达、湖泊库塘众多的长江流域，湿地资源极为丰富。2013 年统计数据显示，长江经济带内国际重要湿地共 16 处（我国共 46 处湿地列入国际重要湿地名录），国家重要湿地 29 处（全国共 173 处），获批的国家湿地公园（试点）183 处（全国共 429 处）。据第二次全国湿地资源调查结果显示，长江经济带内 11 省市湿地总面积达 1 154.23 万 hm^2，约占长江流域总面积的 6.4%，如表 5-15 所示。

表 5-15　2015 年长江经济带各省市湿地资源情况

地区	湿地面积/10^3 hm^2	自然湿地面积/10^3 hm^2	人工湿地面积/10^3 hm^2	湿地面积占辖区面积比重/%
全国	53 420.6	46 674.7	6 745.9	5.56
上海	464.6	409	55.6	73.27
江苏	2 822.8	1 948.8	874	27.51
浙江	1 110.1	843.3	266.8	10.91
安徽	1 041.8	713.6	328.2	7.46
江西	910.1	710.7	199.4	5.45
湖北	1 445	764.2	680.8	7.77
湖南	1 019.7	813.5	206.2	4.81
重庆	207.2	87.7	119.5	2.51
四川	1 747.8	1 665.6	82.2	3.61
贵州	209.7	151.6	58.1	1.19
云南	563.5	392.5	171	1.43

资料来源：笔者根据《中国统计年鉴》（2016 年）数据整理而得。

按照《湿地公约》分类系统，并参照全国湿地调查分类标准，湿地可划分为天然湿地和人工湿地两大类别，其中天然湿地又可分为沼泽湿地、湖泊湿地、河流湿地、近海与海岸湿地 4 种类型。长江经济带 9 省 2 市的湿地面积达 1 154.23 万 hm^2，约占全国湿地面积的 21.5%。从各省市湿地类型的分布情况来看，上海市河流湿地 7.3×10^3 hm^2，占全市湿地面积的 1.57%；湖泊湿地 5.8×10^3 hm^2，占全市湿地面积的 1.25%。江苏省河流湿地 296.6×10^3 hm^2，占全省湿地面积的 10.51%；湖泊湿地 5.8×10^3 hm^2，占全省湿地面积的 19.01%。浙江省河流湿地 141.2×10^3 hm^2，占全省湿地面积的 12.72%；湖泊湿地 8.9×10^3 hm^2，占全省湿地面积的 0.80%。安徽省河流湿地 309.6×10^3 hm^2，占全省湿地面积的 29.72%；湖泊湿地 361.1×10^3 hm^2，占全省湿地面积的 34.66%。江西省河流湿地 310.8×10^3 hm^2，占全省湿地面积的 34.15%；湖泊湿地 374.1×10^3 hm^2，占全省湿地面积的 41.11%。湖北省河流湿地 450.4×10^3 hm^2，占全省湿地面积的 31.17%；湖泊湿地 276.9×10^3 hm^2，占全省湿地面积的 19.16%。湖南省河流湿地 398.4×10^3 hm^2，占全省湿地面积的 39.07%；湖泊湿地 385.8×10^3 hm^2，占全省湿地面积的 37.83%。重庆市河流湿地 87.3×10^3 hm^2，占全市湿地面积的 42.13%；湖泊湿地 0.3×10^3 hm^2，占全市湿地面积的 0.14%。四川省河流湿地 452.3×10^3 hm^2，占全省湿地面积的 25.88%；湖泊湿地 37.4×10^3 hm^2，占全省湿地面积的 2.14%。贵州省河流湿地 138.1×10^3 hm^2，占全省湿地面积的 65.86%；湖泊湿地 2.5×10^3 hm^2，占全省湿地面积的 1.19%。云南省河流湿地 241.8×10^3 hm^2，占全省湿地面积的 42.91%；湖泊湿地 118.5×10^3 hm^2，占全省湿地面积的 21.03%，如图 5-19 所示。

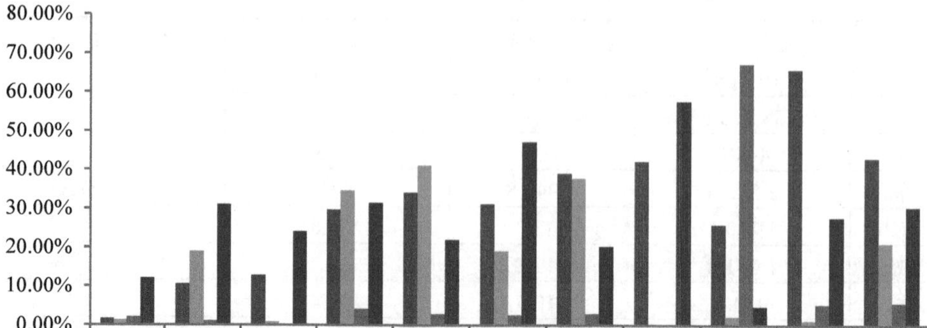

	上海	江苏	浙江	安徽	江西	湖北	湖南	重庆	四川	贵州	云南
■河流	1.57%	10.51%	12.72%	29.72%	34.15%	31.17%	39.07%	42.13%	25.88%	65.86%	42.91%
■湖泊	1.25%	19.01%	0.80%	34.66%	41.11%	19.16%	37.83%	0.14%	2.14%	1.19%	21.03%
■沼泽	2.00%	0.99%	0.06%	4.12%	2.83%	2.55%	2.87%	0.05%	67.28%	5.25%	5.71%
■人工湿地	11.97%	30.96%	24.03%	31.50%	21.91%	47.11%	20.22%	57.67%	4.70%	27.71%	30.35%

图 5-19　长江经济带各省市湿地类型分布图

资料来源：笔者根据《中国统计年鉴》（2016 年）数据整理而得。

长江经济带内丰富多样的湿地生态系统也孕育了种类繁多的湿地生物多样性，其中洞庭湖和鄱阳湖两湖平原淡水湖泊群和长江河口湿地是全球生物多样性的关键地区。据统计，在鄱阳湖越冬的白鹤数量达到全球越冬白鹤总数的 95%以上，2004 年达到 3 954 只。近两年，白鹤、白枕鹤、白头鹤、灰鹤 4 种鹤的总数均在 7 000 只左右；东方白鹳在 2 500 只左右，数量超过国际鸟类组织统计的总数。这些在鄱阳湖越冬的珍禽种群数量都超过该种珍禽全球数量的一半以上，是名副其实的“候鸟王国”（表 5-16）。还有经济价值高的鱼类资源，带动了长江经济带水产业的迅猛发展。丰富的水能、风能、太阳能资源是其能源的重要补充。最具旅游特色的山水资源，相当一部分已开发成为旅游胜地。

表 5-16　中国五大湖泊水生生物种数

水生生物物种	鄱阳湖	洞庭湖	太湖	洪泽湖	巢湖
湿地植物	327	77	61	81	50
浮游植物	319	161	97	165	72
浮游动物	205	122	79	91	46
底栖动物	282		65	76	56
无脊椎动物	21				
鱼类	136	119	106	67	79
两栖、爬行类	40				

水生生物物种	鄱阳湖	洞庭湖	太湖	洪泽湖	巢湖
鸟类	310	218	194	146	44
哺乳类	52	22			
总计	1 692	719	602	626	347

资料来源：周文斌，万金保《鄱阳湖生态环境保护和资源综合开发利用研究》，97 页。

近年来，随着人口密度不断加大，开发强度不断提高等多种原因，长江经济带湿地正面临面积萎缩、生态系统退化、生物多样性减少、蓄水调洪能力下降等许多严峻问题。截至 2015 年年底，长江流域的江豚数量已不到千头，而且数量下降的速度还在不断增加。这还不是个例，在长江经济带流域的 370 多种鱼类中，近 30%处于濒危状态，许多长江特有种群面临绝迹的风险。此外，长江中游地区的湖泊面积已由 1949 年的 25 828 km^2减少为 10 493 km^2。其中，具有标志意义的洞庭湖面积由 20 世纪 50 年代初的 4 300 km^2减少到现在的不足 2 700 km^2，鄱阳湖面积由 5 053 km^2降为 3 283 km^2，江汉湖群面积已从 8 330 km^2 下降到 2 270 km^2。稀有种类濒临灭绝，湿地面积逐年减少，多样性保护面临重大压力，长江湿地保护正面临着前所未有的困局。

5.2　长江经济带资源产业化开发利用现状

5.2.1　林业产业发展水平

进入 21 世纪以来，长江经济带林业产业处于加速发展阶段，林业产业日益壮大。根据《中国林业统计年鉴》数据，2005—2015 年长江经济带 9 省 2 市的林业产业总产值情况如下：上海 2015 年的林业产业总产值为 4 401 414 万元，是 2005 年的 16.21 倍，年均增长 32.12%；江苏 2015 年的林业产业总产值为 42 564 193 万元，是 2005 年的 5.93 倍，年均增长 19.49%；浙江 2015 年的林业产业总产值 41 663 309 万元，是 2005 年的 3.91 倍，年均增长 14.62%；安徽 2015 年的林业产业总产值为 31 923 833 万元，是 2005 年的 11.27 倍，年均增长 27.40%；江西 2015 年的林业产业总产值为 35 048 245 万元，是 2005 年的 7.25 倍，年均增长 21.91%；湖北 2015 年的林业产业总产值为 29 991 415 万元，是 2005 年的 7.34 倍，年均增长 22.07%；湖南 2015 年的林业产业总产值为 37 363 158 万元，是 2005 年的 6.78 倍，年均增长 21.09%；重庆 2015 年的林业产业总产值为 8 216 196 万元，是 2005 年的 6.53 倍，年均增长 20.63%；四川 2015 年的林业总产值为 30 603 257 万元，是 2005 年的 6.03 倍，年均增长 19.69%；贵州 2015 年的林业总产值为 10 000 809 万元，是 2005 年的 9.01 倍，年均增长 24.59%；云南 2015 年的林业总产值为 17 055 075 万元，是 2005 年的 5.85 倍，年均增长 19.33%，详见表 5-17。

表 5-17 长江经济带各省市历年林业产业总产值 单位：亿元

地区	2005 年	2006 年	2007 年	2008 年	2009 年	2010 年	2011 年	2012 年	2013 年	2014 年	2015 年
上海	27.2	43.5	74.9	61.0	337.0	334.7	348.1	371.0	368.1	391.8	440.1
江苏	717.2	814.5	937.4	1 136.5	1 559.9	2 291.6	3 099.4	3 608.6	3 897.7	4 084.3	4 256.4
浙江	1 064.4	1 194.0	1 261.0	1 367.9	1 713.8	2 792.0	3 156.9	3 379.3	3 555.6	3 763.5	4 166.3
安徽	283.3	346.9	421.5	513.6	715.4	1 141.8	1 599.8	2 059.5	2 510.8	2 831.8	3 192.4
江西	483.2	610.3	760.2	918.4	1 053.0	1 317.7	1 628.2	2 025.0	2 654.6	3 063.0	3 504.8
湖北	408.2	440.2	495.2	596.3	706.9	896.4	1 109.6	1 413.5	1 737.0	2 324.1	2 999.1
湖南	551.2	630.1	708.7	921.1	1 150.3	1 445.7	1 883.4	2 380.0	2 799.1	3 225.5	3 736.3
重庆	125.9	147.1	174.3	211.8	265.7	326.5	404.7	449.4	521.9	662.2	821.6
四川	507.4	690.9	761.0	953.4	1 156.8	1 444.0	1 745.7	2 030.2	2 335.8	2 664.3	3 060.3
贵州	111.0	193.5	228.1	247.6	295.5	340.7	401.0	503.5	610.0	810.3	1 000.1
云南	291.3	352.4	401.2	459.9	574.8	689.4	885.6	1 170.4	1 329.6	1 504.5	1 705.5

随着林业产业日益壮大，长江经济带各省市林业产业结构也不断优化。2015 年上海市林业总产值、第一产业、第二产业、第三产业产值分别比 2005 年增长了 16.21 倍、1.74 倍、226.34 倍、9.72 倍，三业比重也由 2005 年的 85.95∶6.16∶7.89 调整为 2015 年的 9.24∶86.03∶4.73，详见图 5-20。

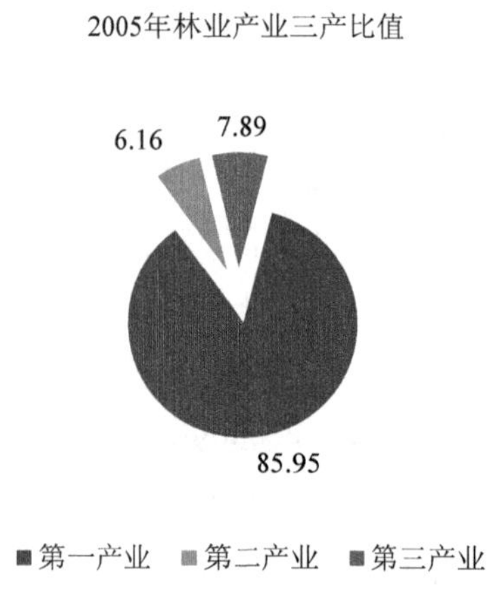

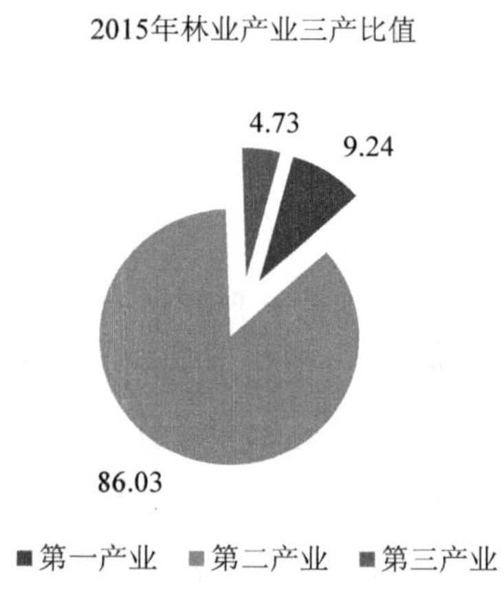

图 5-20 上海市林业产业三产比值

2015 年江苏省林业总产值、第一产业、第二产业、第三产业产值分别比 2005 年增长了 5.93 倍、5.12 倍、5.69 倍、13.82 倍，三产比重也由 2005 年的 28.19∶66.81∶5.00 调整为 2015 年的 24.34∶64.02∶11.64，详见图 5-21。

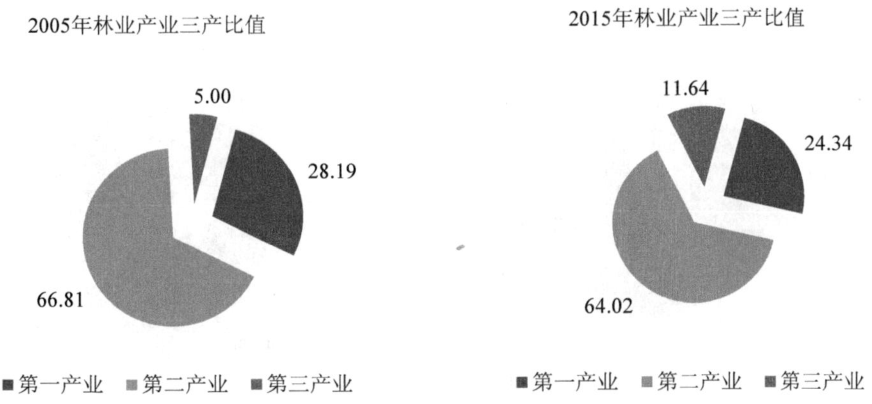

图 5-21　江苏省林业产业三产比值

2015 年浙江省林业总产值、第一产业、第二产业、第三产业产值分别比 2005 年增长了 3.91 倍、2.46 倍、3.89 倍、11.24 倍，三产比重也由 2005 年的 33.76∶59.32∶6.92 调整为 2015 年的 21.22∶58.93∶19.85，详见图 5-22。

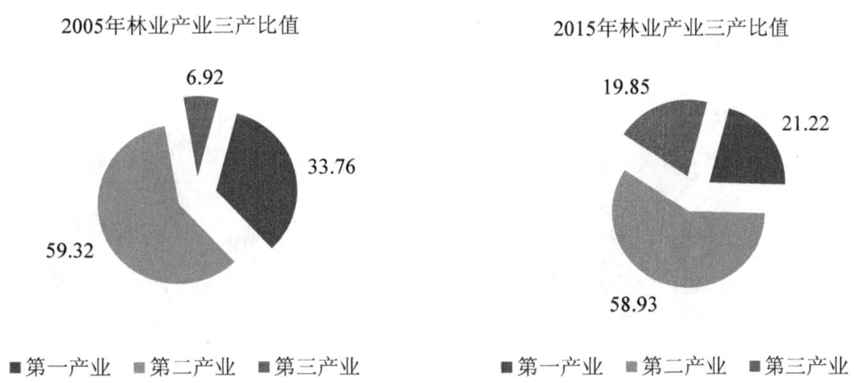

图 5-22　浙江省林业产业三产比值

2015 年安徽省林业总产值、第一产业、第二产业、第三产业产值分别比 2005 年增长了 11.27 倍、5.88 倍、13.79 倍、63.6 倍，三产比重也由 2005 年的 56.09∶40.07∶3.84 调整为 2015 年的 29.62∶49.04∶21.70，详见图 5-23。

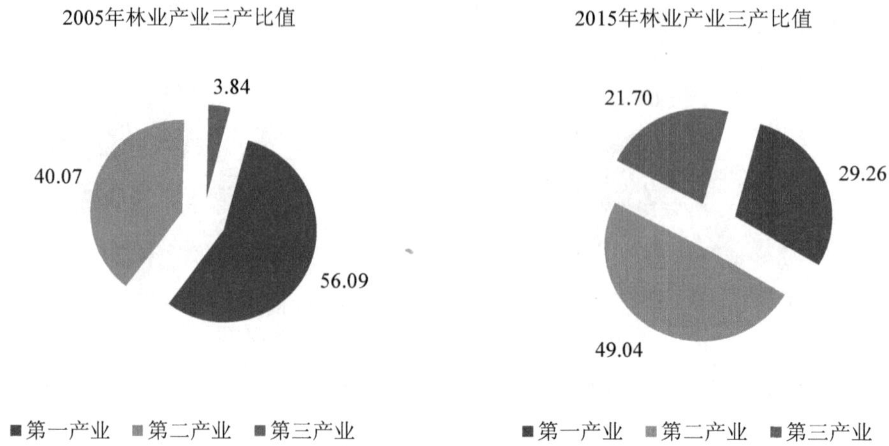

图 5-23 安徽省林业产业三产比值

2015 年江西省林业总产值、第一产业、第二产业、第三产业产值分别比 2005 年增长了 7.25 倍、4.81 倍、9.03 倍、9.94 倍，三产比重也由 2005 年的 45.67∶37.84∶16.49 调整为 2015 年的 30.29∶47.12∶22.59，详见图 5-24。

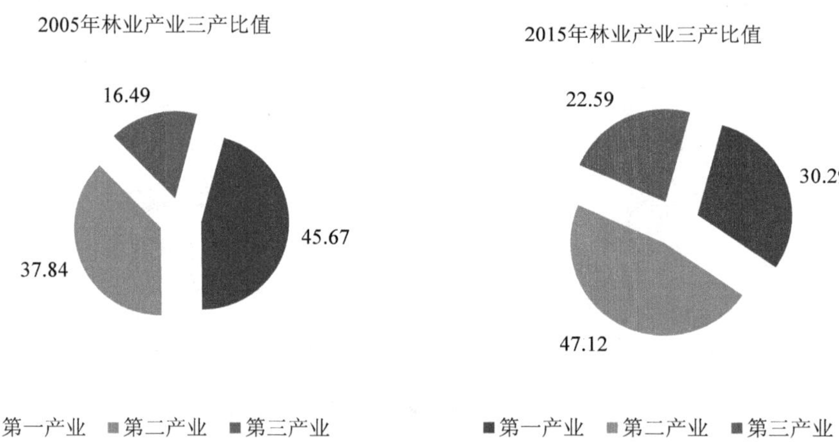

图 5-24 江西省林业产业三产比值

2015 年湖北省林业总产值、第一产业、第二产业、第三产业产值分别比 2005 年增长了 7.35 倍、4.82 倍、8.14 倍、13.44 倍，三产比重也由 2005 年的 49.75∶34.10∶16.15 调整为 2015 年的 32.67∶37.79∶29.54，详见图 5-25。

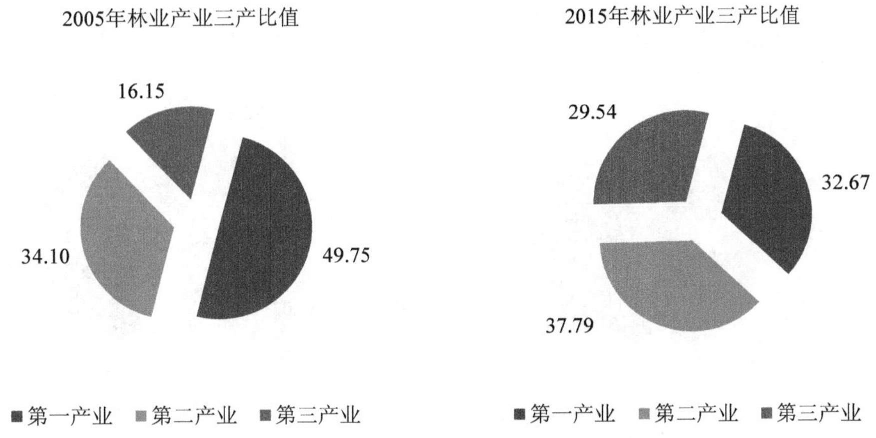

图 5-25　湖北省林业产业三产比值

2015 年湖南省林业总产值、第一产业、第二产业、第三产业产值分别比 2005 年增长了 6.78 倍、5.49 倍、5.83 倍、12.16 倍，三产比重也由 2005 年的 40.38∶42.49∶17.13 调整为 2015 年的 32.72∶36.56∶30.72，详见图 5-26。

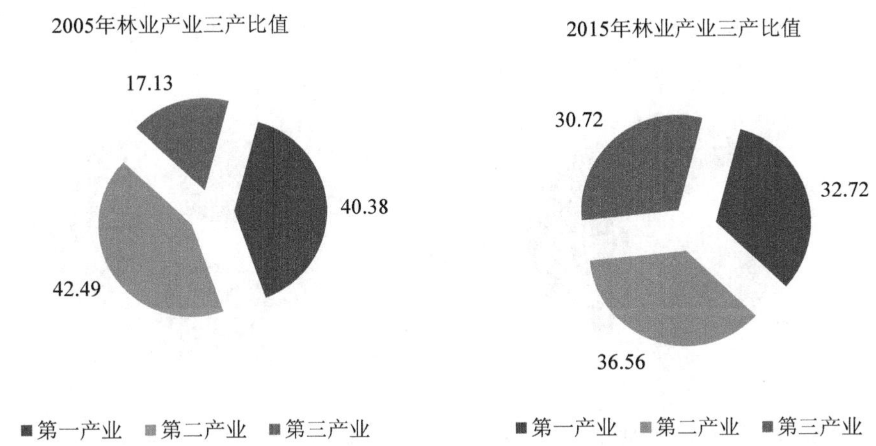

图 5-26　湖南省林业产业三产比值

2015 年重庆市林业总产值、第一产业、第二产业、第三产业产值分别比 2005 年增长了 6.52 倍、6.18 倍、9.27 倍、5.10 倍，三产比重也由 2005 年的 50.20∶21.11∶28.69 调整为 2015 年的 47.54∶30.02∶22.44，详见图 5-27。

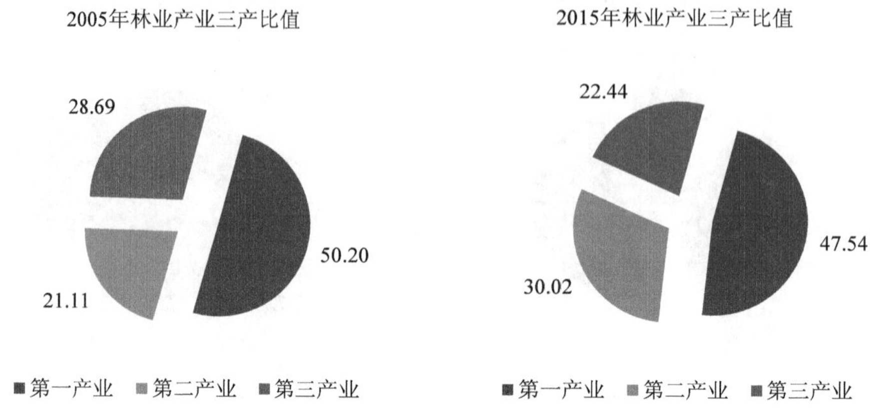

图 5-27　重庆市林业产业三产比值

2015 年四川省林业总产值、第一产业、第二产业、第三产业产值分别比 2005 年增长了 6.03 倍、5.25 倍、5.07 倍、9.51 倍，三产比重也由 2005 年的 43.08∶37.07∶19.85 调整为 2015 年的 37.51∶31.18∶31.31，详见图 5-28。

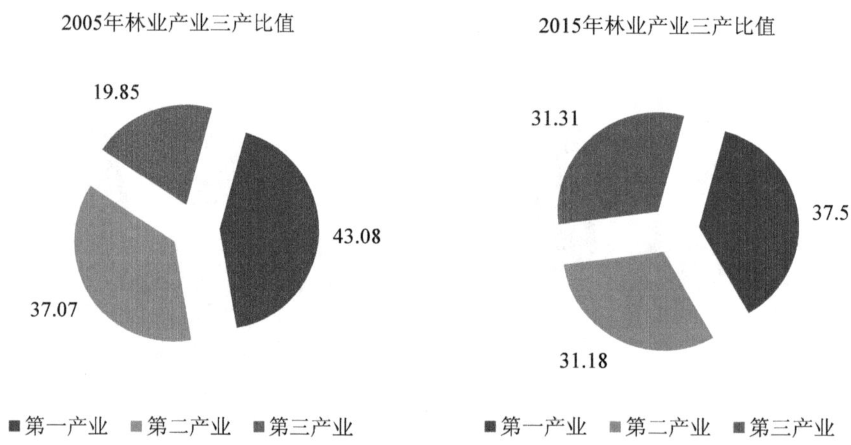

图 5-28　四川省林业产业三产比值

2015 年贵州省林业总产值、第一产业、第二产业、第三产业产值分别比 2005 年增长了 9.01 倍、5.49 倍、4.76 倍、54.71 倍，三产比重也由 2005 年的 65.10∶27.33∶7.57 调整为 2015 年的 39.64∶14.44∶45.92，详见图 5-29 所示。

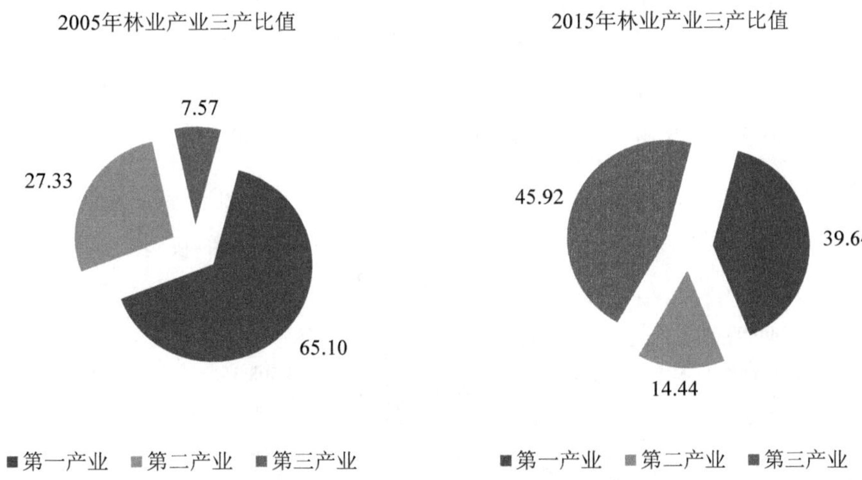

图 5-29　贵州省林业产业三产比值

2015 年云南省林业总产值、第一产业、第二产业、第三产业产值分别比 2005 年增长了 5.85 倍、5.21 倍、6.12 倍、18.63 倍，三产比重也由 2005 年的 71.76∶25.14∶3.10 调整为 2015 年的 63.87∶26.27∶9.86，详见图 5-30。

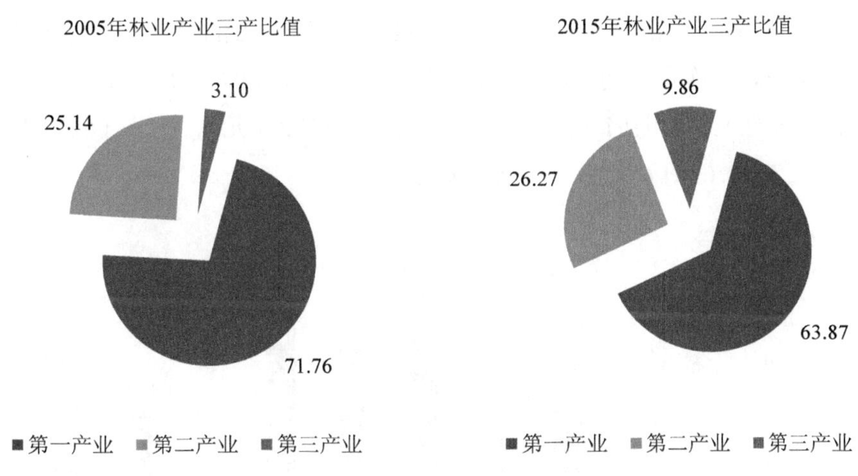

图 5-30　云南省林业产业三产比值

长江经济带 9 省 2 市中林业产业产值最大的省份是江苏省，为 4 256.419 3 亿元，其次是浙江（4 166.330 9 亿元），其他省份按产值从大到小依次为湖南（3 736.315 8 亿元）、江西（3 504.824 5 亿元）、安徽（3 192.383 3 亿元）、四川（3 060.325 7 亿元）、湖北（2 999.141 5 亿元）、云南（1 705.507 5 亿元）、贵州（1 000.080 9 亿元）、重庆（821.619 6

亿元）、上海（440.141 4 亿元）。人均林业产业产值最高的是江西省，为 7 675.919 元，其次是浙江（7 521.811 元），其他省份按人均产值从大到小依次为湖南（5 508.353 元）、江苏（5 336.534 元）、安徽（5 195.936 元）、湖北（5 124.985 元）、四川（3 730.285 元）、云南（3 596.600 元）、贵州（2 833.090 元）、重庆（2 723.300 元）、上海（1 822.532 元），详见图 5-31。

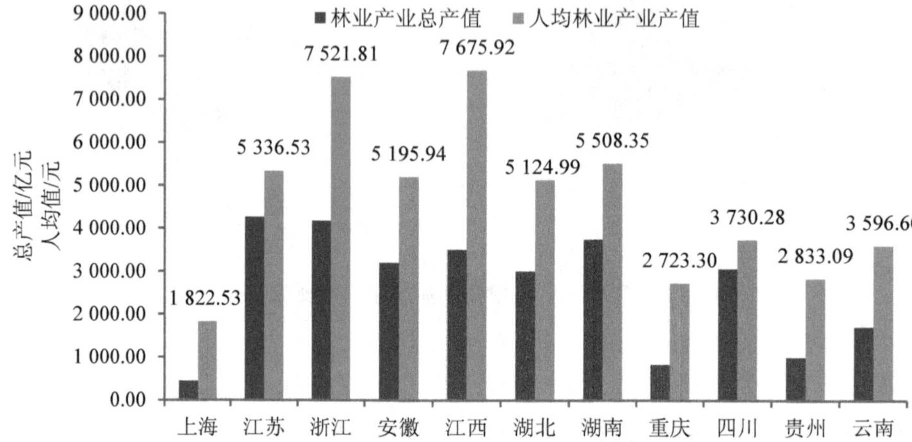

图 5-31　2015 年长江经济带各省市的林业产业总产值与人均林业产业总值

各省市的人均林业第三产业总值如图 5-32 所示，江西省的第三产业总值为 1 733.637 元，位于第 1 位，其次是湖南（1 692.41 元）、湖北（1 513.84 元）、浙江（1 493.39 元）、贵州（1 300.88 元）、四川（1 167.82 元）、安徽（1 127.60 元）、江苏（621.21 元）、重庆（610.99 元）、云南（354.67 元）、上海（86.26 元）。

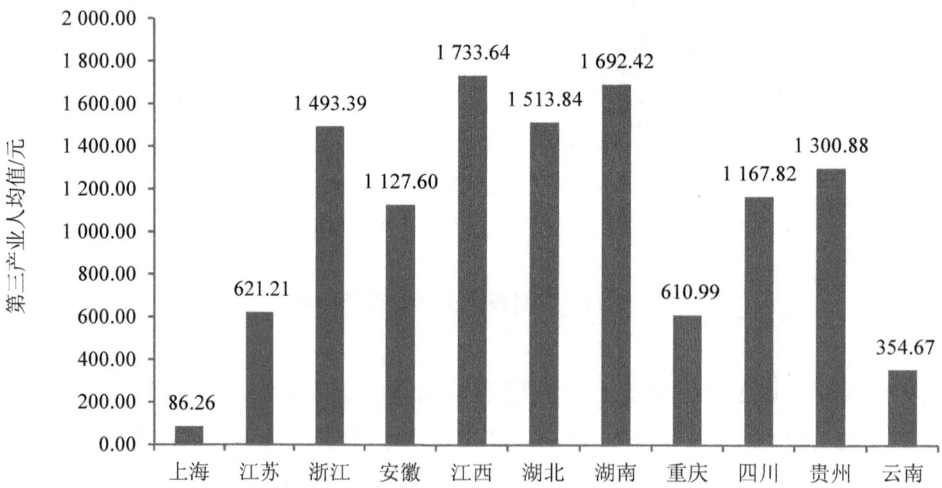

图 5-32　2015 年长江经济带各省市人均林业第三产业总值

5.2.2　农业产业发展水平

本节的农业产值是根据《中国统计年鉴》的农林牧渔产值中的农业分项产值数据进行统计，2005—2015 年的数据表明，上海 2015 年农业产业产值达到 162.0 亿元，是 2005 年的 1.46 倍，年均增长 3.83%；江苏 2015 年农业产业产值达到 3 722.1 亿元，是 2005 年的 2.88 倍，年均增长 11.17%；浙江 2015 年农业产业产值达到 1 434.7 亿元，是 2005 年的 2.19 倍，年均增长 8.16%；安徽 2015 年农业产业产值达到 2 174.6 亿元，是 2005 年的 2.66 倍，年均增长 10.26%；江西 2015 年农业产业产值达到 1 326.9 亿元，是 2005 年的 2.60 倍，年均增长 10.02%；湖北 2015 年农业产业产值达到 2 780.4 亿元，是 2005 年的 74.54 倍，年均增长 53.90%；湖南 2015 年农业产业产值达到 3 043.5 亿元，是 2005 年的 3.21 倍，年均增长 12.38%；重庆 2015 年农业产业产值达到 1 033.7 亿元，是 2005 年的 2.89 倍，年均增长 11.18%；四川 2015 年农业产业产值达到 3 335.5 亿元，是 2005 年的 3.22 倍，年均增长 12.39%；贵州 2015 年农业产业产值达到 1 772.6 亿元，是 2005 年的 5.28 倍，年均增长 18.11%；云南 2015 年农业产业产值达到 1 841.5 亿元，是 2005 年的 3.29 倍，年均增长 12.66%，详见表 5-18。

表 5-18　2005—2015 年长江经济带各省市农业产业发展水平　　单位：亿元

地区	2005 年	2006 年	2007 年	2008 年	2009 年	2010 年	2011 年	2012 年	2013 年	2014 年	2015 年
上海	111.3	120.0	126.7	137.5	147.5	155.3	165.1	171.5	172.3	169.5	162.0
江苏	1 291.3	1 389.6	1 542.5	1 746.8	1 948.2	2 269.6	2 640.9	2 966.7	3 167.8	3 362.8	3 722.1
浙江	654.8	712.5	735.9	813.1	879.0	1 041.3	1 152.0	1 229.4	1 336.8	1 386.0	1 434.7
安徽	818.5	905.6	1 054.0	1 197.9	1 289.8	1 544.4	1 714.8	1 867.6	2 003.3	2 119.2	2 174.6
江西	510.5	556.9	621.3	694.3	729.7	801.4	917.8	1 003.2	1 072.8	1 144.1	1 326.9
湖北	37.3	1 018.8	1 152.1	1 395.8	1 511.5	1 921.7	2 299.3	2 488.1	2 678.1	2 761.7	2 780.4
湖南	947.7	1 023.5	1 243.2	1 446.9	1 596.6	2 059.6	2 391.7	2 651.7	2 726.8	2 884.7	3 043.5
重庆	358.3	341.0	401.5	465.5	522.8	623.3	751.2	841.8	909.2	967.9	1 033.7
四川	1 037.2	1 075.1	1 316.6	1 607.5	1 806.1	2 069.3	2 454.3	2 764.9	2 903.5	3 078.6	3 335.5
贵州	335.5	354.6	392.2	464.8	501.5	587.3	655.3	864.9	997.1	1 321.9	1 772.6
云南	559.3	630.2	683.8	780.9	850.7	925.6	1 124.7	1 398.2	1 639.4	1 806.3	1 841.5

基于《2016 年中国统计年鉴》数据，将长江经济带各省市的农业产业总值进行比较，可以得出：江苏的农业产业总值最高，为 3 722.1 亿元，其次是四川（3 335.5 亿元）、湖南（3 043.5 亿元）、湖北（2 780.4 亿元）、安徽（2 174.6 亿元）、云南（1 841.5 亿元）、贵州（1 772.6 亿元）、浙江（1 434.7 亿元）、江西（1 326.9 亿元）、重庆（1 033.7 亿元）、上海（162.0 亿元），详见图 5-33。

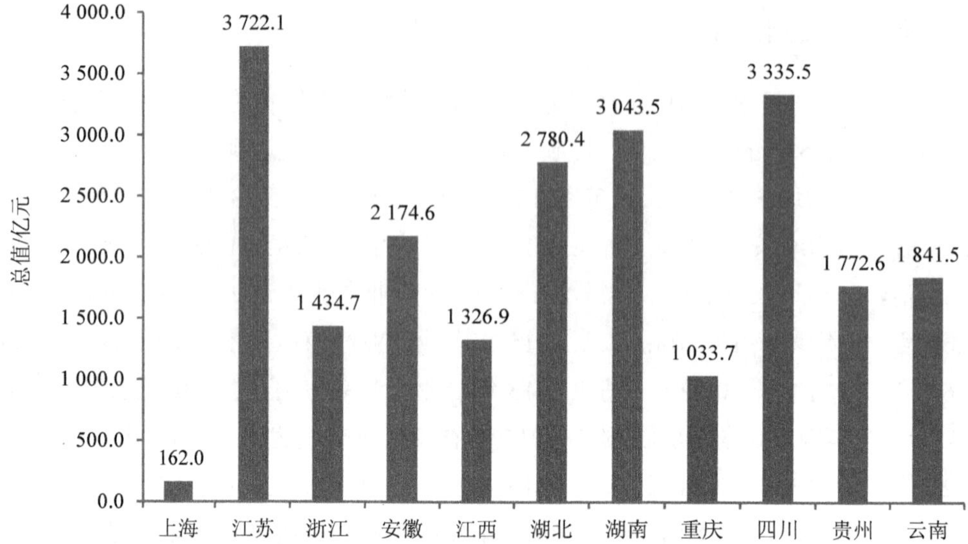

图 5-33　2015 年长江经济带各省市的农业产业总值水平

5.2.3　旅游产业发展水平

根据长江经济带各省市 2005—2015 年统计年鉴及国民经济和社会发展统计公报、《中国旅游年鉴》数据，长江经济带 9 省 2 市的旅游情况如下：上海市 2015 年旅游接待国内旅客人数 27 569.42 万人次，国内旅游收入 3 004.73 亿元，接待入境过夜游客 653.59 万人次，国际旅游外汇收入 586 044 万美元，年旅游总收入约为 3 500 亿元，占全国旅游总收入的 8.47%，为地区生产总值的 13.93%，详见表 5-19。

表 5-19　上海市 2007—2015 年旅游总收入

年份	旅游总收入/亿元	占全国旅游总收入比重/%	占全市地区生产总值的比重/%	占全市地区生产总值中第三产业比重/%
2007	2 074.80	18.94	16.61	30.42
2008	2 060.00	17.76	14.64	26.17
2009	2 343.55	18.17	15.58	26.24
2010	3 053.23	19.45	17.79	31.05
2011	3 231.15	14.36	16.83	29.00
2012	3 650.55	14.09	18.09	29.92
2013	3 407.11	11.55	15.62	24.72
2014	3 415.96	9.16	14.49	22.36
2015	3 500.00	8.47	13.93	20.56

江苏省 2015 年旅游接待国内旅客人数 61 933.7 万人次，国内旅游收入 8 769.3 亿元，接待入境过夜游客 305.01 万人次，国际旅游外汇收入 352 729 万美元，年旅游总收入约为 9 050.08 亿元，占全国旅游总收入的 21.91%，为地区生产总值的 5.6%，详见表 5-20。

表 5-20　江苏省 2005—2015 年旅游总收入

年份	旅游总收入/亿元	占全国旅游总收入比重/%	占全省地区生产总值的比重/%	占全省地区生产总值中第三产业比重/%
2005	1 855.5	24.14	4.60	28.06
2006	2 284.3	25.57	4.70	28.86
2007	2 826.9	25.80	4.80	28.86
2008	3 268.39	28.18	4.70	27.49
2009	3 795.5	29.42	4.90	28.60
2010	4 684.98	29.84	5.10	27.35
2011	5 612.8	24.95	5.20	26.93
2012	6 552.9	25.30	5.40	27.86
2013	7 195.25	24.39	5.40	27.23
2014	8 145.48	21.84	5.50	26.62
2015	9 050.08	21.91	5.60	26.55

浙江省 2015 年旅游接待国内旅客人数 52 500 万人次，国内旅游收入 6 720 亿元，接待入境过夜游客 459.02 万人次，国际旅游外汇收入 678 847 万美元，年旅游总收入约为 7 139.14 亿元，占全国旅游总收入的 17.29%，为地区生产总值的 16.65%，详见表 5-21。

表 5-21　浙江省 2005—2015 年旅游总收入

年份	旅游总收入/亿元	占全国旅游总收入比重/%	占全省地区生产总值的比重/%	占全省地区生产总值中第三产业比重/%
2005	1 378.80	17.94	10.28	25.72
2006	1 690.00	18.91	10.75	26.90
2007	2 026.00	18.49	10.80	26.61
2008	2 250.00	19.40	10.48	25.57
2009	2 644.00	20.50	11.50	26.51
2010	3 312.60	21.10	11.94	27.15
2011	4 080.30	18.13	12.61	28.24
2012	4 801.20	18.54	13.82	29.87
2013	5 536.20	18.77	14.66	30.84
2014	6 300.60	16.89	15.68	32.78
2015	7 139.14	17.29	16.65	33.45

安徽省 2015 年旅游接待国内旅客人数 44 400 万人次，国内旅游收入 4 120.2 亿元，接待入境过夜游客 291.12 万人次，国际旅游外汇收入 226 287 万美元，年旅游总收入约为 4 120.2 亿元，占全国旅游总收入的 9.98%，为地区生产总值的 18.72%，详见表 5-22。

表 5-22 安徽省 2005—2015 年旅游总收入

年份	旅游总收入/亿元	占全国旅游总收入比重/%	占全省地区生产总值的比重/%	占全省地区生产总值中第三产业比重/%
2005	308.6	4.02	5.77	14.44
2006	411.5	4.61	6.73	16.65
2007	576	5.26	7.83	20.04
2008	731.1	6.30	8.26	22.03
2009	908.9	7.05	9.03	24.82
2010	1 150.6	7.33	9.31	27.44
2011	1 900.6	8.45	12.42	38.20
2012	2 617.8	10.11	15.21	46.51
2013	3 010.4	10.20	15.66	45.81
2014	3 430.1	9.20	16.45	46.49
2015	4 120.2	9.98	18.72	47.90

江西省 2015 年旅游接待国内旅客人数 38 392.18 万人次，国内旅游收入 3 600.45 亿元，接待入境过夜游客 155.88 万人次，国际旅游外汇收入 56 700 万美元，年旅游总收入约为 3 637.65 亿元，占全国旅游总收入的 9.98%，为地区生产总值的 18.72%，详见表 5-23。

表 5-23 江西省 2005—2015 年旅游总收入

年份	旅游总收入/亿元	占全国旅游总收入比重/%	占全省地区生产总值的比重/%	占全省地区生产总值中第三产业比重/%
2005	320.02	4.16	7.89	22.67
2006	390.89	4.37	8.37	25
2007	463.67	4.23	8.43	26.44
2008	559.38	4.82	8.63	27.9
2009	675.61	5.24	8.66	25.62
2010	818.32	5.21	8.83	26.22
2011	1 105.93	4.92	9.45	28.2
2012	1 402.59	5.42	10.83	31.27
2013	1 896.06	6.43	13.22	37.69
2014	2 649.7	7.10	16.86	45.82
2015	3 637.65	8.81	21.75	55.63

湖北省 2015 年旅游接待国内旅客人数 50 700 万人次，国内旅游收入 4 206.02 亿元，接待入境过夜游客 311.76 万人次，国际旅游外汇收入 167 190 万美元，年旅游总收入约为 4 308.76 亿元，占全国旅游总收入的 10.43%，为地区生产总值的 14.58%，详见表 5-24。

表 5-24　湖北省 2005—2015 年旅游总收入

年份	旅游总收入/亿元	占全国旅游总收入比重/%	占全省地区生产总值的比重/%	占全省地区生产总值中第三产业比重/%
2005	473.15	6.16	7.18	17.81
2006	539.74	6.04	7.09	17.34
2007	640.87	5.85	6.87	16.81
2008	744.19	6.42	6.57	16.66
2009	1 004.48	7.79	7.75	19.59
2010	1 460.53	9.30	9.15	24.13
2011	1 992.89	8.86	10.15	27.50
2012	2 629.54	10.15	11.82	32.03
2013	3 205.61	10.87	12.93	32.14
2014	3 752.11	10.06	13.70	33.06
2015	4 308.76	10.43	14.58	33.83

湖南省 2015 年旅游接待国内旅客人数 47 104.68 万人次，国内旅游收入 3 659.96 亿元，接待入境过夜游客 226.05 万人次，国际旅游外汇收入 85 772 万美元，年旅游总收入约为 3 712.91 亿元，占全国旅游总收入的 8.99%，为地区生产总值的 12.85%，详见表 5-25。

表 5-25　湖南省 2005—2015 年旅游总收入

年份	旅游总收入/亿元	占全国旅游总收入比重/%	占全省地区生产总值的比重/%	占全省地区生产总值中第三产业比重/%
2005	453.57	5.90	6.88	15.73
2006	588.39	6.59	7.65	18.22
2007	732.71	6.69	7.76	19.10
2008	851.75	7.34	7.37	18.38
2009	1 099.47	8.52	8.42	20.35
2010	1 425.8	9.08	8.89	22.39
2011	1 785.78	7.94	9.08	23.69
2012	2 234.1	8.63	10.08	25.85
2013	2 681.86	9.09	10.89	26.61
2014	3 050.7	8.18	11.28	26.75
2015	3 712.91	8.99	12.85	29.10

重庆市 2015 年旅游接待入境过夜游客 148.1 万人次，国际旅游外汇收入 146 857 万美元，年旅游总收入约为 2 251.31 亿元，占全国旅游总收入的 5.45%，为地区生产总值的 14.32%，详见表 5-26。

表 5-26 重庆市 2005—2015 年旅游总收入

年份	旅游总收入/亿元	占全国旅游总收入比重/%	占全市地区生产总值的比重/%	占全市地区生产总值中第三产业比重/%
2005	301.12	3.92	8.68	20.91
2006	346.18	3.87	8.86	20.99
2007	444.12	4.05	9.50	22.07
2008	561.53	4.84	9.69	21.34
2009	703.23	5.45	10.77	23.56
2010	917.85	5.85	11.58	24.75
2011	1 268.62	5.64	12.67	26.97
2012	1 662.15	6.42	14.57	31.39
2013	1 771.02	6.00	13.85	29.67
2014	2 003.39	5.37	14.05	30.02
2015	2 251.31	5.45	14.32	30.03

四川省 2015 年旅游接待国内旅客人数 59 000 万人次，国内旅游收入 6 137.6 亿元，接待入境过夜游客 273.2 万人次，国际旅游外汇收入 118 087 万美元，年旅游总收入约为 6 210.5 亿元，占全国旅游总收入的 15.04%，为地区生产总值的 20.67%，详见表 5-27。

表 5-27 四川省 2005—2015 年旅游总收入

年份	旅游总收入/亿元	占全国旅游总收入比重/%	占全省地区生产总值的比重/%	占全省地区生产总值中第三产业比重/%
2005	721.26	9.38	0.98	25.43
2006	979.57	10.96	11.27	29.51
2007	1 217.31	11.11	11.52	31.36
2008	1 091.52	9.41	8.66	23.93
2009	1 472.5	11.41	10.41	25.30
2010	1 886.09	12.01	10.97	27.57
2011	2 449.15	10.89	11.65	30.45
2012	3 280.25	12.67	13.74	34.95
2013	3 877.4	13.14	14.69	36.43
2014	4 891.04	13.11	17.14	40.20
2015	6 210.5	15.04	20.67	47.31

贵州省 2015 年旅游接待国内旅客人数 37 535.92 万人次，国内旅游收入 3 500.46 亿元，接待入境过夜游客 68.51 万人次，国际旅游外汇收入 20 111.94 万美元，年旅游总收入约为 3 512.82 亿元，占全国旅游总收入的 8.51%，为地区生产总值的 33.45%，详见表 5-28。

表 5-28　贵州省 2005—2015 年旅游总收入

年份	旅游总收入/亿元	占全国旅游总收入比重/%	占全省地区生产总值的比重/%	占全省地区生产总值中第三产业比重/%
2005	251.14	3.27	12.52	30.80
2006	387.05	4.33	16.55	39.12
2007	512.28	4.68	17.76	39.02
2008	653.13	5.63	18.34	39.53
2009	805.23	6.24	20.58	42.70
2010	1 061.23	6.76	23.06	48.75
2011	1 429.48	6.35	25.07	51.40
2012	1 860.16	7.18	27.15	56.66
2013	2 370.65	8.04	29.31	62.19
2014	2 895.98	7.76	31.25	70.15
2015	3 512.82	8.51	33.45	74.52

云南省 2015 年旅游接待国内旅客人数 32 300 万人次，国内旅游收入 3 104.37 亿元，接待入境过夜游客 570.08 万人次，国际旅游外汇收入 287 550 万美元，年旅游总收入约为 3 281.79 亿元，占全国旅游总收入的 7.95%，为地区生产总值的 24.10%，详见表 5-29。

表 5-29　云南省 2005—2015 年旅游总收入

年份	旅游总收入/亿元	占全国旅游总收入比重/%	占全省地区生产总值的比重/%	占全省地区生产总值中第三产业比重/%
2005	430.14	5.60	12.42	31.29
2006	499.87	5.59	12.53	32.09
2007	559.21	5.10	11.72	29.48
2008	663.28	5.72	11.65	29.89
2009	810.73	6.28	13.14	32.18
2010	1 006.83	6.41	13.94	34.81
2011	1 300.29	5.78	14.62	35.13
2012	1 702.54	6.57	16.51	40.19
2013	2 111.24	7.16	17.84	41.95
2014	2 665.74	7.15	20.80	48.10
2015	3 281.79	7.95	24.10	53.39

森林旅游（forest recreation）是指在林区内依托森林风景资源发生的以旅游为主要目的的多种形式的野游活动，这些活动不管是直接利用森林还是间接以森林为背景都可称为森林旅游（游憩）或森林生态旅游。从《中国统计年鉴》（2016 年）中来自于旅游部门的数据表明，长江经济带 9 省 2 市中国际旅游外汇收入最高的省份是浙江，为 586 044 万美元，其次是上海（586 044 万美元）、江苏（352 729 万美元）、云南（287 550 万美元）、安徽（226 287 万美元）、湖北（167 190 万美元）、重庆（146 857 万美元）、四川（118 087 万美元）、湖南（85 772 万美元）、江西（56 700 万美元）、贵州（23 133 万美元）。《2016 年中国林业统计年鉴》的数据表明，森林旅游收入最高的省份是四川，为 8 265 958 万元，其次是湖南（7 964 790 万元）、浙江（7 163 133 万元）、江西（6 324 819 万元）、湖北（5 492 996 万元）、安徽（4 949 875 万元）、贵州（3 778 058 万元）、江苏（3 107 966 万元）、重庆（1 512 716 万元）、云南（805 866 万元）、上海（121 945 万元），详见表 5-30。

表 5-30　2015 年长江经济带各省份旅游收入及人数

地区	旅游部门		林业部门			
	国际旅游外汇收入/万美元	入境过夜游客/万人次	森林旅游收入/万元	森林旅游人数/人次	森林公园旅游收入/万元	森林公园旅游人数/万人次
上海	586 044	653.59	121 945	12 891 845	8 918	586
江苏	352 729	305.01	3 107 966	126 849 826	366 983	5 957
浙江	678 847	459.02	7 163 133	332 760 814	2 170 879	6 423
安徽	226 287	291.12	4 949 875	110 225 308	80 511	2 282
江西	56 700	155.88	6 324 819	91 628 859	1 069 241	7 771
湖北	167 190	311.76	5 492 996	13 700 7332	194 202	2 807
湖南	85 772	226.05	7 964 790	146 163 306	371 484	4 478
重庆	146 857	148.10	1 512 716	49 842 989	312 274	5 578
四川	118 087	273.20	8 265 958	303 482 589	507 968	3 287
贵州	23 133	68.51	3 778 058	136 289 243	541 775	4 580
云南	287 550	570.08	805 866	40 450 251	26 868	1 044

5.3 长江经济带林业资源集约利用与产业生态化发展模式研究

5.3.1 林业资源集约利用水平

林业土地资源集约利用界定为：基于区域林地资源科学配置和结构优化的前提，在单位林地面积上合理增加相关生产要素投入，以最大限度地提高林地利用的综合效益，充分发掘林地利用潜力，在林地利用上走内涵挖潜的持续发展道路。

本节林地资源集约化利用程度采用两个主要指标进行测算：一是单位林地面积的林业产值（即为《林业统计年鉴》中林业产业总产值）；二是单位产量的经济林产品价值。

单位林地面积的林业产值，反映林业用地资源集约利用的情况，其计算式：

$$单位林地面积的林业产值 = \frac{林业产业总产值}{林地面积} \times 100\%$$

林地面积与林业产业总产值均来自《林业统计年鉴》，该指标反映林业用地的动态过程。在一定时期内，林业产业总产值与林地面积反映林业用地的集约程度。该指标为正指标，指标值越大，说明林业用地集约程度越高，反之则低，单位，万元/m^2。对单位林地面积的林业产业产值采用式：

$$第i个指标综合得分 = \frac{V_i - V_{\min}}{V_{\max} - V_{\min}} \times 10$$

进行处理得到 0～10 间评价指数，得到指数 1。

单位产量的经济林产品价值，反映林地集约程度的情况，其计算式为

$$单位产量的经济林产品价值 = \frac{经济林产品总值}{各类经济林产品总量} \times 100\%$$

各类经济林产品总量和经济林产品总值数据来自《林业统计年鉴》，该指标反映林地利用的动态过程。在一定时期内，经济林总量与经济林产品总值反映林业土地的集约利用程度。该指标为正指标，指标值越大，说明林地集约程度越高，反之则低，单位，元/t。对单位产量经济林产业的经济林产品价值采用式为

$$第i个指标综合得分 = \frac{V_i - V_{\min}}{V_{\max} - V_{\min}} \times 10$$

进行处理得到 0～10 的评价指数，得到指数 2。

对上述两类林地集约利用的分项指数进行加权平均后得到综合指数。

2011—2015 年，单位林地面积的林业产值的集约利用程度的时间演变情况如表 5-31～表 5-35 中的集约利用指数 1 排名所示：2011 年，林业土地集约利用程度最高的

为上海，江苏为第 2 位，其次为浙江、安徽、江西、湖南、湖北、重庆、四川、贵州、云南；2012 年，林业集约利用程度最高的为上海，江苏为第 2 位，其次为浙江、安徽、湖南、江西、湖北、重庆、四川、贵州、云南；2013 年，集约利用程度从高到低依次为上海、江苏、安徽、浙江、江西、湖南、湖北、重庆、四川、贵州、云南；2014 年，集约利用程度从高到低依次为上海、江苏、安徽、浙江、江西、湖北、湖南、重庆、四川、贵州、云南；到 2015 年，林业土地集约化利用程度的前两位依然为上海、江苏，其次为安徽、浙江、湖北、江西、湖南、重庆、四川、贵州、云南，林业土地集约利用程度排名年际变化不大。

2011—2015 年，单位产量经济林产品价值的集约利用程度的时间演变情况如表 5-31～表 5-35 中的集约利用指数 2 排名所示：2011 年，林地集约利用程度最高的为江苏，云南为第 2 位，其次为安徽、浙江、江西、贵州、四川、湖北、湖南、上海、重庆；2012 年集约利用程度最高的为江苏，云南为第 2 位，其次为安徽、浙江、贵州、江西、四川、湖北、上海、湖南、重庆；2013 年，集约利用程度最高的为江苏，安徽为第 2 位，其次为云南、浙江、江西、四川、贵州、湖北、湖南、上海、重庆；2014 年，集约利用程度最高的为江苏，安徽为第 2 位，其次为浙江、江西、四川、上海、云南、贵州、湖南、湖北、重庆；到 2015 年，林地集约化利用程度最高的为浙江，安徽为第 2 位，其次为云南、江西、上海、四川、贵州、湖南、湖北、重庆、江苏，林地集约利用程度排名年际变化较大。

2011—2015 年，林业集约利用的综合利用程度的时间演变情况如表 5-31～表 5-35 中的综合指数排名所示：2011 年，林地集约化利用程度最高的为江苏，上海为第 2 位，其次为云南、安徽、浙江、江西、贵州、四川、湖北、湖南、重庆，2012 年，集约利用程度最高的为江苏，上海为第 2 位，其次为安徽、云南、浙江、贵州、江西、四川、湖北、湖南、重庆；2013 年，林地集约化利用程度最高的为江苏，安徽为第 2 位，其次为上海、浙江、云南、江西、四川、贵州、湖北、湖南、重庆，2014 年，集约利用程度的最高的为江苏，上海为第 2 位，其次为安徽、浙江、江西、四川、贵州、云南、湖南、湖北、重庆；到 2015 年，林地集约化利用程度最高的为上海，浙江为第 2 位，其次为安徽、江西、云南、四川、贵州、湖南、湖北、重庆、江苏。

表 5-31　2011 年长江经济带各省市林地集约利用指数表

地区	林地面积/万 hm^2	林业产值/亿元	每公顷产值/万元	指数 1	排名	各类经济林产品总量/万 t	经济林产品总值/亿元	单位产量经济林产业的经济林产品价值/（元/t）	指数 2	排名	综合指数	排名
上海	7.46	348.111 8	46.66	10.00	1	51.696 7	22.389 3	4 330.90	0.36	10	5.18	2
江苏	128.64	3 099.364 2	24.09	5.13	2	280.726 3	285.865 4	10 183.06	10.00	1	7.56	1
浙江	667.97	3 156.888 4	4.73	0.94	3	490.198 4	406.182 2	8 286.08	6.87	4	3.91	5
安徽	439.4	1 599.783 6	3.64	0.71	4	295.675 9	253.323 8	8 567.62	7.34	3	4.02	4
江西	1 054.92	1 628.197 2	1.54	0.26	5	449.524 6	312.703 2	6 956.31	4.68	5	2.47	6
湖北	822.01	1 109.586 1	1.35	0.21	7	601.863 7	322.678 7	5 361.33	2.06	8	1.14	9
湖南	1 234.21	1 883.431 5	1.53	0.25	6	576.063 6	275.754 5	4 786.88	1.11	9	0.68	10
重庆	400.18	404.671 7	1.01	0.14	8	280.099 9	115.211 6	4 113.23	0.00	11	0.07	11
四川	2 311.66	1 745.669 3	0.76	0.09	9	614.638 2	390.800 6	6 358.22	3.70	7	1.89	8
贵州	841.23	401.016 8	0.48	0.03	10	129.715 4	89.320 1	6 885.85	4.57	6	2.30	7
云南	2 476.77	885.554 7	0.36	0.00	11	472.247 2	459.255 5	9 724.90	9.25	2	4.62	3

表 5-32　2012 年长江经济带各省市林地集约利用指数表

地区	林地面积/万 hm^2	林业产值/亿元	每公顷产值/万元	指数 1	排名	各类经济林产品总量/万 t	经济林产品总值/亿元	单位产量经济林产业的经济林产品价值/（元/t）	指数 2	排名	综合指数	排名
上海	7.73	370.975 5	47.99	10.00	1	37.029 7	23.970 8	6 473.40	2.69	9	6.34	2
江苏	178.7	3 608.602 2	20.19	4.15	2	272.128 9	340.054 4	12 496.08	10.00	1	7.08	1
浙江	660.74	3 379.285 9	5.11	0.98	3	490.768 2	434.225 1	8 847.87	5.57	4	3.27	5
安徽	443.18	2 059.544 2	4.65	0.88	4	308.147 2	295.173 5	9 578.98	6.46	3	3.67	3
江西	1 069.66	2 025.024 5	1.89	0.30	6	509.267 9	366.602 9	7 198.63	3.57	6	1.93	7
湖北	849.85	1 413.509 2	1.66	0.25	7	632.101 0	431.007 9	6 818.66	3.11	8	1.68	9
湖南	1 252.78	2 380.002 3	1.90	0.30	5	586.082 2	368.837 5	6 293.27	2.47	10	1.38	10
重庆	406.28	449.441 1	1.11	0.13	8	308.076 1	131.283 3	4 261.39	0.00	11	0.07	11
四川	2 328.26	2 030.226 2	0.87	0.09	9	647.315 7	465.765 9	7 195.34	3.56	7	1.82	8
贵州	861.22	503.459 1	0.58	0.02	10	133.415 5	117.920 0	8 838.55	5.56	5	2.79	6
云南	2 501.04	1 170.431 7	0.47	0.00	11	588.963 4	576.766 3	9 792.91	6.72	2	3.36	4

表 5-33　2013 年长江经济带各省市林地集约利用指数表

地区	林地面积/万 hm^2	林业产值/亿元	每公顷产值/万元	指数 1	排名	各类经济林产品总量/万 t	经济林产品总值/亿元	单位产量经济林产业的经济林产品价值/（元/t）	指数 2	排名	综合指数	排名
上海	7.73	368.057 9	47.61	10.00	1	45.870 9	22.413 9	4 886.30	0.04	10	5.02	3
江苏	178.7	3 897.663	21.81	4.52	2	339.071 6	383.297 3	11 304.32	10.00	1	7.26	1
浙江	660.74	3 555.585	5.38	1.03	4	522.497 4	488.211 8	9 343.81	6.96	4	3.99	4
安徽	443.18	2 510.818	5.67	1.09	3	346.245 2	369.481 1	10 671.08	9.02	2	5.05	2
江西	1 069.66	2 654.588	2.48	0.41	5	507.864 8	418.120 6	8 232.91	5.23	5	2.82	6
湖北	849.85	1 736.988	2.04	0.32	7	667.395 9	472.472 2	7 079.34	3.44	8	1.88	9
湖南	1 252.78	2 799.108	2.23	0.36	6	649.653 2	422.192 6	6 498.74	2.54	9	1.45	10
重庆	406.28	521.908 3	1.28	0.16	8	318.826 1	155.054	4 863.28	0.00	11	0.08	11
四川	2 328.26	2 335.763	1.00	0.10	9	660.020 3	532.216	8 063.63	4.97	6	2.53	7
贵州	361.22	610.037 9	0.71	0.04	10	190.739 7	139.887 4	7 333.94	3.84	7	1.94	8
云南	2 501.04	1 329.64	0.53	0.00	11	668.581 1	664.846 9	9 944.15	7.89	3	3.94	5

表 5-34　2014 年长江经济带各省市林地集约利用指数表

地区	林地面积/万 hm^2	林业产值/亿元	每公顷产值/万元	指数 1	排名	各类经济林产品总量/万 t	经济林产品总值/亿元	单位产量经济林产业的经济林产品价值/（元/t）	指数 2	排名	综合指数	排名
上海	7.73	391.785 2	50.68	10.00	1	33.055 5	29.239 3	8 845.52	4.29	6	7.15	2
江苏	178.7	4 084.328 2	22.86	4.44	2	310.936 1	399.752 7	12 856.43	10.00	1	7.22	1
浙江	660.74	3 763.458	5.70	1.02	4	494.167 9	515.259 9	10 426.82	6.54	3	3.78	4
安徽	443.18	2 831.841 8	6.39	1.16	3	363.405 9	433.083 2	11 917.34	8.66	2	4.91	3
江西	1 069.66	3 063.024 5	2.86	0.45	5	532.537 3	494.212 4	9 280.33	4.91	4	2.68	5
湖北	849.85	2 324.142 9	2.73	0.43	6	783.414 8	544.448 6	6 949.68	1.59	10	1.01	10
湖南	1 252.78	3 225.455 1	2.57	0.39	7	649.788 8	506.798 8	7 799.44	2.80	9	1.60	9
重庆	406.28	662.193	1.63	0.21	8	308.811 4	180.066 5	5 830.95	0.00	11	0.10	11
四川	2 328.26	2 664.348 8	1.14	0.11	9	696.075 9	638.653 8	9 175.06	4.76	5	2.43	6
贵州	861.22	810.274 5	0.94	0.07	10	220.075 3	192.017 1	8 725.06	4.12	8	2.09	7
云南	2 501.04	1 504.487 4	0.60	0.00	11	852.373 1	743.980 1	8 728.34	4.12	7	2.06	8

表 5-35　2015 年长江经济带各省市林地集约利用指数表

地区	林地面积/万 hm^2	林业产值/亿元	每公顷产值/万元	指数 1	排名	各类经济林产品总量/万 t	经济林产品总值/亿元	单位产量经济林产业的经济林产品价值/（元/t）	指数 2	排名	综合指数	排名
上海	7.73	440.141 4	56.94	10.00	1	27.337 2	27.619 9	10 103.41	7.61	5	8.81	1
江苏	178.7	4 256.419 3	23.82	4.11	2	311.693 2	41.075 9	1 317.83	0.00	11	2.06	11
浙江	660.74	4 166.330 9	6.31	1.00	4	434.051 9	558.284 8	12 862.17	10.00	1	5.50	2
安徽	443.18	3 192.383 3	7.20	1.16	3	384.996 8	469.627 5	12 198.22	9.42	2	5.29	3
江西	1 069.66	3 504.824 5	3.28	0.46	6	463.820 8	538.378 5	11 607.47	8.91	4	4.69	4
湖北	849.85	2 999.141 5	3.53	0.51	5	897.445 9	611.100 4	6 809.33	4.76	9	2.63	9
湖南	1 252.78	3 736.315 8	2.98	0.41	7	715.569 2	577.234 3	8 066.79	5.85	8	3.13	8
重庆	406.28	821.619 6	2.02	0.24	8	353.046 7	234.178 4	6 633.07	4.60	10	2.42	10
四川	2 328.26	3 060.325 7	1.31	0.11	9	721.113 2	689.917 1	9 567.39	7.15	6	3.63	6
贵州	861.22	1 000.080 9	1.16	0.09	10	242.684 9	223.638 2	9 215.17	6.84	7	3.46	7
云南	2 501.04	1 705.507 5	0.68	0.00	11	722.892 2	854.150 4	11 815.74	9.09	3	4.55	5

采用三分法，将 0～10 集约利用指数分为：高度集约［0～3.33）、中度集约［3.33～6.66）、低度集约［6.66～10.00］，从而得到林业集约利用的高度集约省份、中度集约省份、低度集约省份。如图 5-34 显示，2011 年、2013 年、2015 年的单位林地面积的林业产值集约利用情况和 2011—2015 年的单位林地面积的林业产值集约利用均值情况在空间上情况一致，高度集约省份仅有 1 个，为上海，中度集约省份也仅有 1 个，为江苏，其余省份均为低度集约省份，分别为浙江、安徽、江西、湖北、湖南、重庆、四川、贵州、云南。

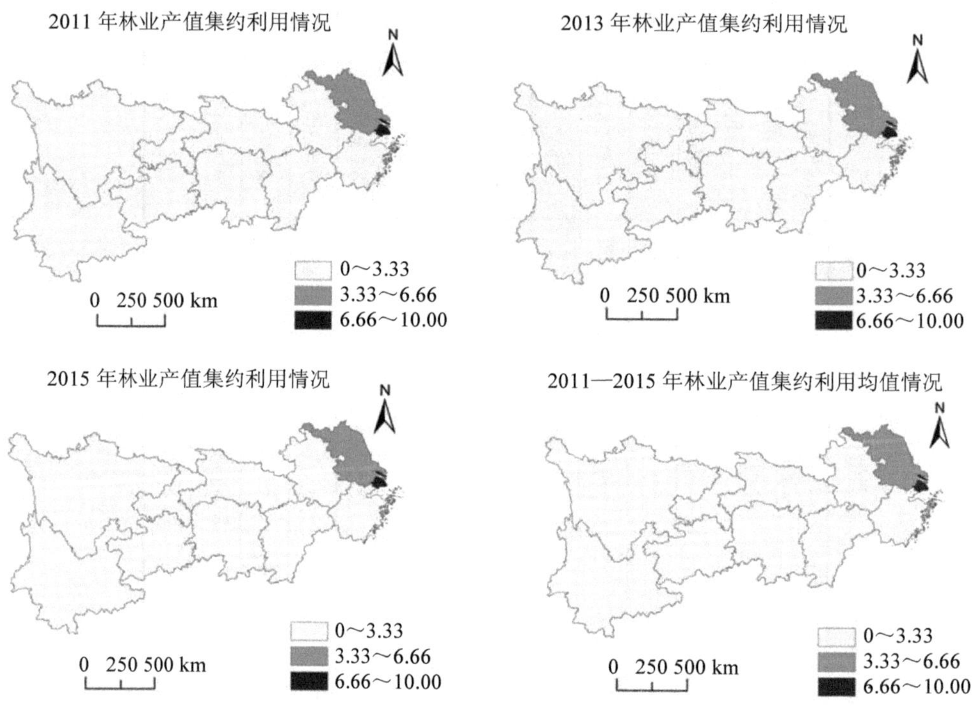

图 5-34　单位林地面积的林业产值集约利用的空间差异

单位产量的经济林产品价值集约利用的空间分布情况如图 5-35 所示，2011 年，高度集约省份有 3 个，分别为江苏、浙江、云南，中度集约省份有 4 个，分别为安徽、江西、四川、贵州，低度集约省份有 4 个，分别为上海、湖北、湖南、重庆；到 2013 年，高度集约省份增加到 4 个，分别为江苏、浙江、安徽、云南，中度集约省份仍为 4 个，分别为江西、湖北、四川、贵州，低度集约省份下降为 3 个，分别为上海、湖南、重庆；2015 年，高度集约省份进一步增加到 7 个，分别为上海、浙江、安徽、江西、四川、贵州、云南，中度集约省份下降为 3 个，分别为湖北、湖南、重庆，低度集约省份下降为仅有 1 个，为江苏；从平均值来看，高度集约省份有 4 个，分别为江苏、浙江、安徽、云南，中度集约省份有 4 个，分别为江西、湖北、四川、贵州，低度集约省份有 3 个，分别为上海、湖南、重庆。从空间分布来看，2011—2015 年长江经济带单位产量经济林产业的经济林产品价值的高度集约省份的数量呈逐年增加趋势。

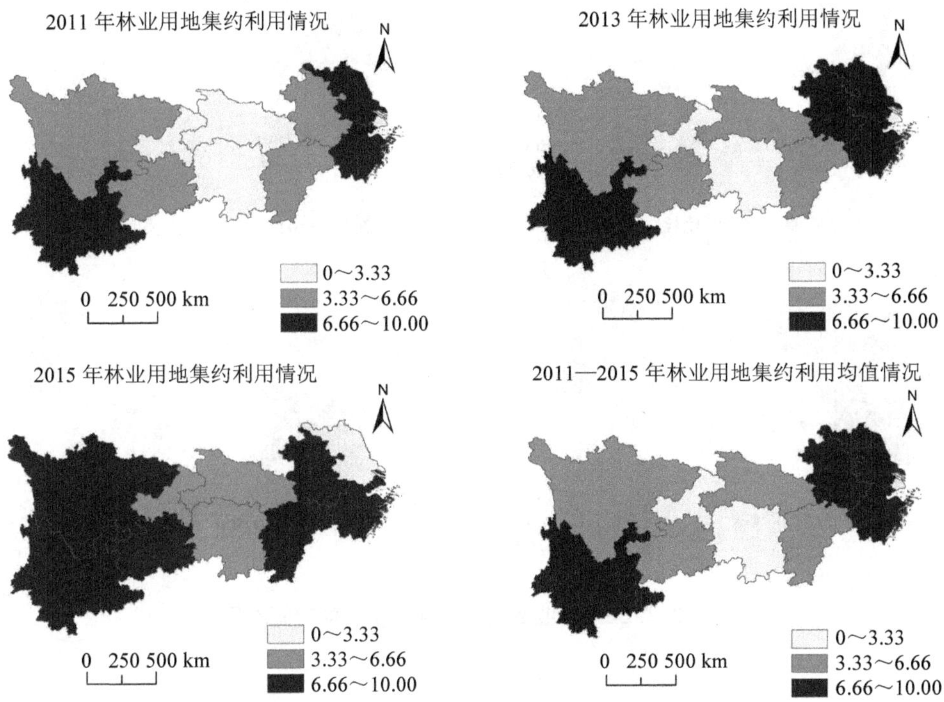

图 5-35 单位产量的经济林产品价值集约利用的空间差异

林业集约利用综合情况的空间分布情况如图 5-36 所示，2011 年，高度集约省份有 1 个，为上海，中度集约省份有 4 个，分别为江苏、浙江、安徽、云南，低度集约省份有 6 个，分别为江西、湖北、湖南、重庆、四川、贵州；到 2013 年，高度集约省份仍仅有 1 个，但省份不同，为江苏，中度集约省份仍有 4 个，分别为上海、浙江、安徽、云南，低度集约省份继续保持有 6 个，分别为江西、湖北、湖南、重庆、四川、贵州；2015 年，高度集约省份有 1 个，再次为上海，中度集约省份增加到 6 个，分别为浙江、安徽、江西、四川、贵州、云南，低度集约省份下降为 4 个，分别为江苏、湖北、湖南、重庆；从平均值来看，高度集约省份有 1 个，为上海，中度集约省份有 5 个，分别为江苏、浙江、安徽、江西、云南，低度集约省份有 5 个，分别为湖北、湖南、重庆、四川、贵州。从空间分布来看，2011—2015 年长江经济带的林业集约利用综合情况的中度集约省份的数量呈增加趋势，低度集约省份的数量呈减少趋势。

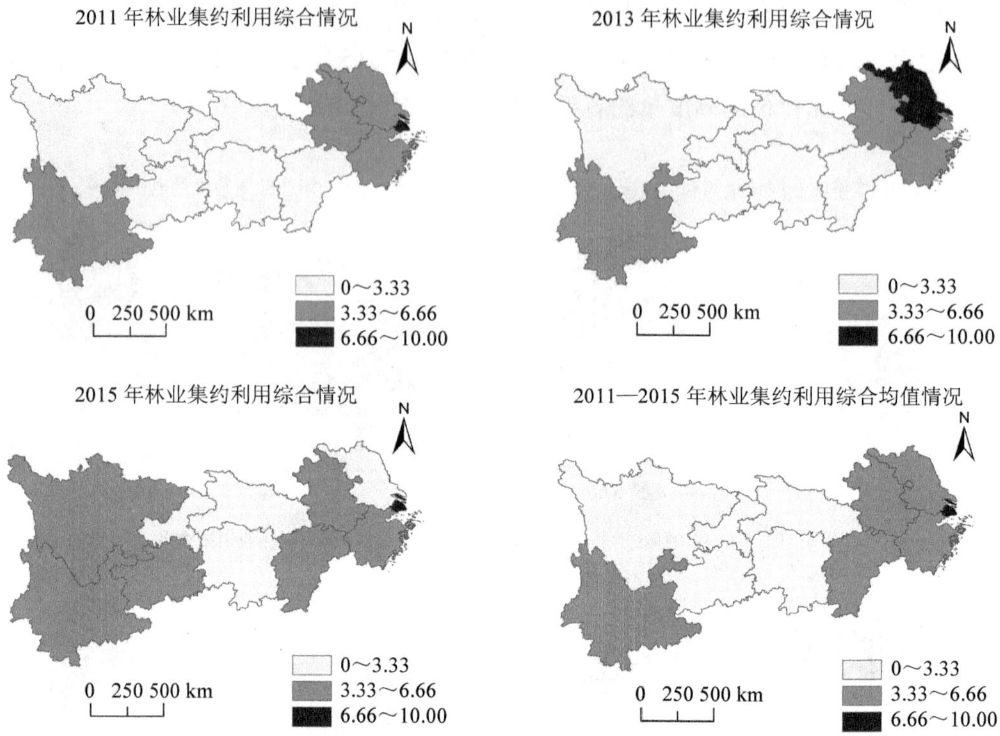

图 5-36 林业集约利用综合情况的空间差异

5.3.2 林业产业生态化发展模式

（1）提高人工林业资源的质和量

长江经济带森林资源非常丰富，以天然林为优势，在人工林方面如图 5-37 所示。上海在资源优势转化经济效益方面具有明显的弱势，而湖南、四川、云南具有明显优势。因此，解决森林后备资源不足问题、提高经济效益的转化能力，发展人工林是必然选择。由于天然林保护，人工林木材和竹材已成为湖南省主要工业用材，人工林木竹资源的种植和加工已逐步形成产业化，成为湖南省许多县、市的支柱产业。人工速生林的培育和快速发展，为人工速生林利用特别是林产工业的快速发展打下了坚实的基础。随着分类经营战略的实施，森林采伐已由天然林为主逐步转向采伐人工林为主。如图 5-38 所示，上海、江苏、安徽、浙江、湖南的人工林面积占林地面积的比例具有较高的比例，因此，人工林竹木资源的应用与产品开发已成为大势所趋，以后人工林采伐比例还将进一步提高。

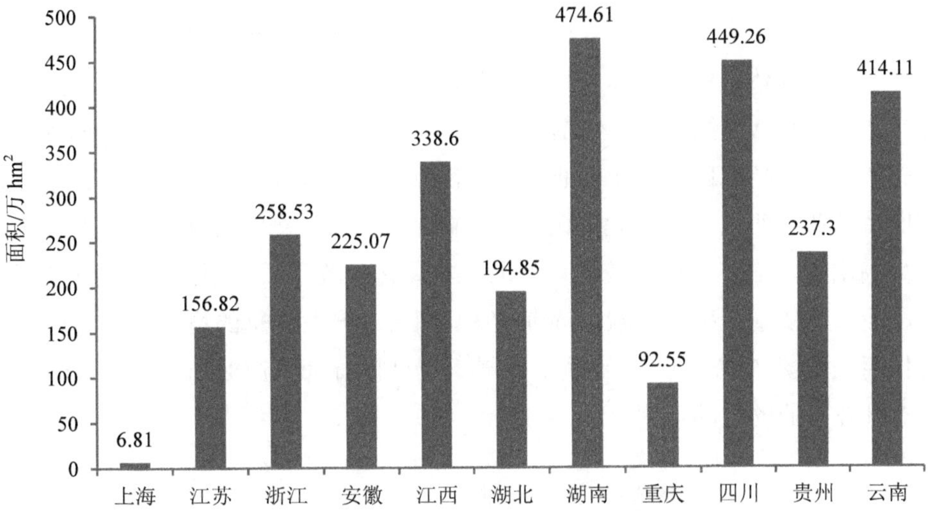

图 5-37　长江经济带各省市人工林面积

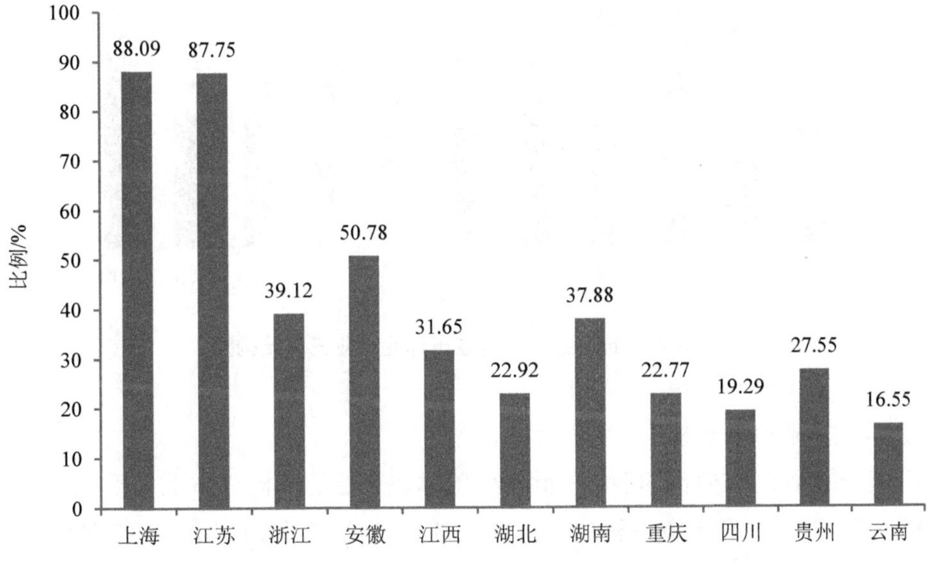

图 5-38　长江经济带各省市人工林面积占林地面积的比例

（2）优化林业三产结构

林业产业结构是指林业部门或区域包括的各种产业在生产过程中所形成的经济联系和数量关系，由各产业产出成果的比例构成。林业产业包括第一产业、第二产业、第三产业，第一产业主要包括林木的培育和种植、木材和竹材的采运、经济林产品的种植与采集、花卉的种植、陆生野生动物繁殖与利用、林木生产辅助服务等；第二产业主要包括木材加工及木竹藤棕苇制品制造、木竹藤家具制造、木竹苇浆造纸、林产化学产品制造、木制工艺品和木制文教体育用品制造、非木质林产品技工制造业等；第三产业主要包括林业旅游与休闲服务、林业生态服务、林业专业技术、林业公共管理及其他组织服务等。林业产业结构优化主要包括林业产业结构高度化与合理化两个方面的内容。其中，林业产业结构高度化是林业产业从低层次到高层次发展的过程，主要包括：第一产业产值所占林业产业总产值较大的比重逐渐向第二、第三产业转移优化。上海林业第二产处于最高水平，三产结构比较优化。浙江集体林权改革后，第二产业比重逐渐增大，对林业产业总产值增长率的贡献也逐渐增大，即第二产业比重的增大对林业产业结构具有优化作用。如图 5-39 所示，上海、江苏、浙江的林业三产业结构明显优化，突出第二产业对林业产业的拉动作用。

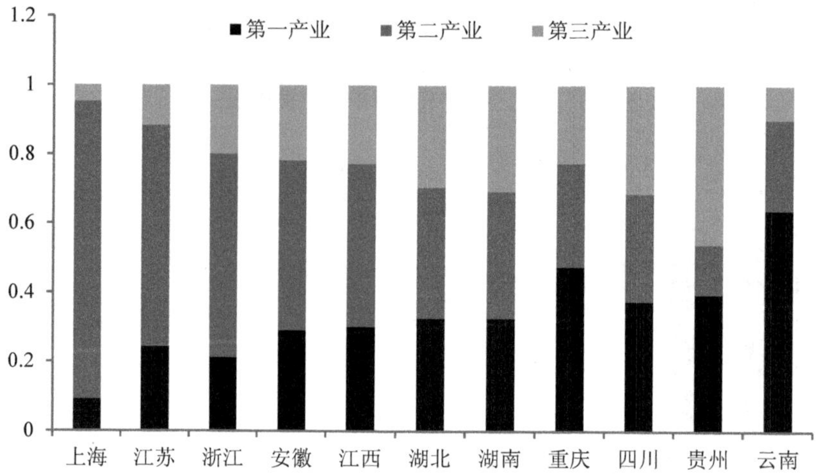

图 5-39 长江经济带各省市林业产业三产结构图

（3）扩大林业产业规模

由于受到规模经济效益的驱动，世界各国林业产业的规模总体上呈不断扩大的趋势，大规模生产而带来的高效率是林业发达国家的林产品在国际市场上始终保持较高的市场占有率和强劲竞争力的重要原因。浙江省林业产业独占鳌头，已成为浙江省农业的支柱产业，人造板年产量继江苏省、山东省、河北省之后，位居全国第 4 名，木地板年产量位居全国第一，浙江省始终把发展林业产业作为林业建设的重要内容来抓，林业产业得到快速发展，已成为浙江省农业农村经济的支柱产业之一，有力地促进了区域经济的增长和农民收入的增加。同时，木竹加工业在发展人造板、木竹日用品、木竹工艺品与玩具三大系列产品加工的基础上，不断引进开发木竹产品深度加工的新技术、新工艺、新产品，大力发展木竹材深加工、精加工，重点发展人造板新板种、新型建材、装饰用材、包装用材、家具制造用材，如水泥刨花板、水泥木丝板、中高密度纤维板和刨花板的二次加工、细木板、小径材胶合板、竹胶板、竹木复合板等。同时，浙江省积极扶持木竹日用品、工艺品、玩具的生产和出口创汇。经过多年努力，森林资源小省已发展成为人造板生产大省、木竹制品生产大省，林业产业大省的地位已经确立。

5.4　长江经济带矿产资源集约利用与循环经济发展模式研究

5.4.1　矿产资源集约利用水平

矿产资源集约利用就是以生产要素的高投入换取高生产力和高经济效益的利用方式，提高矿产资源利用效率，增加矿产品有效供给，满足社会对矿产品的需要。矿产资源集约利用程度采用三方面的指标来反映：一是矿产从业人员的人均矿产利润；二是每吨矿产量的工业总产值；三是每吨矿产量的综合利用产值。

（1）矿产从业人员的人均矿产利润，反映矿产人力资源集约利用的程度，其计算公式：

$$\text{矿产从业人员的人均矿产利润}=\frac{\text{矿产利润总额}}{\text{矿产从业人员数}}$$

矿产利润总额和矿产从业人员数来自《中国国土资源统计年鉴》，该指标反映矿产资源利用的动态过程。在一定时期内，矿产利润总额和矿产从业人员数的关系以反映矿产资源用地的集约利用程度。该指标为正指标，指标值越高，说明矿产资源越集约，反之则低。单位，万元/人。对人均矿产利润用地采用公式：

$$\text{第}i\text{个指标综合得分}=\frac{V_i-V_{\min}}{V_{\max}-V_{\min}}\times 10$$

进行处理得到 0～10 的评价指数，得到指数 3。

（2）每吨矿量的工业总产值，反映矿产资源集约利用的程度，其计算公式：

$$\text{每吨矿量的工业总产值}=\frac{\text{矿产工业总产值}}{\text{年产矿量}}$$

该指标为正指标，指标值越高，说明矿产资源集约利用程度越高，反之则低。单位，万元/t。对每吨矿量的工业总产值采用公式：

$$\text{第}i\text{个指标综合得分}=\frac{V_i-V_{\min}}{V_{\max}-V_{\min}}\times 10$$

进行处理得到 0～10 的评价指数，得到指数 4。

（3）每吨矿量的综合利用产值，反映矿产资源综合利用的程度，其计算公式：

$$每吨矿量的综合利用产值=\frac{矿产综合利用产值}{年产矿量}$$

该指标为正指标，指标值越高，说明矿产资源综合集约利用程度越高，反之则低。单位，万元/t。对每吨矿产的综合利用产值采用公式：

$$第i个指标综合得分=\frac{V_i-V_{\min}}{V_{\max}-V_{\min}}\times 10$$

进行处理得到0～10的评价指数，得到指数5。

矿产资源集约利用指数为指数3、指数4、指数5的加权平均数。

2011—2015年，人均矿产利润的集约化利用程度的时间演变情况如表5-36～表5-40中的指数3排名所示：2011年人均矿产利润的集约化利用程度最高的为贵州，安徽为第2位，其次为江苏、云南、湖北、江西、浙江、湖南、四川、重庆、上海；2012年集约利用程度最高的为贵州，安徽为第2位，其次为江苏、湖北、上海、云南、浙江、江西、湖南、重庆、四川；2013年集约利用程度最高的为贵州，上海为第2位，其次为浙江、湖北、安徽、云南、江苏、湖南、江西、四川、重庆；2014年集约利用程度最高的为贵州，浙江为第2位，其次为上海、湖北、云南、江苏、江西、四川、湖南、重庆、安徽；到2015年集约利用程度最高的为上海，贵州为第2位，其次为湖北、浙江、江西、湖南、云南、四川、重庆、江苏、安徽。

2011—2015年，每吨矿量的工业总产值的集约化利用程度的时间演变情况如表5-36～表5-40中的指数4排名所示：2011年，每吨矿量的工业总产值的集约化利用程度最高的为上海，贵州为第2位，其次为云南、安徽、重庆、四川、江苏、湖北、江西、湖南、浙江；2012年，集约利用程度最高的为上海，贵州为第2位，其次为云南、安徽、四川、湖北、重庆、湖南、江苏、江西、浙江；2013年，集约利用程度最高的省份为浙江，上海为第2位，其次为贵州、云南、安徽、湖北、重庆、四川、湖南、江西、江苏；2014年，集约利用程度最高的为上海，云南为第2位，其次为安徽、贵州、四川、湖南、重庆、湖北、江西、江苏、浙江；到2015年，上海仍是集约利用程度最高的省份，云南为第2位，其次为安徽、贵州、湖南、江西、重庆、四川、湖北、江苏、浙江。

2011—2015年，每吨矿量的综合利用产值集约化利用程度的时间演变情况如表5-36～表5-40中的指数5排名所示：2011年，每吨矿量的综合利用产值集约化利用程度最高的为贵州，江西为第2位，其次为重庆、安徽、云南、上海、四川、湖北、湖南、江苏、浙江；2012年，集约利用程度最高的为贵州，安徽为第2位，其次为重庆、云南、上海、江西、四川、湖北、湖南、浙江、江苏；2013年，集约利用程度最高的为贵州，四川为第2位，其次为云南、安徽、重庆、江西、上海、江苏、

表 5-36　2011 年长江经济带各省市矿产资源集约利用指数表

地区	从业人数/人	利润总额/万元	人均利润/（万元/人）	指数 3	排名	年产矿量/万 t	工业总产值/万元	每吨产值/（元/t）	指数 4	排名	年产矿量/万 t	综合利用产值/万元	每吨利用产值/（元/t）	指数 5	排名	综合指数	排名
上海	4 269	2 550.44	0.60	0.00	11	156.30	120 009.25	767.81	10.00	1	156.3	2 445.10	15.64	2.54	5	4.18	2
江苏	159 909	446 670.25	2.79	3.83	3	22 160.43	2 843 561.57	128.32	1.43	7	22160.43	71 903.16	3.24	0.44	10	1.90	7
浙江	56 930	112 764.95	1.98	2.41	7	69 510.23	1 486 804.36	21.39	0.00	11	69510.23	44 096.92	0.63	0.00	11	0.80	11
安徽	361 490	1 380 854.89	3.82	5.62	2	51 657.59	11 844 370.67	229.29	2.79	4	51657.59	948 812.06	18.37	3.00	4	3.80	3
江西	233 109	468 252.85	2.01	2.46	6	31 107.56	3 676 574.71	118.19	1.30	9	31107.56	624 162.12	20.06	3.29	3	2.35	5
湖北	148 401	339 638.54	2.29	2.95	5	16 299.26	1 929 027.26	118.35	1.30	8	16299.26	134 666.12	8.26	1.29	8	1.85	8
湖南	323 194	468 602.50	1.45	1.49	8	31 017.61	3 560 948.34	114.80	1.25	10	31017.61	159 653.98	5.15	0.76	9	1.17	10
重庆	197 312	186 899.26	0.95	0.61	10	16 028.23	2 322 115.30	144.88	1.65	5	16028.23	344395.34	21.49	3.53	2	1.93	6
四川	424 370	483 974.63	1.14	0.95	9	29 384.66	4 134 157.86	140.69	1.60	6	29384.66	345 747.97	11.77	1.89	7	1.48	9
贵州	293 794	1 859 480.71	6.33	10.00	1	28 837.55	8 796 771.64	305.05	3.80	2	28837.55	1 720 459.21	59.66	10.00	1	7.93	1
云南	343 427	886 304.19	2.58	3.46	4	27 415.23	6 451 685.12	235.33	2.87	3	27415.23	390 475.74	14.24	2.31	6	2.88	4

表 5-37 2012 年长江经济带各省市矿产资源集约利用指数表

地区	从业人数/人	利润总额/万元	人均利润/（万元/人）	指数 3	排名	年产矿量/万 t	工业总产值/万元	每吨产值/（元/t）	指数 4	排名	年产矿量/万 t	综合利用产值/万元	每吨利用产值/（元/t）	指数 5	排名	综合指数	排名
上海	3 655	8 760.11	2.40	2.40	5	162.53	121 939.25	750.26	10.00	1	162.53	1 701.69	10.47	1.34	5	4.58	2
江苏	140 598	412 910.84	2.94	3.27	3	22 601.88	2 660 974.18	117.73	1.29	9	22 601.88	11 698.19	0.52	0.00	11	1.52	6
浙江	50 322	83 736.70	1.66	1.21	7	57 877.57	1 403 675.24	24.25	0.00	11	57 877.57	86 104.22	1.49	0.13	10	0.45	11
安徽	323 919	1 168 745.56	3.61	4.36	2	55 252.95	10 929 843.66	197.81	2.39	4	55 252.95	1 180 292.07	21.36	2.80	2	3.19	3
江西	224 773	320 941.96	1.43	0.82	8	25 028.30	2 828 748.15	113.02	1.22	10	25 028.30	255 589.93	10.21	1.30	6	1.12	8
湖北	143 048	368 821.60	2.58	2.69	4	17 441.11	2 279 409.32	130.69	1.47	6	17 441.11	101 545.83	5.82	0.71	8	1.62	5
湖南	304 209	403 005.00	1.32	0.66	9	26 916.22	3 359 756.39	124.82	1.39	8	26 916.22	144 221.38	5.36	0.65	9	0.90	9
重庆	187 540	178 771.33	0.95	0.05	10	17 203.05	2 232 609.78	129.78	1.45	7	17 203.05	287 541.82	16.71	2.18	3	1.23	7
四川	407 488	375 455.92	0.92	0.00	11	27 060.14	3 713 793.84	137.24	1.56	5	27 060.14	171 178.91	6.33	0.78	7	0.78	10
贵州	293 742	2 078 950.71	7.08	10.00	1	31 123.70	9 178 177.73	294.89	3.73	2	31 123.70	2 329 113.43	74.83	10.00	1	7.91	1
云南	343 201	771 870.22	2.25	2.16	6	27 612.73	6 537 458.05	236.76	2.93	3	27 612.73	438 826.57	15.89	2.07	4	2.38	4

表 5-38　2013 年长江经济带各省市矿产资源集约利用指数表

地区	从业人数/人	利润总额/万元	人均利润/（万元/人）	指数 3	排名	年产矿量/万 t	工业总产值/万元	每吨产值/(元/t)	指数 4	排名	年产矿量/万 t	综合利用产值/万元	每吨利用产值/（元/t）	指数 5	排名	综合指数	排名
上海	3 641	11 085.73	3.04	4.61	2	202.03	131 093.7	648.88	2.22	2	202.03	1 701.69	8.42	1.78	7	2.87	4
江苏	127 354	176 783.92	1.39	1.91	7	22 938.60	2 499 252	108.95	0.00	11	22 938.6	171 522.88	7.48	1.55	8	1.15	9
浙江	41 777	98 596.78	2.36	3.49	3	53 834.42	136 643 205	2 538.21	10.00	1	53 834.4	48 113.32	0.89	0.00	11	4.50	2
安徽	324 285	649 171.94	2.00	2.91	5	50 832.05	10 666 104	209.83	0.42	5	50 832.1	927 099.87	18.24	4.09	4	2.47	6
江西	233 605	243 781.83	1.04	1.35	9	28 464.19	3 382 964	118.85	0.04	10	28 464.2	288 834.03	10.15	2.18	6	1.19	8
湖北	128 498	274 682.56	2.14	3.13	4	17 792.18	2 676 768	150.45	0.17	6	17 792.2	103 199.35	5.80	1.16	9	1.49	7
湖南	270 377	311 201.27	1.15	1.53	8	27 968.66	3 560 438	127.30	0.08	9	27 968.7	100 800.53	3.60	0.64	10	0.75	11
重庆	167 967	35 820.33	0.21	0.00	11	16 514.71	2 224 391	134.69	0.11	7	16 514.7	172 589.28	10.45	2.25	5	0.79	10
四川	340 232	306 528.31	0.90	1.12	10	26 386.93	3 481 846	131.95	0.09	8	26 386.9	776 515.22	29.43	6.73	2	2.65	5
贵州	240 323	1 528 500.25	6.36	10.00	1	32 762.24	7 322 376	223.50	0.47	3	32 762.2	1 418 557.83	43.30	10.00	1	6.82	1
云南	345 751	494 809.76	1.43	1.98	6	27 035.72	6 033 116	223.15	0.47	4	27 035.7	747 760.78	27.66	6.31	3	2.92	3

表 5-39　2014 年长江经济带各省市矿产资源集约利用指数表

地区	从业人数/人	利润总额/万元	人均利润/（万元/人）	指数 3	排名	年产矿量/万 t	工业总产值/万元	每吨产值/（元/t）	指数 4	排名	年产矿量/万 t	综合利用产值/万元	每吨利用产值/（元/t）	指数 5	排名	综合指数	排名
上海	1 648	4 284.15	2.60	5.84	3	120.76	118 654.58	982.57	10.00	1	120.76	200.00	1.66	0.00	11	5.28	2
江苏	113 796	139 792.88	1.23	1.67	6	23 138.50	2 282 721.77	98.65	0.75	10	23 138.50	139 130.61	6.01	1.55	8	1.32	10
浙江	38 499	126 531.11	3.29	7.93	2	52 373.01	1 428 339.93	27.27	0.00	11	52 373.01	111 636.56	2.13	0.17	10	2.70	4
安徽	303 696	206 626.03	0.68	0.00	11	47 215.20	9 417 025.51	199.45	1.80	3	47 215.20	857 535.98	18.16	5.88	3	2.56	5
江西	203 110	243 828.43	1.20	1.58	7	27 927.48	3 456 352.59	123.76	1.01	9	27 927.48	268 165.24	9.60	2.83	5	1.81	9
湖北	117 989	255 879.36	2.17	4.53	4	21 119.34	2 689 656.54	127.36	1.05	8	21 119.34	141 751.71	6.71	1.80	7	2.46	6
湖南	237 281	262 431.04	1.11	1.30	9	22 645.80	3 009 577.79	132.90	1.11	6	22 645.80	90 185.24	3.98	0.83	9	1.08	11
重庆	150 786	125 786.87	0.83	0.47	10	16 229.74	2 113 306.44	130.21	1.08	7	16 229.74	408 660.69	25.18	8.38	2	3.31	3
四川	284 317	322 285.56	1.13	1.38	8	26 229.48	4 331 173.85	165.13	1.44	5	26 229.48	282 989.06	10.79	3.25	4	2.03	8
贵州	239 301	949 106.55	3.97	10.00	1	34 389.06	6 045 234.33	175.79	1.55	4	34 389.06	1 022 457.84	29.73	10.00	1	7.18	1
云南	291 681	428 123.71	1.47	2.40	5	24 915.03	5 817 065.47	233.48	2.16	2	24 915.03	229 279.05	9.20	2.69	6	2.41	7

表 5-40　2015 年长江经济带各地区矿产资源集约利用指数表

地区	从业人数/人	利润总额/万元	人均利润/（万元/人）	指数 3	排名	年产矿量/万 t	工业总产值/万元	每吨产值/（元/t）	指数 4	排名	年产矿量/万 t	综合利用产值/万元	每吨利用产值/（元/t）	指数 5	排名	综合指数	排名
上海	1 551	8 614.82	5.55	10.00	1	59.96	98 217.70	1 638.05	10.00	1	59.96	—	—	—	—	10.00	1
江苏	97 791	−87 761.41	−0.90	2.13	10	18 565.18	1 494 359.71	80.49	0.32	10	18 565.2	68 341.96	3.68	2.71	8	4.95	6
浙江	35 380	63 731.32	1.80	5.42	4	44 494.72	1 261 751.79	28.36	0.00	11	44 494.7	33 128.92	0.74	0.00	10	5.47	5
安徽	264 454	−700 422.37	−2.65	0.00	11	46 600.90	7 362 265.03	157.99	0.81	3	46 600.9	533 598.25	11.45	9.89	2	4.30	9
江西	172 172	251 275.92	1.46	5.01	5	25 914.68	2 992 218.23	115.46	0.54	6	25 914.7	221 039.93	8.53	7.19	3	6.07	3
湖北	87 671	190 657.94	2.17	5.88	3	20 595.06	2 143 217.25	104.06	0.47	9	20 595.1	76 660.43	3.72	2.75	7	5.88	4
湖南	180 769	200 569.43	1.11	4.58	6	23 143.97	3 005 503.12	129.86	0.63	5	23 144	121 890.45	5.27	4.18	4	4.59	8
重庆	111 764	−30 780.49	−0.28	2.89	9	14 626.99	1 647 296.45	112.62	0.52	7	14 627	25 701.69	1.76	0.94	9	3.61	10
四川	235 494	172 546	0.73	4.12	8	29 071.24	3 065 925.94	105.46	0.48	8	29 071.2	336 430.38	11.57	10.00	1	7.37	2
贵州	195 665	622 220.17	3.18	7.11	2	28 886.32	4 299 013.09	148.83	0.75	4	28 886.3	132 990.21	4.60	3.56	6	4.89	7
云南	241 493	249 144.73	1.03	4.49	7	23 531.53	3 811 756.33	161.99	0.83	2	23 531.5	110 527.71	4.70	3.65	5	3.38	11

湖北、湖南、浙江；2014 年，集约利用程度最高的为贵州，重庆为第 2 位，其次为安徽、四川、江西、云南、湖北、江苏、湖南、浙江、上海；到 2015 年，集约利用程度最高的为四川，安徽为第 2 位，其次为江西、湖南、云南、贵州、湖北、江苏、重庆、浙江，其中上海由于缺乏 2015 年的综合利用产值数据，未能计算其 2015 年的每吨矿量的综合利用产值，因此未对其 2015 年的集约利用程度进行排名。

2011—2015 年，矿产资源集约利用的综合利用程度的时间演变情况如表 5-36～表 5-40 中的综合指数排名所示：2011 年，矿产资源集约化利用程度最高的省份为贵州，上海为第 2 位，其次为安徽、云南、江西、江苏、重庆、湖北、四川、湖南、浙江；2012 年，集约利用程度最高的为贵州，上海为第 2 位，其次为安徽、云南、湖北、江苏、重庆、江西、湖南、四川、浙江；2013 年，集约利用程度最高的为贵州，浙江变为第 2 位，其次为云南、上海、四川、安徽、湖北、江西、江苏、重庆、湖南；2014 年集约利用程度最高的为贵州，上海为第 2 位，其次为重庆、浙江、安徽、湖北、云南、四川、江西、江苏、湖南；到 2015 年，矿产资源集约化利用程度最高的为上海，四川为第 2 位，其次为江西、湖北、浙江、江苏、贵州、湖南、安徽、重庆、云南。

采用三分法，将 0～10 集约利用指数分为：高度集约［0～3.33）、中度集约［3.33～6.66）、低度集约［6.66～10.00］，从而得到矿产资源集约利用的高度集约省份、中度集约省份、低度集约省份。

人均矿产利润集约化利用的空间分布情况如图 5-40 所示。2011 年，高度集约省份有 1 个，为贵州，中度集约省份有 3 个，分别为江苏、安徽、云南，低度集约省份有 7 个，分别为上海、浙江、江西、湖北、湖南、重庆、四川；到 2013 年，高度集约省份仍仅有贵州 1 个，中度集约省份下降为 2 个，分别为上海、浙江，低度集约省份增加到 8 个，分别为江苏、安徽、江西、湖北、湖南、重庆、四川、云南；2015 年，高度集约省份增加到 2 个，分别为贵州、上海，中度集约省份增加到 6 个，分别为浙江、江西、湖北、湖南、四川、云南，低度集约省份下降为 3 个，分别为江苏、安徽、重庆。从平均值来看，高度集约省份仅有 1 个，为贵州，中度集约省份有 4 个，分别为上海、浙江、湖北、云南，低度集约省份有 6 个，分别为江苏、安徽、江西、湖南、重庆、四川。从空间分布来看，2011—2015 年长江经济带人均矿产利润的高度集约省份的数量和中度集约省份的数量呈增加趋势，低度集约省份的数量呈减少趋势。

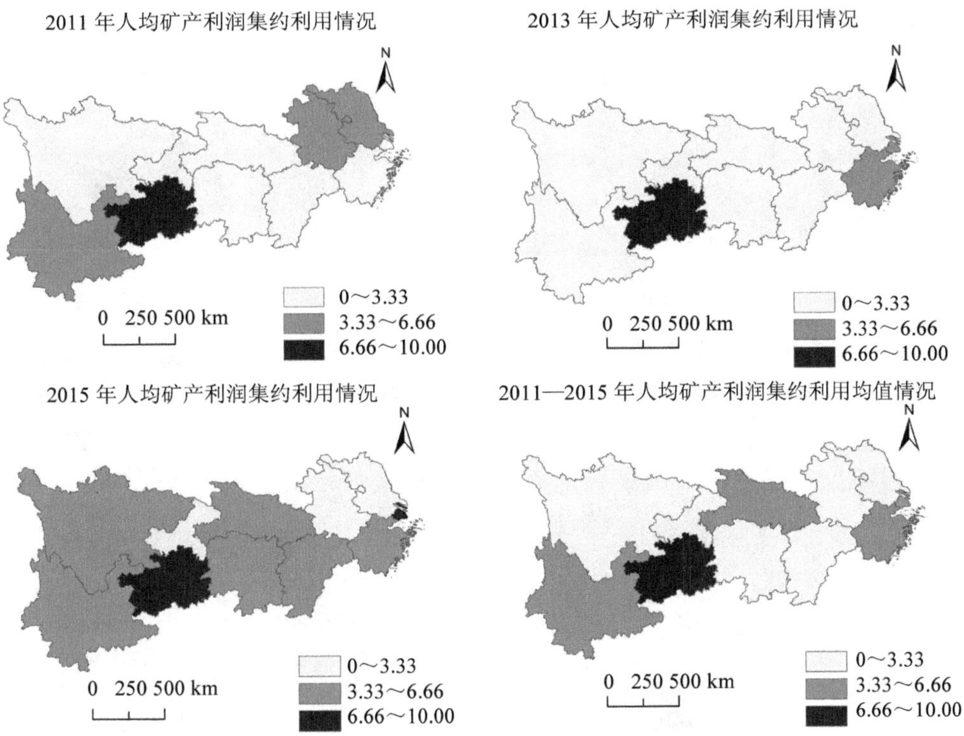

图 5-40　人均矿产利润的集约化利用空间差异

每吨矿量工业总产值集约化利用的空间分布情况如图 5-41 所示。2011 年，高度集约省份有 1 个，为上海，中度集约省份有 1 个，为贵州，低度集约省份有 9 个，分别为江苏、浙江、安徽、江西、湖北、湖南、重庆、四川、云南；到 2013 年，高度集约省份仍仅有 1 个，但省份不同，为浙江，低度集约省份增加到 10 个，分别为上海、江苏、安徽、江西、湖北、湖南、重庆、四川、贵州、云南；2015 年，高度集约省份继续保持仅有 1 个，为上海，低度集约利用省份仍有 10 个，分别为江苏、浙江、安徽、江西、湖北、湖南、重庆、四川、贵州、云南。从平均值来看，高度集约省份有 1 个，为上海，中度集约省份有 1 个，为浙江，低度集约省份有 9 个，分别为江苏、安徽、江西、湖北、湖南、重庆、四川、贵州、云南。从空间分布来看，2011—2015 年长江经济带每吨矿量的工业总产值的中度集约省份的数量呈减少趋势，低度集约省份的数量呈增加趋势。

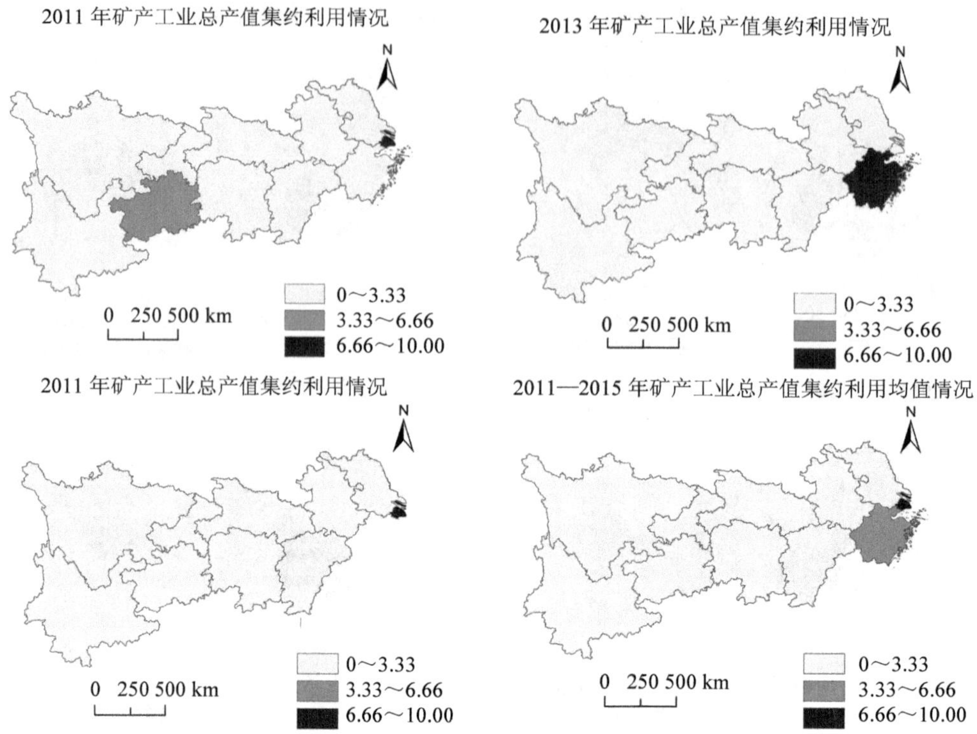

图 5-41　每吨矿量工业总产值集约化利用的空间差异

每吨矿量综合利用产值的集约化利用的空间分布情况如图 5-42 所示。2011 年，高度集约省份有 1 个，为贵州，中度集约省份有 1 个，为江西，低度集约省份有 9 个，分别为上海、江苏、浙江、安徽、湖北、湖南、重庆、四川、云南；到 2013 年，高度集约省份增加到 2 个，分别为四川、贵州，中度集约省份增加到 2 个，分别为安徽、云南，低度集约省份下降为 7 个，分别为上海、江苏、浙江、江西、湖北、湖南、重庆；2015 年，高度集约省份增加到 3 个，分别为安徽、江西、四川，中度集约省份增加到 3 个，分别为湖南、贵州、云南，低度集约省份下降为 4 个，分别为江苏、浙江、湖北、重庆，其中上海由于缺乏 2015 年的综合利用产值数据，因此 2015 年未对上海进行空间分析。从平均值来看，高度集约省份仅有 1 个，为贵州，中度集约省份有 4 个，分别为安徽、江西、四川、云南，低度集约省份有 6 个，分别为上海、江苏、浙江、湖北、湖南、重庆。从空间分布来看，2011—2015 年长江经济带每吨矿量的综合利用产值的高度集约省份的数量和中度集约省份的数量呈增加趋势，低度集约省份的数量呈减少趋势。

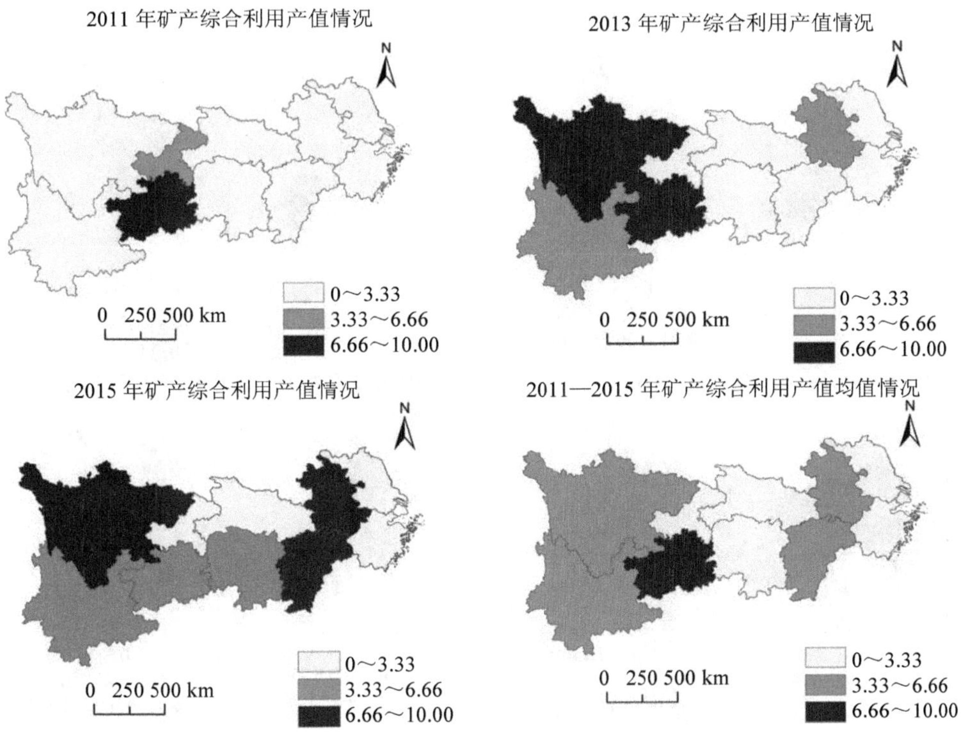

图 5-42　每吨矿量综合利用产值的集约化利用空间差异

矿产资源集约利用综合情况的空间分布情况如图 5-43 所示。2011 年，高度集约省份有 1 个，为贵州，中度集约省份有 2 个，分别为上海和安徽，低度集约省份有 8 个，分别为江苏、浙江、江西、湖北、湖南、重庆、四川、云南；到 2013 年，高度集约省份仍仅有贵州 1 个，中度集约省份下降到 1 个，为浙江，低度集约省份增加到 9 个，分别为上海、江苏、安徽、江西、湖北、湖南、重庆、四川、云南；2015 年，高度集约省份增加到 2 个，分别为上海、四川，中度集约省份增加到 9 个，分别为江苏、浙江、安徽、江西、湖北、湖南、重庆、贵州、云南。从平均值来看，中度集约省份有 5 个，分别为上海、浙江、安徽、四川、贵州，低度集约省份有 6 个，分别为江苏、江西、湖北、湖南、重庆、云南。从空间分布来看，2011—2015 年长江经济带矿产资源集约利用综合情况的高度集约省份的数量和中度集约省份的数量呈增加趋势，低度集约省份的数量呈减少趋势。

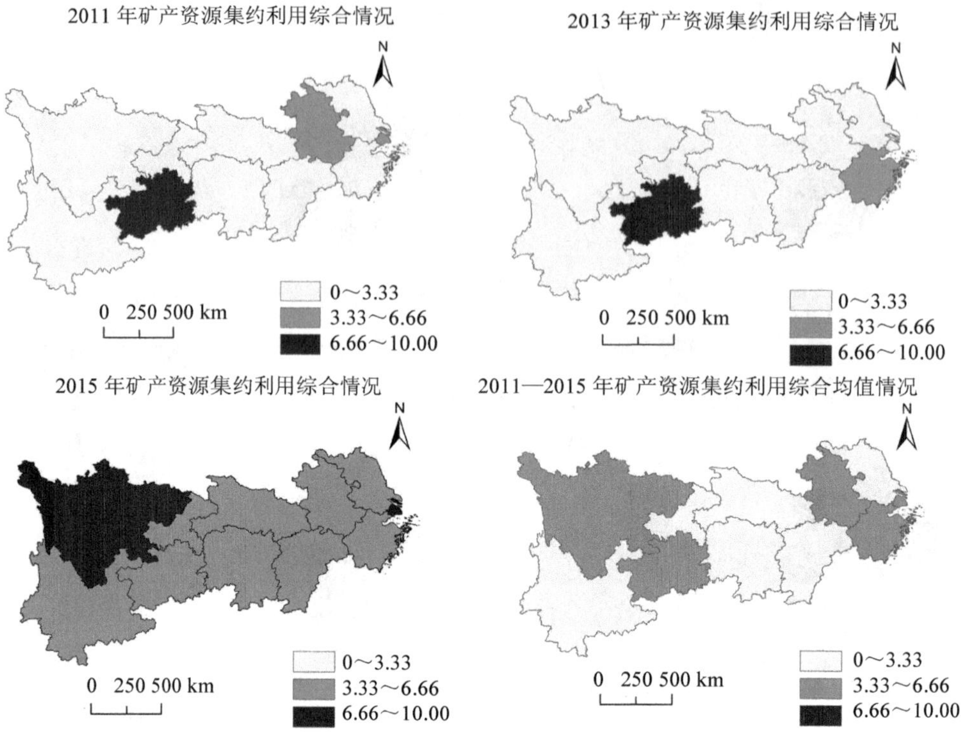

图 5-43 矿产资源集约利用综合情况的空间差异

5.4.2 矿产资源循环经济发展模式

将循环经济发展落实到产业层面，是循环经济发展在生产活动中实践的基础。循环型产业发展模式，强调在社会生产过程中注重维持生态平衡，减少资源环境损耗，保障产业在未来实现可持续发展。目前，国内对产业循环经济发展模式的探索和研究较多，大多研究以特定产业、行业或企业为基础展开，大到生态工业园区的建设，小到企业内部推行的清洁生产，均依据其内部发展特征，在不同层面上建立适宜的循环经济发展模式。

企业层面：在企业层次，与传统企业资源消耗高、环境污染严重，通过外延增长获得企业效益的模式不同，循环型企业对生产过程，要求节约原材料和能源，淘汰有毒原材料，削减所有废物的数量和毒性；对产品，要求减少从原材料提炼到产品最终处置的全生命周期的不利影响；对服务，要求将环境因素纳入设计和所提供的服务中。因此，循环型企业是通过在企业内部交换物流和能流，建立生态产业链，使得企业内部资源利用最大化、集约性经营和内涵性增长获得企业效益。

产业园区层面：在产业园区层次，生态工业园是一种新型工业组织形态，通过模拟自然生态系统来设计工业园区的物流和能流。园区内采用废物交换清洁生产等手段，把一个企业生产的副产品或废物作为另一个企业的投入或原材料，实现物质闭路循环和能量多级利用，形成相互依存、类似自然生态系统食物链的工业生态系统，达到物质能量利用最大化和废物排放最小化的目的。由于园区内企业之间的关系是互动与协调的，又使得企业获得丰厚的经济、环境和社会效益。

城市和区域层面：在城市和区域层次，循环型城市和循环型区域通常以污染预防为出发点，以物质循环流动为特征，以社会、经济、环境可持续发展为最终目标，最大限度地高效利用资源和能源，减少污染物排放。循环型城市和循环型区域有四大要素：产业体系、城市基础设施、人文生态和社会消费。第一，循环型城市和循环型区域，必须构建以工业共生和物质循环为特征的循环经济产业体系；第二，循环型城市和循环型区域，必须建设包括水循环利用保护体系、清洁能源体系、清洁公共交通运营体系等在内的基础设施；第三，循环型城市和循环型区域，必须致力于规划绿色化、景观绿色化和建筑绿色化的人文生态建设；第四，循环型城市和循环型区域必须努力倡导和实施绿色销售。

铜矿是我国的稀缺资源，我国铜矿的基本特点是品位低、矿体复杂、伴生金属和其他有用物质种类多。以江西省为例，从 1995 年开始，江西铜业公司坚持“以未来思考今天”的理念，以节约资源、保护环境的高度责任感致力于资源综合利用，走出了一条经济效益好、资源消耗低、环境污染少的循环经济发展之路。

企业是发展循环经济的主体。江西铜业公司发展循环经济取得显著成绩，主要坚持了下述原则，为矿产资源有效利用提供示范和有益的启示。

（1）把建设资源节约型、环境友好型社会作为企业己任

江西铜业公司建设起点较高，整个生产工艺和厂区环境都是按照清洁生产的要求进行设计和建设的，企业始终树立“创造永远绿色”的环境观，高度重视环境保护工作，每年处理“三废”费用约 2.2×10^8 元。作为一个依赖矿产资源的现代企业，江西铜业公司并不就此止步，面对铜矿资源日益紧缺的情况，企业怀着强烈的责任心和使命感，认真落实科学发展观，树立经济、社会和生态环境协调发展的理念，坚持经济增长、资源节约、环境友好相结合的原则，改革传统生产模式，转变经济增长方式，大力发展循环经济，使生产过程中的废物由“包袱”变成财富，使有限的铜矿资源发挥最大的效益，尽可能减少对环境的不利影响。“没有完全意义上的废弃物，只有没有充分利用的资源”的观念已经深入人心，把“废物”变成“再生资源”成为公司员工的自觉行动。

（2）遵循经济规律，创造财富、追求利润是企业的重要目标之一

发展循环经济，必须遵循市场规律，循环经济产品必须有市场需求，并能产生经济效益，至少生产成本不能高于废弃物“末端处理”的费用。为了实现这一目标，江西铜

业公司高度重视企业的自主创新，整合科技资源，低品位铜矿利用、湿法冶金提铜技术、铜矿中稀有和稀散金属的提取、炉渣回收炼取、能量梯级利用、废水循环使用等问题，大力开展科技攻关，攻克技术瓶颈，为发展循环经济提供有力的科技支撑，为企业创造利润提供保障。例如，公司通过自主创新，开发出从铜冶炼还原液中回收铼酸铵的技术，不仅使回收铼变为可能，而且一举成为我国最大的铼酸铵生产基地，使我国铼产量增长了 6 倍，企业也获得丰厚的回报。其中许多科技成果获得国家或省、部级科技进步奖。

（3）延长和拓展循环经济产品链

根据系统工程的理论和方法，把各个环节废弃物的利用作为一个整体，统筹规划，精心布局，使上道工序的废物变成下道工序的原料，不断延伸和拓展循环经济的产品链和产品网，把矿产资源中的有用物质“耗干榨尽”。有时，生产某一产品可能不经济，废弃物加工成产品的净收益小于废弃物处理后排放的费用。建立了循环经济产品网，可以用效益较大的产品收益来弥补收益小甚至没有净收益的项目。项目建设中，坚持用地优先，除农民补偿款、拆迁安置费、上缴规费外，地方所得部分全面免收；发展循环经济项目优先立项、优先进行环境影响评价；制定了“三废”综合利用奖励政策，从污染治理资金中拨出一定比例的资金支持企业开展“三废”利用技术的研究开发；对于利用“三废”制造的产品，按国家规定减免税收等。减少了发展循环经济的成本，提高了企业的积极性。

5.5 长江经济带水资源集约开发利用和高效产业化利用模式研究

5.5.1 水资源集约化开发利用

水资源的集约利用包括农用水资源的集约利用和城市用水集约利用。实践中的做法是完善水资源管理制度，推进节水型社会建设，支持国家级节水型社会试点城市建设。严格用水总量控制，强化取水许可、水资源论证和水资源有偿使用管理，加强水权制度建设。水资源集约利用程度采用 3 个方面的指标来反映：一是单位农业用水的有效灌溉面积；二是单位工业用水的工业总产值；三是人均生活用水量。

（1）单位农业用水的有效灌溉面积，反映农业用水的集约程度，其计算公式：

$$\text{单位农业用水的有效灌溉面积} = \frac{\text{有效灌溉面积}}{\text{农业用水量}}$$

有效灌溉面积和农业用水量数据来自《中国统计年鉴》，该指标反映水资源利用的动态过程。随着农业用水量的增加，有效灌溉面积也会随之改变。但是在一定时期内，比如一年当中，一定的农业用水量与有效灌溉面积的关系，可以反映农业用水的集约利用程度。该指标为正指标，指标值越高，说明农业水资源集约利用程度越高，反之则低。对单位农业用水的有效灌溉面积采用公式：

$$第i个指标综合得分=\frac{V_i-V_{\min}}{V_{\max}-V_{\min}}\times 10$$

进行处理得到 0～10 的评价指数，得到指数 6。

（2）单位工业用水的工业总产值，反映工业用水的集约程度，其计算公式：

$$单位工业用水的工业总产值=\frac{工业总产值}{工业用水量}$$

随着工业用水量的增加，工业总产值也会随之改变。但是在一定时期内，比如一年当中，一定的工业用水量与工业总产值的关系，可以反映工业用水的集约利用程度。该指标为正指标，指标值越高，说明工业水资源集约利用程度越高，反之则低。对单位工业用水的工业总产值采用公式：

$$第i个指标综合得分=\frac{V_i-V_{\min}}{V_{\max}-V_{\min}}\times 10$$

进行处理得到 0～10 的评价指数，得到指数 7。

（3）人均生活用水量，反映居民用水的集约程度，其计算公式：

$$人均生活用水量=\frac{生活用水量}{人口数}$$

随着人口数的增加，生活用水量也会随之改变。但是在一定时期内，比如一年当中，一定的生活用水量与人口数量的关系，可以反映居民用水的集约利用程度。该指标为负指标，指标值越低，说明工业水资源集约利用程度越高，反之则低。对人均生活用水量采用公式：

$$第i个指标综合得分=\frac{V_{\max}-V_i}{V_{\max}-V_{\min}}\times 10$$

进行处理得到 0～10 的评价指数，得到指数 8。

水资源集约利用指数为指数 6、指数 7、指数 8 的加权平均数。

2011—2015 年，农业用水集约化利用程度的时间演变情况如表 5-41～表 5-45 中的指数 6 排名所示：2011 年，农业用水的集约化利用程度最高的为重庆，贵州为第 2 位，其次是安徽、四川、湖北、云南、浙江、湖南、江苏、江西、上海；2012 年，集约利用程度最高的为重庆，贵州为第 2 位，其次为安徽、四川、湖北、浙江、湖南、江苏、江西、上海、云南；2013 年，集约利用程度最高的为浙江，重庆为第 2 位，其次为贵州、四川、湖北、云南、湖南、上海、江西、安徽、江苏；2014 年，集约利用程度最高的为安徽，重庆为第 2 位，其次为贵州、四川、湖北、云南、浙江、湖南、江苏、上海、江西；到 2015 年，集约利用程度最高的为安徽，重庆为第 2 位，其次为贵州、湖北、四川、云南、浙江、湖南、江苏、上海、江西。

2011—2015 年，工业用水集约化利用程度的时间演变情况如表 5-41～表 5-45 中的指数 7 排名所示：2011 年，工业用水的集约化利用程度最高的为浙江，江苏为第 2 位，其次为四川、上海、云南、江西、湖南、安徽、重庆、湖北、贵州；2012 年，集约利用程度最高的为浙江，江苏为第 2 位，其次为四川、上海、云南、江西、重庆、安徽、湖南、湖北、贵州；2013 年集约利用程度最高的为浙江，江苏为第 2 位，其次为四川、云南、湖北、上海、江西、重庆、安徽、贵州；2014 年，集约利用程度最高的为浙江，四川为第 2 位，其次为江苏、云南、上海、重庆、湖北、江西、安徽、贵州；到 2015 年，浙江仍然是集约利用程度最高的省份，四川为第 2 位，其次为重庆、江苏、云南、上海、江西、湖北、贵州、安徽。湖南由于缺乏 2013 年、2014 年、2015 年的工业总产值数据，未能计算这三年的单位工业用水的产值，因此未对这三年的工业用水集约利用程度进行排名。

2011—2015 年，生活用水集约化利用程度的时间演变情况如表 5-41～表 5-45 中的指数 8 排名所示：2011 年，生活用水集约化利用程度最高的是四川，贵州为第 2 位，其次为云南、安徽、湖北、江西、江苏、湖南、浙江、上海、重庆；2012 年，集约利用程度最高的为贵州，云南为第 2 位，其次为安徽、四川、湖北、江西、重庆、湖南、江苏、浙江、上海；2013 年，集约利用程度最高的为云南，贵州为第 2 位，其次为四川、安徽、江西、湖南、重庆、江苏、湖北、浙江、上海；2014 年，集约利用程度最高的为云南，贵州为第 2 位，其次为四川、安徽、江西、湖南、重庆、江苏、湖北、浙江、上海；到 2015 年，集约利用程度最高的为云南，贵州为第 2 位，其次为安徽、四川、江西、湖南、重庆、江苏、浙江、湖北、上海。

2011—2015 年，水资源集约利用的综合利用程度情况的时间演变情况如表 5-41～表 5-45 中的综合指数排名所示：2011 年，水资源集约化利用程度最高的为浙江，四川为第 2 位，其次为安徽、贵州、云南、江苏、湖北、重庆、湖南、江西、上海；2012 年，集约利用程度最高的为重庆，贵州为第 2 位，其次为浙江、四川、安徽、江苏、湖北、云南、湖南、江西、上海；2013 年，集约利用程度最高的为浙江，四川为第 2 位，其次为云南、湖南、重庆、贵州、湖北、江西、安徽、江苏、上海；2014 年，集约利用程度最高的为安徽，四川为第 2 位，其次为重庆、浙江、云南、贵州、湖南、湖北、江苏、江西、上海；到 2015 年，水资源集约化利用程度最高的为安徽，重庆为第 2 位，其次为浙江、云南、四川、贵州、湖南、江苏、江西、湖北、上海。

表 5-41　2011 年长江经济带各省市水资源集约利用程度

地区	农业用水/亿 m^3	有效灌溉面积/10^3 hm^2	单位农业用水的有效灌溉面积/（hm^2/万 m^3）	指数 6	排名	工业用水/亿 m^3	工业总产值/亿元	单位工业用水的产值/（元/m^3）	指数 7	排名	生活用水/亿 m^3	人口数/万人	人均生活用水量/（m^3/人）	指数 8	排名	综合指数	排名
上海	16.80	199.60	1.19	0.00	11	84.80	33 834.44	382.61	2.83	4	23.50	2 347.00	100.13	5.56	10	2.87	11
江苏	304.20	3 817.90	1.26	0.29	9	191.90	107 680.68	561.13	5.10	2	52.90	7 899.00	66.97	8.34	7	4.58	6
浙江	94.60	1 456.80	1.54	1.52	7	59.70	56 410.48	944.90	10.00	1	39.40	5 463.00	72.12	7.91	9	6.48	1
安徽	166.70	3 547.70	2.13	4.07	3	94.00	25 875.87	275.28	1.46	8	30.20	5 968.00	50.60	9.72	4	5.08	3
江西	151.00	1 867.70	1.24	0.21	10	57.40	17 905.87	311.95	1.93	6	27.50	4 488.00	61.27	8.82	6	3.65	10
湖北	138.30	2 455.70	1.78	2.54	5	117.10	28 073.07	239.74	1.00	10	32.40	5 758.00	56.27	9.24	5	4.26	7
湖南	185.80	2 762.40	1.49	1.29	8	89.80	26 386.58	293.84	1.70	7	46.40	6 596.00	70.35	8.06	8	3.68	9
重庆	19.80	692.90	3.50	10.00	1	47.40	11 847.06	249.94	1.14	9	48.60	2 919.00	166.50	0.00	11	3.71	8
四川	127.30	2 600.80	2.04	3.70	4	62.90	30 485.09	484.66	4.13	3	38.00	8 050.00	47.20	10.00	1	5.94	2
贵州	50.00	1 201.20	2.40	5.25	2	34.30	5 520.68	160.95	0.00	11	16.50	3 469.00	47.56	9.97	2	5.07	4
云南	95.30	1 634.20	1.71	2.28	6	25.50	9 595.15	376.28	2.75	5	22.80	4 631.00	49.23	9.83	3	4.95	5

表 5-42　2012 年长江经济带各省市水资源集约利用程度

地区	农业用水/亿 m^3	有效灌溉面积/10^3 hm^2	单位农业用水的有效灌溉面积/（hm^2/万 m^3）	指数 6	排名	工业用水/亿 m^3	工业总产值/亿元	单位工业用水的产值/（元/m^3）	指数 7	排名	生活用水/亿 m^3	人口数/万人	人均生活用水量/（m^3/人）	指数 8	排名	综合指数	排名
上海	17.50	199.00	1.14	0.19	10	72.90	33 186.41	455.23	3.59	4	24.90	2 380.00	104.62	0.00	11	1.26	11
江苏	305.40	3 929.70	1.29	1.08	8	193.70	120 124.91	620.16	5.63	2	50.50	7 920.00	63.76	6.10	9	4.27	6
浙江	91.30	1 471.00	1.61	3.00	6	60.70	59 124.20	974.04	10.00	1	41.60	5 477.00	75.95	4.28	10	5.76	3
安徽	157.90	3 585.10	2.27	6.92	3	99.30	29 245.17	294.51	1.60	8	30.90	5 988.00	51.60	7.91	3	5.48	5
江西	155.70	1 907.10	1.22	0.71	9	58.70	20 809.47	354.51	2.34	6	26.10	4 504.00	57.95	6.96	6	3.34	10
湖北	146.40	2 548.90	1.74	3.77	5	121.60	33 450.66	275.09	1.36	10	30.90	5 779.00	53.47	7.63	5	4.26	7
湖南	188.00	2 715.80	1.44	2.01	7	98.10	28 628.62	291.83	1.57	9	40.30	6 639.00	60.70	6.55	8	3.38	9
重庆	25.20	703.00	2.79	10.00	1	39.40	13 095.12	332.36	2.07	7	17.50	2 945.00	59.42	6.74	7	6.27	1
四川	145.80	2 662.70	1.83	4.28	4	54.70	31 033.22	567.33	4.97	3	42.90	8 076.00	53.12	7.68	4	5.65	4
贵州	47.70	1 214.60	2.55	8.56	2	39.70	6 544.02	164.84	0.00	11	13.10	3 484.00	37.60	10.00	1	6.19	2
云南	151.80	1 677.90	1.11	0.00	11	27.80	11 641.46	418.76	3.14	5	19.20	4 659.00	41.21	9.46	2	4.20	8

表 5-43　2013 年长江经济带各省市水资源集约利用程度

地区	农业用水/亿 m^3	有效灌溉面积/10^3 hm^2	单位农业用水的有效灌溉面积/（hm^2/万 m^3）	指数 6	排名	工业用水/亿 m^3	工业总产值/亿元	单位工业用水的产值/（元/m^3）	指数 7	排名	生活用水/亿 m^3	人口数/万人	人均生活用水量/（m^3/人）	指数 8	排名	综合指数	排名
上海	16.30	189.80	1.16	2.72	8	80.40	33 899.38	421.63	2.38	6	25.70	2 415.00	106.42	0.00	11	1.70	11
江苏	301.90	184.10	0.06	0.00	11	220.10	134 080.91	609.18	4.58	2	51.40	7 939.00	64.74	6.65	8	3.74	10
浙江	91.90	3 785.30	4.12	10.00	1	58.80	62 980.30	1 071.09	10.00	1	42.50	5 498.00	77.30	4.65	10	8.22	1
安徽	162.10	1 409.40	0.87	1.99	10	98.40	33 756.82	343.06	1.46	9	31.50	6 030.00	52.24	8.64	4	4.03	9
江西	175.70	1 995.60	1.14	2.65	9	60.10	24 676.91	410.60	2.26	7	26.90	4 522.00	59.49	7.49	5	4.13	8
湖北	159.60	2 791.40	1.75	4.16	5	92.40	39 208.98	424.34	2.42	5	39.40	5 799.00	67.94	6.14	9	4.24	7
湖南	195.30	3 084.30	1.58	3.74	7	94.40	—	—	—	—	40.00	6 691.00	59.78	7.44	6	5.59	4
重庆	24.60	675.20	2.74	6.61	2	40.40	15 785.41	390.73	2.02	8	18.10	2 970.00	60.94	7.26	7	5.30	5
四川	139.40	2 616.50	1.88	4.48	4	58.30	35 328.55	605.98	4.55	3	40.10	8 107.00	49.46	9.09	3	6.04	2
贵州	48.20	926.90	1.92	4.59	3	37.00	8 074.60	218.23	0.00	10	16.00	3 502.00	45.69	9.69	2	4.76	6
云南	102.70	1 660.30	1.62	3.83	6	25.30	12 756.98	504.23	3.35	4	20.50	4 687.00	43.74	10.00	1	5.73	3

表 5-44 2014 年长江经济带各省市水资源集约利用程度

地区	农业用水/亿 m^3	有效灌溉面积/10^3 hm^2	单位农业用水的有效灌溉面积/（hm^2/万 m^3）	指数 6	排名	工业用水/亿 m^3	工业总产值/亿元	单位工业用水的产值/（元/m^3）	指数 7	排名	生活用水/亿 m^3	人口数/万人	人均生活用水量/（m^3/人）	指数 8	排名	综合指数	排名
上海	14.60	184.10	1.26	0.40	10	66.20	34 071.19	514.67	1.99	5	24.40	2 426.00	100.58	0.00	11	0.80	11
江苏	297.80	3 890.50	1.31	0.65	9	238.00	143 016.94	600.91	3.00	3	52.80	7 960.00	66.33	5.78	8	3.14	9
浙江	88.20	1 425.40	1.62	2.32	7	55.70	67 039.80	1 203.59	10.00	1	43.80	5 508.00	79.52	3.56	10	5.29	4
安徽	142.80	4 331.70	3.03	10.00	1	92.70	37 420.62	403.67	0.70	9	31.90	6 083.00	52.44	8.13	4	6.28	1
江西	168.60	2 001.60	1.19	0.00	11	61.30	28 792.35	469.70	1.47	8	27.40	4 542.00	60.33	6.80	5	2.76	10
湖北	156.90	2 855.30	1.82	3.43	5	90.20	43 393.87	481.09	1.60	7	40.70	5 816.00	69.98	5.17	9	3.40	8
湖南	200.20	3 101.70	1.55	1.96	8	87.70	—	—	—	—	41.80	6 737.00	62.05	6.51	6	4.23	7
重庆	23.70	677.30	2.86	9.05	2	36.70	18 782.33	511.78	1.96	6	19.10	2 991.00	63.86	6.20	7	5.74	3
四川	145.40	2 666.30	1.83	3.50	4	44.70	38 358.62	858.13	5.98	2	42.50	8 140.00	52.21	8.17	3	5.89	2
贵州	50.40	981.80	1.95	4.12	3	27.70	9 507.33	343.22	0.00	10	16.60	3 508.00	47.32	8.99	2	4.37	6
云南	103.30	1 709.00	1.65	2.53	6	24.60	12 840.64	521.98	2.08	4	19.50	4 714.00	41.37	10.00	1	4.87	5

表 5-45　2015 年长江经济各省市水资源集约利用程度

地区	农业用水/亿 m^3	有效灌溉面积/10^3 hm^2	单位农业用水的有效灌溉面积/(hm^2/万 m^3)	指数 6	排名	工业用水/亿 m^3	工业总产值/亿元	单位工业用水的产值/(元/m^3)	指数 7	排名	生活用水/亿 m^3	人口数/万人	人均生活用水量/(m^3/人)	指数 8	排名	综合指数	排名
上海	14.30	189.80	1.33	0.04	10	64.60	33 211.57	514.11	1.01	6	24.10	2 415.00	99.79	0.00	11	0.35	11
江苏	279.10	4 054.10	1.45	0.87	9	239.00	149 841.41	626.95	2.31	4	54.40	7 976.00	68.20	5.52	8	2.90	8
浙江	84.10	1 446.30	1.72	2.66	7	51.60	66 819.00	1 294.94	10.00	1	44.30	5 539.00	79.98	3.46	9	5.38	3
安徽	157.50	4 437.50	2.82	10.00	1	93.50	39 875.66	426.48	0.00	10	32.80	6 144.00	53.39	8.11	3	6.04	1
江西	154.10	2 036.80	1.32	0.00	11	61.60	30 778.50	499.65	0.84	7	27.90	4 566.00	61.10	6.76	5	2.54	9
湖北	158.10	2 905.60	1.84	3.45	4	93.30	45 809.57	490.99	0.74	8	49.20	5 852.00	84.07	2.75	10	2.31	10
湖南	195.20	3 132.40	1.60	1.89	8	90.20	—	—	—	—	42.20	6 783.00	62.21	6.57	6	4.23	7
重庆	25.80	690.60	2.68	9.06	2	32.50	21 400.01	658.46	2.67	3	19.60	3 017.00	64.97	6.09	7	5.94	2
四川	156.70	2 813.60	1.80	3.17	5	55.40	40 616.41	733.15	3.53	2	48.30	8 204.00	58.87	7.15	4	4.62	5
贵州	54.30	1 088.10	2.00	4.56	3	25.30	10 793.22	426.61	0.00	9	17.00	3 530.00	48.16	9.03	2	4.53	6
云南	104.30	1 809.40	1.73	2.76	6	23.00	12 169.67	529.12	1.18	5	20.20	4 742.00	42.60	10.00	1	4.65	4

采用三分法，将 0～10 集约利用指数分为：高度集约［0～3.33）、中度集约［3.33～6.66）、低度集约［6.66～10.00］，从而得到水资源集约利用的高度集约省份、中度集约省份、低度集约省份。

农业用水集约化利用的空间分布情况如图 5-44 所示。2011 年，高度集约省份有 1 个，为重庆，中度集约省份有 3 个，分别为安徽、四川、贵州，低度集约省份有 7 个，分别为上海、江苏、浙江、江西、湖北、湖南、云南；到 2013 年，高度集约省份仍仅有 1 个，为浙江，中度集约省份增加到 6 个，分别为湖北、湖南、重庆、四川、贵州、云南，低度集约省份下降为 4 个，分别为上海、江苏、浙江、江西；2015 年，高度集约省份增加到 2 个，分别为安徽、重庆，中度集约省份下降为 2 个，分别为湖北、贵州，低度集约省份增加到 7 个，分别为上海、江苏、浙江、江西、湖南、四川、云南。从平均值来看，高度集约省份仅有 1 个，为重庆，中度集约省份有 5 个，分别为浙江、安徽、湖北、四川、贵州，低度集约省份有 5 个，分别为上海、江苏、江西、湖南、云南。从空间分布来看，2011—2015 年长江经济带农业用水的高度集约省份的数量呈增加趋势，中度集约省份的数量呈减少趋势。

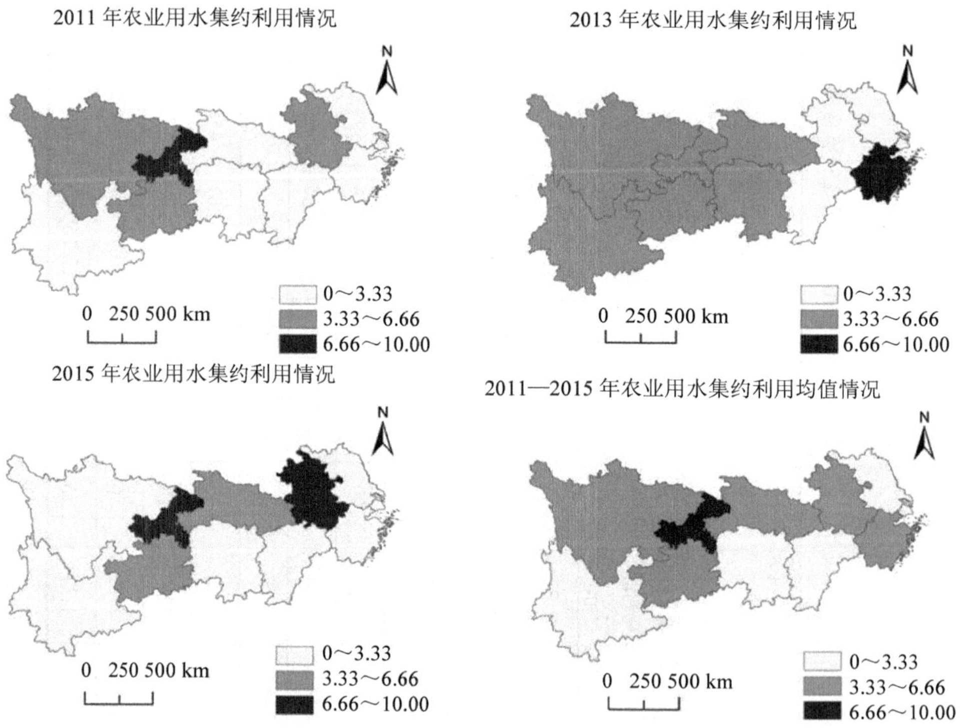

图 5-44　农业用水集约化利用的空间差异

工业用水集约化利用的空间分布情况如图 5-45 所示。2011 年，高度集约省份有 1

个，为浙江，中度集约省份有 2 个，分别为江苏、四川，低度集约省份有 8 个，分别为上海、安徽、江西、湖北、湖南、重庆、贵州、云南；到 2013 年，高度集约省份仍仅有浙江 1 个，中度集约省份增加到 3 个，分别为江苏、四川、云南，低度集约省份下降为 6 个，分别为上海、安徽、江西、湖北、重庆、贵州；2015 年，高度集约省份继续保持仅有浙江 1 个，中度集约省份下降为仅有四川 1 个，低度集约省份增加到 8 个，分别为上海、江苏、安徽、江西、湖北、重庆、贵州、云南。从平均值来看，高度集约省份仅有 1 个，为浙江，中度集约省份有 2 个，分别为江苏、四川，低度集约省份有 8 个，分别为上海、安徽、江西、湖北、湖南、重庆、贵州、云南。其中湖南由于缺乏 2013 年、2015 年的工业总产值，未计算这两年的单位工业用水产值的集约利用程度，因此 2013 年、2015 年未对湖南进行空间分析。

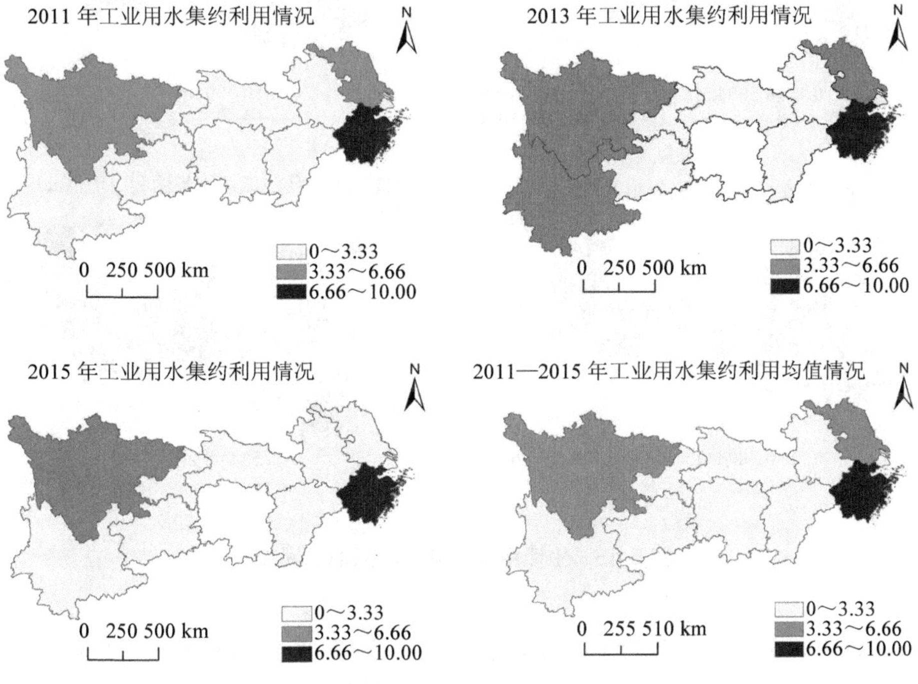

图 5-45　工业用水集约化利用的空间差异

生活用水集约化利用的空间分布情况如图 5-46 所示。2011 年，高度集约省份有 9 个，为江苏、浙江、安徽、江西、湖北、湖南、四川、贵州、云南，中度集约省份有 1 个，为上海，低度集约省份有 1 个，为重庆；到 2013 年，高度集约省份下降为 7 个，分别为安徽、江西、湖南、重庆、四川、贵州、云南，中度集约省份增加到 3 个，分别为江苏、浙江、湖北，低度集约省份仍仅有 1 个，为上海；2015 年，高度集约省份下降为 5 个，分别为安徽、江西、四川、贵州、云南，中度集约省份增加到 4 个，分别为江苏、浙江、湖南、重庆，低度集约省份增加到 2 个，分别为上海、湖北。从平均值来看，高度集约省份有 7 个，分别为江苏、安徽、江西、湖南、四川、贵州、云南，中度集约省份有 3 个，分别为浙江、湖北、重庆，低度集约省份有 1 个，为上海。从空间分布来看，2011—2015 年长江经济带生活用水的高度集约省份的数量呈减少趋势，中度集约省份的数量和低度集约省份的数量呈增加趋势。

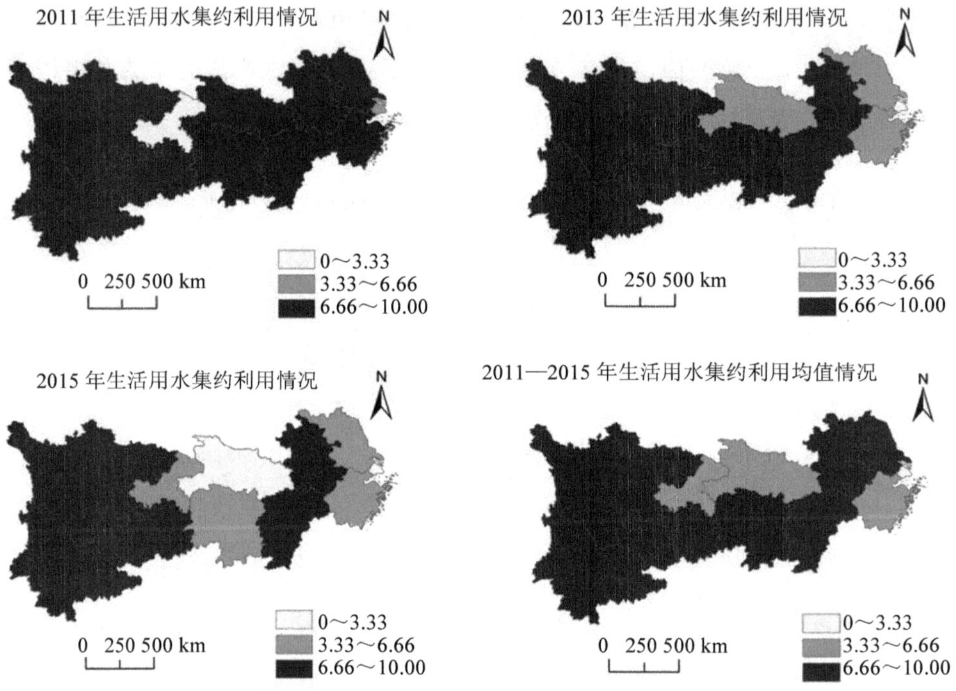

图 5-46 生活用水集约化利用的空间差异

水集约化利用综合情况的空间分布情况如图 5-47 所示。2011 年，中度集约省份有 10 个，分别为江苏、浙江、安徽、江西、湖北、湖南、重庆、四川、贵州、云南，低度集约省份有 1 个，为上海；到 2013 年，高度集约省份增加为 1 个，为浙江，中度集约省份下降为 9 个，分别为江苏、安徽、江西、湖北、湖南、重庆、四川、贵州、云南，低度集约省份仍仅有上海 1 个；2015 年，中度集约省份进一步下降为 7 个，分别为浙江、安徽、湖南、重庆、四川、贵州、云南，低度集约省份增加到 4 个，分别为上海、江苏、江西、湖北。从平均值来看，高度集约省份仅有 1 个，为浙江，中度集约省份有 9 个，分别为江苏、安徽、江西、湖北、湖南、重庆、四川、贵州、云南，低度集约省份有 1 个，为上海。从空间分布来看，2011—2015 年长江经济带水资源的低度集约省份的数量呈增加趋势，高度集约省份的数量和中度集约省份的数量呈减少趋势。

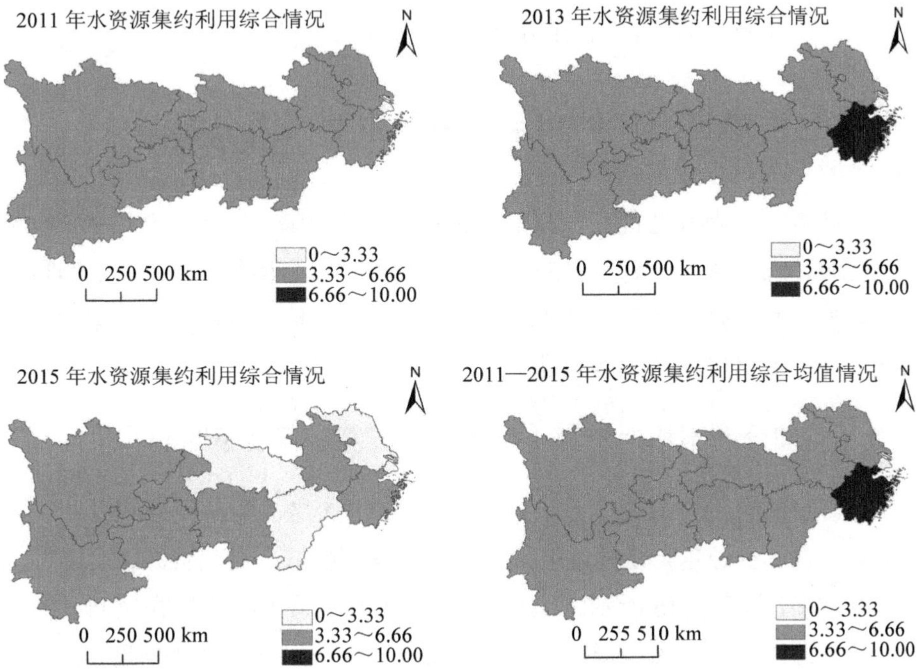

图 5-47　水资源集约利用综合情况的空间差异

5.5.2　高效产业化利用模式

水资源生态化如果实现了水资源资产化，并且全面引入市场化机制和企业化运作方式，中国的水务产业便能够做大做强。可以说，投资水资源领域的产业是 21 世纪继石油能源领域之后的另一个重大投资机会。随着技术进步和替代产品的层出不穷，未来人类可能再回到无油时代，但不管再过多少年，人类都不会回到无水时代。因此，当今国际上重量级的投资银行金融机构都已开始锁定与水资源的开发、利用保护相关的产业领域。21 世纪初，水资源产业全球的年营业收入已超过 4 000 亿美元，21 世纪末，水资源产业将会是全球第一大产业。

水资源产业也分为传统产业和现代产业。城乡给水、排水、工业用水、居民用水、污水处理产业；农业灌溉、防洪、防旱、跨流域供水产业；节水、护水、修复生态、水循环经济产业；水电、水运、水产、水设备设施及水科技教育产业这四大产业基本上是水资源的传统产业，在中国仍有很大的发展空间。随着引入市场机制和企业化产业化运作方式，将会涌现出四大新型的水资源产业、水资源金融产业，水银行、水股票、水期货、水交所、水基金等，为水产业服务的现代服务业，如水资源的多种中介、网站、评估、咨询机构；新型地融合了高新技术的“功能水”产业；代表未来发展趋势的海水淡化、固态水（南北极）、大气水的利用及其关联产业。

5.6 长江经济带资源集约利用存在的主要问题分析

长江流域自古以来就是自然资源丰富的地区，其中国土面积占全国的21.4%，水资源、耕地资源、森林资源、矿产资源和能源资源分别占全国的39.5%、34.4%、40.8%、33.2%、36.9%。丰富的自然资源为地区经济的快速和可持续发展提供了坚实的保障，但在资源利用过程中仍然存在一些问题。

5.6.1 资源空间分布不均，资源丰裕度和经济发展程度不匹配

长江经济带的自然资源总体上呈自西向东递减的状态，经济发展程度则呈自西向东递增的状态。自然资源越丰富的地区，经济发展程度越低；自然资源越贫乏的地区，经济发展程度越高，如表5-46所示。自然资源丰裕度和经济发展程度在空间上的不匹配，严重导致了资源浪费、利用率低，生产效率低下和经济发展滞后等问题。

表5-46 2013年长江经济带11个省市的自然资源以及经济发展情况 单位：%

区位	地区	陆域面积	水资源	耕地资源	森林面积	矿产资源	能源资源	GDP	人口
长江上游	四川	5.04	8.84	5.14	8.2	13.49	3.56	4.62	5.96
	重庆	0.86	1.7	1.71	1.52	0.43	1.67	2.22	2.18
	云南	4.11	6.1	4.77	9.22	4.2	2.38	2.06	3.44
	贵州	1.84	2.72	3.49	3.15	3.09	2.49	1.41	2.57
长江中游	湖南	2.21	5.66	3.16	4.87	0.93	2.97	7.33	4.92
	湖北	1.94	2.83	4.07	3.44	5.29	3.75	4.36	4.26
	江西	1.74	5.09	2.36	4.82	1.41	1.78	2.53	3.32
	安徽	1.45	2.09	4.52	1.83	3.49	3.18	3.38	4.43
长江下游	浙江	1.06	3.33	1.52	2.9	0.16	4.6	6.64	4.04
	江苏	1.07	1.01	3.53	0.78	0.72	7.69	10.5	5.83
	上海	0.07	0.1	0.15	0.04	0	2.8	3.84	1.77
长江经济带		21.39	39.47	34.42	40.77	33.21	36.87	48.89	42.42
全国		100	100	100	100	100	100	100	100

（1）从水资源分布情况来看，总体上呈自西向东递减的趋势

四川省是长江经济带中水资源最丰富的省份，占8.84%；上海市则是长江经济带中

水资源最贫乏的地区，占 0.1%。上海市的水资源仅为四川省的 1%，人口为四川省的 30%，GDP 是四川省的 83%。相对水资源贫乏的上海市而言，四川省未能充分发挥丰富的水资源优势，将其转化为有利的经济优势，存在农业和工业用水量大、生活用水浪费等水资源利用效率低的问题（张昆，2015）；相对拥有丰富水资源的四川省而言，上海市尽管依托其优越的地理位置，经济发展程度一直位于全国前列，但是贫乏的水资源却在一定程度上限制了其经济规模和发展速度。城市生活用水紧张，工业以及其他产业用水难等问题一直是上海市可持续发展要解决的重点和难点。

（2）从耕地资源分布情况来看，总体上呈自西向东递减的趋势

四川省是长江经济带中耕地资源最丰富的省份，占 5.14%；上海市则是长江经济带中耕地资源最贫乏的地区，占 0.15%。上海市的耕地资源仅为四川省的 3%，人口为四川省的 30%；然而，上海市的 GDP 是四川省的 83%。相对上海市而言，四川省耕地资源丰富，农业在整个省的 GDP 中占有很大的比例，但耕地集约化利用水平不高，农业技术化水平不高，农业产业发展速度缓慢，产业化水平低，规模小，产出效率低等问题严重影响了四川省耕地资源的利用和农业产业的发展。相对拥有丰富耕地资源的四川省而言，上海市以第三产业为主，农业产出占 GDP 的比例低，经济社会发展受耕地资源比重的影响较小。

（3）从森林资源分布情况来看，总体上呈自西向东递减的趋势

云南省是长江经济带中森林资源最丰富的省份，占 9.22%；上海市则是长江经济带中森林资源最贫乏的地区，占 0.04%。上海市的森林资源仅为云南省的 0.4%，人口为云南省的 51%；然而，上海市的 GDP 是云南省的 1.9 倍。尽管云南省森林资源丰富，但是林业经济发展水平不高，林业技术化水平低，产业化水平低，规模小，产出效率低，林业产业发展速度缓慢等问题严重影响了云南省森林资源的利用和林业产业的发展。相对拥有丰富森林资源的云南省而言，尽管上海市以第三产业为主，林业产出占 GDP 的比例很低，经济社会发展受森林资源比重的影响小；但是伴随着越来越严重的环境污染，空气质量差等问题的出现，森林资源在城市绿色健康发展以及可持续发展中扮演着越来越重要的角色，上海市未来的发展需要森林资源承担起改善环境，净化空气等职能。

（4）从矿产资源分布情况来看，总体上呈自西向东递减的趋势

四川省是长江经济带中矿产资源最丰富的省份，占 13.49%；上海市是长江经济带中矿产资源最贫乏的地区，为 0。上海市人口为四川省的 30%，GDP 为四川省的 83%。尽管四川省拥有丰富的矿产资源，但存在开采技术低，开采利用过程中资源浪费，规模化水平低，矿产资源利用率低等问题（郝芳，2015），因此如何将丰富的矿产资源优势转化为有利的经济优势，是四川省未来发展中迫切要解决的问题。上海市矿产资源的极度缺乏，使得其要发展钢材等制造业缺乏本地资源支撑，例如上海宝钢集团，其生产钢

材所需的煤炭来自安徽、淮南、山西等地，铁矿石则主要从澳大利亚、印度、巴西等国进口。矿产资源的缺乏，尤其是铁矿石的缺乏，使得企业发展在一定程度上受限于外国市场，阻碍了其进一步发展。

（5）从能源资源分布情况看，总体上呈自西向东递增的趋势

江苏省是长江经济带中能源资源最丰富的省份，占 7.69%；重庆市是长江经济带中能源资源最贫乏的地区，占 1.67%。重庆市能源资源为江苏省的 22%，人口为江苏省的 37%，GDP 为江苏省的 21%。重庆市位于四川盆地，光、热等能源资源缺乏。清洁能源的缺乏，在一定程度上会阻碍重庆市未来新型能源产业的发展。江苏省能源资源丰富，经济发展水平较高，应充分发挥好有利的资源优势，逐渐用清洁能源代替传统能源，并结合自身的经济发展优势，逐步实现产业的结构转型和产业升级，将新型能源产业的发展列入未来的发展目标，逐步转变经济发展方式和人们生活方式，实现经济社会的可持续发展和绿色健康发展。但是江苏省在其他自然资源方面的不足，可能会对江苏省未来的发展产生一定的影响。

5.6.2 规模化水平低，导致资源集约利用水平低

长江经济带自然资源产业规模化水平低，导致资源集约化利用水平低。长江经济带 9 省 2 市的铜矿资源产业规模化程度低，产业化水平低，集约利用水平不高。目前全世界 60 个铜储量超过 500 万 t 的超大型铜矿中，属于长江经济带的只有一个，就是位于江西德兴的一个超大型矿床。截至 2013 年年底，长江经济带共拥有 44 个大中型铜矿采矿权，是其拥有的铜矿总数的 3.6%，远低于全国平均水平。在这 44 家大中型铜矿企业中有 50%生产规模在 100 万 t 以下，基本都处在成长期，规模小、生产技术落后、产出率低、企业抗风险能力弱、市场竞争力不强，且基本都是粗加工的，缺乏相应的铜精深加工的技术、装备和人才，这些严重阻碍了长江经济带铜产业的健康发展。

长江经济带水资源利用的规模效率自西向东呈递增的趋势。东部地区水资源利用的规模效率明显高于中西部地区，东部地区依托其优越的地理位置，经济发展程度上一直位于全国前列，经济实力雄厚，产业化水平高，规模效应明显，资源已经逐渐从粗放型投入转变为集约型投入；中部地区的水资源利用的规模效率高于西部地区，西部地区水资源丰富，但是产业规模化水平低，资源集约化水平不高，导致水资源利用效率低。

5.6.3 资源的不合理开发利用导致环境污染问题日益严重

有研究表明，长江经济带中西部经济欠发达地区的 GDP 固体废物的产生量明显高于东部经济较发达地区，而中西部经济欠发达地区的突发环境事件次数明显低于东部经济发达地区，中西部地区的生态系统抵抗力和稳定性明显高于东部地区，东部地区生态

环境相对于中西部地区更加脆弱。随着长江经济带各地区产业的急剧增加，人口的日益增长，城市化的不断扩张，长江经济带各地区出现水资源浪费、空气污染、土地资源利用不当等一系列资源环境问题。长江经济带各地区的资源环境问题日益突出，其中以工业企业为代表的对该地区的资源环境造成了极大的破坏，这些高消耗资源的粗放型发展模式，使得资源无法充分利用造成资源浪费，还会引发了各种环境污染问题。

5.7　创新长江经济带资源利用方式、提高资源集约利用效率的措施建议

5.7.1　发展循环经济，严格监督管理，全面提升资源集约和循环利用水平

一是加快发展长江经济带生态循环农业。在长江经济带大力推广种养结合、农林结合、林牧结合的生态立体农业循环模式，建设一批生态循环农业示范区和示范项目，提高农地资源水平，提升农地利用效率。

二是提高长江经济带水资源利用效率。提高农业用水效率，大力推广管道输水、膜下滴灌等高效节水灌溉技术。加快工业节水技术改造，加强先进适用节水工艺技术的推广应用，促进各类企业向节水型企业转变。推进南昌、新余等开展水生态文明试点。完善水资源价格形成机制，逐步推行阶梯水价制度。

三是推进长江经济带土地集约节约利用。健全各类建设用地标准体系，完善节约集约用地考核评价机制。提高工业项目用地投资强度，支持多层标准厂房建设。加强农村土地管理，大力实施农村土地整治，严格规范城乡建设用地增减挂钩试点。盘活城市闲置和空闲土地，加快城中村、煤矿沉陷区和工矿棚户区改造。合理利用地下空间资源，研究出台重点城市地下空间开发利用规划，最大限度地提高地下空间的利用效率。

四是提高矿产资源开发利用水平。合理利用矿产资源，促进资源向优势龙头企业集聚。坚持开发和保护并重，规范矿产资源开采管理，推广先进适用的开采技术和工艺设备，提高开采回采率、选矿回收率和综合利用率。

五是全面推进农业、工业和服务业等领域的循环利用工作，加强资源循环利用关键链接技术突破，延伸循环产业链条，不断提升资源循环利用水平。推进园区循环化改造，加强企业间废物交换利用、能量梯级利用和废水循环利用，不断增强园区可持续发展能力。开展循环经济示范行动，推进煤矸石综合利用示范基地等重大示范项目建设，建成一批国家级和省级循环经济试点单位。加强再生资源循环利用技术研发、引进工作，重点推进废弃节能灯、废电池等循环利用。创新资源回收方式，依托重点再制造企业、专业化回收企业。

六是建立集约用地奖惩制度。长江经济带应积极推进实行规模企业土地使用效益评估制度，对当年综合评价排名靠前的企业，政府予以扶持奖励。对于季度综合排名靠后的企业采取惩罚措施，黑牌警告；提升土地利用效率激励制度，在设计安全的基础上减免二层以上厂房的市政公共基础设施配套费，对新开工投资建设标准厂房竣工并通过验收的，第二层厂房建筑面积每平方米进行奖励，第三层厂房建筑面积每平方米提高奖励标准。

七是加大项目用地批后管理，实施建设项目用地全程监管。对工业项目用地，除了明确投资强度等准入条件外，在签订土地出让合同中明确项目开工建设时间、竣工时间、投产时间等控制性指标，严格追究企业违约责任。

5.7.2 加大政策支持力度，推进特色生态资源产业振兴发展

一是将长江经济带特色生态资源产业振兴列入战略性新兴产业发展规划，配合实施长江经济带生态文明先行示范带建设，尽快制定出台《长江经济带生态资源型产业振兴发展规划》，完善长江经济带的省、市、县三级规划实施体系方案，成立跨行政区生态资源产业推进领导小组，协调工信、农林水以及国土资源等政府部门生态资源产业规划和指导职能，整合政策资源，形成合力，定向支持。在重大项目支持、财税、金融以及企业上市等具体政策上给予与战略性新兴产业同等支持，重点支持生态资源就地转化产业项目。对农业开发和高科技项目，落实税收优惠政策，给予区别的税收优惠。研究扩大资源税征收范围，将水资源、森林资源纳入征税范围。加大资金投入力度，政府预算内投资设立生态产业发展专项，整合资源管理政府部门的相关资金，优先安排布局对生态资源产业发展具有重大影响的加工工业项目。创新政府资金投入方式，鼓励吸引社会保险资金、社会公益基金参与生态产业项目建设。探索开展生态产业发展项目中长期债券融资试点。支持有条件的生态产业企业加快上市融资。

二是加大生态资源产业科技研发投入，设立特色生态资源产业化重大科技专项支持计划，加大科研院校与企业的协同联合，努力建立一批国家级和省部级重大实验室、工程中心，突破关键技术，加快成果转化，促进长江经济带特色生态资源的产业转化。

5.7.3 积极稳妥推进集体林地规模化经营，全面提高林地资源利用效率

一是稳妥推进林地流转。在推进林地规模化经营过程中，必须坚持市场机制与行政手段相结合，科学推动林地规模化经营，有效防止“一哄而上”“有名无实”的现象。林地的集中与规模经营必须以农户自身为主体，突出市场配置资源的作用，用市场手段调节林地流转行为，鼓励林地经营从低效益的分散经营向高效益的规模经营转变。

二是推动林地规模化经营模式多样化发展。工业化、城镇化给林农带来了巨大的非

农就业机会，越来越多的青年农民放弃农林业生产活动，甚至离开农村进入城镇定居生活。在调查中，一些年长的村干部提出："再过 10～20 年，农村是否还有农民种田看林子了？"从国际经验以及我国南方林区实践经验看，以股份合作形式为特征的林地规模化经营模式、以亲情、友情、资金、技术为纽带，组建的家庭林场、股份合作林场、专业协会等林业联合经营组织，成为当前林地规模化经营的主要模式，"公司+合作组织+农户"的合作经营模式，能够较好地促进林业产业化经营。

三是提高林农参与林地规模化经营的积极性。目前，在以农业生产为主的山区和林区，因抵御风险的经济能力低下和长期生活在相对封闭的农村环境影响，林农主动参加林业专业合作组织的内生积极性并不高。因此，在引导林农走林地规模化经营的过程中，政府必须十分重视对林农权益的尊重，必须坚持以家庭承包经营为基础和林农"进入自愿、退出自由"的原则，引导广大林农以联合经营、委托经营、合作林场等形式促进适度规模经营。

四是健全促进林地规模化经营的长效政策机制。①加大金融支持力度。可以国家参照"林业产业化龙头企业统借统还贷款"模式，设立面向林农联合体的林业发展专项信贷贴息项目，发放林农规模化经营联合体"统借统还贷款"，支持林业规模化经营组织建设跨农户、跨地区发展工业原料林基地，对所需贴息贷款资金实行特别优惠政策。②加大财政资金扶持力度。可以设立林业规模化经营合作组织发展专项扶持资金，把扶持各类林业规模化经营组织纳入中央和省级财政农民专业合作投资范围。③加大林业专项资金对林地规模化经营体的投入力度。对符合条件的林地规模化经营组织，可以考虑从林业财政性资金中划出一定比例予以支持。④建立以奖代补机制。实行林业规模化经营组织达标建设以奖代补方式，合理制定达标建设标准，实行分档补助，促进林业规模化经营组织又好又快发展。⑤建立多样化发展的木材采伐管理制度。目前，长江经济带一些地方政府将木材采伐指标分配更多倾向大企业或者其他成分的工商业资本，造成林农联合经营积极性受挫、林地规模化经营模式多样化受阻等问题。为此，国家应当尽快制定新的政策，确保家庭林场或股份林场在采伐指标的优先权上拥有完全平等的机会。

五是完善县乡财政管理体制。当前，在我国全面取消林业收费制度的新形势下，建立面向长江经济带欠发达省、县、乡财力性转移支付力度，抑制政府过度干预和垄断林地规模化经营的经济动因。①进一步扩大财政对林区县、乡林业行政事业单位的支持范围；②切实保证林区县乡两级林业事业机构支出，真正地将营林机构经费及公用经费全部由公共财政供给；③确保沿江林区集体林业基础性支出在公共财政预算中的比例；④将沿江林区县乡基本建设支出纳入公共财政支出范围；⑤加大对沿江林区县乡村三级财政转移支付支出力度，加大对林业收费取消后地方财政减收部分的支付力度。

5.8 本章小结

长江流域自古以来就是自然资源丰富的地区，其中国土面积占全国的21.4%，水资源、耕地资源、森林资源、矿产资源和能源资源分别占全国的39.5%、34.4%、40.8%、33.2%、36.9%。本章基于对长江经济带9省2市的林业资源、矿产资源、水资源等的分析，发现长江经济带有丰富的资源，这给长江经济带的经济快速和可持续发展提供了坚实的保障，但在资源利用过程中仍然存在一些问题。

（1）资源空间分布不均，资源丰裕度和经济发展程度不匹配

从林业资源的分布来看，总体上呈自西向东递减的趋势，云南省是森林资源最丰富的省份，上海市的森林资源相对贫乏；从矿产资源的分布来看，总体上呈自西向东递减的趋势，四川省是长江经济带中矿产资源最丰富的省份，上海市是长江经济带中矿产资源最贫乏的地区；从水资源的分布来看，总体上呈自西向东递减的趋势，四川省是长江经济带中水资源最丰富的省份，上海市则是长江经济带中水资源最贫乏的地区。

（2）规模化水平低，导致资源集约利用水平低

从矿产资源来看，长江经济带矿产资源产业规模化程度低，产业化水平低，集约利用水平不高。从水资源来看，长江经济带水资源利用的规模效率自西向东呈递增的趋势，东部地区水资源利用的规模效率明显高于中西部地区，中部地区的水资源利用的规模效率高于西部地区。

（3）资源的不合理开发利用导致环境污染问题日益严重

随着长江经济带各地区产业的急剧增加，人口的日益增长，城市化的不断扩张，长江经济带各地区出现水资源浪费、空气污染、土地资源利用不当等一系列资源环境问题。长江经济带中西部地区的生态系统抵抗力和稳定性明显高于东部地区，东部地区生态环境相对于中西部地区更加脆弱。

针对上述问题，提出一些建议来创新长江经济带资源利用方式，提高资源集约利用效率。一是发展循环经济，严格监督管理，全面提升资源集约和循环利用水平。二是加大政策支持力度，推进特色生态资源产业振兴发展。三是积极稳妥推进集体林地规模化经营，全面提高林地资源利用效率。

第 6 章
加大环境污染治理推动长江经济带绿色发展研究

长江经济带是我国经济发展的重要支撑力量，其日益突出的环境污染问题引起政府和社会的高度关注，推动长江经济带绿色发展，必须协调好长江经济带经济发展与环境保护的关系，必须把环境治理放在首位。本章选取长江经济带 9 省 2 市为研究对象，对长江经济带 2005—2016 年的工业污染状况、生活污染状况、农村环境污染状况以及环境污染治理现状进行统计分析，并指出长江经济带主要环境问题及其污染治理面临的主要困境，提出长江经济带环境污染治理的路径和策略。

6.1 长江经济带工业污染状况

工业污染的种类很多，本章选取能较好表征工业污染的工业废水排放、工业废气排放、工业 SO_2 排放、工业烟（粉）尘排放以及工业固体废物的产生量作为分析对象。

6.1.1 工业废水排放状况

工业废水因具有排放量大且集中的特征，在水资源严重匮乏和水污染日益加剧的现实下，已成为节能减排和水环境治理的重点管控对象。工业废水排放量指报告期内经过企业厂区所有排放口排到企业外部的工业废水量，包括生产废水、外排的直接冷却水、超标排放的矿井地下水和工业废水混排的厂区生活污水，不包括外排的间接冷却水。本章选取长江经济带 9 省 2 市 2005—2015 年的工业废水排放总量为指标，图 6-1 为其时间变化趋势。

2005—2015 年，全国工业废水排放总量如图 6-1 所示。可以发现，2005—2007 年，我国工业废水排放总量由 2 431 121 万 t 增长为 2 466 493 万 t，呈现缓慢的增长态势；2007—2010 年，工业废水排放总量下降至 2 374 732 万 t，下降态势较为缓慢；2010—2015 年，工业废水排放总量下降至 1 994 983 万 t，下降态势较为明显。总体来看，2005—2015 年，我国工业废水排放总量呈现下降态势。

图 6-1　2005—2015 年全国工业废水排放总量、长江经济带工业废水排放总量的时间趋势

2005—2015 年，长江经济带工业废水排放总量及其占全国工业废水排放量的比例如图 6-1 所示。可以看出，2005—2015 年，长江经济带工业废水排放总量呈现下降态势，由 1 127 425 万 t 减少为 888 550 万 t，但其全国工业废水排放总量占比呈现波动性变化。2005—2008 年，长江经济带工业废水排放总量的全国占比由 46.37%下降至 43.22%，呈现显著下降的态势；2008—2009 年，长江经济带工业废水排放总量的全国占比增长至 44.65%，呈现显著的增长态势；2009—2012 年，长江经济带工业废水排放总量的全国占比下降至 42.80%，呈现显著的下降态势；2012—2015 年，长江经济带工业废水排放总量的全国占比增长至 44.54%，呈现显著的增长态势。总体来看，2005—2015 年，长江经济带工业废水排放总量的全国占比呈现下降态势。

2005—2015 年全国工业废水排放总量以及长江经济带 9 省 2 市的工业废水排放量如表 6-1 所示。可以发现：各个省（直辖市）的工业废水排放总量存在着较为明显的差异。其中，江西、安徽、贵州、云南呈现显著的增长态势，浙江、湖北呈现先上升后下降的态势，上海呈现先显著下降后缓慢上升的态势，江苏、湖南、重庆、四川呈现下降的态势，与全国水平的变化态势保持一致。

表 6-1　2005—2015 年长江经济带省份工业废水排放情况　　单位：万 t

地区	2005 年	2006 年	2007 年	2008 年	2009 年	2010 年
全国	2 431 121	2 401 946	2 466 493	2 416 511	2 343 857	2 374 732
上海	51 097	48 336	47 570	41 871	41 192	36 696
江苏	296 318	287 181	268 762	259 999	256 160	263 760
浙江	192 426	199 593	201 211	200 488	203 442	217 426
安徽	63 487	70 119	73 556	67 007	73 441	70 971
江西	53 972	64 074	71 410	68 681	67 192	72 526
湖北	92 432	91 146	91 001	93 687	91 324	94 593
湖南	122 440	100 024	100 113	92 340	96 396	95 605
重庆	84 885	86 496	69 003	67 027	65 684	45 180
四川	122 590	115 348	114 687	108 700	105 910	93 444
贵州	14 850	13 928	12 101	11 695	13 478	14 130
云南	32 928	34 286	35 352	32 996	32 375	30 926

地区	2011 年	2012 年	2013 年	2014 年	2015 年
全国	2 308 743	2 215 857	2 098 398	2 053 430	1 994 983
上海	44 626	46 359	45 426	43 939	46 939
江苏	246 298	236 094	220 559	204 890	206 427
浙江	182 240	175 416	163 674	149 380	147 353
安徽	70 720	67 175	70 972	69 580	71 436
江西	71 196	67 871	68 230	64 856	76 412
湖北	104 434	91 609	84 993	81 657	80 817
湖南	97 197	97 133	92 311	82 271	76 888
重庆	33 954	30 611	33 451	34 968	35 524
四川	80 420	69 984	64 864	67 577	71 647
贵州	20 626	23 399	22 898	32 674	29 174
云南	47 228	42 811	41 844	40 443	45 933

数据来源：《中国环境统计年鉴》。

2005—2015 年，长江经济带 9 省 2 市工业废水排放总量的平均值如图 6-2 所示。可以发现，工业废水排放总量大于 100 000 万 t 的省份为江苏和浙江，江苏平均值为 249 677 万 t，浙江平均值为 184 786 万 t，工业废水排放总量在 50 000 万～100 000 万 t 的省（直辖市）为湖南、四川、湖北、安徽、江西、重庆，平均值分别为 95 702 万 t、92 288 万 t、90 699 万 t、69 860 万 t、67 856 万 t、53 344 万 t，工业废水排放总量小于 50 000 万 t 的省（直辖市）为上海、云南和贵州，平均值分别为 44 914 万 t、37 920 万 t 和 18 996 万 t。

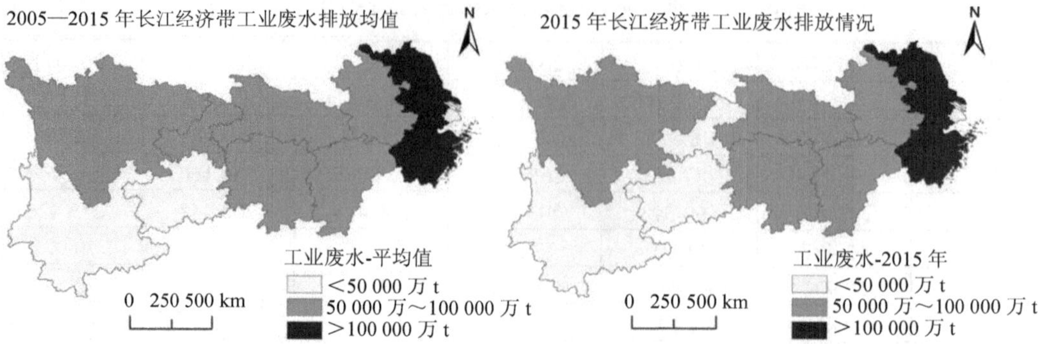

图 6-2 2005—2015 年长江经济带 9 省 2 市工业废水排放总量的空间差异

2015 年，长江经济带 9 省 2 市工业废水排放总量如图 6-2 所示。可以发现，2015 年，工业废水排放总量最高的省份依旧为江苏和浙江，江苏工业废水排放总量为 20 642 万 t，浙江平均值为 147 353 万 t，其后依次是湖北（80 817 万 t）、湖南（76 888 万 t）、江西（76 412 万 t）、四川（71 647 万 t）、安徽（71 436 万 t）、上海（46 939 万 t）、云南（45 933 万 t）、重庆（35 524 万 t）、贵州（29 174 万 t）。

6.1.2 工业废气排放状况

2005—2015 年，全国工业废气排放总量如图 6-3 所示。可以发现，2005—2011 年，我国工业废气排放总量由 268 988 亿 m^3 增长为 674 509 亿 m^3，呈现明显的增长态势；2011—2015 年，工业废气排放总量增长至 685 190 亿 m^3，呈现缓慢的增长态势；总体来看，2005—2015 年，我国工业废气排放总量呈现增长态势。

2005—2015 年，长江经济带工业废气排放总量及其占全国工业废气排放量的比例如图 6-3 所示。可以看出，2005—2015 年，长江经济带工业废气排放总量呈现增长态势，由 89 552 亿 m^3 增长为 244 641 亿 m^3，其全国工业废气排放总量的占比呈现波动性变化。2005—2007 年，长江经济带工业废气排放总量的全国占比由 33.29%增长至 35.59%，呈现显著增长的态势；2007—2008 年，长江经济带工业废气排放总量的全国占比减少为 32.89%，呈现显著的下降态势；2008—2014 年，长江经济带工业废气排放总量的全国占比增长至 36.22%，呈现显著的增长态势；2014—2015 年，长江经济带工业废气排放总量的全国占比下降至 35.70%，呈现小幅度的下降态势。总体来看，2005—2015 年，长江经济带工业废气排放总量的全国占比呈现增长态势。

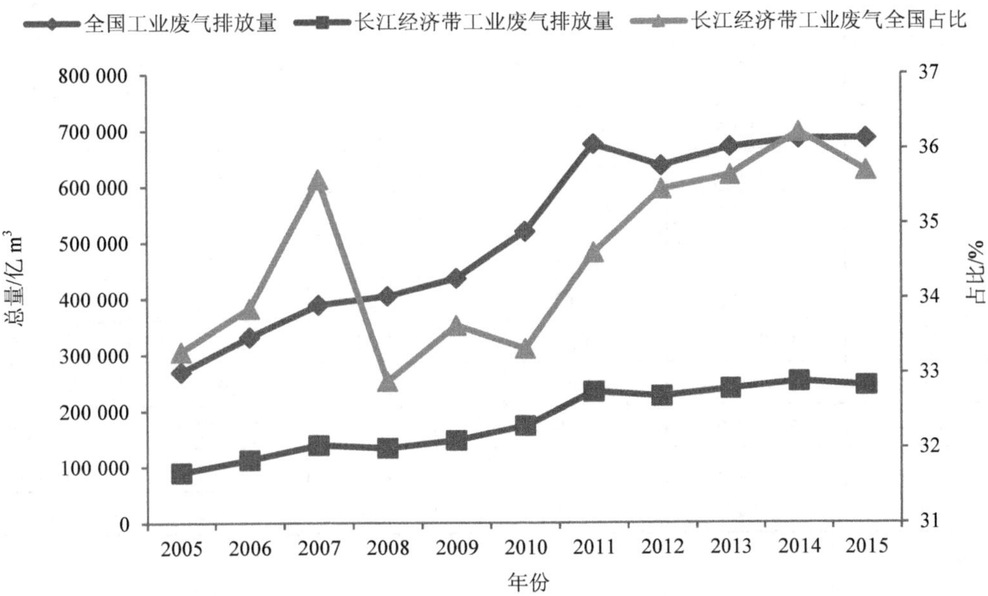

图 6-3　2005—2015 年全国工业废气排放总量、长江经济带工业废气排放总量的时间趋势

2005—2015 年，我国工业废气排放总量以及长江经济带 9 省 2 市的工业废气排放总量如表 6-2 所示。可以发现：各个省份（直辖市）的工业废气排放总量的变化态势较为一致，均呈现显著的增长态势，与全国水平的变化态势保持一致。

表 6-2　2010—2015 年长江经济带省份工业废气排放情况　　单位：亿 m^3

地区	2005 年	2006 年	2007 年	2008 年	2009 年	2010 年
全国	268 988	330 990	388 169	403 866	436 064	519 168
上海	8 482	9 428	9 591	10 436	10 059	12 969
江苏	20 197	24 881	23 585	25 245	27 432	31 213
浙江	13 025	14 702	17 467	17 633	18 860	20 434
安徽	6 960	8 677	13 254	15 749	15 273	17 849
江西	4 379	5 096	6 103	7 456	8 286	9 812
湖北	9 404	11 015	10 373	11 558	12 523	13 865
湖南	6 014	5 986	8 762	9 249	10 973	14 673
重庆	3 655	6 757	7 617	7 351	12 587	10 943
四川	8 140	10 553	22 970	12 997	13 410	20 107
贵州	3 852	8 344	10 356	6 842	7 786	10 192
云南	5 444	6 646	8 082	8 316	9 484	10 978

地区	2011 年	2012 年	2013 年	2014 年	2015 年
全国	674 509.3	635 519.1	669 360.9	694 190.4	685 190
上海	13 704.3	13 361.3	13 344.1	13 007.4	12 802
江苏	48 182.5	48 623.3	49 797.3	59 652.7	57 883
浙江	24 790.3	23 967.3	24 564.8	26 958.3	26 841
安徽	30 410.8	29 645	28 335.4	29 232.6	30 794
江西	16 102	14 814.1	15 573.8	15 613.4	17 055
湖北	22 840.8	19 512.5	19 986.9	21 701.8	23 643
湖南	16 778.5	15 887.5	17 276.4	16 050.5	15 320
重庆	9 121.1	8 359.9	9 532.4	9 289.6	9928
四川	23 171.8	21 909.6	19 760.6	20 053.7	16 538
贵州	10 820.4	14 311.6	24 466.5	23 207.9	18 288
云南	17 545	14 955.2	15 958.1	16 664.1	15 549

数据来源：《中国环境统计年鉴》。

2005—2015 年，长江经济带 9 省 2 市工业废气排放总量的平均值如图 6-4 所示。可以发现，工业废气排放总量大于 20 000 亿 m^3 的省份为江苏、浙江和安徽，江苏平均值为 37 881 亿 m^3，浙江平均值为 20 840 亿 m^3，安徽平均值为 20 562 亿 m^3；工业废气排放总量在 10 000 亿～20 000 亿 m^3 的省（直辖市）为四川、湖北、贵州、湖南、云南、上海、江西，平均值分别为 17 237 亿 m^3、16 038 亿 m^3、12 588 亿 m^3、12 452 亿 m^3、11 784 亿 m^3、11 562 亿 m^3、10 935 亿 m^3，工业废气排放总量小于 10 000 亿 m^3 的省（直辖市）为重庆，平均值分别为 8 649 亿 m^3。

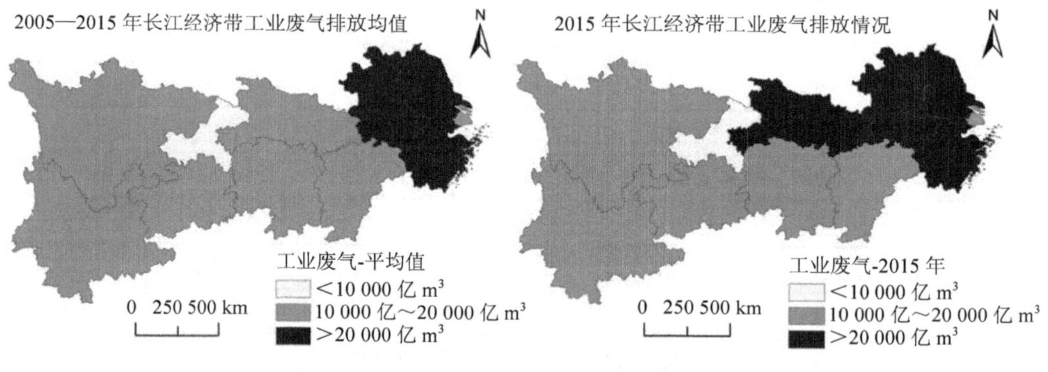

图 6-4 2005—2015 年长江经济带 9 省 2 市工业废气排放总量的空间差异

2015 年，长江经济带 9 省 2 市工业废气排放总量如图 6-4 所示。可以发现，2015 年，工业废气排放总量最高的省份为江苏、安徽、浙江和湖北，江苏工业废气排放总量为 57 883 亿 m^3，安徽平均值为 30 794 亿 m^3、浙江平均值为 26 841 亿 m^3、湖北平均值为 23 643 亿 m^3，其后依次是贵州（18 288 亿 m^3）、江西（17 055 亿 m^3）、四川（16 538 亿 m^3）、云南（15 549 亿 m^3）、湖南（15 320 亿 m^3）、上海（12 802 亿 m^3）、重庆（9 928 亿 m^3）。

6.1.3　工业 SO_2 排放量

2005—2015 年，中国工业 SO_2 排放总量如图 6-5 所示。可以发现，2005—2006 年，我国工业 SO_2 排放总量由 2 168.4 万 t 增长至 2 234.8 万 t，呈现增长态势；2006—2010 年，工业 SO_2 排放总量下降至 1 864.4 万 t，呈现明显的下降态势；2010—2011 年，工业 SO_2 排放总量增长至 2 017.2 万 t，呈现增长态势；2011—2015 年，工业 SO_2 排放总量下降至 1 556.7 万 t，呈现下降态势。总体来看，2005—2015 年，我国工业 SO_2 排放总量呈现下降态势。

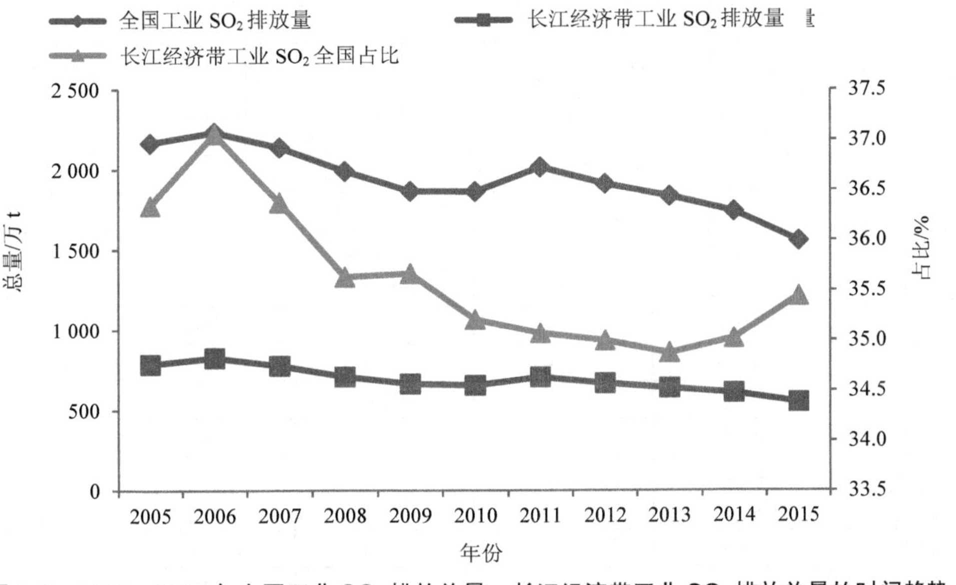

图 6-5　2005—2015 年全国工业 SO_2 排放总量、长江经济带工业 SO_2 排放总量的时间趋势

2005—2015 年，长江经济带工业 SO_2 排放总量以及占全国工业 SO_2 排放量的比例如图 6-5 所示。可以看出，2005—2015 年，长江经济带工业 SO_2 排放总量呈现下降态势，由 788 万 t 下降为 552 万 t，其全国工业 SO_2 排放总量的占比呈现波动性变化。2005—2006 年，长江经济带工业 SO_2 排放总量的全国占比由 36.34%增长为 37.06%，呈现增长态势；2006—2013 年，长江经济带工业 SO_2 排放总量的全国占比减少为 34.87%，呈现显著的下降态势；2013—2015 年，长江经济带工业 SO_2 排放总量的全国占比增长为 35.44%，呈现显著的增长态势。总体来看，2005—2015 年，长江经济带工业 SO_2 排放总量的全国占比呈现下降态势。

2005—2015 年，我国工业 SO_2 排放总量以及长江经济带 9 省 2 市的工业 SO_2 排放量如表 6-3 所示。可以发现：大部分省（直辖市）工业 SO_2 排放总量的变化态势与全国水平的变化态势保持一致，上海、江苏、浙江、安徽、江西、湖北、四川、湖南、重庆、贵州均呈现下降的态势，云南呈现上升的态势。

表 6-3　2010—2015 年长江经济带省份工业二氧化硫排放情况　单位：万 t

地区	2005 年	2006 年	2007 年	2008 年	2009 年	2010 年
全国	2 168.4	2 234.8	2 140.0	1 991.4	1 865.9	1 864.4
上海	37.5	37.4	36.4	29.8	23.9	22.1
江苏	131.2	124.1	116.1	107.4	101.2	100.2
浙江	83.1	82.9	77.5	71.6	67.7	65.4
安徽	51.5	51.9	51.7	50.3	48.7	48.4
江西	55.5	57.0	55.3	51.1	49.0	47.1
湖北	62.6	65.4	60.3	56.2	52.7	51.6
湖南	75.5	76.6	73.9	67.5	64.9	62.7
重庆	68.3	71.2	68.3	62.7	58.6	57.3
四川	114.1	112.1	102.3	96.9	94.6	93.8
贵州	65.9	104.0	92.1	74.1	62.4	63.8
云南	42.9	45.6	44.5	42.0	41.8	44.0

地区	2011 年	2012 年	2013 年	2014 年	2015 年
全国	2 017.2	1 911.7	1 835.2	1 740.4	1 556.7
上海	21.0	19.3	17.3	15.5	10.5
江苏	102.5	95.9	90.9	87.0	79.5
浙江	64.7	61.1	57.9	56.0	52.4
安徽	48.7	47.0	45.0	44.1	42.0
江西	56.8	55.2	54.3	51.7	51.6
湖北	59.5	54.9	52.4	50.6	47.1
湖南	63.6	59.3	58.9	56.0	51.6
重庆	53.1	51.0	49.4	47.5	42.7
四川	82.9	79.4	74.6	72.6	62.2
贵州	90.3	83.7	77.9	70.2	59.9
云南	64.3	62.3	61.3	58.3	52.4

数据来源：《中国环境统计年鉴》。

2005—2015 年，长江经济带 9 省 2 市工业 SO_2 排放总量的平均值如图 6-6 所示。可以发现，工业 SO_2 排放总量大于 100 万 t 的省份为江苏，江苏平均值为 103.28 万 t；工业 SO_2 排放总量在 50 万～100 万 t 的省（直辖市）为四川、贵州、浙江、湖南、重庆、湖北、江西、云南，平均值分别为 89.6 万 t、76.8 万 t、67.3 万 t、64.6 万 t、57.3 万 t、55.7 万 t、53.1 万 t、50.8 万 t，工业 SO_2 排放总量小于 50 万 t 的省（直辖市）为安徽和上海，平均值分别为 48.1 万 t 和 24.6 万 t。

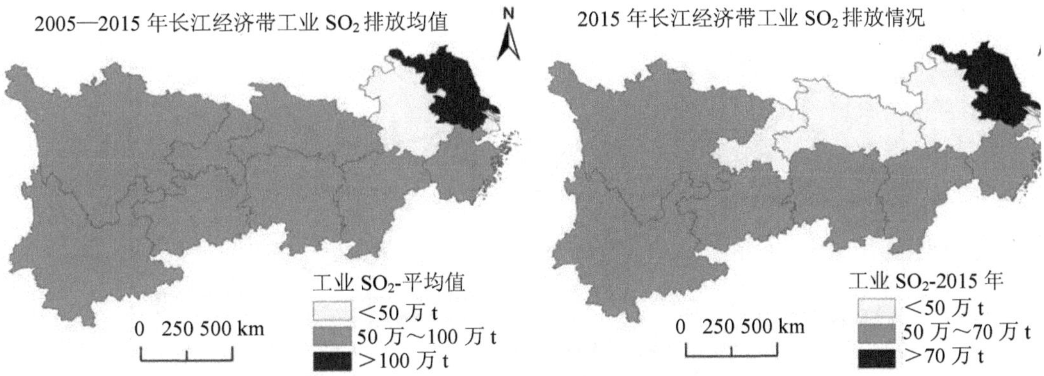

图 6-6　2005—2015 年长江经济带 9 省 2 市工业 SO_2 排放总量的空间差异

2015 年，长江经济带 9 省 2 市工业 SO_2 排放总量如图 6-6 所示。可以发现，2015 年，工业 SO_2 排放总量最高的省份为江苏，江苏工业 SO_2 排放总量为 79.2 万 t，其后依次为四川（62.2 万 t）、贵州（59.9 万 t）、浙江（52.4 万 t）、云南（52.4 万 t）、湖南（51.6 万 t）、江西（51.6 万 t）、湖北（47.1 万 t）、重庆（42.7 万 t）、安徽（42.0 万 t）、上海（10.5 万 t）。

6.1.4　工业烟（粉）尘排放量

2005—2015 年，中国工业烟（粉）尘排放总量如图 6-7 所示。可以发现，2005—2010 年，我国工业烟（粉）尘排放总量由 948.9 万 t 下降为 603.2 万 t，呈现缓慢的下降态势；2010—2014 年，工业烟（粉）尘排放总量增长至 1 456.1 万 t，呈现波动上升态势；2014—2015 年，工业烟（粉）尘排放总量下降至 1 232.6 万 t，呈现下降态势。总体来看，2005—2015 年，我国工业烟（粉）尘排放总量呈现上升态势。

2005—2015 年，长江经济带工业烟（粉）尘排放总量及其占全国工业烟（粉）尘排放总量的比例如图 6-7 所示。可以看出，2005—2015 年，长江经济带工业烟（粉）尘排放总量呈现先下降后上升的态势，与全国水平的变化态势保持一致。2005—2008 年，长江经济带工业烟（粉）尘排放总量的全国占比由 31.81%下降至 30.25%，呈现下降态势；2008—2013 年，长江经济带工业烟（粉）尘排放总量的全国占比呈现波动下降态势；2013—2015 年，长江经济带工业烟（粉）尘排放总量的全国占比由 28.99%增长至 30.94%，呈现显著的增长态势。总体来看，2005—2015 年，长江经济带工业烟（粉）尘排放总量的全国占比呈现下降态势。

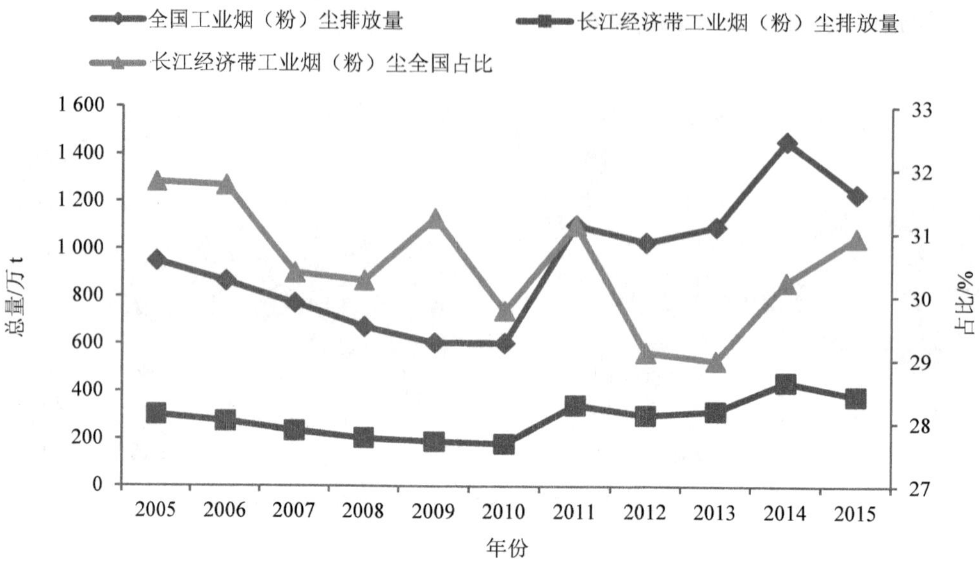

图 6-7　2005—2015 年全国工业烟（粉）尘排放总量、长江经济带工业烟（粉）尘排放总量的时间趋势

2005—2015 年，我国工业烟(粉)尘排放总量以及长江经济带 9 省 2 市的工业烟(粉)尘排放量如表 6-4 所示。可以发现：各个省份（直辖市）的工业烟（粉）尘排放总量的变化态势较为一致，均呈现先下降后上升的变化态势，与全国水平的变化态势保持一致。

表 6-4　2005—2015 年长江经济带省份工业烟（粉）尘排放情况　　单位：万 t

地区	2005 年	2006 年	2007 年	2008 年	2009 年	2010 年
全国	948.9	864.5	771.1	670.7	604.4	603.2
上海	5.0	4.7	4.0	4.1	3.6	4.2
江苏	42.6	40.2	33.9	30.7	30.1	29.9
浙江	19.9	19.5	17.2	16.5	18.0	16.5
安徽	25.3	25.4	23.7	24.2	23.0	20.7
江西	23.0	21.2	17.9	15.8	13.9	13.9
湖北	26.6	26.9	21.3	19.1	17.9	14.5
湖南	45.3	41.6	37.3	30.7	27.6	23.5
重庆	13.1	13.1	11.6	10.1	10.9	10.2
四川	63.4	47.5	33.0	21.9	19.6	26.0
贵州	20.5	18.4	19.1	14.6	11.8	11.3
云南	17.1	16.0	15.2	15.2	12.4	8.9

地区	2011 年	2012 年	2013 年	2014 年	2015 年
全国	1 100.9	1 029.3	1 094.6	1 456.1	1 232.6
上海	6.6	6.4	6.7	13.1	11.1
江苏	48.6	39.6	45.6	72.0	61.2
浙江	30.3	23.3	29.7	35.9	31.1
安徽	41.1	35.2	35.2	58.5	47.8
江西	35.9	32.2	32.5	42.9	44.6
湖北	30.7	28.2	29.5	43.8	37.8
湖南	35.5	29.9	31.7	45.2	41.2
重庆	17.1	16.6	18.0	21.5	19.6
四川	35.8	26.8	26.9	39.9	37.6
贵州	25.7	25.7	26.2	34.3	23.1
云南	35.3	36.0	35.5	33.0	26.1

数据来源：《中国环境统计年鉴》。

2005—2015 年，长江经济带 9 省 2 市工业烟（粉）尘排放总量的平均值如图 6-8 所示。可以发现，工业烟（粉）尘排放总量大于 30 万 t 的省份为江苏、湖南、四川和安徽，江苏平均值为 43.13 万 t，湖南平均值为 35.41 万 t，四川平均值为 34.39 万 t，安徽平均值为 32.73 万 t；工业烟（粉）尘排放总量在 20 万～30 万 t 的省为湖北、江西、浙江、云南、贵州，平均值分别为 26.94 万 t、26.70 万 t、23.44 万 t、22.79 万 t、20.97 万 t，工业烟（粉）尘排放总量小于 20 万 t 的省（直辖市）为重庆和上海，平均值分别为 14.71 万 t 和 6.33 万 t。

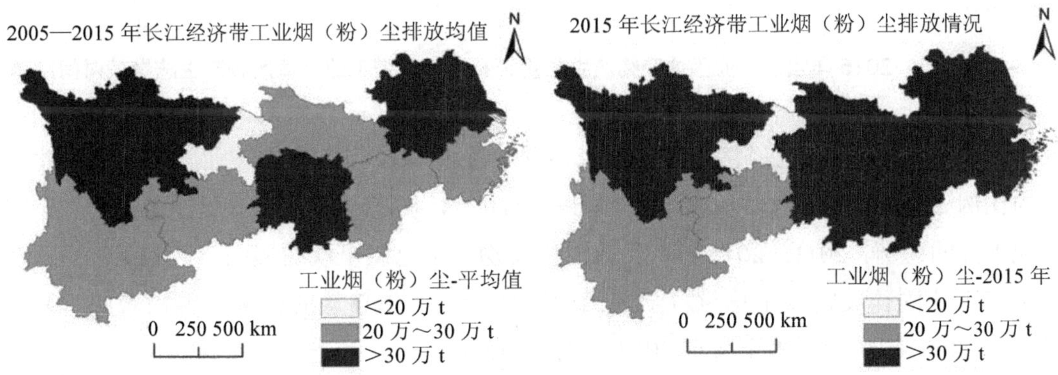

图 6-8　2005—2015 年长江经济带 9 省 2 市工业烟（粉）尘排放总量的空间差异

2015 年，长江经济带 9 省 2 市工业烟（粉）尘排放总量如图 6-8 所示。可以发现，2015 年，工业烟（粉）尘排放总量最高的省份为江苏，江苏工业烟（粉）尘排放总量为

61.2 万 t，其后依次为安徽（47.8 万 t）、江西（44.6 万 t）、湖南（41.2 万 t）、湖北（37.8 万 t）、四川（37.6 万 t）、浙江（31.1 万 t）、云南（26.1 万 t）、贵州（23.1 万 t）、重庆（19.6 万 t）、上海（11.1 万 t）。

6.1.5 工业固体废物产生状况

2005—2015 年全国工业固体废物产生总量如图 6-9 所示。可以发现，2005—2011 年，我国工业固体废物产生总量由 134 449 万 t 增加至 322 772 万 t，呈现显著的增长态势；2011—2015 年，工业固体废物产生总量增长至 327 079 万 t，呈现缓慢的增长态势。总体来看，2005—2015 年，我国工业固体废物产生总量呈现上升态势。

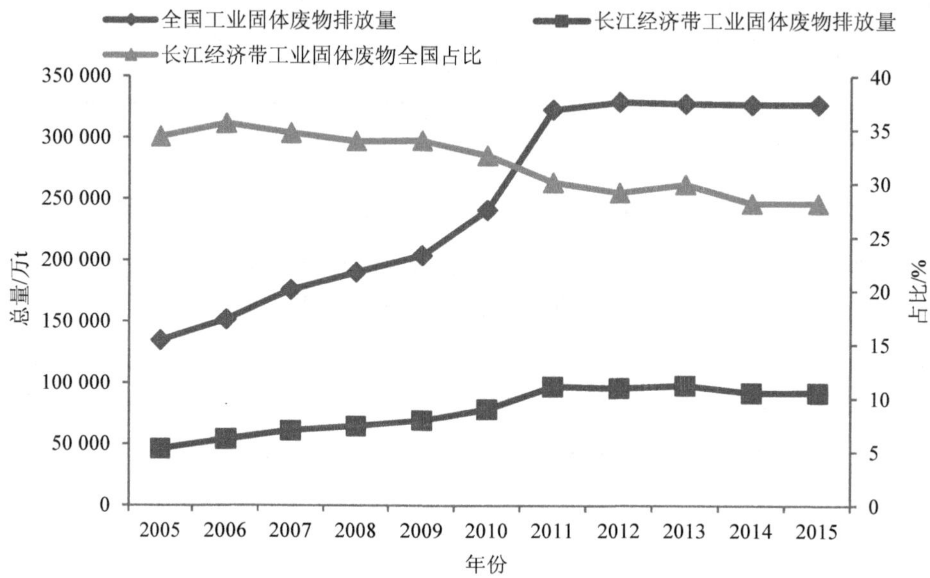

图 6-9 2005—2015 年全国工业固体废物产生总量、长江经济带工业固体废物产生总量的时间趋势

2005—2015 年长江经济带工业固体废物产生总量及其占全国工业固体废物产生总量的比例如图 6-9 所示。可以看出，2005—2011 年，长江经济带工业固体废物产生总量呈现上升的态势；2011—2015 年，工业固体废物产生总量呈现缓慢的下降态势。而长江经济带工业固体废物产生总量占全国工业固体废物产生总量的比例呈现显著的下降态势，由 2005 年的 34.37%下降至 2015 年的 28.15%。

2005—2015 年，我国工业固体废物产生量以及长江经济带 9 省 2 市的工业固体废物产生量如表 6-5 所示。可以发现：各个省（直辖市）的工业固体废物产生总量存在着较为明显的差异。其中，浙江、安徽、湖北呈现显著的增长态势，江苏、上海、江西、云南、四川、贵州、湖南、重庆呈现先上升后下降的态势，与全国水平的变化态势保持一致。

表 6-5　2005—2015 年长江经济带省份固体废物产生情况　　单位：万 t

地区	2005 年	2006 年	2007 年	2008 年	2009 年	2010 年
全国	134 449	151 541	175 632	190 127	203 943	240 944
上海	1 964	2 063	2 165	2 347	2 255	2 448
江苏	5 757	7 195	7 354	7 724	8 028	9 064
浙江	2 514	3 096	3 614	3 785	3 910	4 268
安徽	4 196	5 028	5 960	7 569	8 471	9 158
江西	7 007	7 393	7 777	8 190	8 898	9 407
湖北	3 692	4 315	4 683	5 014	5 562	6 813
湖南	3 366	3 688	4 560	4 520	5 093	5 773
重庆	1 777	1 764	2 087	2 311	2 552	2 837
四川	6 421	7 600	9 654	9 237	8 597	11 239
贵州	4 854	5 827	5 989	5 844	7 317	8 188
云南	4 661	5 972	7 098	7 986	8 673	9 392

地区	2011 年	2012 年	2013 年	2014 年	2015 年
全国	322 772	329 044	327 702	325 620	327 079
上海	2 442	2 199	2 054	1 925	1 868
江苏	10 475	10 224	10 856	10 925	10 701
浙江	4 446	4 461	4 300	4 542	4 486
安徽	11 473	12 022	11 937	12 000	13 059
江西	11 372	11 134	11 518	10 821	10 777
湖北	7 596	7 611	8 181	8 006	7 750
湖南	8 487	8 116	7 806	6 934	7 126
重庆	3 299	3 115	3 162	3 068	2 828
四川	12 684	13 187	14 007	14 246	12 316
贵州	7 598	7 835	8 194	7 394	7 055
云南	17 335	16 038	16 040	14 481	14 109

数据来源：《中国环境统计年鉴》。

2005—2015 年，长江经济带 9 省 2 市工业固体废物产生量的平均值如图 6-10 所示。可以发现，工业固体废物产生量大于 10 000 万 t 的省份为云南和四川，云南平均值为 11 037.5 万 t，四川平均值为 10 659.8 万 t；工业固体废物产生量在 5 000 万～10 000 万 t 的省为江西、安徽、江苏、贵州、湖北、湖南，平均值分别为 9 477.3 万 t、9 266.6 万 t、8 916.3 万 t、6 886.9 万 t、6 269.7 万 t、5 969.2 万 t，工业固体废物产生量小于 5 000 万 t 的省份（直辖市）为浙江、重庆和上海，平均值分别为 3 942.3 万 t、2 596.4 万 t 和 2 152.1 万 t。

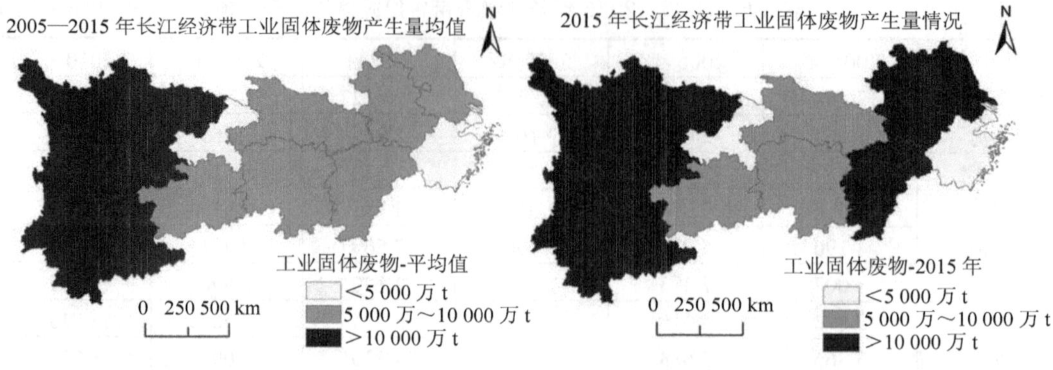

图 6-10　2005—2015 年长江经济带 9 省 2 市工业固体废物产生量的空间差异

2015 年，长江经济带 9 省 2 市工业固体废物产生量如图 6-10 所示。可以发现，2015 年，工业固体废物产生量最高的省份为云南、安徽、四川、江西、江苏，工业固体废物产生量分别为 14 109 万 t、13 059 万 t、12 316 万 t、10 777 万 t、10 701 万 t，其后依次为湖北（7 750 万 t）、湖南（7 126 万 t）、贵州（7 055 万 t）、浙江（4 486 万 t）、重庆（2 828 万 t）、上海（1 868 万 t）。

2005—2015 年，我国工业固体废物综合利用率的时间趋势如图 6-11 所示。可以看出，2005—2009 年，我国工业固体废物综合利用率由 56.10%增加至 67.76%，呈现上升态势；2009—2011 年，我国工业固体废物的综合利用率由 67.76%下降至 60.48%，呈现下降态势；2011—2015 年，我国工业固体废物的综合利用率由 60.48%增加至 60.78%，呈现缓慢的增长态势。总体来看，2005—2015 年，我国工业固体废物的综合利用率呈现先上升后下降态势。

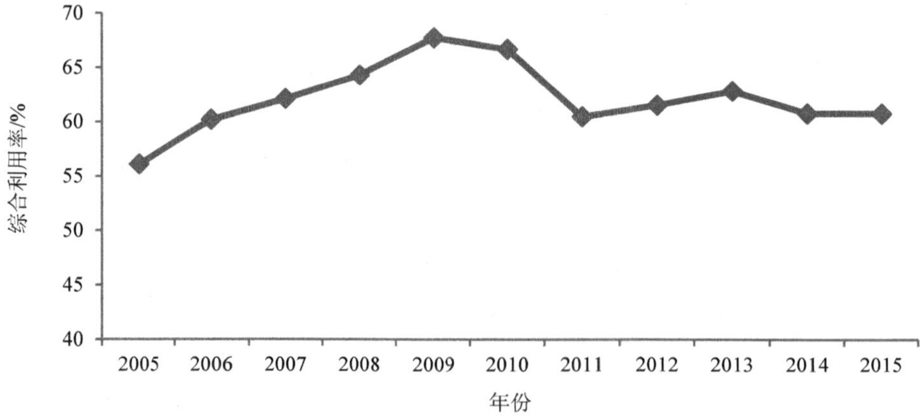

图 6-11　2005—2015 年中国工业固体废物综合利用率的时间趋势

2005—2015 年，我国工业固体废物综合利用率以及长江经济带 9 省 2 市的工业固体废物综合利用率如表 6-6 所示。可以发现：各个省（直辖市）的工业固体废物综合利用率呈现显著差异。2015 年，工业固体废物综合利用率较高的省份为上海、江苏和浙江，其综合利用率分别为 96.05%、95.45%、93.05%，其后依次是安徽（84.60%）、重庆（80.06%）、湖北（74.29%）、湖南（71.13%）、四川（51.34%）、贵州（48.29%）、云南（47.35%）、江西（46.05%）。

表 6-6　2005—2015 年长江经济带省份固体废物综合利用率情况　单位：%

地区	2005 年	2006 年	2007 年	2008 年	2009 年	2010 年
全国	56.1	60.2	62.1	64.3	67.8	66.7
上海	96.3	94.7	94.2	95.5	96.3	96.2
江苏	94.8	94.1	96.1	96.6	97.9	96.1
浙江	92.6	91.8	92.2	92.2	91.7	94.3
安徽	79.3	81.6	82.2	82.8	85.3	84.6
江西	26.9	35.6	36.4	39.6	41.6	46.5
湖北	73.3	72.3	74.9	74.7	75.7	80.5
湖南	70.0	73.0	74.3	78.9	78.7	81.0
重庆	72.1	73.7	76.7	79.1	81.4	80.2
四川	59.7	55.0	52.2	61.5	57.6	54.8
贵州	34.1	36.0	37.5	39.9	45.8	50.9
云南	35.0	41.0	42.7	47.8	49.2	50.8

地区	2011 年	2012 年	2013 年	2014 年	2015 年	平均值
全国	60.5	61.5	62.8	60.8	60.8	62.14
上海	96.6	97.3	97.1	96.1	96.1	96.05
江苏	95.4	91.4	96.7	95.4	95.4	95.45
浙江	92.0	91.5	95.1	95.0	95.0	93.05
安徽	81.6	85.4	87.6	90.1	90.1	84.60
江西	55.4	54.5	55.8	57.1	57.1	46.05
湖北	79.1	75.4	75.7	67.8	67.8	74.29
湖南	66.9	63.9	64.2	65.7	65.7	71.13
重庆	78.4	82.5	85.2	85.7	85.7	80.06
四川	47.3	45.9	41.3	44.7	44.7	51.34
贵州	52.8	61.8	50.8	60.8	60.8	48.29
云南	50.3	49.5	52.5	51.0	51.0	47.35

数据来源：《中国环境统计年鉴》。

6.2 长江经济带生活污染状况

环境污染是一个综合的整体概念，不仅包括生产污染，还包括生活污染（肖周燕，2015），生活污染减排是城市环境治理的关键（赵海霞等，2016）。由于生活污染类型多，具有分散性，处理难度较大，选取生活 SO_2 排放量、生活烟（粉）尘排放量、生活污水排放量三个相关指标度量生活污染。

6.2.1 生活 SO_2 排放量

2005—2015 年，全国生活 SO_2 排放总量如图 6-12 所示。可以发现，2005—2007 年，我国生活 SO_2 排放总量由 381 万 t 减少为 328.1 万 t，呈现下降态势；2007—2009 年，生活 SO_2 排放总量增加至 348.5 万 t，呈现上升态势；2009—2011 年，生活 SO_2 排放总量下降为 200.4 万 t，呈现下降态势；2011—2015 年，生活 SO_2 排放总量增加至 296.9 万 t，呈现上升态势。总体来看，2005—2015 年，我国生活 SO_2 排放总量呈现先下降后上升态势。

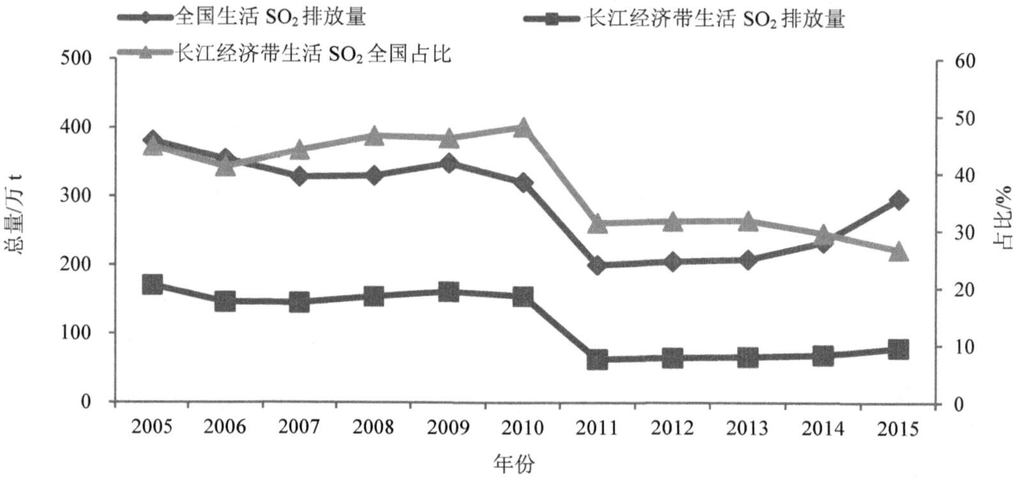

图 6-12　2005—2015 年全国生活 SO_2 排放总量、长江经济带生活 SO_2 排放总量的时间趋势

2005—2015 年，长江经济带生活 SO_2 排放总量及其占全国生活 SO_2 排放量的比例如图 6-12 所示。可以看出，2005—2015 年，长江经济带生活 SO_2 排放总量呈现先缓慢下降再急剧下降的态势。其占全国生活 SO_2 排放总量的比例呈现波动性变化；2005—2006 年，长江经济带生活 SO_2 排放总量的全国占比由 44.70%下降为 41.19%，呈现下降态势；2006—2010 年，长江经济带生活 SO_2 排放总量的全国占比增加至 48.21%，呈现显著的增长态势；2010—2015 年，长江经济带生活 SO_2 排放总量的全国占比下降至

26.76%，呈现显著的下降态势。总体来看，2005—2015 年，长江经济带生活 SO_2 排放总量的全国占比呈现下降态势。

2005—2015 年，我国生活 SO_2 排放总量以及长江经济带 9 省 2 市的生活 SO_2 排放总量如表 6-7 所示。可以发现：各个省（直辖市）的生活 SO_2 排放总量存在着较为明显的差异。上海、江西、湖北、湖南、重庆、四川呈现先上升后下降的态势，江苏、浙江、安徽、贵州、云南呈现下降的态势。

表 6-7　2005—2015 年长江经济带省份生活 SO_2 排放情况　单位：万 t

地区	2005 年	2006 年	2007 年	2008 年	2009 年	2010 年
全国	381.0	354.0	328.1	329.9	348.5	320.7
上海	13.8	13.4	13.3	14.8	14.0	13.7
江苏	6.1	6.2	5.8	5.7	6.2	4.8
浙江	2.9	3.0	2.2	2.5	2.4	2.4
安徽	5.6	6.5	5.5	5.3	5.2	4.8
江西	5.8	6.4	6.8	7.2	7.4	8.6
湖北	9.2	10.7	10.4	10.7	11.6	11.7
湖南	16.4	16.8	16.5	16.5	16.2	17.4
重庆	15.4	14.8	14.3	15.5	16.0	14.7
四川	15.9	16.0	15.6	17.9	18.9	19.3
贵州	69.9	42.5	45.4	49.4	55.2	51.1
云南	9.3	9.5	8.8	8.2	8.1	6.1

地区	2011 年	2012 年	2013 年	2014 年	2015 年
全国	200.4	205.7	208.5	233.9	296.9
上海	3.0	3.5	4.3	3.3	3.0
江苏	2.9	3.2	3.2	3.4	4.0
浙江	1.5	1.5	1.4	1.4	1.4
安徽	4.2	4.9	5.1	5.2	6.0
江西	1.6	1.6	1.4	1.7	1.2
湖北	7.1	7.4	7.5	7.8	8.1
湖南	4.9	5.2	5.3	6.4	8.0
重庆	5.6	5.5	5.3	5.2	6.9
四川	7.3	7.0	7.0	7.1	9.5
贵州	20.1	20.4	20.8	22.3	25.4
云南	4.9	5.0	5.0	5.4	6.0

数据来源：《中国环境统计年鉴》。

2005—2015 年，长江经济带 9 省 2 市生活 SO_2 排放总量的平均值如图 6-13 所示。可以发现，生活 SO_2 排放总量大于 30 万 t 的省份为贵州，贵州平均值为 38.4 万 t；生活 SO_2 排放总量在 5 万～30 万 t 的省（直辖市）为四川、湖南、重庆、湖北、上海、云南和安徽，平均值分别为 12.9 万 t、11.8 万 t、10.8 万 t、9.3 万 t、9.1 万 t、6.9 万 t 和 5.3 万 t，生活 SO_2 排放总量小于 5 万 t 的省为江苏、江西和浙江，平均值分别为 4.7 万 t、4.5 万 t 和 2.0 万 t。

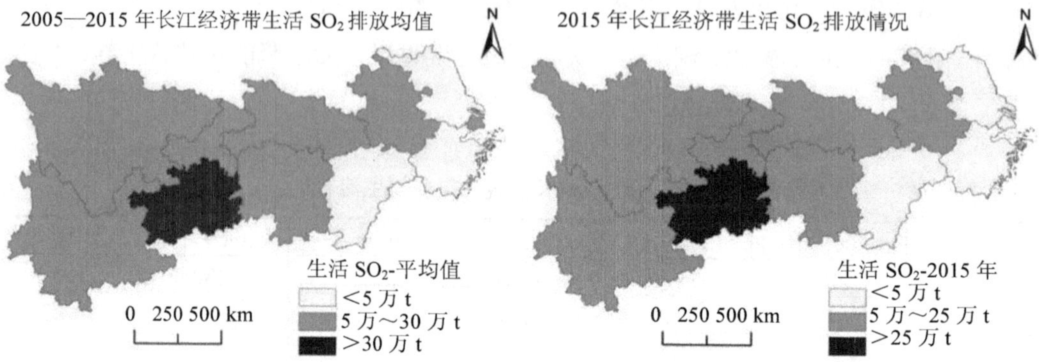

图 6-13 2005—2015 年长江经济带 9 省 2 市生活 SO_2 排放总量的空间差异

2015 年，长江经济带 9 省 2 市生活 SO_2 排放总量如图 6-13 所示。可以发现，2015 年，生活 SO_2 排放总量最高的省份为贵州，贵州生活 SO_2 排放总量为 25.4 万 t，其后依次为四川（9.5 万 t）、湖北（8.1 万 t）、湖南（8.0 万 t）、重庆（6.9 万 t）、安徽（6.0 万 t）、云南（6.0 万 t）、江苏（4.0 万 t）、上海（3.0 万 t）、浙江（1.4 万 t）、江西（1.2 万 t）。

6.2.2 生活烟（粉）尘排放量

2005—2015 年，我国生活烟（粉）尘排放总量如图 6-14 所示。可以发现，2005—2009 年，我国生活烟（粉）尘排放总量由 234 万 t 增长为 243 万 t，呈现缓慢的增长态势；2009—2011 年，生活烟（粉）尘排放总量下降至 115 万 t，呈现明显的下降态势；2011—2015 年，生活烟（粉）尘排放总量增长 250 万 t，呈现增长态势。总体来看，2005—2015 年，我国生活烟（粉）尘排放总量呈现先下降后上升的态势。

2005—2015 年，长江经济带生活烟（粉）尘排放总量及其占全国生活烟（粉）尘排放量的比例如图 6-14 所示。可以看出，2005—2009 年，长江经济带生活烟（粉）尘排放总量呈现增长态势，由 77 万 t 增长至 83 万 t；2009—2011 年，生活烟（粉）尘排放总量呈现明显的下降态势，下降至 16 万 t；2011—2015 年，生活烟（粉）尘排放总量呈现增长态势，增长为 26 万 t。其全国生活烟（粉）尘排放总量的占比呈现波动性变化，2005—2009 年，长江经济带生活烟（粉）尘排放总量的全国占比由 33.09%增长至 34.11%，呈现增长态势；2009—2011 年，长江经济带生活烟（粉）尘排放总量的全国占比减少为 13.96%，呈现显著的下降态势；2011—2015 年，长江经济带生活烟（粉）尘排放总量的全国占比下降至 10.06%，呈现波动下降的态势。总体来看，2005—2015 年，长江经济带生活烟（粉）尘排放总量的全国占比呈现下降态势。

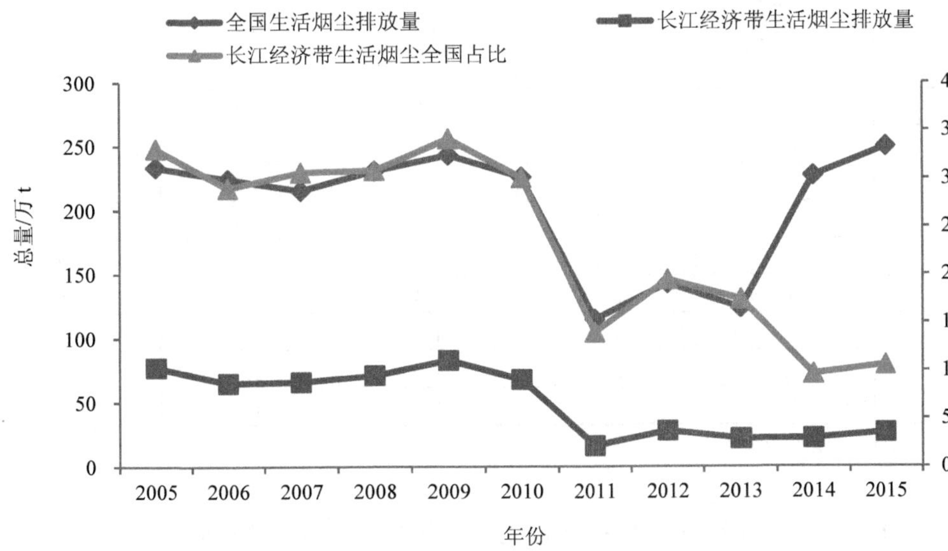

图 6-14　2005—2015 年全国生活烟（粉）尘排放总量、长江经济带生活烟（粉）尘排放总量的时间趋势

2005—2015 年，我国生活烟（粉）尘排放总量以及长江经济带 9 省 2 市的生活烟（粉）尘排放量如表 6-8 所示。可以发现：大部分省（直辖市）生活烟（粉）尘排放总量的变化态势与全国水平的变化态势保持一致，上海、江苏、浙江、安徽、江西、湖北、四川、重庆、贵州均呈现先上升后下降的态势，湖南、云南呈现先下降后上升的态势。

表 6-8　2005—2015 年长江经济带省份生活烟（粉）尘排放情况　　单位：万 t

地区	2005 年	2006 年	2007 年	2008 年	2009 年	2010 年
全国	233.6	224.3	215.5	230.9	243.3	225.9
上海	6.6	6.6	6.6	6.6	6.5	6.0
江苏	2.6	2.8	3.0	2.8	2.9	3.6
浙江	1.3	1.1	1.0	1.0	1.0	0.9
安徽	4.5	5.7	5.2	4.9	5.0	4.8
江西	1.6	1.8	2.3	2.6	2.5	2.5
湖北	6.4	3.8	3.7	3.8	3.7	4.8
湖南	8.6	7.5	7.0	7.1	6.6	7.7
重庆	8.5	8.2	8.2	8.3	8.2	10.6
四川	15.7	13.8	12.9	10.7	8.9	8.2
贵州	15.9	7.9	10.4	18.1	32.2	13.9
云南	5.6	5.8	5.7	5.3	5.5	4.9

地区	2011 年	2012 年	2013 年	2014 年	2015 年
全国	114.8	142.7	123.9	227.1	249.7
上海	1.5	1.5	0.6	0.4	0.4
江苏	1.2	1.9	1.7	1.8	1.9
浙江	0.4	0.4	0.7	0.7	0.6
安徽	1.5	8.7	4.4	4.4	4.4
江西	1.0	0.9	0.6	0.8	0.9
湖北	2.3	5.2	4.8	4.9	5.2
湖南	1.4	2.7	2.6	2.8	2.6
重庆	0.2	0.9	0.4	0.4	0.5
四川	1.3	1.2	1.1	1.5	2.2
贵州	3.7	2.8	2.9	2.4	4.4
云南	1.4	1.5	1.5	1.9	3.3

数据来源：《中国环境统计年鉴》。

2005—2015 年，长江经济带 9 省 2 市生活烟（粉）尘排放总量的平均值如图 6-15 所示。可以发现，生活烟（粉）尘排放总量大于 5 t 的省份为贵州、四川和湖南，贵州平均值为 10.41 万 t，四川平均值为 7.05 万 t，湖南平均值为 5.14 万 t；生活烟（粉）尘排放总量在 1 万～5 万 t 的省（直辖市）为重庆、安徽、湖北、上海、云南、江苏和江西，平均值分别为 4.96 万 t、4.88 万 t、4.42 万 t、3.94 万 t、3.86 万 t、2.38 万 t、1.59 万 t；生活烟（粉）尘排放总量小于 1 万 t 的省为浙江，平均值分别为 0.82 万 t。

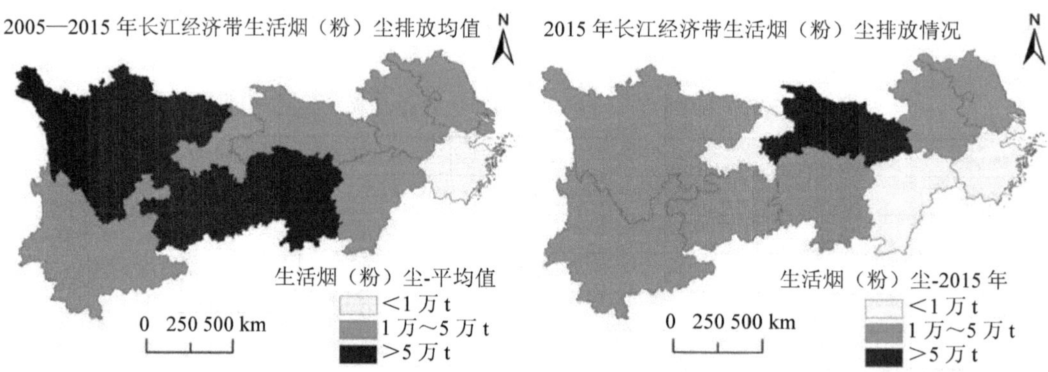

图 6-15　2005—2015 年长江经济带 9 省 2 市生活烟（粉）尘排放总量的空间差异

2015 年，长江经济带 9 省 2 市生活烟（粉）尘排放总量如图 6-15 所示。可以发现，2015 年，生活烟（粉）尘排放总量最高的省份为湖北，湖北生活烟（粉）尘排放总量为 5.21 万 t，其后依次为安徽（4.45 万 t）、贵州（4.37 万 t）、云南（3.30 万 t）、湖南（2.55 万 t）、四川（2.24 万 t）、江苏（1.94 万 t）、江西（0.89 万 t）、浙江（0.60 万 t）、重庆（0.54 万 t）、上海（0.38 万 t）。

6.2.3　生活污水排放量

2005—2015 年，全国生活污水排放总量如图 6-16 所示。可以发现，2005—2015 年，我国生活污水排放总量由 2 813 968 万 t 增长为 5 352 038 万 t，呈现增长态势。

2005—2015 年，长江经济带生活污水排放总量及其占全国生活污水排放量的比例如图 6-16 所示。可以看出，2005—2015 年，长江经济带生活污水排放总量呈增长态势，由 1 215 565 万 t 增加至 2 296 566 万 t，但其全国生活污水排放总量占比呈波动性变化。2005—2010 年，长江经济带生活污水排放总量的全国占比由 43.20%下降至 41.72%，呈显著下降的态势；2010—2011 年，长江经济带生活污水排放总量的全国占比增长至 43.75%，呈显著的增长态势；2011—2015 年，长江经济带生活污水排放总量的全国占比下降至 42.91%，呈下降态势。总体来看，2005—2015 年，长江经济带生活污水排放总量的全国占比呈现先下降后上升的态势。

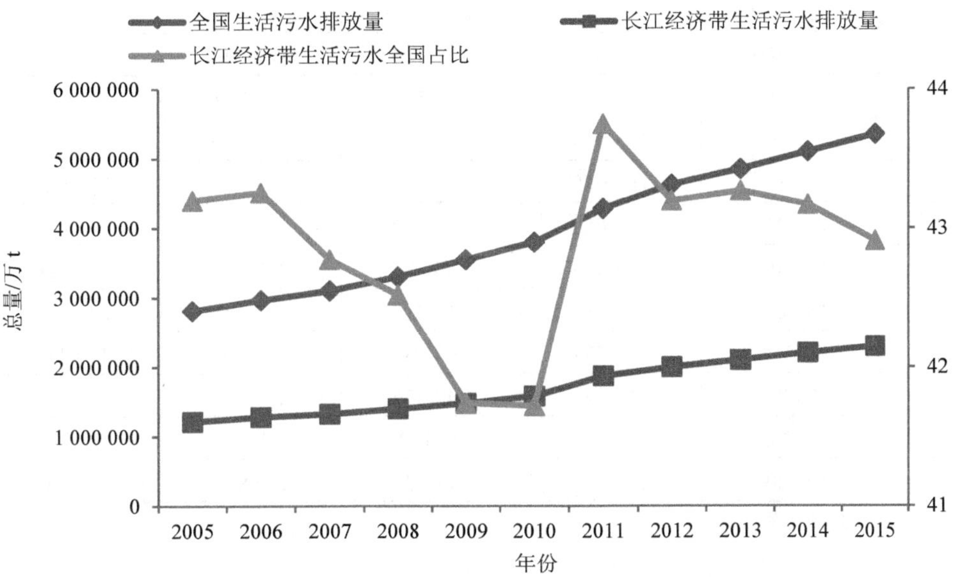

图 6-16　2005—2015 年全国生活污水排放总量、长江经济带生活污水排放总量的时间趋势

2005—2015 年，我国生活污水排放总量以及长江经济带 9 省 2 市的生活污水排放量如表 6-9 所示。可以发现：各个省份（直辖市）的工业废水排放总量存在着较为明显的差异。其中，上海呈现先上升后下降的态势，江苏、浙江、江西、安徽、湖北、湖南、重庆、四川、贵州、云南呈显著的增长态势，与全国水平的变化态势保持一致。

表 6-9 2005—2015 年长江经济带省份生活污水排放情况 单位：万 t

地区	2005 年	2006 年	2007 年	2008 年	2009 年	2010 年
全国	2 813 968	2 966 340	3 102 001	3 300 290	3 547 021	3 797 830
上海	148 613	175 419	179 045	181 880	189 326	211 554
江苏	223 107	228 368	236 836	249 702	266 169	291 740
浙江	120 770	131 101	136 890	149 889	161 575	177 402
安徽	93 104	96 352	101 772	101 663	106 260	113 729
江西	69 348	70 444	69 856	70 228	79 888	88 135
湖北	144 936	148 524	155 581	165 187	174 433	176 162
湖南	133 198	144 110	151 960	157 991	163 883	172 505
重庆	60 336	64 117	65 238	78 086	81 385	82 933
四川	139 061	137 027	138 275	153 643	156 799	162 651
贵州	40 818	41 454	43 011	44 171	45 682	46 693
云南	42 274	46 192	48 407	50 869	55 215	61 066

地区	2011 年	2012 年	2013 年	2014 年	2015 年
全国	4 279 159	4 626 897	4 851 058	5 102 788	5 352 038
上海	169 290	172 530	177 210	176 940	176 800
江苏	346 252	361 835	373 526	395 931	414 514
浙江	237 494	245 049	254 972	268 360	285 848
安徽	172 384	186 980	195 091	202 522	208 928
江西	122 996	133 059	138 617	143 079	146 450
湖北	188 384	198 337	208 836	219 798	232 730
湖南	181 243	206 680	214 510	227 181	236 795
重庆	97 356	101 677	108 937	110 705	114 118
四川	199 245	213 443	242 574	263 468	269 725
贵州	57 262	68 004	70 112	78 141	83 576
云南	100 208	111 088	114 635	116 905	127 082

数据来源：《中国环境统计年鉴》。

2005—2015 年，长江经济带 9 省 2 市生活污水排放总量的平均值如图 6-17 所示。可以发现，生活污水排放总量大于 300 000 万 t 的省份为江苏，江苏平均值为 307 998 万 t；生活污水排放总量在 100 000 万～300 000 万 t 的省（直辖市）为浙江、四川、湖北、湖南、上海、安徽、江西，平均值分别为 197 214 万 t、188 719 万 t、182 992 万 t、180 914 万 t、178 055 万 t、143 526 万 t、102 918 万 t；生活污水排放总量小于 100 000 万 t 的省（直辖市）为重庆、云南、贵州，平均值分别为 87 717 万 t、79 449 万 t、56 266 万 t。

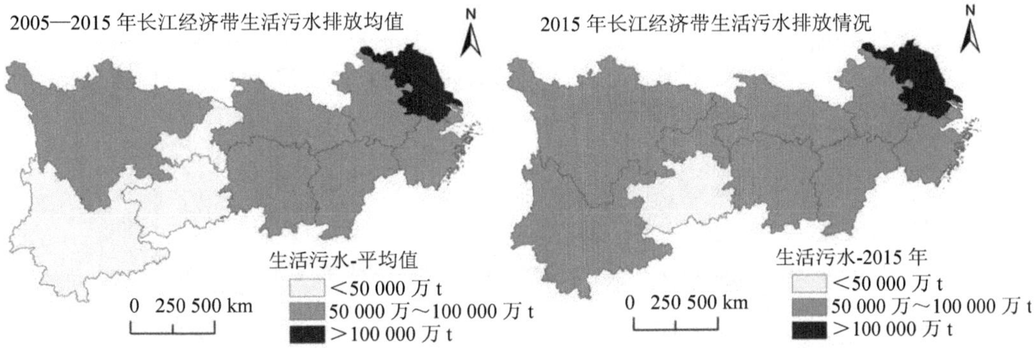

图 6-17　2005—2015 年长江经济带 9 省 2 市生活污水排放总量的空间差异

2015 年，长江经济带 9 省 2 市生活污水排放总量如图 6-17 所示。可以发现，2015 年，生活污水排放总量最高的省份为江苏，江苏生活污水排放总量为 414 514 万 t，其后依次为浙江（285 848 万 t）、四川（269 725 万 t）、湖南（236 795 万 t）、湖北（232 730 万 t）、安徽（208 928 万 t），上海（176 800 万 t）、江西（146 450 万 t）、云南（127 082 万 t）、重庆（114 118 万 t）、贵州（83 576 万 t）。

6.3　长江经济带农村环境污染状况

本章选取化肥、农膜、农药和畜禽养殖情况四项指标度量农村环境污染情况。

6.3.1　化肥使用情况

2005—2016 年，全国化肥使用总量如图 6-18 所示。可以发现，2005—2015 年，我国化肥使用总量由 4 766.22 万 t 增长至 6 022.60 万 t，呈现增长态势；2015—2016 年，我国化肥使用总量减少至 5 984.10 万 t，呈现下降态势。

2005—2016 年，长江经济带化肥使用总量及其占全国化肥使用总量的比例如图 6-18 所示。可以看出，2005—2014 年，长江经济带化肥使用总量呈现增长态势，由 1 892.42 万 t 增加至 2 188.08 万 t；2014—2016 年，长江经济带化肥使用总量呈现下降态势，减少 2 140.89 万 t。其全国化肥使用总量占比呈现下降态势，2005—2016 年，长江经济带化肥使用总量的全国占比由 39.70%下降至 35.78%。

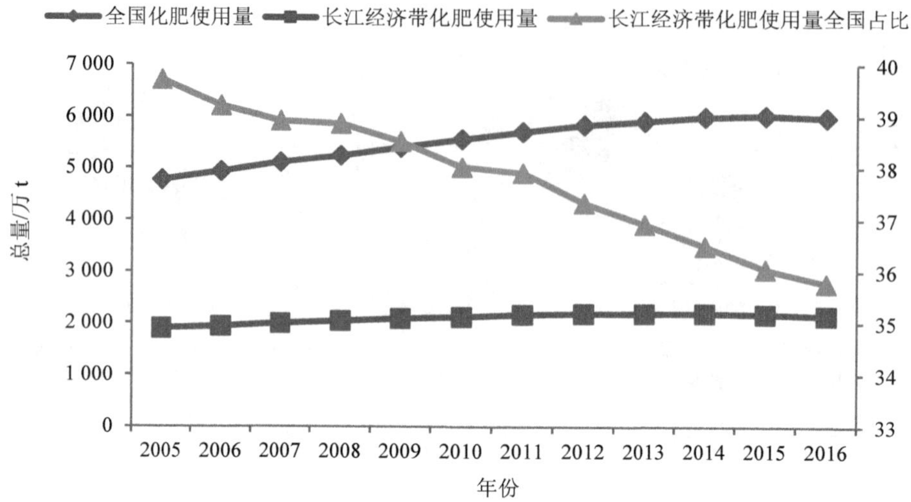

图 6-18　2005—2016 年全国化肥使用总量、长江经济带化肥使用总量的时间趋势

2005—2016 年，我国化肥使用总量以及长江经济带 9 省 2 市的化肥使用量如表 6-10 所示。可以发现：各个省（直辖市）的化肥使用量存在着较为明显的差异。其中江苏、浙江、上海呈现下降态势，安徽、湖北、江西、贵州、重庆、湖南、四川、云南呈现上升态势。

表 6-10　2005—2016 年长江经济带省份化肥使用情况　　单位：万 t

地区	2005 年	2006 年	2007 年	2008 年	2009 年	2010 年
全国	4 766.2	4 927.7	5 107.8	5 239.0	5 404.4	5 561.7
上海	14.4	14.5	14.1	14.3	12.6	11.8
江苏	340.8	342.0	342.0	340.8	344.0	341.1
浙江	94.3	94.0	92.8	93.0	93.6	92.2
安徽	285.7	294.3	305.0	307.4	312.8	319.8
江西	129.4	132.6	132.7	133.0	135.8	137.6
湖北	285.8	292.5	299.9	327.7	340.3	350.8
湖南	209.9	214.7	219.6	223.4	231.6	236.6
重庆	79.1	80.5	84.3	88.1	91.2	91.8
四川	233.0	236.1	256.7	257.2	261.7	261.6
贵州	77.4	80.2	82.1	83.1	86.5	86.5
云南	142.7	150.4	158.3	167.7	171.4	184.6

地区	2011 年	2012 年	2013 年	2014 年	2015 年	2016 年
全国	5 704.2	5 838.8	5 911.9	5 995.9	6 022.6	5 984.1
上海	12.0	11.0	10.8	10.2	9.9	9.2
江苏	337.2	331.0	326.8	323.6	320.0	312.5
浙江	92.1	92.2	92.4	89.6	87.5	84.5
安徽	329.7	333.5	338.4	341.4	338.7	327.0
江西	140.8	141.3	141.6	142.9	143.6	142.0
湖北	354.9	354.9	351.9	348.3	333.9	328.0
湖南	242.5	249.1	248.2	247.8	246.5	246.4
重庆	95.6	96.0	96.6	97.3	97.7	96.2
四川	262.6	262.0	259.3	258.8	257.8	255.9
贵州	94.1	98.2	97.4	101.3	103.7	103.7
云南	200.5	210.2	219.0	226.9	231.9	235.6

数据来源：《中国统计年鉴》。

2005—2016 年，长江经济带 9 省 2 市化肥使用总量的平均值如图 6-19 所示。可以发现，化肥使用总量大于 300 万 t 的省份为江苏、安徽、湖北，江苏平均值为 333.49 万 t、安徽平均值为 330.74 万 t、湖北平均值为 319.47 万 t；化肥使用总量在 100 万～300 万 t 的省为四川、湖南、云南 江西，平均值分别为 255.24 万 t、234.70 万 t、191.59 万 t、137.77 万 t；化肥使用总量小于 100 万 t 的省（直辖市）为浙江、重庆、贵州、上海，平均值分别为 91.51 万 t、91.19 万 t、91.18 万 t 和 12.07 万 t。

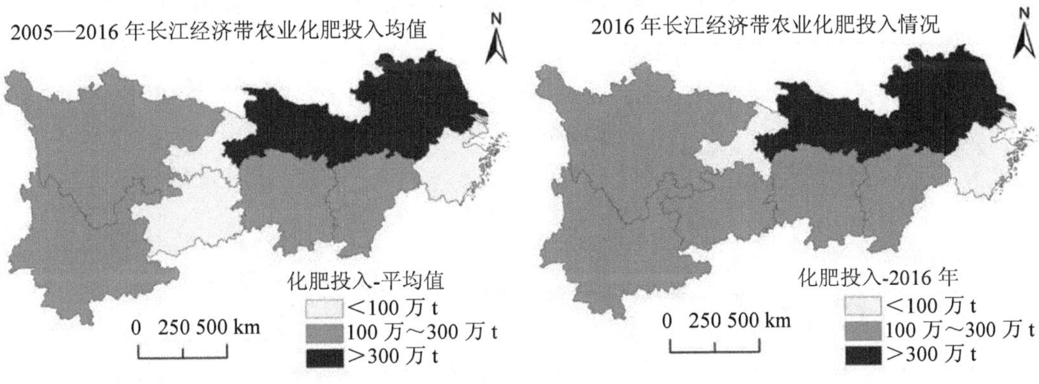

图 6-19　2005—2016 年长江经济带 9 省 2 市化肥使用总量的空间差异

2016 年，长江经济带 9 省 2 市化肥使用总量现状如图 6-19 所示。可以发现，2016 年，化肥使用总量最高的省份为湖北、安徽、江苏，湖北化肥使用总量为 328 万 t、安徽化肥使用总量为 327 万 t、江苏化肥使用总量为 313 万 t，其后依次为四川（256 万 t）、湖南（246 万 t）、云南（236 万 t）、江西（142 万 t）、贵州（104 万 t）、重庆（96 万 t）、浙江（84 万 t）、上海（9 万 t）。

6.3.2 农膜使用情况

2005—2016 年，全国农膜使用总量如图 6-20 所示。可以发现，2005—2015 年，我国农膜使用总量由 1 762 325 t 增长至 2 603 561 t，呈现增长态势；2015—2016 年，农膜使用总量减少为 2 602 609，呈现下降的态势。总体来看，2005—2016 年中国农膜使用总量呈现增长的态势。

2005—2016 年，长江经济带农膜使用总量及其占全国农膜使用量的比例如图 6-20 所示。可以看出，2005—2015 年，长江经济带农膜使用总量呈现增长态势，由 594 273 t 增加至 845 800 t；2015—2016 年，长江经济带农膜使用总量呈现下降态势，减少为 844 639 t。长江经济带农膜使用量占全国农膜使用总量的比例呈现波动性变化，2005—2007 年，长江经济带农膜使用总量的全国占比由 33.72%下降至 32.30%，呈显著下降的态势；2007—2009 年，长江经济带农膜使用总量的全国占比增长至 33.36%，呈显著的增长态势；2009—2011 年，长江经济带农膜使用总量的全国占比下降至 32.76%，呈现下降态势；2011—2012 年，长江经济带农膜使用总量的全国占比增长至 33.29%，呈现增长的态势；2012—2016 年，长江经济带农膜使用总量的全国占比下降至 32.45%，呈现下降的态势。总体来看，2005—2016 年，长江经济带农膜使用总量的全国占比呈现下降—上升—下降的态势。

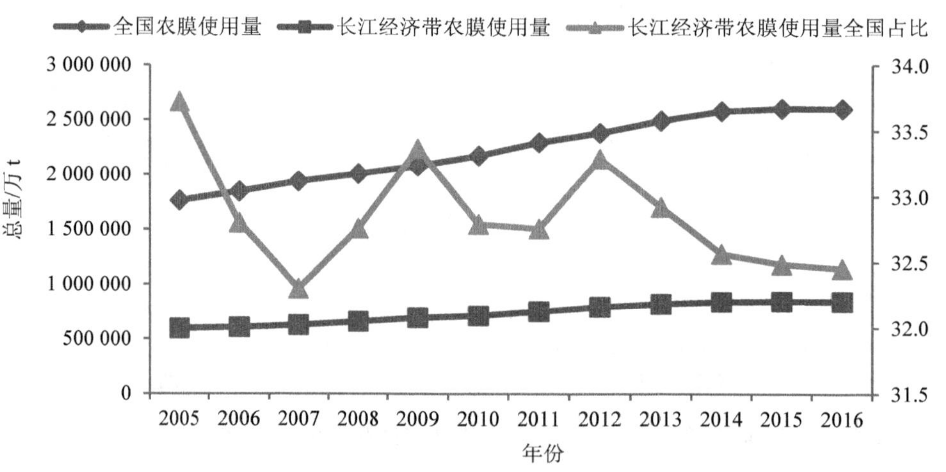

图 6-20 2005—2016 年全国农膜使用总量、长江经济带农膜使用总量的时间趋势

2005—2016 年，我国农膜使用总量以及长江经济带 9 省 2 市的农膜使用量如表 6-11 所示。可以发现：各个省（直辖市）的农膜使用总量存在着较为明显的差异。其中，浙江、江西、安徽、湖南、四川、重庆、贵州、云南呈现上升的态势，江苏和湖北呈现先上升后下降的态势，上海呈现下降的态势。

表 6-11　2005—2016 年长江经济带省份农膜使用情况　　单位：t

地区	2005 年	2006 年	2007 年	2008 年	2009 年	2010 年
全国	1 762 325	1 845 482	1 937 468	2 006 924	2 079 697	2 172 991
上海	24 414	22 107	21 287	21 280	20 389	21 128
江苏	72 029	75 100	80 407	85 375	94 252	100 194
浙江	44 730	47 500	49 150	52 104	54 402	55 426
安徽	78 293	76 209	77 394	71 660	76 678	80 721
江西	45 010	40 854	38 071	41 645	43 719	45 491
湖北	54 622	55 830	58 421	59 135	61 300	63 768
湖南	59 306	63 674	68 042	69 465	71 353	73 173
重庆	27 472	28 226	30 053	30 914	34 712	36 602
四川	91 255	96 327	99 424	103 240	109 217	114 161
贵州	29 321	30 681	33 710	47 765	46 470	36 174
云南	67 821	68 833	69 845	74 830	81 354	85 690
地区	2011 年	2012 年	2013 年	2014 年	2015 年	2016 年
全国	2 294 536	2 383 002	2 493 183	2 580 211	2 603 561	2 602 609
上海	20 489	19 300	19 436	19 287	18 030	17 062
江苏	106 440	112 550	116 846	119 846	113 243	113 941
浙江	58 416	62 287	64 663	65 677	67 458	67 300
安徽	86 114	91 171	94 882	96 155	97 943	96 966
江西	47 710	50 275	51 401	53 122	53 977	52 757
湖北	65 044	65 044	66 310	69 186	71 321	67 306
湖南	73 729	79 536	82 407	82 946	83 989	84 679
重庆	39 332	40 928	42 860	43 824	45 162	45 265
四川	122 227	126 827	127 854	130 263	132 170	132 384
贵州	40 857	44 062	47 495	48 949	49 403	51 053
云南	91 229	101 280	106 606	110 993	113 104	115 926

数据来源：《中国统计年鉴》。

2005—2016 年，长江经济带 9 省 2 市农膜使用总量的平均值如图 6-21 所示。可以发现，农膜使用总量大于 100 000 t 的省份为四川，四川平均值为 115 446 t；农膜使用总量在 50 000～100 000 t 的省为云南、江苏、安徽、湖南、湖北、浙江，平均值分别为 90 626 t、99 185 t、85 349 t、74 358 t、63 107 t、57 426 t；农膜使用总量小于 50 000 t 的省（直辖市）为江西、贵州、重庆、上海，平均值分别为 47 003 t、42 162 t、37 113 t、20 351 t。

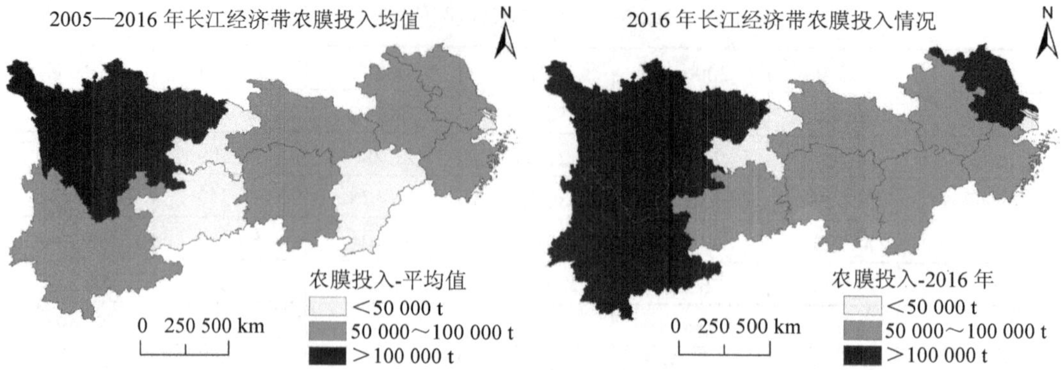

图 6-21　2005—2016 年长江经济带 9 省 2 市农膜使用总量的空间差异

2016 年，长江经济带 9 省 2 市农膜使用总量如图 6-21 所示。可以发现，2016 年，农膜使用总量最高的省份为四川、云南和江苏，四川农膜使用总量为 132 384 t，云南农膜使用总量为 115 926 t，江苏农膜使用总量为 113 941 t，其后依次为安徽（96 966 t）、湖南（84 679 t）、湖北（67 306 t）、浙江（67 300 t）、江西（52 757 t）、贵州（51 053 t）、重庆（45 265 t）、上海（17 062 t）。

6.3.3　农药使用情况

2005—2016 年，全国农药使用总量如图 6-22 所示。可以发现，2005—2014 年，我国农药使用总量由 1 459 945 t 增长为 1 806 919 t，呈现增长的态势；2014—2016 年，农药使用总量减少为 1 740 459 t，呈现下降的态势。

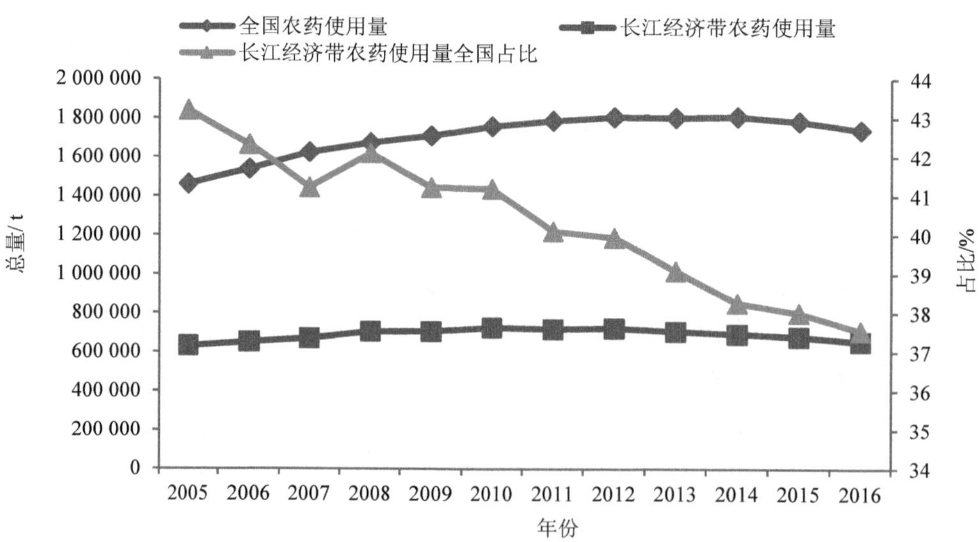

图 6-22　2005—2016 年全国农药使用总量、长江经济带农药使用总量的时间趋势

2005—2016 年长江经济带农药使用总量及其占全国农药使用量的比例如图 6-22 所示。可以看出，2005—2010 年，长江经济带农药使用总量呈现增长态势，由 630 729 t 增加为 724 128 t，2010—2016 年，农药使用总量呈现下降态势，减少为 653 415 t。长江经济带农药施用量的全国占比呈现显著的下降态势，由 43.20%下降至 37.54%。

2005—2016 年我国农药使用总量以及长江经济带 9 省 2 市的农药使用量如表 6-12 所示。可以发现：各个省（直辖市）的农药使用量存在着较为明显的差异。其中，贵州、云南呈现上升的态势，安徽、江西、湖北、重庆呈现先上升后下降的态势，江苏、浙江、上海呈现下降的态势，湖南呈现下降—上升—下降的态势。

表 6-12　2005—2016 年长江经济带省份农药使用情况　单位：t

地区	2005 年	2006 年	2007 年	2008 年	2009 年	2010 年
全国	1 459 945	1 537 103	1 622 837	1 672 259	1 708 998	1 758 219
上海	8 377	8 252	8 064	8 096	7 289	7 038
江苏	103 254	98 631	96 792	93 837	92 305	90 126
浙江	65 649	66 190	64 932	65 787	65 454	65 075
安徽	94 841	95 442	99 142	111 535	110 423	116 645
江西	75 305	75 955	88 833	96 662	97 593	106 530
湖北	110 172	131 744	135 561	138 428	138 902	139 969
湖南	113 250	111 196	109 142	112 750	115 352	118 762
重庆	19 541	19 579	20 372	20 972	22 004	20 854
四川	56 336	58 329	60 322	60 772	61 891	62 184
贵州	9764	10 637	10 722	12 920	12 464	12 938
云南	30 576	32 891	35 206	42 875	42 567	46 191
地区	2011 年	2012 年	2013 年	2014 年	2015 年	2016 年
全国	1 787 002	1 806 057	1 801 862	1 806 919	1 782 969	1 740 459
上海	6 295	5 817	5 019	4 666	4 415	3 913
江苏	86 500	83 675	81 157	79 531	78 100	76 184
浙江	63 854	62 874	62 198	58 748	56 458	49 482
安徽	117 475	116 741	117 774	113 974	111 048	105 704
江西	99 537	100 413	99 922	94 764	93 873	92 188
湖北	139 524	139 524	127 152	126 099	120 685	117 401
湖南	120 431	122 980	124 298	124 277	122 353	118 661
重庆	20 324	19 480	18 354	18 437	18 199	17 604
四川	61 910	60 317	59 954	59 385	58 912	58 038
贵州	14 469	14 450	13 480	13 425	13 722	13 677
云南	48 157	55 326	54 782	57 225	58 648	58 601

数据来源：《中国统计年鉴》。

2005—2016 年，长江经济带 9 省 2 市农药使用总量的平均值结果如图 6-23 所示。

可以发现，农药使用量平均值大于 100 000 t 的省份为湖南、湖北和安徽，湖北农药使用量平均值为 130 430.08 t，湖南农药使用量平均值为 117 787.67 t，安徽农药使用量平均值为 109 228.67 t；农药使用总量在 50 000～100 000 t 的省为江西、江苏、浙江和四川，平均值分别为 93 464.58 t、88 341.00 t、62 225.08 t、59 862.50 t；农药使用总量小于 50 000 t 的省（直辖市）为云南、重庆、贵州和上海，平均值分别为 46 920.42 t、19 643.33 t、12 722.33 t、6 436.75 t。

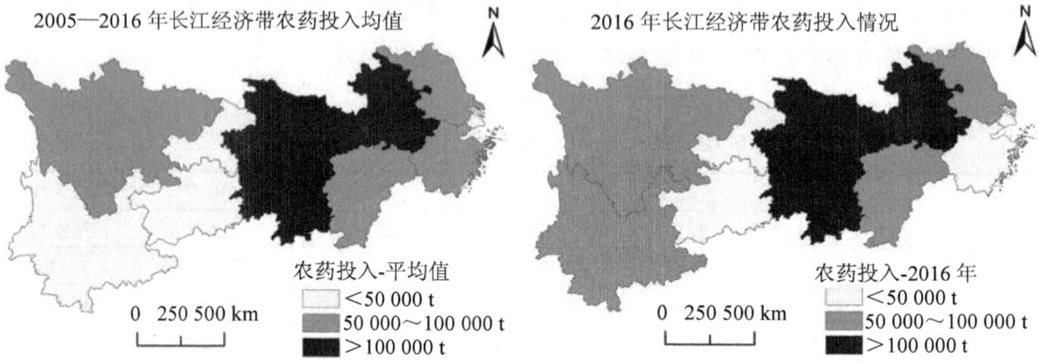

图 6-23　2005—2016 年长江经济带 9 省 2 市农药使用总量的空间差异

2016 年，长江经济带 9 省 2 市农药使用总量如图 6-23 所示。可以发现，2015 年，农药使用总量最高的省份为湖南、湖北和安徽，湖南农药使用总量为 118 661 t，湖北农药使用总量为 117 401 t，安徽农药使用总量为 105 704 t，其后依次为江西（92 188 t）、江苏（76 184 t）、四川（58 038 t）、云南（58 601 t）、浙江（49 482 t）、重庆（17 604 t）、贵州（13 677 t）、上海（3 913 t）。

6.3.4　畜禽养殖状况

传统的畜禽散养模式难以满足人们对畜禽产品的消费需求，我国畜牧业正由传统的家庭副业向养殖专业户、养殖合作社、养殖企业等规模化饲养模式转变。规模化养殖投入消耗量大，多采用自繁自养模式，可有效降低原料、幼畜等采购成本，规模化养殖生产管理规范，有利于防控动物疫病和畜禽产品的质量安全，相对于散养模式，规模化养殖应对市场风险和疫病风险的能力较强，畜禽规模化养殖还有助于提高畜牧业产业化水平，是我国畜牧业发展的必然。

6.3.4.1　畜牧业产值

2005—2016 年，全国畜牧业产值如图 6-24 所示。根据国家统计数据发现，2005—2016 年，我国畜牧业产值由 13 310.8 亿元增长至 31 703.2 亿元，呈现增长的态势；2016 年畜牧业产值是 2005 年畜牧业产值的 2.38 倍。

2005—2016 年，长江经济带畜牧业产值及其占全国畜牧业产值的比例如图 6-24 所示。可以看出，2005—2016 年，长江经济带畜牧业产值呈现增长态势，由 5 251.6 亿元增加至 12 588.8 亿元；2005—2016 年，长江经济带畜牧业产值占全国畜牧业产值的比例呈现波动状态，2005—2008 年由 39.45%上升至 41.20%，呈现增长态势；2008—2010 年由 41.20%减少至 37.70%，呈现下降态势；2010—2016 年由 37.70%增长至 39.71%，呈现增长态势。

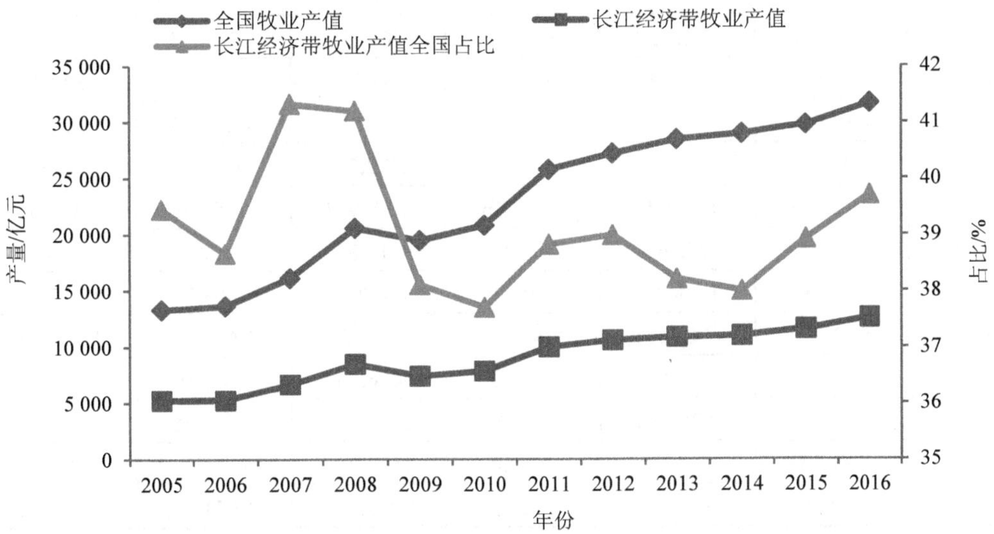

图 6-24　2005—2016 年全国畜牧业产值、长江经济带畜牧业产值的时间趋势

2005—2016 年，我国畜牧业产值以及长江经济带 9 省 2 市的畜牧业产值如表 6-13 所示。可以发现：各个省（直辖市）的畜牧业产值存在着较为明显的差异。其中，上海、江苏、安徽、江西、湖北、湖南、重庆、四川、贵州、云南呈现上升的态势，浙江呈现先上升后下降的态势。

表 6-13　2005—2016 年长江经济带省份畜牧业产值概况　单位：亿元

地区	2005 年	2006 年	2007 年	2008 年	2009 年	2010 年
全国	13 310.78	13 640.15	16 124.9	20 583.56	19 468.36	20 825.73
上海	54.34	46.29	58.00	68.40	64.61	62.91
江苏	599.14	571.43	704.38	916.46	873.97	923.25
浙江	285.96	287.34	367.6	418.86	404.88	448.42
安徽	553.56	540.40	637.36	806.89	795.82	861.98
江西	365.10	368.22	435.58	556.01	541.50	584.05

地区	2005 年	2006 年	2007 年	2008 年	2009 年	2010 年
湖北	545.40	523.79	686.19	1 008.65	881.78	925.04
湖南	834.52	808.29	1 013.82	1 463.4	1 100.38	1 118.20
重庆	249.50	240.31	264.48	344.15	319.42	326.55
四川	1 230.18	1 317.41	1 827.10	2 036.30	1 596.72	1 705.16
贵州	194.21	207.64	231.6	291.65	281.53	304.16
云南	339.68	362.89	438.4	570.01	557.76	588.81
地区	2011 年	2012 年	2013 年	2014 年	2015 年	2016 年
全国	25 770.69	27 189.39	28 435.49	28 956.3	29 780.38	31 703.15
上海	77.44	72.59	69.97	69.93	65.61	62.62
江苏	1 190.50	1 226.18	1 222.22	1 182.69	1 262.09	1 331.55
浙江	546.33	549.04	546.18	472.23	426.18	434.32
安徽	1 083.54	1 119.73	1 171.36	1 182.07	1 258.98	1 375.68
江西	734.34	752.68	796.44	814.88	719.83	788.61
湖北	1 205.80	1 334.04	1 395.39	1 427.70	1 503.34	1 715.18
湖南	1 425.60	1 488.58	1 467.37	1 503.21	1 601.75	1 762.65
重庆	425.33	453.90	482.80	486.36	542.90	627.45
四川	2 127.20	2 269.86	2 267.56	2 318.84	2 515.58	2 551.71
贵州	381.95	421.55	482.68	569.29	665.17	797.21
云南	808.20	912.97	962.55	975.78	1 031.02	1 141.82

数据来源：《中国畜牧兽医年鉴》。

2005—2016 年，长江经济带 9 省 2 市畜牧业产值的平均值如图 6-25 所示。可以发现，畜牧业产值平均值大于 1000 亿元的省份为四川、湖南、湖北和江苏，四川畜牧业产值平均值为 1 980.30 亿元，湖南畜牧业产值平均值为 1 298.98 亿元，湖北畜牧业产值平均值为 1 096.03 亿元，江苏畜牧业产值平均值为 1 000.32 亿元；畜牧业产值在 500 亿～1 000 亿元的省为安徽、云南和江西，平均值分别为 949.20 亿元、724.16 亿元、621.44 亿元；畜牧业产值小于 500 亿元的省（直辖市）为浙江、贵州、重庆和上海，平均值分别为 432.28 亿元、402.39 亿元、396.93 亿元、64.39 亿元。

2016 年，长江经济带 9 省 2 市畜牧业产值结果如图 6-25 所示。可以发现，2016 年，畜牧业产值最高的省份为四川、湖南、湖北、安徽、江苏、云南，四川畜牧业产值为 2 551.71 亿元，湖南畜牧业产值为 1 762.65 亿元，湖北畜牧业产值为 1 715.18 亿元，安徽畜牧业产值为 1 375.68 亿元，江苏畜牧业产值为 1 331.55 亿元，云南畜牧业产值为 1 141.82 亿元，其后依次为贵州（797.21 亿元）、江西（788.61 亿元）、重庆（627.45 亿元）、浙江（434.32 亿元）、上海（62.62 亿元）。

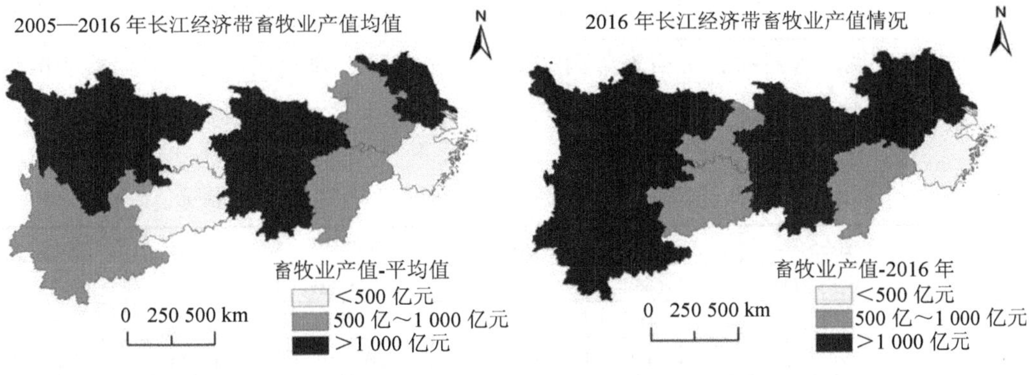

图 6-25　2005—2016 年长江经济带 9 省 2 市畜牧业产值的空间差异

6.3.4.2　猪牛羊肉产量

2005—2016 年，全国猪牛羊肉产量如图 6-26 所示。根据国家统计数据发现，2005—2007 年，我国猪牛羊肉产量由 6 157.6 万 t 减少至 5 283.8 万 t，2007—2016 年增长至 6 475.3 万 t，呈现先下降后增长的态势。

2005—2016 年，长江经济带猪牛羊肉产量及其占全国猪牛羊肉产量的比例如图 6-26 所示。可以看出，2005—2016 年，长江经济带猪牛羊肉产量呈现先下降后上升的增长态势，长江经济带猪牛羊肉产量占全国猪牛羊肉产量的比例呈现波动状态。2005—2008 年由 44.43%上升至 47.42%，呈现增长态势；2008—2010 年由 47.42%减少至 45.35%，呈现下降态势；2010—2014 年由 45.35%增长至 45.72%，呈现增长态势；2014—2016 年由 45.72%下降至 45.23%，呈现下降态势。总体来看，2005—2016 年，长江经济带猪牛羊肉产量的全国占比呈现先增长后下降的态势。

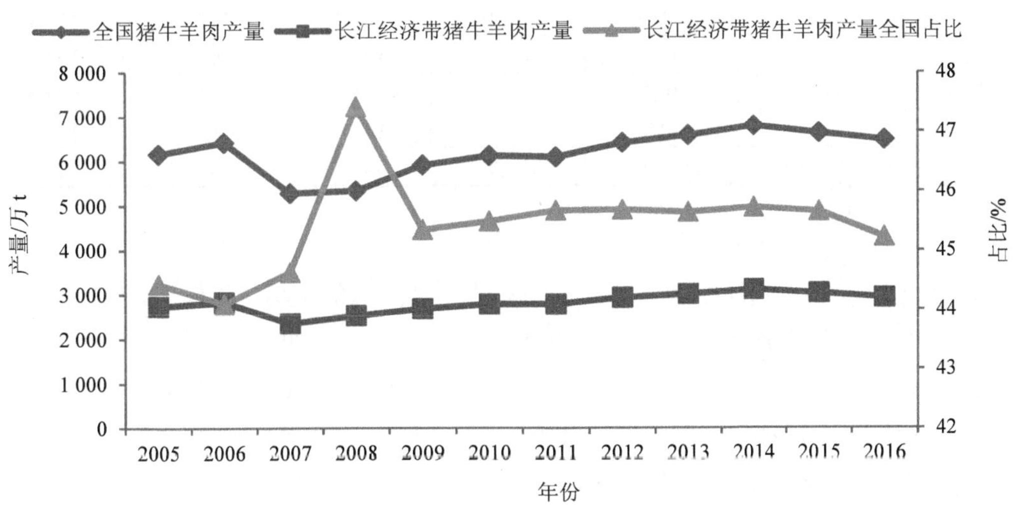

图 6-26　2005—2016 年全国猪牛羊肉产量、长江经济带猪牛羊肉产量的时间趋势

2005—2016年我国猪牛羊肉产量以及长江经济带9省2市的猪牛羊肉产量如表6-14所示。可以发现：大多数省份猪牛羊肉产量的变化态势较为一致，均呈现显著的增长态势，与全国水平的变化态势保持一致。只有上海、浙江表现为先降后升再降趋势。

表6-14　2005—2016年长江经济带省份畜牧业猪牛羊肉产量情况　　单位：万t

地区	2005年	2006年	2007年	2008年	2009年	2010年
全国	6 157.60	6 416.82	5 283.85	5 336.86	5 915.72	6 123.15
上海	18.69	16.91	15.41	17.89	18.12	18.41
江苏	242.12	242.10	193.56	204.90	215.24	223.91
浙江	130.44	134.84	114.57	129.68	130.95	134.93
安徽	265.00	278.67	232.80	247.92	261.16	271.28
江西	187.66	197.76	196.02	209.81	222.80	233.37
湖北	278.66	276.60	258.77	283.77	304.77	312.73
湖南	466.80	481.16	373.39	395.41	422.14	439.28
重庆	153.26	152.47	136.04	147.62	154.49	156.27
四川	562.19	591.85	460.86	488.92	527.41	546.42
贵州	154.69	160.61	137.88	147.86	154.73	163.48
云南	276.02	296.13	238.56	257.18	270.88	285.32
地区	2011年	2012年	2013年	2014年	2015年	2016年
全国	6 093.73	6 405.95	6 574.37	6 788.84	6 627.47	6 475.27
上海	19.67	19.31	18.89	19.42	16.73	14.09
江苏	226.76	239.92	240.84	243.63	237.21	227.73
浙江	138.82	142.53	141.58	129.87	106.33	93.92
安徽	265.07	282.39	286.56	298.19	291.88	278.69
江西	236.89	250.5	258.94	274.03	268.31	258.56
湖北	316.73	344.36	358.98	370.09	363.25	354.23
湖南	432.53	454.70	459.49	488.10	479.50	467.17
重庆	157.81	160.57	165.56	170.27	168.80	164.60
四川	537.63	549.73	566.47	585.86	574.14	558.23
贵州	163.66	172.70	181.37	183.98	181.71	177.31
云南	287.58	309.49	321.76	340.51	337.85	334.05

数据来源：《中国畜牧兽医年鉴》。

2005—2016年，长江经济带9省2市猪牛羊肉产量的平均值如图6-27所示。可以发现，猪牛羊肉产量平均值大于500万t的省份为四川，四川猪牛羊肉产量平均值为545.81万t；猪牛羊肉产量在200万～500万t的省为湖南、湖北、云南、安徽、江西和江苏，平均值分别为446.64万t、318.58万t、296.28万t、271.63万t、232.89万t、228.16万t；猪牛羊肉产量小于200万t的省（直辖市）为贵州、重庆、浙江和上海，平均值分别为165.00万t、157.31万t、127.37万t、17.80万t。

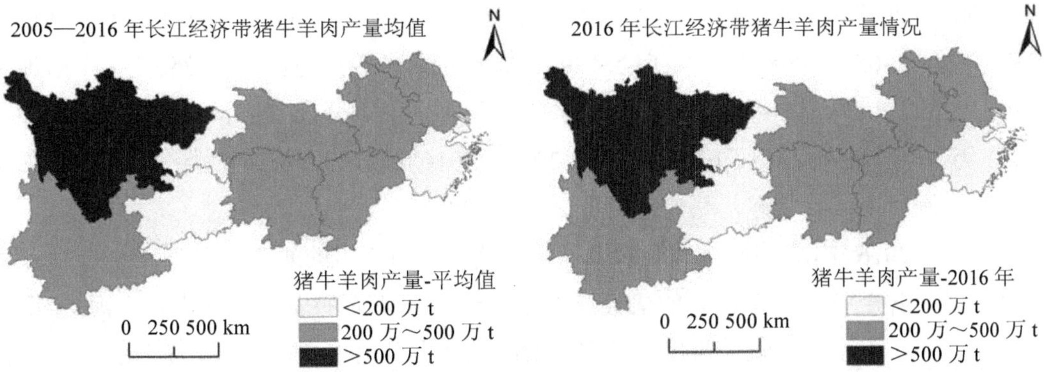

图 6-27 2005—2016 年长江经济带 9 省 2 市猪牛羊肉产量的空间差异

2016 年，长江经济带 9 省 2 市猪牛羊肉产量如图 6-27 所示。可以发现，2016 年，猪牛羊肉产量最高的省份为四川猪牛羊肉产量为 558.23 万 t，其后依次是湖南猪牛羊肉产量为 467.17 万 t、湖北猪牛羊肉产量为 354.23 万 t、云南猪牛羊肉产量为 334.05 万 t、安徽猪牛羊肉产量为 278.69 万 t、江西猪牛羊肉产量为 258.56 万 t、江苏猪牛羊肉产量为 227.73 万 t，不足 200 万 t 的是贵州（177.31 万 t）、重庆（164.60 万 t）、浙江（93.92 万 t）和上海（14.09 万 t）。

6.3.4.3 奶类产量

2005—2016 年，全国奶类产量如图 6-28 所示。根据国家统计数据发现，2005—2008 年，我国奶类产量由 2 864.8 万 t 增长至 3 781.5 万 t，呈现增长的态势；2008—2016 年奶类产量呈现稳定的态势。

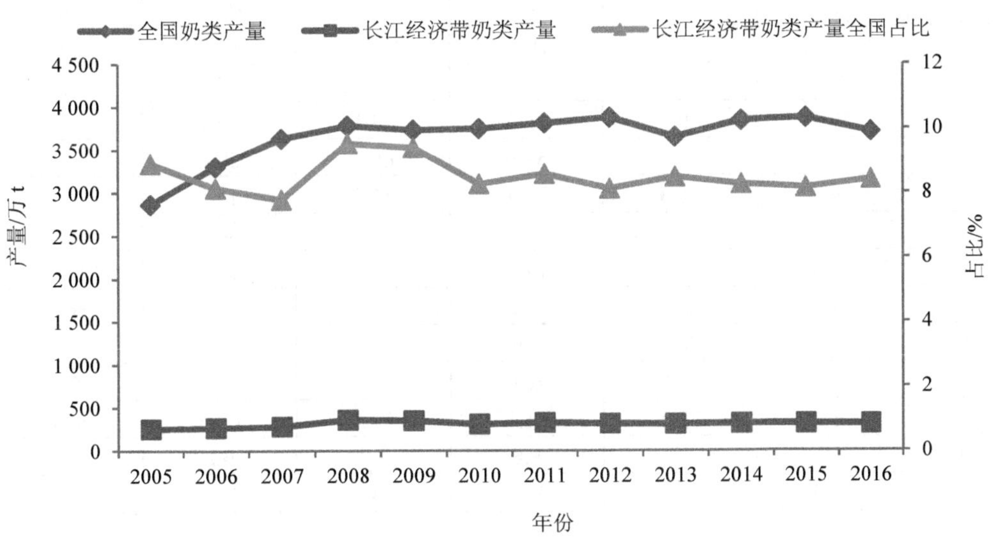

图 6-28 2005—2016 年全国奶类产量、长江经济带奶类产量的时间趋势

2005—2016年，长江经济带奶类产量及其占全国奶类产量的比例如图6-28所示。可以看出，2005—2008年，长江经济带奶类产量呈现增长态势，由255.1万t增加至360.5万t；2008—2016年，长江经济带奶类产量呈现下降态势，由360.5万t增加至312.2万t，呈现先上升后下降的态势。2005—2016年长江经济带奶类产量占全国奶类产量的比例呈现波动状态，稳定维持在8%～10%之间。

2005—2016年，我国奶类产量以及长江经济带9省2市的奶类产量如表6-15所示。可以发现：各个省（直辖市）的奶类产量存在着较为明显的差异。其中，上海、江苏、安徽、江西、湖北、湖南、四川、贵州、云南呈现上升的态势，重庆、浙江呈现下降的态势。

表6-15　2005—2016年长江经济带省份奶类产量情况　　单位：万t

地区	2005年	2006年	2007年	2008年	2009年	2010年
全国	2 864.8	3 302.5	3 633.4	3 781.5	3 732.6	3 748.0
上海	23.8	22.1	22.0	23.3	21.2	24.7
江苏	57.9	59.8	61.7	61.1	55.4	57.3
浙江	26.7	25.5	23.7	22.5	19.9	20.3
安徽	11.0	12.8	18.1	18.1	20.1	20.5
江西	12.5	13.9	11.3	11.2	11.2	11.9
湖北	12.2	13.9	15.5	33.2	28.3	30.4
湖南	6.9	7.3	7.7	15.2	7.7	7.8
重庆	8.6	8.3	8.7	7.8	7.9	8.0
四川	59.0	62.5	65.5	66.6	68.7	70.3
贵州	3.8	4.1	4.1	4.3	4.5	4.6
云南	32.7	38.7	44.7	97.3	105.9	54.1
地区	2011年	2012年	2013年	2014年	2015年	2016年
全国	3 810.7	3 875.4	3 649.5	3 841.2	3 870.3	3 712.1
上海	29.1	30.2	26.5	27.1	27.7	26.0
江苏	59.2	61.3	59.9	60.7	59.6	59.0
浙江	19.9	19.3	18.2	15.9	16.5	15.3
安徽	22.5	24.1	25.3	27.9	30.6	32.7
江西	12.3	12.6	12.2	12.9	13.0	13.5
湖北	34.8	15.7	15.8	16.4	16.9	16.9
湖南	8.1	8.5	8.9	9.3	9.7	10.1
重庆	8.0	7.7	6.8	5.7	5.4	5.5
四川	71.7	72.2	71.1	71.3	67.5	62.8
贵州	4.9	5.1	5.5	5.7	6.2	6.4
云南	56.6	58.0	59.3	64.6	62.5	64.1

数据来源：《中国畜牧兽医年鉴》。

2005—2016 年，长江经济带 9 省 2 市奶类产量的平均值如图 6-29 所示。可以发现，奶类产量平均值大于 50 万 t 的省份为四川、云南和江苏，四川奶类产量平均值为 67.44 万 t，云南奶类产量平均值为 61.55 万 t，江苏奶类产量平均值为 59.39 万 t；奶类产量在 10 万～50 万 t 的省（直辖市）为上海、安徽、湖北、浙江和江西，平均值分别为 25.31 万 t、21.98 万 t、20.83 万 t、20.31 万 t 和 12.36 万 t；奶类产量小于 10 万 t 的省（直辖市）为湖南、重庆和贵州，平均值分别为 8.93 t、7.37 万 t、4.92 万 t。

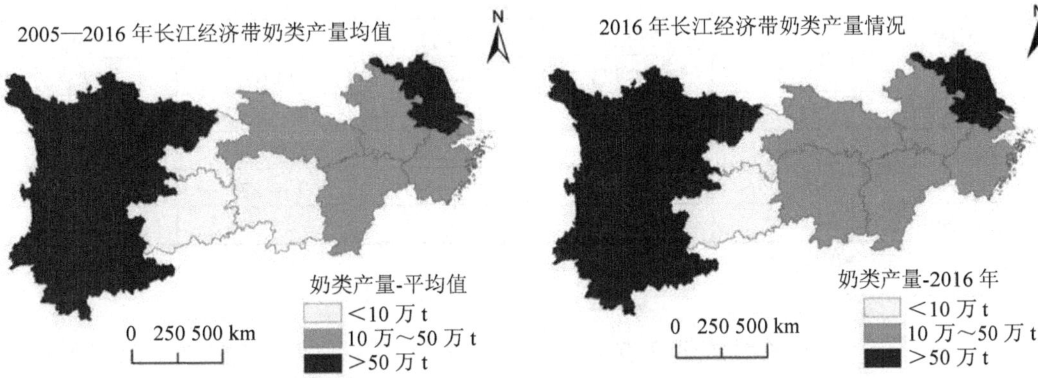

图 6-29　2005—2016 年长江经济带 9 省 2 市奶类产量的空间差异

2016 年，长江经济带 9 省 2 市奶类产量如图 6-29 所示。可以发现，2016 年，奶类产量最高的省份为云南、四川和江苏，云南奶类产量为 64.11 万 t，四川奶类产量为 62.77 万 t，江苏奶类产量为 59.01 万 t，其后依次为安徽（32.68 万 t）、上海（26.04 万 t）、湖北（16.86 万 t）、浙江（15.33 万 t）、江西（13.45 万 t）、湖南（10.10 万 t）、贵州（6.39 万 t）、重庆（5.45 万 t）。

6.3.4.4　规模化养殖现状

以生猪年出栏量 50 头及以上，奶牛出栏量 5 头及以上，肉牛出栏量 10 头及以上，羊出栏量 30 只以上为规模养殖标准计算。

（1）规模化生猪养殖

2011—2015 年，长江经济带规模化养殖生猪场（户）数统计情况如表 6-16 所示。可以发现，2011—2015 年，我国规模化养殖生猪的场户数由 2 744 844 户减少至 2 503 038 户，呈现下降态势；长江经济带生猪养殖占比为 43%～46%，数量呈现先上升后下降的态势。湖北、安徽、江西、湖南、云南和贵州呈现先上升后下降的态势，上海、江苏、浙江、重庆和四川呈下降态势。

表 6-16　2011—2015 年长江经济带省份规模化养殖生猪场（户）数统计情况

地区	2011 年	2012 年	2013 年	2014 年	2015 年
全国	2 744 844	2 799 499	2 713 421	2 648 978	2 503 038
上海	3 709	3 247	3 339	2 934	1 744
江苏	105 236	99 010	98 550	94 314	83 197
浙江	62 456	61 311	53 253	39 088	19 967
安徽	82 254	81 639	83 786	85 354	84 877
江西	68 383	74 716	76 895	72 818	67 989
湖北	97 502	111 308	115 913	116 470	114 816
湖南	265 792	284 665	284 710	277 171	272 923
重庆	48 574	44 824	44 454	44 663	43 838
四川	340 548	370 428	292 945	298 847	293 659
贵州	24 112	27 956	30 253	29 492	30 254
云南	101 276	120 336	121 699	130 575	135 537
长江经济带占比/%	43.71	45.70	44.44	44.99	45.90

数据来源：《中国畜牧兽医年鉴》。

2011—2015 年，长江经济带 9 省 2 市规模化养殖生猪场（户）数的平均值如图 6-30 所示。可以发现，规模化养殖生猪场（户）数平均值大于 200 000 户的省份为四川和湖南，四川规模化养殖生猪场（户）数平均值为 319 285 户，湖南规模化养殖生猪场（户）数平均值为 277 052 户；规模化养殖生猪场（户）数在 100 000～200 000 户的省为云南和湖北，平均值分别为 121 885 户、111 202 户；规模化养殖生猪场（户）数小于 100 000 户的省（直辖市）为江苏、安徽、江西、浙江、重庆、贵州、上海，平均值分别为 96 061 户、83 582 户、72 160 户、47 215 户、45 271 户、28 413 户、2 995 户。

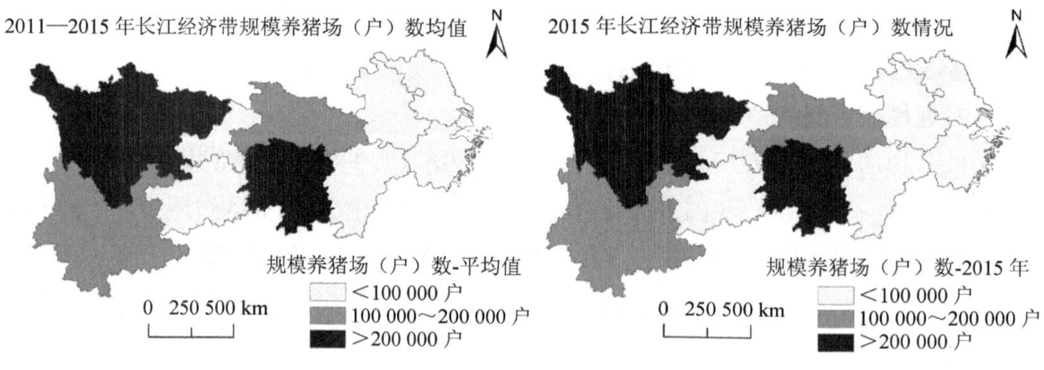

图 6-30　2011—2015 年长江经济带 9 省 2 市规模化养殖生猪场（户）数的空间差异

2015 年，长江经济带 9 省 2 市规模化养殖生猪场（户）数结果如图 6-30 所示。可以发现，2015 年，规模化养殖生猪场（户）数最高的省份为四川、湖南、云南和湖北，四川规模化养殖生猪场户数为 293 659 户，湖南规模化养殖生猪场（户）数为 272 923 户、云南规模化养殖生猪场（户）数为 135 537 户、湖北规模化养殖生猪场（户）数为 114 816 户，其后依次是安徽（84 877 户）、江苏（83 197 户）、江西（67 989 户）、重庆（43 838 户）、贵州（30 254 户）、浙江（19 967 户）和上海（1 744 户）。

2011—2015 年，长江经济带散养生猪场（户）数统计情况如表 6-17 所示。可以发现，2011—2015 年，我国散养生猪的场（户）数由 55 129 498 户减少至 44 055 927 户，呈现下降态势；长江经济带生猪养殖占比为 71%～73%，数量呈现下降的态势。除云南以外，大部分省（直辖市）散养生猪场（户）数的变化态势较为一致，均呈现显著的下降态势。

表 6-17　2011—2015 年长江经济带生猪散养场（户）数统计情况

地区	2011 年	2012 年	2013 年	2014 年	2015 年
全国	55 129 498	51 898 933	49 402 542	46 889 657	44 055 927
上海	9 585	8 677	6 966	4 283	2 437
江苏	1 147 841	869 928	724 881	592 499	471 200
浙江	675 602	662 146	571 876	479 268	320 250
安徽	2 539 977	2 488 304	2 262 030	1 934 879	1 635 590
江西	1 007 870	880 445	816 241	812 508	729 887
湖北	3 835 428	3 592 742	3 253 285	3 013 971	2 556 823
湖南	4 365 439	4 127 764	3 962 050	3 780 089	3 669 969
重庆	3 587 568	3 546 134	3 432 011	3 342 320	3 249 244
四川	10 036 180	9 433 336	7 645 726	7 373 861	6 767 155
贵州	5 198 509	5 198 936	5 140 964	5 030 424	5 037 196
云南	6 836 140	6 261 490	7 754 987	7 509 846	7 596 748
长江经济带占比/%	71.18	71.43	72.00	72.24	72.72

数据来源：《中国畜牧兽医年鉴》。

2011—2015 年，长江经济带 9 省 2 市散养生猪场（户）数的平均值如图 6-31 所示。可以发现，散养生猪场（户）数平均值大于 5 000 000 户的省份为四川、云南和贵州，四川散养生猪场（户）数平均值为 8 251 252 户，云南散养生猪场（户）数平均值为 7 191 842 户，贵州散养生猪场（户）数平均值为 5 121 206 户；散养生猪场（户）数在 1 000 000～5 000 000 户的省（直辖市）为湖南、重庆、湖北和安徽，平均值分别为 3 981 062 户、3 431 455 户、3 250 450 户、2 172 156 户；散养生猪场（户）数小于 1 000 000 户的省（直辖市）为江西、江苏、浙江和上海，平均值分别为 849 390 户、761 270 户、541 828

户、6 390 户。

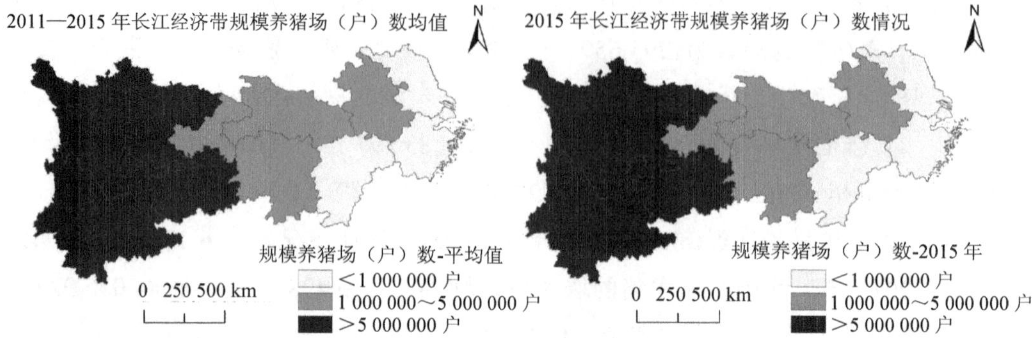

图 6-31 2005—2015 年长江经济带 9 省 2 市散养生猪场（户）数的空间差异

2015 年，长江经济带 9 省 2 市散养生猪场（户）数如图 6-31 所示。可以发现，2015 年，散养生猪场（户）数最高的省份为云南、四川和贵州，云南散养生猪场（户）数为 7 596 748 户、四川散养生猪场(户)数为 6 767 155 户，贵州散养生猪场(户)数为 5 037 196 户，其后依次是湖南（3 669 969 户）、重庆（3 249 244 户）、湖北（2 556 823 户）、安徽（1 635 590 户）、江西（729 887 户）、江苏（471 200 户）、浙江（320 250 户）和上海（2 437 户）。

（2）规模化奶牛养殖

2011—2015 年长江经济带规模化奶牛场（户）数统计情况如表 6-18 所示。可以发现，2011—2015 年，我国规模化奶牛的场（户）数由 547 015 户减少至 350 721 户，呈现下降态势；长江经济带奶牛规模化养殖场（户）数量呈现下降的态势，占比为 3%～5%。除云南呈现上升态势，大部分省（直辖市）规模化奶牛场（户）数的变化态势较为一致，呈现显著的下降态势。

表 6-18 2011—2015 年长江经济带规模化养殖奶牛场（户）数统计情况

地区	2011 年	2012 年	2013 年	2014 年	2015 年
全国	547 015	493 300	464 966	416 043	350 721
上海	113	106	101	99	96
江苏	1 939	1 632	1 543	1 635	727
浙江	1 409	1 308	1 164	793	606
安徽	819	799	776	697	621
江西	874	739	609	510	519
湖北	342	267	339	255	114
湖南	1 824	972	1 029	1 068	1 023

地区	2011 年	2012 年	2013 年	2014 年	2015 年
重庆	497	356	358	322	264
四川	6 626	6 219	5 331	5 262	5 116
贵州	145	99	82	66	71
云南	3 423	3 895	3 901	5 151	7 440
长江经济带占比/%	3.29	3.32	3.28	3.81	4.73

数据来源：《中国畜牧兽医年鉴》。

2011—2015 年，长江经济带 9 省 2 市奶牛规模化养殖场（户）数的平均值如图 6-32 所示。可以发现，奶牛规模化养殖场（户）数平均值大于 5 000 户的省份为四川，四川奶牛规模化养殖场（户）数平均值为 5 711 户；奶牛规模化养殖场（户）数在 1 000～5 000 户的省为云南、江苏、湖南和浙江，平均值分别为 4 762 户、1 495 户、1 183 户、1 058 户；奶牛规模化养殖场（户）数小于 1 000 户的省（直辖市）为安徽、江西、重庆、湖北、上海和贵州，平均值分别为 742 户、650 户、359 户、263 户、103 户、93 户。

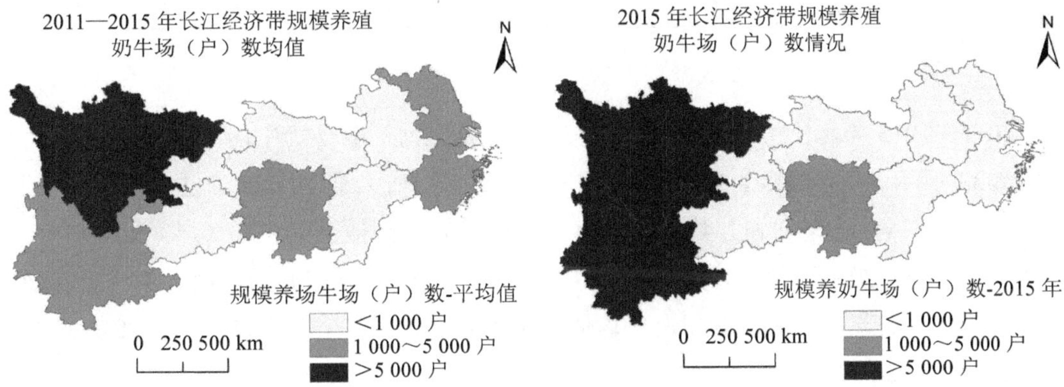

图 6-32　2010—2015 年长江经济带 9 省 2 市规模化养殖奶牛场（户）数的空间差异

2015 年，长江经济带 9 省 2 市规模化养殖奶牛场（户）数如图 6-32 所示。可以发现，2015 年，规模化养殖奶牛场（户）数最高的省份为云南和四川，云南奶牛规模化养殖场（户）数平均值为 7 440 户，四川奶牛规模化养殖场（户）数平均值为 5 116 户，其后依次是湖南（1 023 户）、江苏（727 户）、安徽（621 户）、浙江（606 户）、江西（519 户）、重庆（264 户）、湖北（114 户）、上海（96 户）、贵州（71 户）。

2011—2015 年，长江经济带散养奶牛场（户）数统计情况如表 6-19 所示。可以发现，2011—2015 年，我国散养奶牛的场（户）数由 1 651 816 户减少至 1 203 907 户，呈现下降态势；长江经济带奶牛散养场（户）数的数量呈现下降态势，占比为 5%左右。浙江呈先上升后下降的态势，其余省份（直辖市）散养奶牛场（户）数的变化态势较为一致，均呈现显著的下降态势。

表 6-19　2011—2015 年长江经济带奶牛散养场（户）数统计情况

地区	2011 年	2012 年	2013 年	2014 年	2015 年
全国	1 651 816	1 562 475	1 425 626	1 301 609	1 203 907
上海	0	0	0	0	0
江苏	281	314	350	336	177
浙江	1 027	1 293	1 342	227	137
安徽	745	696	678	619	625
江西	261	203	277	261	258
湖北	1 170	60	91	62	117
湖南	1 441	795	786	697	742
重庆	939	634	571	541	424
四川	20 073	20 288	19 903	19 835	18 710
贵州	250	218	183	162	141
云南	64 878	60 505	56 798	52 528	48 715
长江经济带占比/%	5.51	5.44	5.68	5.78	5.82

数据来源：《中国畜牧兽医年鉴》。

2011—2015 年，长江经济带 9 省 1 市（不包括上海）散养奶牛场（户）数的平均值如图 6-33 所示。可以发现，散养奶牛场（户）数平均值大于 10 000 户的省份为云南和四川，云南散养奶牛场（户）数平均值为 56 685 户，四川散养奶牛场（户）数平均值为 19 762 户；散养奶牛场（户）数小于 10 000 户的省份（直辖市）为湖南、浙江、安徽、重庆、湖北、江苏、江西、贵州，平均值分别为 892 户、805 户、673 户、622 户、300 户、292 户、252 户、191 户。

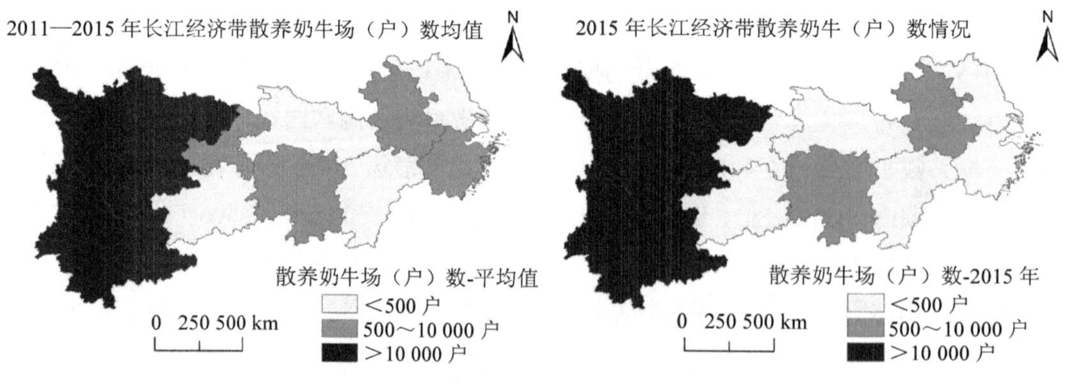

图 6-33　2011—2015 年长江经济带 9 省 1 市散养奶牛场（户）数的空间差异

2015 年，长江经济带 9 省 1 市（不包括上海）散养奶牛场（户）数结果如图 6-33 所示。可以发现，2015 年，散养奶牛场（户）数最高的省份为云南和四川，云南散养奶牛场（户）数为 48 715 户，四川散养奶牛户数为 18 710 户，其后依次是湖南（742 户）、安徽（625 户）、重庆（424 户）、江西（258 户）、江苏（177 户）、贵州（141 户）、浙江（137 户）、湖北（117 户）。

（3）规模化肉牛养殖

2011—2015 年，长江经济带 9 省 1 市（不包括上海）规模化养殖肉牛场（户）数统计情况如表 6-20 所示。可以发现，2011—2015 年，我国规模化养殖肉牛的场（户）数由 567 332 户减少至 547 912 户，呈现下降态势；长江经济带肉牛养殖占比为 16%～23%，数量呈现上升的态势。安徽、江西、湖北、湖南、重庆、四川、贵州和云南呈现上升的态势，江苏、浙江呈现下降的态势。

表 6-20 2011—2015 年长江经济带规模化养殖肉牛场（户）数统计情况

地区	2011 年	2012 年	2013 年	2014 年	2015 年
全国	567 332	550 498	565 447	546 948	547 912
江苏	3 362	3 391	3 252	3 143	3 027
浙江	844	819	815	787	824
安徽	7 152	6 811	7 599	8 434	8 571
江西	7 504	7 666	7 539	8 499	9 742
湖北	8 578	10 586	12 502	14 627	15 222
湖南	24 276	25 463	26 821	27 563	28 751
重庆	5 880	6 237	7 283	7 555	7 939
四川	16 457	19 505	17 415	19 896	22 262
贵州	3 945	4 479	5 126	5 887	6 876
云南	16 596	15 128	15 395	16 833	18 836
长江经济带占比/%	16.67	18.18	18.35	20.70	22.28

数据来源：《中国畜牧兽医年鉴》。

2011—2015 年，长江经济带 9 省 1 市（不包括上海）规模化养殖肉牛场（户）数的平均值如图 6-34 所示。可以发现，规模化养殖肉牛场（户）数平均值 10 000 户的省份为湖南、四川、云南和湖北，湖南规模化养殖肉牛场（户）数平均值为 26 575 户，四川规模化养殖肉牛场（户）数平均值为 19 107 户，云南规模化养殖肉牛场（户）数平均值为 16 558 户，湖北规模化养殖肉牛场（户）数平均值为 12 303 户；规模化养殖肉牛场（户）数在 5 000～10 000 户的省份（直辖市）为江西、安徽、重庆和贵州，平均值分别为 8 190 户、7 713 户、6 979 户、5 263 户；规模化养殖肉牛场（户）数小于 5 000 户的省为江苏和浙江，平均值分别为 3 235 户、818 户。

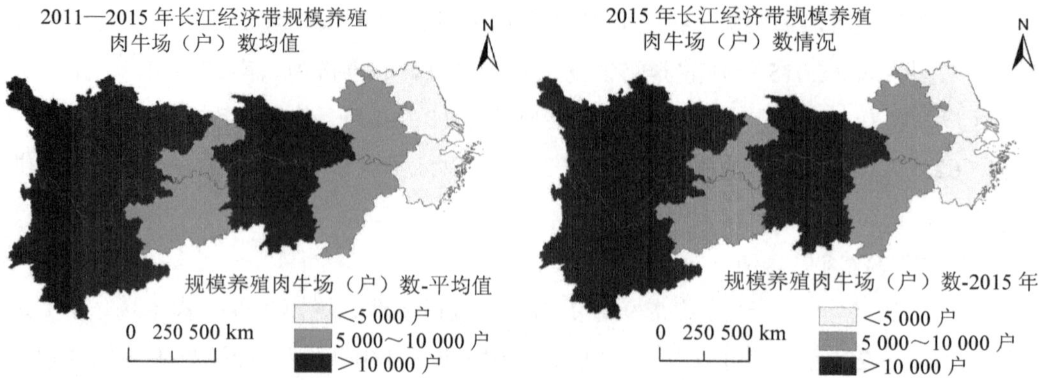

图 6-34　2011—2015 年长江经济带 9 省 1 市规模化养殖肉牛场（户）数的空间差异

2015 年，长江经济带 9 省 1 市（不包括上海）规模化养殖肉牛场（户）数如图 6-34 所示。可以发现，2015 年，规模化养殖肉牛场（户）数最高的省份为湖南、四川、云南和湖北，湖南规模化养殖肉牛场（户）数为 28 751 户，四川规模化养殖肉牛场（户）数为 22 262 户、云南规模化养殖肉牛场（户）数为 18 836 户、湖北规模化养殖生猪场（户）数为 15 222 户，其后依次是江西（9 742 户）、安徽（8 571 户）、重庆（7 939 户）、贵州（6 876 户）、江苏（3 027 户）和浙江（824 户）。

2011—2015 年长江经济带散养肉牛场（户）数统计情况如表 6-21 所示。可以发现，2011—2015 年，我国散养肉牛的场（户）数由 12 527 557 户减少至 10 490 202 户，呈现下降态势；长江经济带散养肉牛养殖场（户）数呈现下降的态势，占比 41%～45%。除云南、贵州、重庆呈现上升态势，大部分省（直辖市）散养肉牛户数的变化态势较为一致，呈现显著的下降态势。

表 6-21　2011—2015 年长江经济带散养肉牛的场（户）数统计情况

地区	2011 年	2012 年	2013 年	2014 年	2015 年
全国	12 527 557	12 102 578	11 771 808	11 057 417	10 490 202
江苏	113 048	105 434	86 373	77 766	69 425
浙江	26 705	25 901	24 708	23 420	20 751
安徽	389 113	368 957	340 702	301 521	279 680
江西	574 859	575 519	581 188	530 637	504 790
湖北	430 550	489 896	450 710	409 987	397 920
湖南	635 007	621 340	613 575	567 065	559 941
重庆	182 797	188 680	198 005	193 426	196 371
四川	1 093 650	1 017 834	626 726	635 253	618 588
贵州	566 973	588 343	598 795	605 102	620 523
云南	1 165 027	1 220 234	1 320 414	1 375 535	1 420 820
长江经济带占比/%	41.33	42.98	41.13	42.68	44.70

数据来源：《中国畜牧兽医年鉴》。

2011—2015 年，长江经济带 9 省 1 市（上海除外）散养肉牛场（户）数的平均值结果如图 6-35 所示。可以发现，散养肉牛场（户）数平均值大于 1 000 000 户的省份为云南，云南散养肉牛场（户）数平均值为 1 300 406 户；散养肉牛场（户）数在 500 000～1 000 000 户的省为四川、湖南、贵州和江西，平均值分别为 798 410 户、599 386 户、595 947 户、553 399 户；散养肉牛场（户）数小于 500 000 户的省（直辖市）为湖北、安徽、重庆、江苏和浙江，平均值分别为 435 813 户、335 995 户、191 856 户、90 409 户、24 297 户。

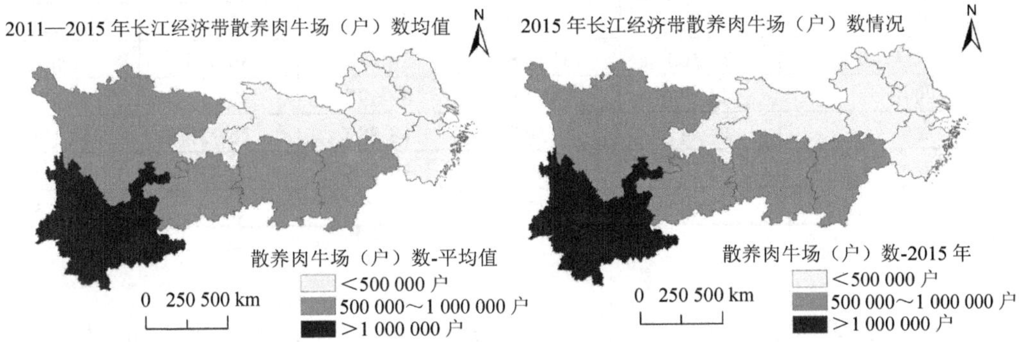

图 6-35　2011—2015 年长江经济带 9 省 2 市散养肉牛场（户）数的空间差异

2015 年，长江经济带 9 省 1 市（上海除外）散养肉牛场（户）数如图 6-35 所示。可以发现，2015 年，散养肉牛场（户）数最高的省份为云南、贵州、四川、湖南和江西，云南散养肉牛场（户）数为 1 420 820 户，贵州散养肉牛场（户）数为 620 523 户，四川散养肉牛场（户）数为 618 588 户，湖南散养肉牛场（户）数为 559 941 户，江西散养肉牛场（户）数为 504 790 户，其后依次是湖北（397 920 户）、安徽（279 680 户）、重庆（196 371 户）、江苏（69 425 户）、浙江（20 751 户）。

（4）规模化羊养殖

2011—2015 年长江经济带规模化养殖羊的场（户）数统计情况如表 6-22 所示。可以发现，2011—2015 年，我国规模化养殖羊的场（户）数由 1 930 960 户增长为 2 119 996 户，呈现上升态势；长江经济带规模化养殖羊的场（户）数呈现上升的态势，占比 18%左右，江苏呈现下降的态势，安徽、江西、上海、湖南、湖北、重庆、贵州和云南呈现上升的态势，浙江呈现先上升后下降的态势，四川呈现先下降后上升的态势。

表 6-22　2011—2015 年长江经济带规模化养殖羊场（户）数统计情况

地区	2011 年	2012 年	2013 年	2014 年	2015 年
全国	1 930 960	2 021 506	2 056 706	2 082 894	2 119 996
上海	768	1 012	989	1 034	1 060
江苏	48 962	41 614	39 650	40 753	40 034
浙江	8 480	8 831	8 731	8 607	8 511
安徽	47 033	50 718	54 037	60 595	67 786
江西	5 477	5 389	5 508	5 716	6 221
湖北	23 528	26 047	30 235	32 894	35 802
湖南	39 824	40 360	42 188	43 009	45 023
重庆	28 363	31 628	29 730	30 806	32 505
四川	102 796	110 006	87 697	92 072	97 480
贵州	14 341	17 047	18 580	20 721	22 136
云南	35 382	38 014	39 268	40 420	43 166
长江经济带占比/%	18.38	18.34	17.34	18.08	18.85

数据来源：《中国畜牧兽医年鉴》。

2011—2015 年，长江经济带 9 省 2 市规模化养殖羊的场（户）数平均值如图 4-36 所示。可以发现，规模化养殖羊场（户）数平均值大于 50 000 户的省份为四川和安徽，四川规模化养殖羊的场（户）数平均值为 98 010 户，安徽规模化养殖羊的场（户）数平均值为 56 034 户；规模化养殖羊的场（户）数在 10 000～50 000 户的省（直辖市）为江苏、湖南、云南、重庆、湖北、贵州，平均值分别为 42 203 户、42 081 户、39 250 户、30 606 户、29 701 户、18 565 户；规模化养殖羊的场（户）数小于 10 000 户的省（直辖市）为浙江、江西和上海，平均值分别为 8 632 户、5 662 户、973 户。

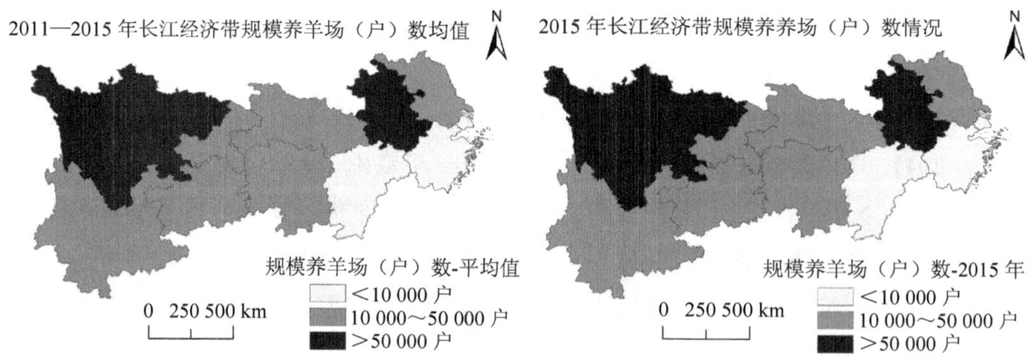

图 6-36　2011—2015 年长江经济带 9 省 2 市规模化养殖羊场（户）数的空间差异

2015 年，长江经济带 9 省 2 市规模化养殖羊的场（户）数如图 6-36 所示。可以发现，2015 年，规模化养殖羊场（户）数最高的省份为四川和安徽，四川规模化养殖羊场（户）数为 97 480 户，安徽规模化养殖羊场（户）数为 67 786 户，其后依次是湖南（45 023 户）、云南（43 166 户）、江苏（40 034 户）、湖北（35 802 户）、重庆（32 505 户）、贵州（22 136 户）、浙江（8 511 户）、江西（6 221 户）、上海（1 060 户）。

2011—2015 年，长江经济带散养羊的场（户）数统计情况如表 6-23 所示。可以发现，2011—2015 年，我国散养羊的场（户）数由 18 878 348 户减少至 14 534 918 户，呈现下降态势；长江经济带散养羊的场（户）数数量呈现下降的态势，占比为 43%～47%。除云南、重庆、贵州呈现上升态势，大部分省（直辖市）散养羊场（户）数的变化态势较为一致，呈现显著的下降态势。

表 6-23　2011—2015 年长江经济带散养羊的场（户）数统计情况

地区	2011 年	2012 年	2013 年	2014 年	2015 年
全国	18 878 348	17 558 328	16 236 523	15 186 912	14 534 918
上海	56 128	51 731	47 777	46 702	41 634
江苏	1 537 438	1 447 965	1 272 915	1 103 342	987 448
浙江	182 835	169 867	147 013	135 395	131 558
安徽	1 006 390	899 816	865 666	653 366	554 215
江西	85 117	70 706	70 557	80 006	79 603
湖北	662 626	676 011	631 406	551 517	533 875
湖南	572 187	571 011	547 735	522 042	503 781
重庆	344 505	337 121	374 506	379 723	377 500
四川	2 909 244	2 805 717	2 113 014	2 102 256	1 962 840
贵州	484 075	478 922	513 087	521 597	539 300
云南	583 930	704 566	738 590	653 219	680 142
长江经济带占比/%	44.63	46.78	45.10	44.44	43.98

数据来源：《中国畜牧兽医年鉴》。

2011—2015 年，长江经济带 9 省 2 市散养羊的场（户）数的平均值结果如图 6-37 所示。可以发现，散养羊的场（户）数平均值大于 1 000 000 户的省份为四川和江苏，四川散养羊的场（户）数平均值为 2 378 614 户，江苏散养羊的场（户）数平均值为 1 269 822 户；散养羊的场（户）数在 500 000～1 000 000 户的省为安徽、云南、湖北、湖南和贵州，平均值分别为 795 891 户、672 089 户、611 087 户、543 351 户、507 396 户；散养羊的场（户）数小于 500 000 户的省（直辖市）为重庆、浙江、江西和上海，平均值分别为 362 671 户、153 334 户、77 198 户、48 794 户。

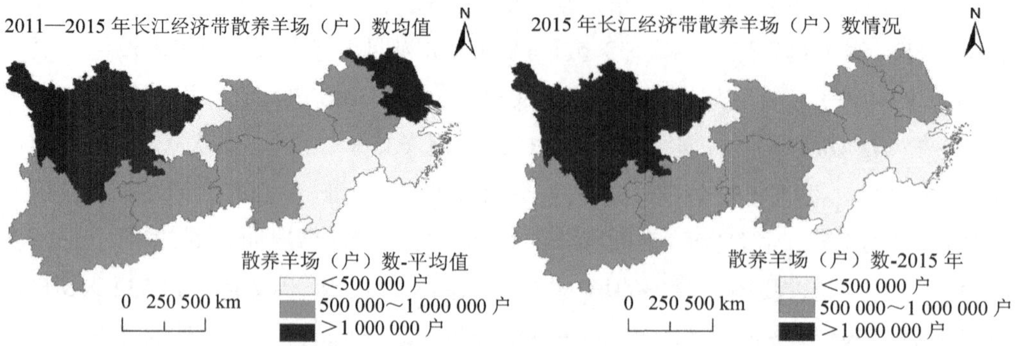

图 6-37　2011—2015 年长江经济带 9 省 2 市散养羊场（户）数的空间差异

2015 年，长江经济带 9 省 2 市散养羊场（户）数如图 6-37 所示。可以发现，2015 年，散养羊的场（户）数最高的省份为四川散养羊的场（户）数为 1 962 840 户，其后依次是江苏散养羊的场（户）数为 987 448 户，云南散养羊的场（户）数为 680 142 户，安徽（554 215 户）、贵州（539 300 户）、湖北（533 875 户）、湖南（503 781 户）、重庆（377 500 户）、浙江（131 558 户）、江西（79 603 户）、上海（41 634 户）。

6.4　长江经济带环境污染治理现状

基于对有关环境污染治理投资效率文献的整理，依照全面性、可比性、相关性、科学性等原则，选取有关投资效率测算的投入和产出指标见表 6-24，以此来分析长江经济带环境保护投资的发展现状。

表 6-24　长江经济带环境污染治理投资效率评价指标体系

评价对象	指标类别	指标名称	指标单位
环境污染治理投资效率	投入指标	城市环境基础设施建设投资	亿元
		工业污染源治理投资	亿元
	产出指标	城市污水日处理能力	万 t/d
		建成区绿化覆盖率	%
		生活垃圾无害化处理能力	t/d
		工业废水治理设施处理能力	万 t/d
		工业废气治理设施处理能力	万 m^3/h
		工业固体废物综合利用量	万 t/a

数据来源：《中国统计年鉴》和《中国环境统计年鉴》。

城市环境基础设施建设投资包括燃气、集中供热、排水、园林绿化、市容环境卫生等的投资，工业污染源治理投资包括治理废水、废气、固体废物和噪声等其他的投资。

6.4.1　环境污染治理投入状况

6.4.1.1　城市环境基础设施建设投资状况

2005—2016 年，我国城市环境基础设施建设投资状况以及长江经济带 9 省 2 市的城市环境基础设施建设投资状况如表 6-25 所示。可以发现：2005—2016 年，长江经济带的城市环境基础设施建设投资呈现上升态势，但各个省（直辖市）的城市环境基础设施建设投资状况存在着较为明显的差异。其中，重庆、湖南、江苏、江西、上海呈现先上升后下降的态势，湖北、四川、云南、贵州、浙江和安徽呈现上升的态势。

表 6-25　2005—2016 年长江经济带城市环境基础设施建设投资状况　　单位：亿元

地区	2005 年	2006 年	2007 年	2008 年	2009 年	2010 年
全国	1 289.7	1 314.9	1 467.5	1 801.0	2 512.0	4 224.2
上海	50.4	50.6	68.3	71.2	63.9	87.1
江苏	182.0	161.4	161	185.6	232.8	300
浙江	84.3	57.9	65.6	105.4	99.1	95.2
安徽	38.3	36.6	45.3	70.8	93.3	132.4
江西	20.8	24	18.2	23.9	48.5	125.5
湖北	35.98	38.5	38.2	48.4	70.6	89.9
湖南	15.56	28.7	34.4	52.5	90.3	62.1
重庆	34.72	32.7	28.3	33.5	62.1	124.6
四川	43.89	31.5	53.2	41	51.5	44.3
贵州	4.12	5.4	8.1	7.9	5.1	6.7
云南	10.67	10.1	5.3	8.7	33.5	59.4
长江经济带均值	47.3	43.4	47.8	59.0	77.3	102.5
地区	2011	2012	2013	2014	2015	2016
全国	4 557.2	5 062.7	5223	5 463.9	4 946.8	5412
上海	68.9	65.2	77	82	108.8	58.2
江苏	350.6	380.3	509.9	579.3	452.1	453.2
浙江	133.2	163.6	156.5	229	219.6	300.1
安徽	211.1	251	319.8	303	324.7	335.1
江西	189.2	273.5	182.3	172.3	157.1	178.2
湖北	197.5	189.8	154.5	211.7	152.5	322.7
湖南	90.1	130.2	167.2	167.8	161.3	133.9
重庆	214.6	126.5	111.4	92.6	94.8	94.5
四川	82.7	100.3	119.4	148.1	133.4	210.8
贵州	37.9	35.7	66.8	84	87.7	94
云南	58	48.7	35.7	56.4	70	70.3
长江经济带均值	148.5	160.4	172.8	193.3	178.4	204.6

数据来源：《中国统计年鉴》和《中国环境统计年鉴》。

2005—2016 年，长江经济带 9 省 2 市城市环境基础设施建设投资的平均值如图 6-38 所示。可以发现，城市环境基础设施建设投资平均值大于 300 亿元的省份为江苏，江苏城市环境基础设施建设投资平均值为 329 亿元；城市环境基础设施建设投资在 100 亿～300 亿元的省为安徽、湖北、浙江和江西，平均值分别为 180.1 亿元、142.5 亿元、129.2 亿元和 117.8 亿元；城市环境基础设施建设投资小于 100 亿元的省（直辖市）为湖南、四川、重庆、上海、云南和贵州，平均值分别为 94.5 亿元、88.3 亿元、87.5 亿元、71.0 亿元、38.9 亿元和 37.0 亿元。

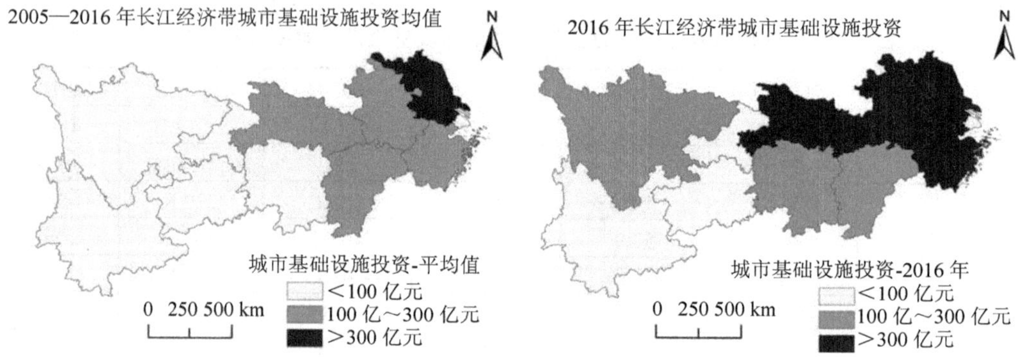

图 6-38　2005—2016 年长江经济带 9 省 2 市城市环境基础设施建设投资的空间差异

2016 年，长江经济带 9 省 2 市城市环境基础设施建设投资如图 6-38 所示。可以发现，2016 年，城市环境基础设施建设投资最高的省份为江苏、安徽、湖北和浙江，江苏城市环境基础设施建设投资为 453.2 亿元，安徽城市环境基础设施建设投资为 335.1 亿元，湖北城市环境基础设施建设投资为 322.7 亿元，浙江城市环境基础设施建设投资为 300.1 亿元，其后依次为四川（210.8 亿元）、江西（178.2 亿元）、湖南（133.9 亿元）、重庆（94.5 亿元）、贵州（94 亿元）、云南（70.3 亿元）、上海（58.2 亿元）。

6.4.1.2　工业污染源治理投资状况

2005—2016 年，我国工业污染源治理投资以及长江经济带 9 省 2 市的工业污染源治理投资如表 6-26 所示。可以发现：2005—2016 年，长江经济带的工业污染源治理投资呈现上升态势，各个省（直辖市）的工业污染源治理投资存在着较为明显的差异。其中，安徽、江西和上海呈现上升的态势，云南、重庆和贵州呈现先上升后下降的态势，江苏、浙江、湖南、湖北和四川呈现先下降后上升的态势。

表 6-26 2005—2016 年长江经济带工业污染源治理投资状况 单位：亿元

地区	2005 年	2006 年	2007 年	2008 年	2009 年	2010 年
全国	458.2	483.9	552.4	542.6	442.6	397
上海	8.8	5.9	16.4	10.4	6.8	9.4
江苏	38.9	28	53.7	39.7	27.1	18.6
浙江	19.9	25	21.4	14.8	19.4	12
安徽	4.5	5.5	11.4	11.5	10.8	5.9
江西	7.2	6.9	8.3	5.1	4	6.4
湖北	14.8	14.9	18.9	16.1	28.1	27.7
湖南	14.1	17.3	13.4	14.4	13.4	13.8
重庆	3.9	3.7	10	9.7	7.1	7.8
四川	20	20.3	20.1	19.4	9.6	7.2
贵州	5.9	10.1	4.6	10.2	8.9	6.8
云南	6.8	9.4	8.6	10.3	9.5	10.6
地区	2011 年	2012 年	2013 年	2014 年	2015 年	2016 年
全国	444.4	500.5	867.7	997.7	773.7	819
上海	6.4	11.6	5.2	17.8	21.2	51.9
江苏	31	39	59.4	48.5	62.2	74.8
浙江	17.8	28.3	57.7	67.6	58.6	60.2
安徽	9.3	12.7	41.3	17.6	17.9	41.5
江西	6.6	3.9	15.5	12.3	14.8	10.4
湖北	9.3	14.9	25.2	26.3	15.8	36.9
湖南	9.7	18	23.4	17.3	26.1	12.7
重庆	4.9	3.8	7.9	5	6	3.7
四川	16.7	11.1	18.8	23.2	11.8	11.6
贵州	13.2	12.5	19.6	18.5	10.7	5.7
云南	13.7	19.7	23.9	24.4	21.6	12.7

数据来源：《中国统计年鉴》和《中国环境统计年鉴》。

2005—2016 年，长江经济带 9 省 2 市工业污染源治理投资的平均值如图 6-39 所示。可以发现，工业污染源治理投资平均值大于 20 亿元的省份为江苏、浙江和湖北，江苏工业污染源治理投资 43.4 亿元，浙江工业污染源治理投资平均值为 33.6 亿元，湖北工业污染源治理投资平均值为 20.7 亿元；工业污染源治理投资在 10 亿～20 亿元的省（直辖市）为湖南、安徽、四川、上海、云南和贵州，平均值分别为 16.1 亿元、15.8 亿元、15.8 亿元、14.3 亿元、14.3 亿元、10.6 亿元；工业污染源治理投资小于 10 亿元的省（直辖市）为江西和重庆，平均值分别为 8.5 亿元和 6.1 亿元。

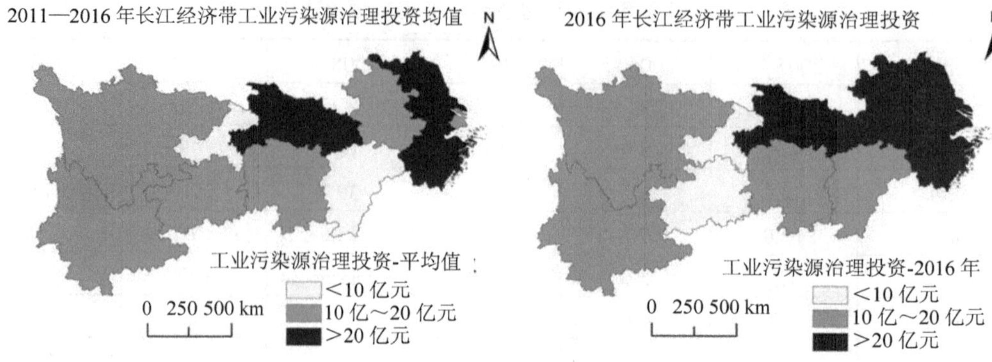

图 6-39 2005—2016 年长江经济带 9 省 2 市工业污染源治理投资状况的空间差异

2016 年，长江经济带 9 省 2 市工业污染源治理投资如图 6-39 所示。可以发现，2016 年，工业污染源治理投资最高的省份为江苏、浙江、上海、安徽和湖北，江苏工业污染源治理投资为 74.8 亿元，浙江工业污染源治理投资为 60.2 亿元，上海工业污染源治理投资为 51.9 亿元，安徽工业污染源治理投资为 41.5 亿元，湖北工业污染治理投资为 36.9 亿元，其后依次为湖南（12.7 亿元）、云南（12.7 亿元）、四川（11.6 亿元）、江西（10.4 亿元）、贵州（5.7 亿元）、重庆（3.7 亿元）。

6.4.2 环境污染治理产出状况

6.4.2.1 城市污水日处理能力

2005—2016 年，我国城市污水日处理能力以及长江经济带 9 省 2 市的城市污水日处理能力如表 6-27 所示。可以发现：2005—2016 年，长江经济带的城市污水日处理能力呈现上升态势，各个省（直辖市）的城市污水日处理能力的变化态势较为一致，均呈现显著的增长态势，与全国水平的变化态势保持一致。

表 6-27 2005—2016 年长江经济带省份城市污水日处理能力情况 单位：万 t/d

地区	2005 年	2006 年	2007 年	2008 年	2009 年	2010 年
全国	7 989.74	9734	10 336.5	11 172.5	12 183.9	13 392.9
上海	481	509.8	539.7	606.3	654	679.7
江苏	1 023.92	1 224.9	1 180.1	1 432.2	1 411.2	1590
浙江	412.6	480	528.6	595.7	606.8	643.8
安徽	269.72	335.9	458.8	438.8	488.1	528.4
江西	120.71	134.8	162.3	162.3	223.9	226.3
湖北	449.45	509.5	505.5	514.6	495	513.7
湖南	275.67	482.7	439.4	396.3	518.9	544.5
重庆	168.88	160.5	175.7	182	186.1	190.9

地区	2005 年	2006 年	2007 年	2008 年	2009 年	2010 年
四川	226.4	239.1	267	324.6	352.4	373.3
贵州	34.5	32.3	51.5	60.5	79.5	122
云南	173.92	179	131.6	123.8	147.4	226.4
长江经济带均值	330.62	389.86	403.65	439.74	469.39	512.64
地区	2011 年	2012 年	2013 年	2014 年	2015 年	2016 年
全国	13 304.1	13 692.9	14 652.7	15 123.5	16 065.4	16 779.2
上海	694.3	701.3	784.6	788	785	806.9
江苏	1 555.5	1 564.5	1 606.5	1 622.4	1 673.2	1 742.9
浙江	662.6	691.1	802.6	838.5	882.1	1 001.8
安徽	490.8	511.4	600.2	616.2	646.2	507.7
江西	226	226	230.4	242.4	272.9	259.9
湖北	561.8	557	581.9	610.4	656	687.7
湖南	555	575.3	499.2	551.3	586.7	613.1
重庆	219.7	238.4	253.8	257.8	273.8	289.7
四川	391	403.1	444	527.6	565.9	609.5
贵州	122.8	124.8	188.5	140.8	144	183.9
云南	231.3	229.7	233.7	233.5	245.2	250.9
长江经济带均值	519.16	529.33	565.95	584.45	611.91	632.18

数据来源：《中国统计年鉴》和《中国环境统计年鉴》。

2016 年，长江经济带 9 省 2 市城市污水日处理能力如图 6-40 所示。可以发现，2016 年，城市污水日处理能力平均值大于 1 000 万 t/d 的省份为江苏和浙江，江苏城市污水日处理能力为 1 742.9 万 t/d，浙江城市污水日处理能力为 1 001.8 万 t/d；城市污水日处理能力在 500 万～1 000 万 t/d 的省（直辖市）为上海（806.9 万 t/d）、湖北（687.7 万 t/d）、湖南（613.1 万 t/d）、四川（609.5 万 t/d、）和安徽（507.7 万 t/d）；城市污水日处理能力小于 500 万 t/d 的省（直辖市）为重庆（289.7 万 t/d）、江西（259.9 万 t/d）、云南（250.9 万 t/d）和贵州（183.9 万 t/d）。

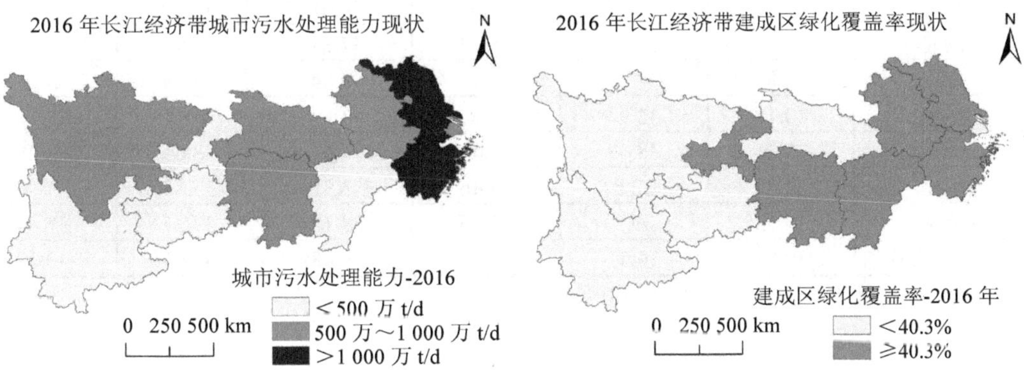

图 6-40　2016 年长江经济带 9 省 2 市的城市污水日处理能力、建成区绿化覆盖率情况

6.4.2.2 建设区绿化覆盖率

2006—2016 年，我国建设区绿化覆盖率以及长江经济带 9 省 2 市的建设区绿化覆盖率如表 6-28 所示。可以发现：2006—2016 年，长江经济带的建成区绿化覆盖率呈现上升态势，各个省（直辖市）的建设区绿化覆盖率存在着较为明显的差异。其中，上海、浙江、安徽、贵州、湖南和四川呈现上升的态势，江西、重庆、湖北、云南呈现先上升后下降的态势，江苏呈现先下降后上升的态势。

表 6-28 2006—2016 年长江经济带建成区绿化覆盖率情况 单位：%

地区	2006 年	2007 年	2008 年	2009 年	2010 年
全国	35.11	35.29	37.37	38.22	38.62
上海	37.33	37.60	37.78	37.97	38.15
江苏	41.72	42.80	42.55	41.99	42.07
浙江	35.53	36.15	37.74	38.2	38.3
安徽	32.58	36.09	35.97	37.16	37.5
江西	34.56	39.05	41.8	44.36	46.62
湖北	37.11	37.57	37.63	37.79	37.74
湖南	34.74	35.58	35.83	36.59	36.64
重庆	23.45	31.81	35.91	38.48	40.57
四川	33.54	34.20	35.3	36.4	37.88
贵州	29.41	30.53	29.83	27.44	29.58
云南	25.83	30.95	32.04	36.29	37.31
长江经济带均值	33.25	35.67	36.58	37.52	38.40

地区	2011 年	2012 年	2013 年	2014 年	2015 年	2016 年
全国	39.22	39.59	39.7	40.22	40.12	40.3
上海	38.22	38.29	38.36	38.43	38.5	38.6
江苏	42.12	42.17	42.44	42.61	42.83	42.94
浙江	38.39	39.86	40.26	40.75	40.58	41.02
安徽	39.47	38.8	39.85	41.18	41.16	41.71
江西	46.81	45.95	45.09	44.61	44.09	43.63
湖北	38.35	38.86	38.12	37.87	37.47	37.6
湖南	36.84	37.01	37.63	38.64	39.69	40.6
重庆	40.18	42.94	41.66	40.6	40.3	40.76
四川	38.21	38.69	38.41	37.51	38.65	39.9
贵州	32.31	32.8	34.46	33.97	35.88	36.8
云南	38.73	39.3	37.76	38.14	37.27	37.84
长江经济带均值	39.06	39.52	39.46	39.48	39.67	40.13

数据来源：《中国统计年鉴》和《中国环境统计年鉴》。

2016 年，长江经济带 9 省 2 市建成区绿化覆盖率如图 6-40 所示。可以发现，2016 年，建成区绿化覆盖率使用总量高于全国水平省份为江西、江苏、安徽、浙江、重庆和湖南，江西建成区绿化覆盖率为 43.63%，江苏建成区绿化覆盖率为 42.94%，安徽建成区绿化覆盖率为 41.71%，浙江建成区绿化覆盖率为 41.02%，重庆建成区绿化覆盖率为 40.76%，湖南建成区绿化覆盖率为 40.60%，高于全国平均水平 40.30%；其后依次为四川（39.90%）、上海（38.60%）、云南（37.84%）、湖北（37.60%）、贵州（36.8%）。

6.4.2.3　生活垃圾无害化处理能力

2005—2016 年，我国垃圾无害化处理能力以及长江经济带 9 省 2 市的垃圾无害化处理能力情况如表 6-29 所示。可以发现：2005—2016 年，长江经济带的生活垃圾无害化处理能力呈现上升态势，各个省（直辖市）生活垃圾无害化处理能力的变化态势较为一致，均呈现显著的增长态势，与全国水平的变化态势保持一致。

表 6-29　2005—2016 年长江经济带生活垃圾无害化处理能力情况　单位：t/d

地区	2005 年	2006 年	2007 年	2008 年	2009 年	2010 年
全国	256 312	258 048	271 791	315 153	356 130	387 607
上海	8 800	9 900	16 765	10 415	10 345	10 545
江苏	24 000	24 545	21 787	27 985	34 570	37 637
浙江	21 528	25 288	22 881	25 416	31 173	33 323
安徽	3 071	4 171	5 997	7 347	8 054	9 420
江西	3 313	3 949	4 815	5 330	5 930	6 066
湖北	14 721	6 456	4 256	7 534	12 013	12 800
湖南	6 122	6 330	8 650	9 430	9 312	11 818
重庆	5 210	5 030	5 440	6 265	6 265	6 465
四川	9 970	10 880	11 270	15 081	15 571	16 974
贵州	4 112	4 755	4 755	2 835	5 175	5 697
云南	7 859	7 521	8 051	8 640	6 088	7 749
长江经济带均值	9 882	9 893	10 424	11 480	13 136	14 409
地区	2011 年	2012 年	2013 年	2014 年	2015 年	2016 年
全国	409 119	446 268	492 300	533 455	576 894	621 351
上海	7 850	11 732	20 530	20 530	20 530	23 530
江苏	42 170	43 113	40 723	50 574	52 816	55 403
浙江	35 067	37 161	42 932	45 981	47 855	48 250
安徽	11 530	12 426	14 202	15 153	17 187	18 087
江西	8 215	9 193	9 085	9 273	9 740	10 505
湖北	13 832	17 040	22 539	24 016	22 826	25 136
湖南	11 500	16 704	17 368	21 609	21 233	23 013
重庆	6465	8154	8174	8710	9350	11 753
四川	15 182	17 296	19 498	21 677	22 565	24 500
贵州	5 568	6 296	7 393	5 545	7 520	9 290
云南	6 018	9 995	8 316	9 943	9 109	11 079
长江经济带均值	14 854	17 192	19 160	21 183	21 885	23 686

数据来源：《中国统计年鉴》和《中国环境统计年鉴》。

2016 年，长江经济带 9 省 2 市垃圾无害化处理能力如图 6-41 所示。可以发现，垃圾无害化处理能力大于 40 000 万 t/d 的省份为江苏和浙江，江苏垃圾无害化处理能力为 55 403 万 t/d，浙江垃圾无害化处理能力为 48 250 万 t/d；垃圾无害化处理能力在 20 000 万～40 000 万 t/d 的省（直辖市）为湖北（25 136 万 t/d）、四川（24 500 万 t/d）、上海（23 530 万 t/d）和湖南（23 013 万 t/d）；垃圾无害化处理能力小于 20 000 万 t/d 的省（直辖市）为安徽（18 087 万 t/d）、重庆（11 753 万 t/d）、云南（11 079 万 t/d）、江西（10 505 万 t/d）和贵州（9 290 万 t/d）。

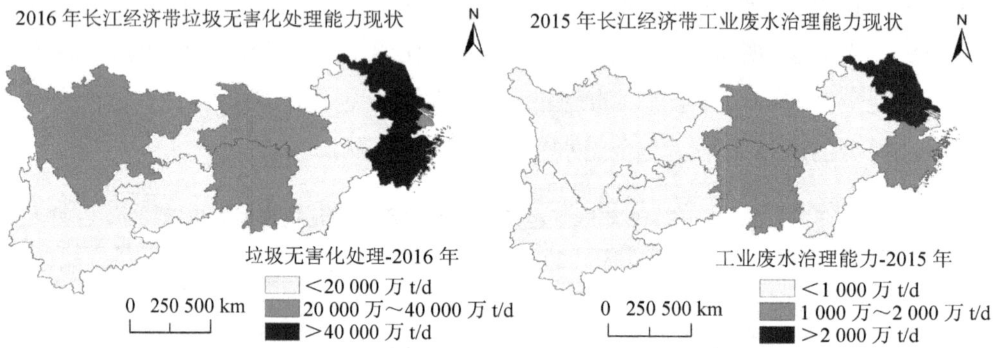

图 6-41　2016 年长江经济带 9 省 2 市的垃圾无害化处理能力、废水治理能力情况

6.4.2.4　工业废水治理设施处理能力

2005—2015 年，我国工业废水治理设施处理能力以及长江经济带 9 省 2 市的工业废水治理设施处理能力如表 6-30 所示。可以发现：2005—2015 年，长江经济带的工业废水处理能力呈现先上升后下降的态势，各个省（直辖市）的工业废水治理设施处理能力存在着较为明显的差异。其中，江苏、贵州和湖南呈现上升的态势，浙江、安徽、江西、上海、湖北、重庆、四川和云南呈现先上升后下降的态势。

表 6-30　2005—2015 年长江经济带工业废水治理设施处理能力情况　　单位：万 t/d

地区	2005 年	2006 年	2007 年	2008 年	2009 年	2010 年
全国	16 349	19 553	22 075.9	22 897	22 703	24 762
上海	501	532	619.1	497	479	510
江苏	1 076	1 268	1 542.5	1 563	1 691	1 801
浙江	771	1 114	1 129.9	1 161	1 182	1 265
安徽	635	751	972.3	1 000	1 014	1 064
江西	341	284	459	456	620	597
湖北	912	859	878.8	930	951	1 037
湖南	699	779	1 060.7	1 132	1 154	1 198

地区	2005 年	2006 年	2007 年	2008 年	2009 年	2010 年
重庆	295	166	174.6	178	172	221
四川	666	774	968.3	846	852	990
贵州	304	374	447.9	446	461	539
云南	635	590	643.6	525	596	738
长江经济带均值	621	681	809	794	834	905

地区	2011 年	2012 年	2013 年	2014 年	2015 年
全国	31 405.5	26 620	25 641.6	25 317	24 728
上海	305	321	318.6	340	330
江苏	3 042.3	1 953.1	1 926.9	2 051	2 009
浙江	1 421.7	1 361.9	1 425.1	1 343	1 290
安徽	903.4	1 020.7	951.6	962	961
江西	746.5	811	1 071.8	1 108	933
湖北	1 321.6	1 023.1	1 029.4	1 043	1 052
湖南	669.6	1 121.9	1 153.9	1 243	1 217
重庆	337.9	394.5	242.6	250	245
四川	1 116.5	999.4	1 053.2	990	913
贵州	529.5	442.6	615.8	576	586
云南	933.1	933.8	798.6	681	540
长江经济带均值	1 030	944	963	962	916

数据来源：《中国统计年鉴》和《中国环境统计年鉴》。

2015 年，长江经济带 9 省 2 市工业废水治理设施处理能力如图 6-41 所示。可以发现，工业废水治理设施处理能力大于 2 000 万 t/d 的省份为江苏，江苏工业废水治理设施处理能力为 2 009 万 t/d；工业废水治理设施处理能力在 1 000 万～2 000 万 t/d 的省为浙江（1 290 万 t/d）、湖南（1 217 万 t/d）和湖北（1 052 万 t/d）；工业废水治理设施处理能力小于 1 000 万 t/d 的省（直辖市）为安徽（961 万 t/d）、江西（933 万 t/d）、四川（913 万 t/d）、贵州（586 万 t/d）、云南（540 万 t/d）、上海（330 万 t/d）和重庆（245 万 t/d）。

6.4.2.5　工业废气治理设施处理能力

2005—2016 年，我国工业废气治理设施处理能力以及长江经济带 9 省 2 市的工业废气治理设施处理能力如表 6-31 所示。可以发现：2011—2015 年，长江经济带的工业废气治理能力呈现上升态势，各个省（直辖市）工业废气治理设施处理能力的变化态势较为一致，均呈现显著的增长态势，与全国水平的变化态势保持一致。

表 6-31 2005—2016 年长江经济带工业废气治理设施处理能力情况 单位：万 m³/h

地区	2011 年	2012 年	2013 年	2014 年	2015 年
全国	1 568 592	1 649 353	1 435 110	1 533 917	1 688 675
上海	30 581	32 703	29 883	33 941	35 471
江苏	105 172	99 232	104 344	109 031	114 055
浙江	68 986	159 773	57 354	62 893	67 908
安徽	44 419	40 258	37 496	43 086	49 889
江西	27 281	26 452	27 464	31 452	33 006
湖北	78 940	93 354	36 296	38 927	59 074
湖南	34 635	34 007	30 196	38 375	39 197
重庆	22 710	19 990	23 084	23 704	25 966
四川	54 666	50 885	48 879	46 770	44 001
贵州	26 147	22 084	14 965	19 337	44 463
云南	31 440	32 704	36 227	40 984	38 940
长江经济带均值	47 725	55 586	40 563	44 409	50 179

数据来源：《中国统计年鉴》和《中国环境统计年鉴》。

2015 年，长江经济带 9 省 2 市工业废气治理设施处理能力如图 6-42 所示。可以发现，工业废气治理设施处理能力大于 100 000 万 m³/h 的省份为江苏，江苏工业废气治理设施处理能力为 114 055 万 m³/h；工业废气治理设施处理能力在 50 000 万～100 000 万 m³/h 的省为浙江（67 908 万 m³/h）和湖北（59 074 万 m³/h）；工业废气治理设施处理能力使用总量小于 50 000 万 m³/h 的省（直辖市）为安徽（49 889 万 m³/h）、贵州（44 463 万 m³/h）、四川（44 001 万 m³/h）、湖南（39 197 万 m³/h）、云南（38 940 万 m³/h）、上海（35 471 万 m³/h）、江西（33 006 万 m³/h）和重庆（25 966 万 m³/h）。

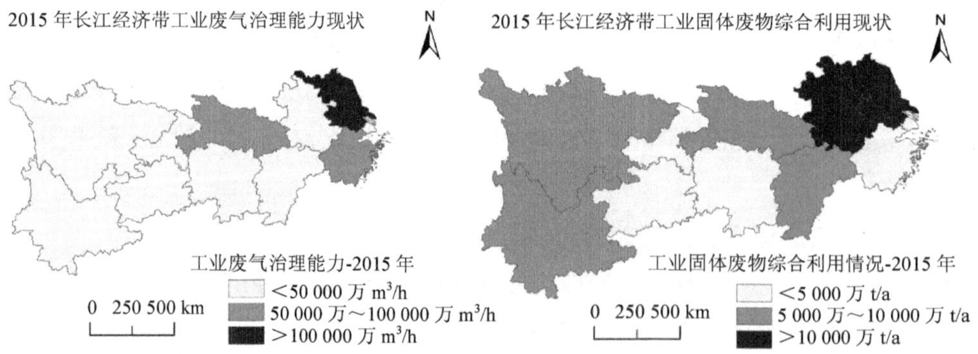

图 6-42 2015 年长江经济带 9 省 2 市的工业废气治理能力、固体废物综合利用情况

6.4.2.6　工业固体废物综合利用情况

2005—2015 年，我国工业固体废物综合利用情况以及长江经济带 9 省 2 市的工业固体废物综合利用情况如表 6-32 所示。可以发现：2005—2015 年，长江经济带的工业固体废物综合利用量呈现先上升后下降的态势，各个省（直辖市）的工业固体废物综合利用情况存在着较为明显的差异。其中，江苏、浙江、重庆和安徽呈现上升的态势，江西、上海、湖北、湖南、四川、贵州和云南呈现先上升后下降的态势。

表 6-32　2005—2015 年长江经济带工业固体废物综合利用情况　单位：万 t/a

地区	2005 年	2006 年	2007 年	2008 年	2009 年	2010 年
全国	76 993	92 601	110 311.5	123 482	138 185.8	161 772
上海	1 892	1 953	2 040.1	2 242	2 171.6	2 366.9
江苏	5 987	6 966	7 259.3	7 625	7 862.2	8 760.6
浙江	2 336	2 855	3 333.7	3 498	3 585.9	4 032.8
安徽	3 357	4 123	4 908.5	6 326	7 227	7 849.1
江西	1 899	2 637	2 830.9	3 251	3 702.7	4 379.1
湖北	2 748	3 150	3 620.3	3 853	4 210.2	5 520.9
湖南	2 385	2 716	3 428.3	3 633	4 010.4	4 797.3
重庆	1 329	1 331	1 623.4	1 851	2 076.7	2 316.8
四川	3 850	4 187	5 047.5	5 696	4 952.3	6 159.2
贵州	1 658	2 108	2 251.8	2 339	3 350.7	4 174.1
云南	1 646	2 463	3 036.2	3 827	4 264.8	4 798.4
长江经济带均值	2 644	3 135	3580	4 013	4 310	5 014

地区	2011 年	2012 年	2013 年	2014 年	2015 年
全国	195 215	202 462	205 916	198 807	198 807
上海	2 358	2 140	1 995	1 796	1 796
江苏	9 997	9 342	10 502	10 207	10 207
浙江	4 092	4 083	4 091	4 263	4 263
安徽	9 366	10 266	10 462	11 763	11 763
江西	6 305	6 071	6 431	6 152	6 152
湖北	6 007	5 737	6 196	5 253	5 253
湖南	5 679	5 188	5 011	4 683	4 683
重庆	2 585	2 569	2 695	2 424	2 424
四川	6 002	6 052	5 780	5 507	5 507
贵州	4 015	4 839	4 160	4 289	4 289
云南	8 728	7 938	8 414	7 198	7 198
长江经济带均值	5 921	5 839	5 976	5 776	5 776

数据来源：《中国统计年鉴》和《中国环境统计年鉴》。

2015 年，长江经济带 9 省 2 市工业固体废物综合利用情况如图 6-42 所示。可以发现，工业固体废物综合利用量大于 10 000 万 t/a 的省份为安徽和江苏，安徽工业固体废物综合利用能力为 11 763 万 t/d，江苏工业固体废物综合利用能力的平均值为 10 207 万 t/d；工业固体废物综合利用能力在 5 000 万～10 000 万 t/a 的省为云南（7 198 万 t/d）、江西（6 152 万 t/d、）、四川（5 507 万 t/d）和湖北（5 253 万 t/d）；工业固体废物综合利用情况使用总量小于 5 000 万 t/d 的省（直辖市）为湖南（4 683 万 t/d）、贵州（4 289 万 t/d）、浙江（4 263 万 t/d）、重庆（2 424 万 t/d）和上海（1 796 万 t/d）。

6.5 长江经济带主要环境问题及其保护治理面临的主要困境

6.5.1 长江经济带主要环境问题

（1）上游地区主要环境问题

长江经济带上游成渝经济区的四川盆地及周边山地土壤侵蚀严重。近年来，上游森林系统生态服务功能大为降低，生物多样性遭到严重破坏，水源涵养功能减弱，土壤侵蚀加剧。相关研究结果表明，20 世纪二三十年代，上游山地森林覆盖率在 30%～40%以上。20 世纪 70 年代末，流域森林覆盖面积达到历史最少。此后西南地区防护林体系建设使上游流域森林得以一定程度的恢复，近年来山地森林覆盖率平均约为 17%。然而上游森林恢复过程仍处于初步发展阶段，增加的多为中幼林；现存森林中，90%以上的是次生林和人工林，其保水抗蚀功能远低于原始森林。据调查，上游轻度以上侵蚀面积已达 43 万余 km^2，占全流域的 43%以上，年土壤侵蚀量超过 20 亿 t。根据我国水土保持情况普查结果，重庆、贵州、云南等相关省市，侵蚀面积超过辖区面积的 25%。石漠化是土壤严重侵蚀导致基岩大面积裸露，土壤生产力严重下降的现象，其形成和发展是一种危害极大的生态环境问题，带来植被破坏、耕地面积减少、水源枯竭等环境问题。长江经济带石漠化面积约为 7.23 万 km^2，主要分布在上游地区。贵州、云南、重庆等地有大面积发育，其中乌江流域是石漠化最为集中分布的区域。虽然近年来上游部分地区石漠化扩展趋势有所遏制，但岩溶地区生态环境仍然非常脆弱，石漠化依旧分布广泛。

（2）中游地区主要环境问题

长江经济带中游地区西起宜昌、东至湖口，面积约为 68 万 km^2。中游地区是我国水资源最丰富的区域，也正因为中游地区江湖众多，格局不断发生变化，使得该地区人地矛盾加剧，环境问题已成为区域经济社会可持续发展的制约瓶颈，其环境问题主要表现在三方面：第一，河湖湿地面积锐减，蓄泄格局恶化，生态功能退化。从 20 世纪 50 年代至今，仅江汉平原湖泊水域面积就由 7 100 余 km^2 减少到约 2 400 km^2；相应地，作为河湖湿地重要组成部分的湖泊消落区面积也急剧萎缩。据统计，20 世纪 50 年代江汉平原湖泊消落带面积共约 3 293 km^2，而至今江汉平原湖泊消落带面积不足 500 km^2。洞庭湖水域面积近些年来也减少近 2 500 km^2。第二，水环境恶化，主要水体污染严重，农村饮用水安全存在隐患。近年来中游地区工业污染增加的趋势明显，长江干流Ⅳ类、Ⅴ类、劣Ⅴ类水质频现，局部地区环境容量已经接近或达到发展的临界点。第三，洪、涝、渍、旱等灾害频繁，农业生产和粮食安全受到威胁。在全球变化作用下，长江中下游地区天气与气候事件发生的概率增大。此外，长江中游处于三峡工程和南水北调中线工程共同作用地区，工程建成运行以后，长江中游与之相关的环境问题逐渐显现。如长江水沙情势变化导致的长江中游湿地系统变化、跨流域调水产生的汉江中下游径流量不足、水环境容量下降等。

（3）下游地区主要环境问题

长三角地区为长江经济带下游，面积约 12 万 km^2。该区域是我国经济最为发达、人口最为稠密的区域之一。同中游地区湿地所面临的问题类似，由于农业面源、工业点源以及中下游湖泊本身持续的内源释放，下游湿地也存在水环境质量下降、水体富营养化等问题。太湖近年来水环境问题日益突出，已成为我国 5 大淡水湖中污染最为严重的湖泊之一，湖体已形成“藻型生境”，在适宜外部条件下易出现大规模蓝藻水华并引发城市供水危机。不仅如此，长江口滨海湿地是河海相互作用的区域，独特的地理环境条件不仅形成了复杂的生态系统，也造就了重要的生态经济水域，具有巨大的生态价值和资源供应潜力。近年来有调查表明长江口水域水环境综合质量已处于严重污染水平，且有恶化趋势。

（4）干流与主要支流水质污染较重

长江经济带干流江段和一些支流水质普遍较差，有些支流河段污染还较为严重。截至 2015 年年底，干流 42 个国控断面中，Ⅰ类水质断面占 7.1%，比 2014 年下降 0.2 个百分点；Ⅱ类占 38.1%，比 2014 年下降 3.4 个百分点；Ⅲ类占 52.4%，比 2014 年上升 1.2 个百分点；Ⅴ类占 2.4%，比 2014 年上升 2.4 个百分点；无Ⅳ类和劣Ⅴ类水质断面，均比 2014 年有所上升。污染主要集中在长三角、中游的武汉与九江、上游的重庆，尤其是长三角污染排放积累最大。截至 2015 年年底，长江经济带累计污染带超过 600 km，且有逐渐扩大的趋势。沱江、湘江、黄浦江等支流以及流经城市的中小支流普遍污染严重，一些流经城市的中小支流水质普遍为Ⅴ类和劣Ⅴ类，一些河段甚至终年黑臭。

（5）湖泊水质富营养化

长江中下游流域湖泊众多，面积大于 10 km^2 的湖泊共计 86 个。其中千湖之省湖北即占据约一半的湖泊，共计 41 个，另外湖南 11 个，江西 11 个，安徽 11 个，江苏 11 个，上海 1 个。我国著名的五大淡水湖中有 4 个（鄱阳湖、洞庭湖、太湖、巢湖）就位于该区域。这些湖泊一般分布于长江两岸，具有供水、渔业养殖、航运、旅游和调节局域地气候等重要功能。由于近代水利设施兴建，大多数湖泊与长江失去了直接联系，使得水力停留时间大大加长，湖泊换水周期缓慢，湖泊水体内的总氮、总磷和 COD_{Mn} 等污染物持续积累，富营养化趋势明显，湖泊水环境急剧下降。长江经济带湖泊水质富营养化从 20 世纪 70 年代开始并逐渐加剧，时至今日，大部分湖泊已经呈现中营养（30≤TLI（Σ）≤50）或富营养化（TLI（Σ）＞50）以上水平，部分湖泊甚至已达超重富营养化。巢湖东半湖水质为Ⅳ～Ⅴ类，西半湖水质为劣Ⅴ类，均处于中度富营养状态；太湖Ⅳ类、Ⅴ类和劣Ⅴ类水域面积分别占 7.6%、18.5%和 73.9%，全年处于中度富营养状态，蓝藻水华灾害连年暴发；鄱阳湖水质总体为Ⅳ类，为中度富营养状态；洞庭湖为Ⅴ类水质，为轻度至中度富营养状态，两湖水质均呈现逐渐恶化的趋势。过量的营养物质随着工农业废水和城市生活污水排入长江，破坏了生源要素的生物地球化学循环平衡，导致大面积水华暴发，水质性缺水日益严重。

（6）城市群大气污染形势严峻

长江经济带分布着 40 余万家化工企业、五大钢铁基地、七大炼油厂，以及上海、南京、仪征等大型石油化工基地，自 1999 年以来，长江经济带工业废气排放量呈持续上升态势，长三角和成都平原地区已成为我国霾天数最高的地区之一。据绿色和平组织发布的我国最新 74 个城市 $PM_{2.5}$ 年均浓度排名显示，长江经济带内的上海、武汉、成都、重庆、合肥、南京、杭州、扬州等 29 个大中城市 $PM_{2.5}$ 年均浓度普遍是国家标准（二级浓度限值为 35 μg/m^3）的 2 倍以上，特别是上海、武汉、宁波和南京等特大型城市的 $PM_{2.5}$ 最大日均值分别达到了 421 μg/m^3、339 μg/m^3、416 μg/m^3 和 312 μg/m^3。长江经济带 108 个地级以上城市空气质量未达标天数显示，城市空气质量较差的主要集中部分沿江城市群地区，如长三角地区、武汉城市圈、长株潭城市群、重庆等，且中上游部分城市空气质量处于较差水平。长江经济带内酸雨污染也很严重，据中国环境状况公报的数据显示，2015 年全国酸雨分布区域集中在长江沿线及中下游以南，主要包括浙江、上海、江西、福建的大部分地区，湖南中东部、重庆南部、江苏南部和广东中部，特别是重庆和江西两省市的酸雨频率分别达到 52.9%和 76.4%，降水 pH 年均值均在 5.0 以下，达到了较重的酸雨级别。

（7）自然灾害频发

环境的改变可以导致自然灾害，而环境恶化到一定程度本身就是灾害。长江经济带面积广阔，自然条件分异明显，不同自然灾害的类型和程度也差异很大。上游地区地质地貌灾害突出，中下游地区水文气象灾害明显。上游地区是我国滑坡、泥石流灾害最为严重的地区之一。据估算，上游地区有泥石流沟 4 200 余条，滑坡 15 万余处，往往对人民生命财产、城镇、交通、农田水利设施等造成巨大危害，200 多个县城遭受不同程度滑坡、泥石流的直接威胁。根据国家国土资源大调查项目研究成果显示，上游地区有记录的地质灾害总数达 21 415 处，已造成 11 200 余人死亡。其中滑坡 12 700 余处，崩塌 2500 余处，泥石流 2 700 余处，其他还有不稳定斜坡和地面塌陷数千处。此后汶川地震新增地质灾害数 12 500 余处。上游地区滑坡和泥石流往往具有链生关系，具有突发性、群发性、季节性和夜发性等特点，仅岷江干流有准确位置记载的滑坡就达 215 处，泥石流有 1 157 条。中下游地区旱涝往往交替出现，春季易发生干旱，夏季发生洪涝，往往呈旱涝急转的现象。20 世纪 60 年代以来，1965 年、1978 年、1979 年、2011 年均为重旱年份。2004 年后，中游地区旱灾呈增加趋势。除 2010 年外，其余多数年份偏旱。渍害也是中下游地区的主要自然灾害之一，渍害田在中下游地区广为分布。据估计，仅江汉平原渍害田就约达 76.4 万 hm^2，占该区总耕地面积的 39.43%。

（8）湖泊地区农业面源污染日趋严重

以江西鄱阳湖区和湖南洞庭湖区农村面源污染最具典型性。就鄱阳湖而言，目前的农村面源污染日趋严重，占全省国民生产总值 26%的鄱阳湖区排放了超过全省 48%以上的农业面源污染物，对江河流域水体环境质量带来了威胁。一是鄱阳湖区绝大多数畜禽场的粪便未得到处理和利用，污染物数量大且集中，对水质污染最为严重。二是鄱阳湖区水产品总量一直占全省 50%以上，但鄱阳湖区集约化养殖（网箱、围栏和精养池塘）就排放了全省近 48%的农村总氮污染产生量。三是作为全国重要的粮、棉、油生产基地，鄱阳湖区化肥、农药的不合理使用和过量使用十分普遍。2014 年，鄱阳湖区单位耕地面积化肥施用量为 602.87 kg/hm^2，是全省和全国平均水平的 1.20 倍和 1.22 倍，是世界平均的 5.48 倍，是一些发达国家安全上限的 2.68 倍；单位耕地面积农药施用量是全省和全国平均水平的 1.57 倍和 3.25 倍，绝大部分进入水体流失。四是除极个别试点乡镇外，鄱阳湖区大多数村、镇依水而建，绝大多数村庄无完整的生活污水收集、处理系统，生活污水随意排放。不仅如此，鄱阳湖区农业面源污染治理及发展呈现新形式。一是随着地方政府对农业面源污染的重视、农业产业结构的调整和农业施肥技术的提高，未来鄱阳湖区种植业化肥施用量和化肥污染排放量将呈现整体下降趋势，但是从短期看，鄱阳湖区部分地区形势依然严峻，其中，南昌、乐平、丰城、高安和鄱阳等五县（市）的化肥污染将继续加重。二是由于城乡居民生活水平提高，人们对肉类、家禽和蛋类食品的需求也会上升，即使在规模化养殖和畜禽粪便利用率提高的情况下，鄱阳湖区畜禽粪便污染也有可能进一步加重，其中，高安、丰城、南昌、进贤和鄱阳等五县（市）畜禽污染形势依然严峻。三是随着城镇化进程加快，农村人口数量将会呈下降趋势，农村生活垃圾与污水排放的集中处理，农村沼气池的建设和农村传统厕所的改建，将会减少鄱阳湖区农村生活面源污染排放量。但是，鄱阳、丰城、余干、南昌和都昌等五县（市）农村生活污染形势依然严峻。

（9）土地石漠化

云南、贵州、四川、重庆、湖南、湖北等省市的土地石漠化现象比较严重。据国家林业局第二次石漠化调查结果显示，石漠化主要分布在长江和珠江流域，而长江流域面积最大，大约占石漠化土地总面积的 58%。其中，贵州石漠化土地面积最大，为 302.4 万 hm^2，占石漠化土地总面积的 30%。云南、湖南、湖北、重庆、四川石漠化土地面积分别为 284 万 hm^2、143 万 hm^2、109 万 hm^2、89 万 hm^2 和 73 万 hm^2。石漠化是由自然和人为两方面的原因导致的，但人地之间的突出矛盾造成大面积的森林、草原被破坏，打破了自然界的平衡状态，最终导致岩溶地区植被破坏严重，水土大量流失，土地地力下降并逐渐石漠化。

6.5.2 长江经济带环境保护面临的主要困境

（1）经济社会发展的压力加大

截至 2015 年年底，长江经济带实现地区生产总值 30.5 万亿元，占全国的比重为 42.2%，较 2014 年和 2013 年分别提高 0.6 个和 1.0 个百分点；长江经济带实现固定资产投资额为 23.8 万亿元，占全国的比重为 42.7%，较 2014 年和 2013 年分别上升 1.3 个和 2.0 个百分点；长江经济带实现房地产开发投资额为 4.5 万亿元，占全国的比重为 46.9%，较 2014 年和 2013 年分别上升 0.3 个和 2.0 个百分点；长江经济带实现社会消费品零售额为 12.5 万亿元，占全国的比重为 41.7%，较 2014 年和 2013 年均上升 0.3 个百分点；长江经济带实现进出口总额为 1.7 万亿元，占全国的比重为 42.2%，较 2014 年和 2013 年分别上升 1.4 个和 2.8 个百分点；长江经济带实现出口额为 1.0 万亿元，占全国的比重为 45.7%，较 2013 年上升 1.0 个百分点。经济社会快速发展，意味着人类活动干扰强度不断加大，无疑是加剧长江经济带自然生态系统问题的重要因素之一。尤其是重化工业在长江经济带大规模地扩张和积聚，污染物排放总量不断增加，1980 年末废污水排放量为 150 亿 t、1990 年末为 202.4 亿 t、2010 年末为 324.5 亿 t，“十二五”末达到 338.8 亿 t，总增幅为 14.3%。直接导致长江经济带流域自然生态保护等面临巨大的压力。

（2）环境保护观念不强

经济发展动力不够仍然是摆在长江经济带各省市尤其是中、西部地区最大的现实问题，因此，多年来这些地区片面追求经济发展的速度，引大资金、上大项目，大干快上，以致良莠不分，来者不拒，因而钢铁、造纸、煤电等对生态环境造成恶劣影响的项目也一哄而上，对土地、大气、水资源生态环境保护的漠视几近疯狂，导致环境污染。同时，公众既是污染的受害者，也是污染的制造者。可见，推动公众生活方式绿色化尤为重要。遗憾的是，目前公众生态意识并不强，这从随处可见的乱丢垃圾，奢侈性、攀比性消费等现象便可窥其一斑。

（3）重化工业全线铺开

随着长江经济带的大发展，以石化、冶金、建材、能源等大耗水、大运量，同时也是污染密集型的产业在长江沿岸全面铺开，产业发展与环境污染之间的矛盾日益突出。目前，长江沿江化工产量将近占全国的 1/2，长江沿江分布着 5 大钢铁基地（上海、武汉、攀枝花、马鞍山与重庆），7 大炼油厂（上海、南京、安庆、九江、岳阳、荆门与武汉）以及上海、南京、仪征等地的石油化工基地。近年来，长江经济带的开发热情高涨，纷纷把重化工业作为本地区的支柱产业，大力推进本地区沿江区域高能耗、高水耗、重污染的重化工产业发展。如上海的精品钢铁基地、化学工业区等沿长江入海口布局并紧邻黄浦江；江苏沿江城市重点发展装备制造、化工、冶金、物流 4 大产业集群；安徽沿江城市重点发展汽车、冶金、装备制造、石化及化工、建材及新材料和物流 6 大产业集群；江西九江市在金沙湾建设化工园区，吸引富达化工等化工企业的快速集聚；湖北武汉市化工发展区依托葛化集团，建设化工型港口城镇；重庆利用天然气资源，在位于三峡库区的长寿、万州、涪陵等地区发展天然气化工和盐气；四川泸州市在长江沿线上规划建设了纳溪、合江、高坝等 4 个化工园区，推动“西部化工城”建设。长江经济带中上游地区借助沿海地区经济转型的机会，大力推进化工产业向内陆转移，中、上游地区大量规划建设化工产业园区，加上中、下游传统石化产业聚集区，长江沿线已逐步形成了覆盖上中、下游的石化工业走廊。据统计，目前长江沿线共布局化工园区 62 个，生产企业 2 100 余家，沿线化工产量约占全国的 46%。这种污染密集型产业沿长江“全线铺开”的发展趋势，给长江经济带环境保护带来巨大的困难。

（4）物流运输能力过分超前

物流运输和港口发展是内河经济带发展的重要支撑。近年来，随着长江经济带开发进程的加快，长江经济带水运得到重视，沿江港口建设大大提速，港口建设在沿江全线铺开，但同时在长江港口建设方面也出现了“恶性竞争”“贪大求全”“能力过剩”等问题。目前，长江干流沿线已建成万吨级泊位 389 个，形成了包括南通、泰州、镇江、南京在内的 11 个亿吨大港。从集装箱码头建设来看，吞吐能力超前的问题十分突出，“十二五”期间，14 个沿江港口城市的集装箱设计吞吐能力为 1 432 万 TEU，集装箱吞吐量为 868 万 TEU，设计吞吐能力为实际吞吐量的 1.65 倍。重庆、武汉集装箱吞吐能力富余都比较大。如果考虑在建和已报批的项目，长江经济带港口集装箱吞吐能力富余将更多，多数港口城市集装箱吞吐能力明显过剩。但当前沿江港口城市建设集装箱码头的积极性仍然很高，规划建设的集装箱码头的吞吐能力很大，另外，长江沿线新建港口建设中“贪大求全”的问题也十分突出。上游地区宜宾、乐山和泸州纷纷提出建设“第一港”的口号，规划建设目标脱离自身建设条件和腹地经济状况，不但造成重复建设及恶性竞争，也造成了巨大的资源浪费。

（5）土地利用程度过高

伴随长江流域人类活动强度的增大和工业化、城市化进程加速推进，流域土地利用结构呈现耕地不断减少和建设用地快速增加的变化态势。土地利用的变化将影响生态系统生物多样性、水、碳和养分循环，引起温室气体排放增加，洪水灾害加剧和水体富营养化等一系列环境灾害问题。以长江下游太湖流域为例，该地区人口稠密、经济发达、土地集约化利用程度高，为加强土地利用强度，在农耕过程中不得不过量施用化肥、农药等化学制品，从而由氮、磷引起的面源污染不断增加。此类环境恶化问题已经严重制约了太湖流域经济的可持续发展。

（6）重大水利工程影响积累

继长江葛洲坝水利工程建成以来，2003 年三峡水利枢纽工程开始蓄水运行，以向家坝溪洛渡为标志的上游大规模水电梯级开发进程不断加快，加上南水北调中线和东线工程以及大型支流水库工程等，长江重大水利工程建设已进入快速发展时期。重大水利工程在带来巨大防洪、发电和供水等综合效益的同时，也对长江水问题产生了不同程度的影响。以三峡工程为例，三峡为世界上最大的水利枢纽工程，在发挥巨大的发电、防洪和航运效益的同时，也对水库水环境、长江生态与生物多样性以及鄱阳湖和洞庭湖两个大型通江湖泊水资源利用产生了一定程度的不利影响。据原环境保护部公布的《长江三峡工程生态与环境监测公报》显示，截至 2014 年年底，三峡库区工业污染源废水排放量为 2.12 亿 t，较 2013 年上升 11.6%。在排放的工业废水中，化学需氧量排放量为 3.5 万 t，氨氮排放量为 0.22 万 t，较 2013 年分别上升 5.4%和 4.8%。库区特有鱼类共计 23 种，种数较蓄水前减少了 51.1%，库区不同江段特有鱼类年均出现率较蓄水前下降 38.9%～83.4%，库区渔获物中特有鱼类重量下降 28.9%～99.1%，尾数下降 42.2%～99.7%，优势度下降 35.3%～99.9%。同时，水库蓄水还导致坝下河道“四大家鱼”等鱼类产卵场、索饵场面积缩小，越冬场水位变浅，威胁鱼类生存环境。此外，水库蓄水还导致中游通江湖泊低水位提前，鄱阳湖湖口站和洞庭湖城陵矶站水位均有明显下降，对中游两湖湖区水资源利用产生一定影响。

（7）农村农业面源污染日趋严重的原因十分复杂

一是农业经营方式粗放。以鄱阳湖区为例，从种植业来看，2014 年鄱阳湖区人均耕地面积仅为 0.089 hm^2，分散、小规模家庭经营是现阶段鄱阳湖区的主要农业经营方式。小规模农业生产使得测土配方、合理轮作、统防统治等技术措施实施成本极高，不利于面源污染防治。二是从畜禽养殖业来看，目前鄱阳湖区的畜禽养殖不断由散养向专业化养殖转变，养殖专业化后种养分离较为普遍，畜禽粪便利用率逐渐下降，难以实现种养结合下的循环农业，畜禽粪便对环境污染日趋加重。三是农业技术推广体系不健全。乡镇机构改革后，原有的农业技术服务和推广机构人员流失、功能瘫痪，农民得不到专业的农业技术指导，导致化肥和农药滥用。调查数据表明，在农药使用过程中，鄱阳湖区95%的农户遇到问题没有去咨询乡镇农业技术推广人员，只能向市场上的农药经销商求助。化肥使用也是如此，75%的农户主要根据往年经验来决定施肥量，只有 11%的农户会咨询专业人员。四是农业面源污染面临“没法（律）管、没人管、没钱管”的尴尬境地。相对于城市和工业点源污染，省级农业面源污染防治法规几乎是空白，政府管理找不到相应的法律支撑。鄱阳湖区环境政策规制对象仍然主要是工业污染源，针对农业面源污染的政策措施、排放标准、监管机构较少。鄱阳湖区污染防治投资绝大部分在城市，农村环保设施建设严重滞后，道路、厕所、垃圾清运、给排水管网、污水处理设施建设不配套，给农村面源污染治理带来极大困难。已建好的农村环保设施没有后续管理运行经费，不能正常发挥效益。五是针对农业面源污染防治，既没有专项保障经费，也没有专门机构和人员进行系统研究，科研攻关投入严重滞后。六是农业面源污染生态补偿和税收、补贴等经济机制严重缺失，对地方政府和农户进行农业面源污染的防治经济激励不足。七是农业面源污染治理监管不力。部分基层领导对农业面源污染危害的严重性和长期性认识不足，依然存在“先污染、后治理”的观念，片面追求高经济、高增长。部分基层政府和相关部门对农村污水、废物的排放和已建环保设施监管不力，对农药、兽药、饲料的使用、投入监管不力，农村环境卫生得不到彻底改善。据有关调查显示，鄱阳湖区农村户用沼气池的弃置率达到 45.45%。

（8）跨区域治理困难

长江经济带的环境治理是跨区域性的治理，且不说中央目前还没有对长江流域生态环境保护进行总体安排，即便在地方亦无相关法律法规体系建制，“多龙治水”的现象普遍。区际间也没有建立统一的联防联治的工作机制，存在流域治理各自为政、力量分散、标准不统一等问题，因而一定程度上影响了长江流域治理效果。

（9）气候变化加剧

长江地理位置、走向和地形等因素决定了长江经济带水文情势深受气候波动变化的影响，流域降雨时空分布不均成为洪旱灾害频发的根本原因，而水文情势的变化又将直接或间接影响长江经济带自然生态问题的发生。历史气候变化与长江洪水关系研究表明，气候变暖往往伴随较高的洪旱灾害，尤其是特大洪水的发生。1920—1940 年和 1980—2000 年为 20 世纪长江经济带流域两个变暖集中的时段，分别发生 9 次和 8 次大洪水，其中包括 1931 年和 1998 年流域性特大洪水。

6.5.3　长江经济带环境治理机制存在的问题

个体理性导致集体非理性结果的根源在于激励约束机制不健全，这正是长江经济带全流域生态环境保护未能实现一体化的症结所在。

（1）规划管理碎片化

区域化的行政管理体制导致长江流域规划、开发与管理的分段化、碎片化。交通、农业、林业、旅游等相关部门均参与长江流域的管理，受制于不同单位和部门之间目标和职能的差异化，出现“铁路警察、各管一段”的“九龙治水”式困境，甚至出现管理的真空地带，导致长江流域管理缺乏统一性和整体性。水利部长江水利委员会虽作为长江流域的专职管理机构，但其管理、职能、协调力度都远不能承担统一监管的任务，且自身存在的行政机关、事业单位、企业“三位一体”的问题，使其既难以保持中立性，也难以树立权威性。《长江干流水资源保护规划》虽早在1986年就已编制完成，并纳入了《长江流域综合利用规划》，因缺乏一个负责规划实施与执行的权威机构，规划的生命力欠缺，在相关法律缺失的情况下执行也是苍白无力，导致污染从上游向下游转移，非法排污加剧，水污染势头难以有效遏制。

（2）缺乏法律硬约束

建立健全法律制度体系是保障跨省域流域生态安全的一项必不可少的制度安排，这也是国外经验的一个重要内容，然而，当前我国关于长江流域生态环境保护的专门法律缺失，导致污染企业和损害环境的行为因无法依法而得不到严格的约束和应有的惩罚。令人信服的惩罚依据建立在科学的监测基础之上，这是建立激励约束机制的基本前提；然而，目前长江经济带尚缺乏长期有效的综合监测评估机制和专门机构，相关数据分散且不系统，至今仍缺乏对流域污染源尤其是非点源污染的日常监测，并且，由于我国目前缺乏专门的污染损害评估机构，使许多污染诉讼案存在举证难、投诉成本高等问题（崔木花，2015），在利益驱使下，污染型企业没有动力增加投入来进行达标排放。

（3）利益分配协调机制不健全

健全的利益分配协调机制是有效解决流域生态保护问题、协调多方利益的一个重要举措。下游地区有义务为上游地区因生态环境保护而牺牲经济社会发展进行相应的补偿，但由于长江经济带上、中、下游之间的利益分配协调机制不健全，致使产业布局缺乏全局性、层次性和关联度，各自为政。长江经济带中、上游地区为加快本地区经济社会发展步伐，采取拼资源、拼优惠政策等方式争抢承接沿海地区产业的转移，出现生态保护让位于经济建设，导致一批高污染、高能耗的落后产能的落地，无序低层次开发等，尤其是能源重化产业具备的投资大、产值高、利税多、带动发展效应强等鲜明特点，成为长江中、上游地区的“理性选择”，这无疑加重了污染产业的布局，出现承接地区产业结构的趋同和地区产业同质化竞争。不仅如此，各地在项目环评过程中也主要是单个项目或园区局部影响的评估，在利益协调机制不健全的情况，难以统筹考虑整个长江水系的生态环境承载力和运输系统承载力。

（4）生态空间管制体系不健全，生态红线制度实施难度大

一是规划管理碎片化且协调性不足。长江流域缺乏统一的规划和管理是水污染势头不能有效遏制的根本原因。现在，长江流域交通部门要管理航道，农业部门管理养殖，林业部门管理湿地，旅游部门负责管理风景等，存在典型的“九龙治水”困境。长江水利委员会作为长江流域的管理机构，其管理职能、协调力度都远不能承担统一监管的任务，且其自身由于历史原因存在行政机关、事业单位、企业“三位一体”的问题，既没有保持中立性，也难以树立权威性。长江干流水资源保护规划虽早在 1986 年就已编制完成，但由于没有配套的区域规划，有些城市在编江段规划时没有考虑与干流规划的衔接，其制定的原则和标准与总体规划不一致。更为重要的是，由于流域缺乏能统一管理、监督水资源保护规划实施的权威机构和相应法规，因而无法在流域内统一实施水资源规划和保护管理，导致污染从上游向下游转移，非法排污加剧，甚至是“以邻为壑”现象时有发生。并且，各地在上马石化化工项目时，虽事先进行了园区规划、环境评价、安全评估，但主要是单个项目或园区的局部影响来评估，没有统筹考虑整个长江水系的生态环境承载力和运输系统承载力。

二是生态保护红线制度建立任重道远。目前长江经济带正在划定生态保护红线，环境保护部要求 2017 年必须完成。但是，目前各省相关的机制、政策、法律并不完善，对生态保护红线区域的保护带来巨大障碍。不仅如此，各省生态保护红线制度的建立缺乏切实可行的重要生态系统服务功能区域管理办法，地方生态保护红线配套管理细则不健全。而且，已经确定的重点生态功能区，但主体功能区规划仍然停留在战略规划层面，可操作性不强。

三是生态保护红线管制“落地”难度大。保护区体系是生态保护红线的重要组成部分，但是目前的保护体系尚不完善，主要表现为缺乏统筹规划、保护区保护与发展冲突大，完善自然保护体系，构建生态保护网络的具体措施不完善，落地难度很大。另外，土地利用规划体系已经基本完成，但是土地利用规划体系缺乏生态土地类型的严格界定，增补和协调生态用地与其他用地类型关系的现实阻力不小。

6.6　长江经济带环境治理的路径和策略

6.6.1　构建长江经济带生态管控体系

一是科学划定和守住生态红线，根据长江经济带生态资源、国土空间状态和维护国家生态安全需求，做好划定生态红线的顶层设计，以形成生态屏障、构建生态廊道为重点，切实发挥水源涵养、水土保持、生物多样性保护等生态功能。

二是确保生态用地适度扩充，严格限制生态用地征占，加强对生态用地“占补平衡”的管理，生态用地实行先补后占，不得跨区占补，保证新补充生态用地质量。保障长江地区基础设施的生态用地使用效率，对商业性经营占用生态用地的现象进行规范和约束，提高城乡建设中生态用地的使用程度。

三是健全生态法律法规制度。要使用法律手段保障生态红线，对于已经存在法律保障的生态红线，通过修订法律完善对生态红线的保护，而对于尚未具有法律保障的生态红线，应积极推进立法，保障生态红线。

6.6.2 加强长江经济带重点生态功能区建设

一是贯彻实施主体功能区分区治理。在准确把握主体功能区分类的基础上，按照生产发展、生活富裕、生态良好的要求，适当压缩工矿地区的空间。

二是编制和实施重点生态功能区生态保护与建设规划，尽快编制和实施大别山、三峡库区、川滇、秦巴、武陵山等生物多样性与水土保持生态功能区生态保护与建设规划。

三是开展生态监测评估。使用遥感和大数据等技术，建立各种数据信息的综合数据库；同时，建立全面的评估系统，从多个角度评估生态环境效益，对生态环境进行实时检测；构建以重点生态功能区保护为中心的综合生态系统评估系统。

6.6.3 推进长江经济带关键节点保护与修复

一是保护天然林资源。加大长江中、上游天然林草资源保护力度。在湖北西部、四川东部、重庆等长江中游山地、丘陵地区，特别是南水北调的重要水源地和三峡库区所在地，采取以封山育林和人工造林为主、乔灌草结合的方式，在湖库周围、江河两岸积极扩大防护林面积，保持水土、涵养水源。

二是继续推进退耕还林工程。将三峡库区具备条件的 25°以上坡耕地、严重沙化耕地和重要水源地 15°～25°坡耕地实施退耕还林。

三是巩固长江防护林体系。在长江中上游金沙江、乌江、嘉陵江、三峡库区、汉江水系流域进行水源涵养林、水土保持林、护库护岸林、道路防护林等建设，在长江中下游“两湖一库”地区进行水土保持林、农田防护林、道路（河岸）防护林及村镇景观林建设，在粮食主产区营造农田林网和开展村镇绿化。

四是加快重点湿地保护与恢复。推进太湖、巢湖、滇池、草海等全流域湿地生态保护与修复，加快对长江洪水具有调节能力的洞庭湖、洪湖、鄱阳湖等湖泊地区退田还湖还湿。

五是加强岩溶地区石漠化综合治理。通过采取退耕还林、退耕还草等措施，重点加大对贵州、云南、湖南、湖北、重庆、四川等长江中上游和源头石漠化严重地区的石漠化治理力度。

六是推进生物多样性保护，加强长江经济带物种及其栖息地繁衍场所保护，拯救大熊猫、扬子鳄、兰科植物等极度濒危和极小种群野生动植物种。

七是推动城市群森林城镇建设。深入开展沿江国家和省级森林城市创建活动，合理划定沿江城市生态保护红线，建设城市绿线，扩大城市生态空间。

6.6.4　加快长江经济带沿江大湖地区农村面源污染治理

一是推进沿江大湖地区国家级生态循环农业先行示范区建设。国家建立沿江大湖地区国家级生态循环农业先行示范区，作为我国大湖地区农村面源污染控制国家级综合实验区，加快形成一套可复制、可推广的有利于农村面源污染治理的生态循环农业发展模式和体制机制。支持推进湖区调整农业结构，大力发展循环农业和生态农业。以农业面源污染削减和农业经济发展为双重目标，制定湖区农业协同发展规划，进一步优化农牧比例、种植业内部的粮经比例，根据湖区实际，以种养结合原则调整畜牧业生产空间布局，采取一定的激励或者强制措施，促进畜禽粪便还田，减少畜禽粪便向环境排放。通过畜禽养殖污染治理与排泄物资源化利用、畜禽生态养殖提升以及种植业化肥农药双控、减量等重大工程，逐步实现湖区农业的生态循环可持续发展。建立农村水污染防治的新机制，包括全过程控制机制、技术开发及农技推广机制、投入机制和农村环保自治机制等。

二是建设高效农业技术推广体系。国家在沿江大湖地区建立现代农业科技推广创新试验区，探索有利于面源污染防控的农业技术推广新体系。切实增加农业技术推广投入，完善农业技术推广体系的推广职能。将农业技术推广与商业活动（如经销化肥、农药）严格分离。引入参与式培训理念，让农民有反映问题的机会和渠道，让农民主动参与新的环境友好型技术培训，提升环保意识。加强对农业技术推广人员的培训，加强知识更新，提高技术推广人员的环境保护意识。

三是建立农业面源污染生态补偿政策。国家在沿江大湖地区开展面源污染生态补偿政策试点。对农业清洁生产行为进行补贴，如对测土配方技术、病虫害综合防治 IPM 行为、建立沼气池、秸秆还田处理行为、轮作行为、节水灌溉行为等进行补贴。对从事农业清洁生产行为的企业进行补贴，提供税收优惠；对符合法定要求的生产农药、化肥的企业和集约化的畜禽养殖场征收农业面源污染专项税，对具备一定规模的集约化畜禽养殖场产生的废弃物征收废弃物税，对生产不合格农药、化肥的企业征收污染税等。

四是健全农业面源污染法规，加快地方立法步伐。明确法律责任。结合沿江大湖地区的地理、经济、社会及污染特征，尽快制定《大湖地区农业面源污染防治条例》，按照生态利益优先、共同发展、负担与收益相一致的原则，明确湖区内农业面源污染监督管理、法律责任等内容。尽快修改和制定农业面源污染防治和农业清洁生产的政策法规和相关标准、技术规范和操作规程，使农业面源污染防治工作有法可依、有章可循。加大农业执法力度，让农业面源污染防治的政策法规、规范标准落到实处。

五是大力实施农业清洁生产工程。国家将沿江大湖地区整体列为农业清洁生产工程创新示范区，予以全面支持。

六是强化农业面源污染管理体制。国家将沿江大湖地区作为农业面源污染管理体制创新先行试点区，加大对湖区农业面源污染治理体制机制改革的指导和协调力度。建立配套的农业面源污染管理机构，由国家发改委等中央相关部门建立的领导小组和专家技术指导组构成。建立定量考核制度和责任追究制度，将沿江大湖地区农业面源污染的治理成效与当地政府的政绩挂钩，实行城乡一体化的环境管理体系。完善排污调控机制。对于化肥、农药的污染按照市场机制采用源头控制，对畜禽养殖污染采用排污权交易、排污许可证制度以及“锦标赛”制度等末端控制。健全环境监测体系。建立重点区域的化肥、有机肥和农药的检测、监测体系，在面源污染监测结果的基础上，建立基于环境结果的奖惩机制，对超出预定环境污染水平的进行惩罚，小于预定环境污染水平的进行奖励。

6.7 本章小结

总体上，基于对长江经济带 9 省 2 市的工业环境污染、生活污染、农村环境污染以及环境污染治理现状等分析，研究的主要结论有：

（1）就长江经济带的工业环境污染而言，工业废水排放量呈现下降态势，重点关注省份为江苏和浙江；工业废气排放量呈现上升态势，重点关注省份为江苏、浙江、安徽和湖北；工业二氧化硫排放量呈现下降态势，重点关注省份为江苏；工业烟（粉）尘排放量呈现先下降后上升的态势，重点关注省份为江苏、安徽、江西、四川和云南；工业固体废物产生量呈现上升态势，重点关注省份为江苏、安徽、江西、四川和云南。

（2）就长江经济带的生活污染状况而言，生活二氧化硫排放量呈现上升态势，重点关注省份为贵州；生活烟（粉）尘排放量呈现下降态势，重点关注省份为四川、贵州、湖南和湖北；生活污水排放量呈现上升态势，重点关注省份为江苏。

（3）就长江经济带的农村环境污染状况而言，农业化肥投入量呈现上升态势，重点关注省份为江苏、安徽和湖北；农膜投入量呈现上升态势，重点关注省份为江苏、四川和云南；农药投入量呈现先上升后下降的态势，重点关注省份为安徽、湖南和湖北；畜禽养殖的产值呈现上升态势，猪牛羊肉产量呈现先下降后上升态势，奶类产量呈现先上升后下降态势，重点关注的省份为四川、贵州和江苏；规模化养殖生猪、奶牛、肉牛和羊的场（户）数量呈现态势，规模化程度较高的省份主要包括四川、湖南、贵州、湖南和湖北。

（4）就长江经济带的环境污染治理现状而言，从环境污染治理投入角度来看，城市环境基础设施建设投资和工业污染源治理投资呈现上升态势，投资较多的省份为江苏、安徽、浙江和湖北；从环境污染治理产出角度来看，建设区绿化覆盖率、生活垃圾无害化处理能力、工业废水处理能力和工业废气处理能力呈现上升态势，城市污水日处理能力和工业固体废物综合利用量呈现先上升后下降的态势，治理能力较强的省份主要包括江苏、浙江和安徽。

（5）长江经济带存在水质富营养化严重、城市群大气污染、土地石漠化以及农村面源污染等环境问题，面临经济社会发展压力大、环境保护意识不强、物流运输能力超前、土地利用程度过高、跨区域治理困难等困境，究其原因，是因其环境治理机制存在问题。长江经济带环境治理，应重点从构建生态管控体系、加强生态功能区建设、推进关键节点保护与修复、加快沿江大湖地区农村面源污染治理四方面入手。

第 7 章 创新体制机制推动长江经济带绿色发展研究

长期以来，受“搭便车”“诸侯经济”“九龙治水”等影响，长江经济带 11 个省（市）之间开发与保护不协调、竞争与合作不同步、上下游利益诉求不一致等问题突出，直接导致长江承载能力下降、发展潜力破坏、亟须通过创新全流域体制机制，通过大保护，共促大修复，共享绿色发展。为此，深刻阐述体制机制创新的重大意义，总结体制机制创新推进绿色发展的实践经验和重要举措，着力分析长江经济带建立生态环境保护协调机制面临的困境，提出创新一体化协调机制推进一体化发展与保护治理的路径和政策建议，对于促进绿色发展与生态文明示范带建设具有重大现实意义。

7.1 创新一体化协调机制是推进长江经济带绿色发展的根本动力

（1）创新一体化协调机制是推动长江经济带协同治理的有效手段

长江是世界第三长河、亚洲第一长河，横跨 11 个省（市），从区域性质上说，是行政区、经济区、流域、城市群、都市圈等不同性质的混合体。推动长江经济带绿色可持续发展，就需要在原有体制机制基础上，以 11 个省（市）为基本单元，以长江三角洲城市群、长江中游城市群、成渝城市群等为主体，以区域内的大城市为依托，以各类中小城市为重点，架构各类经济与非经济联系、培育各类正式组织与非正式组织，形成共护共享、齐抓共管的强大合力，需要根本性、持续性的体制机制创新。

（2）创新一体化协调机制是协调长江经济带各类发展主体的关键举措

长江经济带发展涉及的主体多，包括 11 个省（市）的众多城市节点，省际、城际、城乡关系多种多样，政府与企业、社会组织的利益关系纵横交叉。目前而言，在长江经济带建设中，发挥主导作用的还是以隶属为特征的行政上下级关系。随着长江经济带绿色发展的不断升级，过往单一的行政上下级关系，难以满足长江大保护的总体目标需求。世界流域治理的实践经验表明，单靠政府的力量、缺乏公众的广泛参与就难以实现环境的有效治理。展望未来，长江经济带旧有的治理秩序已经不够，新的秩序形成还需加速推进，体制机制创新正是实现治理秩序从旧向新过渡的必由之路。当前及今后，需要在城市、城乡之间，政府与企业、团体之间，城市群内部与外部之间构建新的关系网络。对于长江经济带绿色发展来说，体制就是构建新的关系网络，机制就是让这个关系网具有能动性、有活力，能够一直积极向上。

（3）创新一体化协调机制是长江经济带获得持久发展动力的有力保证

建立和完善紧密型利益链接机制，推动多方共同参与，是推动长江经济带绿色发展的动力之源。共促长江经济带绿色发展，根本点是要以人为本，这就需要在产业布局、环保司法、土地、投融资、行政管理、科技人才、产业集群政策、城市群共同治理等方面，在生态文明、智慧城市发展等领域，进行一系列的改革与突破，为绿色发展创造良好的制度环境。如创新流域生态补偿制度，有助于平衡协调各地差异化利益诉求，调动长江上下游各地方的积极性，彻底打破长期以来行政区划禁锢、行业垄断、地方保护及城乡二元结构影响制约形成的体制机制障碍，真正形成长江流域“同带同享、统一公平”的良性局面。

7.2 长江经济带创新体制机制推进绿色发展的实践经验和主要措施

（1）加强顶层设计，构建长江经济带绿色发展总体格局

一是提升发展理念。为深入贯彻落实习近平总书记关于建设长江的重要指示要求，将生态文明理念转变为长江的共同意志、共同行动，各地做了相应部署和安排，如《浙江参与长江经济带建设实施方案（2016—2018 年）》《湖北人民代表大会关于大力推进长江经济带生态保护和绿色发展的决定》《重庆关于贯彻落实国家“一带一路”倡议和建设长江经济带的实施意见》《江西省人民政府办公厅关于印发江西 2016 年推动长江经济带发展工作要点的通知》等，长江生态绿色发展的理念深入各地。

二是强化组织领导。为对接国家长江经济带建设总体要求，各地基本构建了高层次、全方位统筹推进机制，形成了党委牵头抓总、统揽全局，人大加强立法、监督推进，政府谋划推进、组织实施，政协及各民主党派深入调研、建言献策等各方共同参与机制，将生态文明建设融入经济社会发展各领域和全过程。

（2）创新体制机制，加快构建长江经济带绿色发展“四梁八柱”

一是建立健全“源头严防”制度体系。如江西成为全国第三个正式发布生态保护红线的省份，划定保护范围 5.52 万 km^2，占全省国土面积的 33.1%，从水资源、土地资源、自然资源等方面建立从源头严防不利于环境保护的制度体系。

二是建立健全“过程严管”制度体系。从切实保护长江出发，建立健全“河长制”，特别是《关于全面推行河长制的意见》在全国的发布，这一制度在全国范围内广泛铺开，

在长江得到有力推动，如上海《关于本市全面推行河长制的实施方案》、江苏颁发《关于本市全面推行河长制的实施方案》等，各地均构建了省、市、县等多级河长组织体系和区域、流域、部门协作联动机制；又如，江西在全国率先实行全流域生态补偿，首批流域生态补偿资金 20.91 亿元，启动江西—广东东江跨流域生态保护补偿试点，国家和江西、广东两省每年安排补偿资金 5 亿元。

三是建立健全“后果严惩”制度体系。完善考核评价机制，优化科学发展综合考核评价体系，进一步提高生态文明在考核中的权重，是推动长江绿色发展的重要保障。如贵州、江西等均出台相应评价办法，增加了体现生态文明建设的指标和权重，对考核评价指标体系中经济发展方面的部分指标分别设置了权重，实行考核评价指标体系有差异化的个性化考核。

（3）推动转型升级，积极探索长江经济带产业绿色发展路径

一是做产业发展“加减法”。各地着力在新动能培育上做“加法”，分别强化了创新在经济社会发展中的重要作用，如江西出台了《关于深入实施创新驱动发展战略推进创新型省份建设的意见》《浙江科技创新“十三五”规划》、江苏下发《关于加快推进产业科技创新中心和创新型省份建设的若干政策措施》等，推动形成创新发展的政策体系，做大做强国家级创新平台和载体。围绕战略性新兴产业，各地出台电子信息、新能源汽车、智能制造、中医药、大健康、通用航空等新兴产业发展意见或规划。在传统动能改造上做“减法”，如为保“一江清水”，贵州出台《关于加强长江黄金水道环境污染防控治理的工作方案》，提出赤水河、乌江、清水江干流及主要支流岸线 1 km 范围内严禁新建布局重化工园区；江苏印发了《关于加强长江流域生态环境保护工作的通知》，提出严禁在干流及主要支流岸线 1 km 范围内新建布局重化工园区和危化品码头，严格限制在长江沿线新建石油化工、煤化工等中重度化工项目等。

二是抓循环经济发展和节能减排。按照国家发改委下发的《关于建设长江经济带国家级转型升级示范开发区的通知》相关要求，以苏州工业园区等 33 个转型升级示范开发区为平台和载体，深入推进两江新区、赣江新区、贵安新区、天府新区等国家新区建设，着力在新制造经济、新服务经济、智慧经济、共享经济等新经济领域瞄准和发力，把发展绿色产业、促进产业绿色化，作为促进经济发展与资源环境相协调的基本途径，不断提高经济发展质量、效益和水平。

（4）推进共建共享，积极探索长江经济带协作机制

建立健全跨区域的省际协作机制，是确保长江经济带协同保护的关键之举。长江经济带 11 个省（市）之间积极探索，初步形成了良好的协作机制，推进生态环境协同保护治理、基础设施互联互通、产业协同发展和有序转移。如上海成立长江经济带园区合作联盟、产业合作交流平台、长江经济带大数据库研究中心等，做好与长江经济带中、

上游地区产业对接；湖北和重庆牵头，抓紧研究建立长江中游和上游区域协商合作机制，轮流召开座谈会，商议制定合作方案；贵州和湖南签订《关于建设湘黔高铁经济带合作框架协议》，创建湘黔中西部区域合作示范区；云南积极推进国家清洁能源基地建设，稳步推进大江干流水电项目，其旅游产业正由规模扩张向质量提升、由低端建设向高端拓展、由资源依赖向创新驱动发展转变。

7.3　一体化协调机制推进长江经济带绿色发展面临的主要困境

（1）流域板块内各省产业布局趋同

长江经济带上、中、下游流域各省市间产业结构具有相当程度的趋同现象，区域特征明显。在各省市“十二五”工业发展、转型升级行动规划的实施过程中，均以长江“黄金水道”和港口为依托，打造以重化工为主导的工业基地。统计数据分析结果表明，长江经济带各省份内占到一定比例规模的产业，具有高度的雷同性，重复建设严重。以各省份制造业为例，下游长三角地区上海、江苏、浙江等省市之间，中游地区湖南、湖北、江西等省份之间，产业结构相似度高。由于缺乏全流域的产业发展规划，产业布局各自为政，缺乏产业布局的层次性，特别是经济带中、上游地区为了争抢承接沿海地区产业的转移，出现生态保护让位于经济建设，导致一批高污染、高能耗的落后产能的落地，无序低层次开发等，加重了污染产业的布局，出现承接地区产业结构的趋同和地区产业同质化竞争。

（2）流域板块产业结构差异明显

按照上、中、下游流域板块来看，长江经济带 11 省（市）三次产业结构差异明显，位于下游长三角地区省份如上海、浙江、江苏第三产业占比都超过第二产业，经济增长模式已经由工业主导转向服务业主导；地处中游地区省份如安徽、江西、湖南、湖北等省份第二产业占比都非常高，还处工业化加速发展阶段；长江上游地区省份如贵州、云南两省虽然第三产业比重超过第二产业，但其第一产业比重普遍偏高。从流域各省市产业发展水平看，中、上游地区装备、技术水平的经济梯度处于中低位置，下游地区则处于高梯度的顶部，在经济发展阶段和技术水平上落差十分明显。从各省市优势行业来看，长江经济带优势工业布局由东向西呈现轻工业、重工业向原材料、采掘业过渡的空间态势。值得关注的是，近年来重庆通过改革、开放和重组，实现了经济超常规高速发展，正成为长江上游产业能级提升的创新中心。

（3）流域产业链条整体性和关联性不足

长江经济带分割的“诸侯经济”，导致产业有序分工不足，产业链条合作不够，阻碍长江产业链的自然延伸，直接影响流域经济体本应具备的整体性、关联性，无序发展带来内耗制约沿江开放开发。区域经济体产业无序发展致恶性竞争，以汽车产业为例，目前长江沿线计有十堰、上海、武汉、重庆、南京、芜湖、南昌、成都等地，都把汽车工业作为重点发展产业，部分省市还在政府采购中保留带有保护本地汽车产品销售的政策规定，通过行政壁垒手段影响公平竞争。同时，下游工业化向经济腹地的推进，有的只是产业的单向迁移，而缺乏产业分工和产业结构升级。各省市在实际推进工作中，往往根据各自利益出发，出现圈地盘、争老大、抢资源等现象。沿江有的大中型城市互相竞争，人为阻碍基础建设的整体效应；有的省（市、区）为抢占发展资源，以邻为壑缺乏协作，严重破坏产业链条的连接和延伸。

（4）资源消耗和环境污染产业集中

长江经济带各省市沿江集中了一大批大耗水、大耗能的工业行业和特大型龙头骨干企业，形成了一批煤炭、化工、医药、冶金、机械、电力等高耗能、高耗水和高污染以及资源依赖较强的产业。按 41 个工业行业的产值计算，2015 年沿江 11 个省市工业产值最大的十大工业行业依次为化学原料和化学制品业、计算机通信和其他电子设备制造业、电气机械和器材制造业、黑色金属冶炼和压延加工业、汽车制造业、有色金属冶炼和压延加工业、电力、热力生产和供应业、通用设备制造业、非金属矿物制品业和农产品加工业，占了 11 个省市规模以上工业总产值的 61.5%。在重化工情况方面，目前长江沿线共布局化工园区 62 个，沿线化工产量约占全国的 46%。长江经济带以面积不足全国 20%的土地，分布着全国 30%的石化产业和 40%的水泥产业，以及武钢、宝钢、攀钢等钢铁基地，长江经济带的环境承载力已接近上限。

7.4 一体化协调机制推进长江经济带绿色发展面临的突出问题

（1）一体化监测体系不完善，激励约束机制无法科学建立

长江流域面积广大，生态环境复杂多变，虽有不同机构开展了不同对象、不同时段、不同尺度的相关监测工作，但是，目前尚缺乏长期有效的一体化综合监测评估机制和专门机构，相关数据分散且不系统，至今仍缺乏对流域污染源尤其是非点源污染的日常监测，不能科学测算水体环境容量。生态环境监测体系的不完善也使得污染企业和损害环境行为得不到严格约束和应有的惩罚，对生态环境考核也无法有效开展。

（2）规划管理碎片化，责任主体不明晰

缺乏一体化的规划和管理是长江流域水污染势头不能有效遏制的重要原因。现在的长江流域，交通部门管理航道，农业部门管理养殖，林业部门管理湿地，旅游部门管理风景等，存在“九龙治水”困境。不同单位和部门的目标和职能不相同，导致流域湖泊生态环境保护没有明确的责任主体。《长江干流水资源保护规划》虽早在 1986 年就已编

制完成，并纳入了《长江流域综合利用规划》，但由于没有配套的区域规划，有些沿江城市在编江段规划时未充分考虑与干流规划的衔接，制定的标准与总体规划不一致。由于流域缺乏能一体化管理协调的权威机构，致使流域内一体化实施水资源规划和保护管理无法有效实施，导致污染从上游向下游转移，非法排污加剧，甚至是“以邻为壑”现象时有发生，水污染势头不能得到有效遏制。

（3）经济利益驱动占主导，污染产业源头动因难消除

能源重化产业具备投资大、产值高、利税多、带动发展效应强的特点，发展重化工业成为长江经济带政府发展经济的首选。近年来，虽然进行了产业转型与升级的努力，但转型与升级步履艰难。长江中、上游地区较下游地区经济欠发达，已有的工业基础多依赖能源化工产业，生产线难以马上淘汰或更换新的产品线，产业转型较慢，短期内很难消除污染产业。不仅如此，各地在上马石化化工项目时，虽事先进行了园区规划、环境评价、安全评估，但主要是单个项目或园区局部影响的评估，没有一体化统筹考虑整个长江水资源生态环境承载力和运输系统承载力，也没有从整个长江经济带出发全面考虑产业布局和产业链的延伸和互补组合，产业布局未能与生态环保治理一体化目标相衔接。

7.5　建立一体化协调机制推进长江经济带绿色发展的路径及对策建议

（1）明确一体化协调推进长江经济带产业绿色生态化改造的着力点

一是划定生态保护红线，制定和实施绿色产业发展整体规划。着力在空间布局上以“一张图”涵盖长江经济带，加快划定产业发展的生态红线，从源头上解决产业绿色化发展问题。以长江干流为主线，明确重要生态功能区，划定并实施生态保护红线管制措施。必须坚持和全面落实上游保护优先，中游适度开发，下游优化发展的总体发展布局。切实衔接发展规划和生态红线，重新制定长江经济带产业发展和空间布局规划。建立开发产业项目“负面清单”管理制度，改变过去承接转移大干快上的做法，防止高排放、高污染产业向中上游转移，有效引导长江经济带产业绿色转型升级。

二是以生态承载力为底线，进一步优化产业开发格局。国家应切实加强指导沿江各省（市）以生态承载力为产业发展的基础和底线，从水资源供给、开发需求、地域与产业协调及可持续发展的角度出发，逐步调整沿江整体密集开发的空间布局。国家要加快统筹协调推进长江生态环境系统调查，摸清沿长江的环境容量，按照“调高、调轻、调优、调强、调绿”的思路，建立与环境容量、资源约束相适应的产业开发格局。要加快解决中下游生态空间不足、沿江工业港口和城市新区无序布局、沿江产业无序发展、产

业结构重型化产能规模增长过快等重大问题。

三是实施产业结构调整“加减法”，打造绿色产业集群。①去“黑色”产能，减“非绿色”存量。督促落实企业达标排放主体责任和地方政府环境监管主体责任，通过实施工业污染源全面达标排放计划、沿江化工集聚区专项整治等行动，推动钢铁、化工、有色金属、建材、船舶等传统产业清洁生产和循环化改造，淘汰一批潜在环境危险大、升级改造困难的企业。②引导产业绿色转移。以中、上游地区国家级承接产业转移示范区为载体，重点加快中、上游地区 21 个长江经济带国家级转型升级示范开发区转型发展，推进两江新区、赣江新区、贵安新区、天府新区等国家新区建设，以“三严”（即严禁在长江干流及主要支流岸线 1 km 范围内新建布局重化工园区；严控在中、上游沿岸地区新建石油化工、煤化工项目；实施产业负面清单管理，严格禁止高污染、高排放企业向上游地区转移）为底线原则，科学、有序推进产业绿色转移，鼓励战略性新兴产业和节能环保产业等生态产业向中、上游地区转移。③放大“绿色”增量。结合实施《中国制造 2025》和《长江经济带创新驱动产业转型升级方案》，加快培育发展生物医药、研发设计服务、检验检测服务、软件和信息技术服务、新材料产业、现代物流、现代金融服务、节能环保、新能源装备、航空航天等新兴产业集群。

（2）加快建立健全产业绿色生态化改造的政策协调机制

一是建立健全促进产业绿色生态化改造的管控机制。①设立国家级产业绿色发展统筹协调机构。建议在国务院直接领导下，成立由沿江省市政府、国家相关行业主管部门、重点企业和资深学者等组成的长江全流域产业绿色生态发展管理机构，负责议定流域产业准入和绿色发展管理办法、规划、方案、重点项目等重大事项，指导、协调、解决跨部门、跨行政区域的产业绿色生态化发展问题。②制定和实施长江经济带产业绿色发展规划，对接《中国制造 2025》和《“十三五”节能环保产业发展规划》，鼓励和扶植绿色、低碳高新技术产业，重点发展节能与环保产业、旅游等绿色服务业。③严格实施沿江产业环境准入标准机制。全面落实主体功能区规划战略，严格执行基于不同功能分区的不同产业项目准入标准，防止承接产业转移带来污染转入。从严审批产生有毒有害污染物的新建和改扩建项目，禁止低水平重复建设，防止出现污染和环境风险聚集。

二是建立区域间合力推进产业绿色生态化改造的内生动力机制。①建立国家级长江经济带产业分工合作支持平台，协调推进区域间产能合作。支持下游产业梯度绿色转移、上中游产业有序生态承接、战略性新兴产业共同发展的区域产业合作新模式。支持下游优势产业经济要素西移、上中游资源能源东送的双向流动新态势。②构建区域产业链条全流域联动机制。以沿江国家级、省级开发区为载体，以大型企业为骨干，发挥中心城市的产业优势和辐射带动作用，引导新型平板显示、集成电路、先进轨道交通装备、汽车制造、电子商务等产业链合理布局，探索建立产业链条上、中、下游联动机制，促进产业组团式承接和集群式发展，形成高效的产业分工协作体系。

三是增强区域产业绿色生态化改造的创新能力机制。①在技术创新层面，建议国家建立长江经济带绿色技术创新交流平台。支持长江经济带绿色工业技术集成创新，具体可支持沿江 11 个省市由一方牵头，联合组建大型绿色工业技术创新项目联合体，重点对电子信息、生命科学、新能源、新材料等高技术产业的重大共性技术和关键技术环节开展合作创新与联合攻关。积极组建跨地区的大中型综合性研究咨询机构和小型专业咨询公司网络，利用最新科技成果和完备的信息系统，联合成立研发合作平台和科技信息共享服务平台，共同构建区域绿色工业科技创新体系。②在制度创新层面，建议国家设立长江经济带政策创新交流平台。支持和鼓励上、中、下游地区积极学习和相互借鉴彼此的先进管理制度和管理经验，如上海自贸区的负面清单管理制度和高技术企业在“园区内注册、园区外发展”等可复制、可推广的制度安排，以及上海漕河泾国家级高新技术产业开发区与江浙及上、中游地区尝试异地联合建园、开展“飞地经济”的互利共赢产业合作模式经验，共同探索建立园区共同管理模式、异地经济核算和两地利税分配等重要的管理环节及制度安排。

四是用经济手段促进形成产业绿色生态化改造的利益补偿机制。①要打通长江经济带的“经络”，最为关键的是打破“一亩三分地”的思维定式，在所涉及区域内的各个利益主体的利益公平分配上取得重大突破。②加强中央财政支持。建立长江上游水资源保护和生态建设专项资金。扩大长江上游森林、草原、湿地等中央财政生态补偿的实施范围，提高重点生态功能区的补偿标准。③加快建立长江经济带产业绿色发展基金。基金由中央政府主导，沿江省市共同设立，充分发挥财政资金在产业绿色发展中的引导作用。

（3）加快构建长江经济带一体化环保监控体系

一是建立健全自然资源登记监测制度。分区段编制长江自然资源资产负债表，对经济带自然生态、自然资源、环境质量、开发强度等进行损益核算，建立与之相配套的资产损益评估考核机制。

二是建立污染源实时监控系统。在流域不同单元建立对点源和非点源污染种类和通量的日常监测体系，科学估算环境容量并合理分配至不同季节，制定实施各单元排污量的动态监控制度。

三是建立健全长效生态环境监测和评估体系。将大数据技术引进长江经济带生态环保检测体系，着力构建生态环境监测网络、数据管理系统、综合信息管理系统以及信息化共享平台，实现各级各类监测信息互联共享，切实提升监测预报预警、信息化处理能力和保障水平。

（4）建立健全长江经济带生态环保一体化协调机制

一是设立国家级统筹协调机构。建议在国务院直接领导下，成立由沿江省市政府、国家相关主管部门、重点企业和资深专家学者组成的长江经济带综合管理委员会，负责议定流域开发和保护管理办法、规划、方案、重点项目等重大事项，指导、协调、解决跨部门、跨行政区域的重大生态环境问题。

二是制定实施《长江经济带生态环境保护发展规划》。规划对接《生态文明体制改革总体方案》，与流域发展规划、城市建设总体规划、土地利用规划等实行“多规合一”，做到同步实施、同步落实。

三是落实沿江省部级联席会议制度。研究并切实解决长江流域生态文明建设中的重大问题，切实落实沿江省市协商合作机制，推动基础设施共建共享以及产业转移互动协作。

（5）建立健全长江经济带生态环保法制硬性约束机制

一是加快制定出台《长江法》。按照生态优先、绿色发展，共抓大保护的基本原则，尽快将《长江法》列入全国人大立法计划。

二是推动建立长江经济带“超级基金法”。借鉴美国《综合环境反应、赔偿与责任法》，研究建立长江经济带危险物质泄漏事故的报告制度和国家应急计划制度，一体化解决长江经济带建设过程中出现的重大生态环境问题。

（6）创新长江经济带生态环保资金保障机制

一是加强中央财政支持。建立长江上游水资源保护和生态建设专项资金，扩大长江上游森林、草原、湿地等中央财政生态补偿的实施范围，提高重点生态功能区的补偿标准。

二是加快建立长江经济带水环境保护治理基金。基金由中央政府主导，遵循“共同但有区别”的筹资分担原则，由沿江省市共同出资共同设立。

三是积极探索发行长江经济带生态环保彩票。通过环保彩票机制筹集社会资金，并根据彩票管理条例实行专款专用。

四是推动长江经济带生态环保投资主体多元化。积极探索公私合作模式（PPP 模式）、财政贴息、税收激励政策、政府绿色采购制度等政策措施，引导企业和个人的环保投资行为，不断拓宽资金渠道。

（7）加快建立长江经济带生态补偿机制

一是完善生态补偿法律制度。加快建立和完善长江经济带森林、湿地、农业、矿产、水资源等自然资源保护的生态补偿制度，建议国务院尽快出台和实施《长江经济带生态补偿综合试点实施方案》。

二是设立长江经济带生态补偿基金。由国家和沿江省、市共同设立长江流域生态补偿基金，基金额度由中央政府确定。

三是落实长江经济带生态环境责任政府间协议。由国家有关部委牵头，沿江各省、市参与，共同研究起草长江经济带水环境补偿协议，搭建经济带生态环境保护一体化协商平台，探索多元化补偿机制。

参考文献

[1] Akamatsu K. A Historical Pattern of Economic Growth in Developing Countries[J]. The Developing Economic，1962（1）：3-25.

[2] Charnes A，Cooper W W，Rhodes E. Measuring the efficiency of decision making units[J]. European Journal of Operation Research，1978（2）：429-444.

[3] Cho，Dong-Sung and Hwy-Chang Moon，From Adam Smith to Michael Porter：Evolution of Competitiveness Theory[J]. World Science，2000.

[4] Chen，et al. Spatial Characteristics and Driving Factors of Provincial Wastewater Discharge in China[J]. International Journal of Environmental Research & Public Health，2016，13（12）：1221.

[5] Co Peland.B.R.，Taylor，S. North South Trade and the Environment [J]. The Quarterly Joumal of Economies，1994，109：755-787.

[6] Dunning John H. Internationalizing Porter's Diamond[J]. Management International Review，Second Quarter，1993，33（2）：7-15.

[7] Dunning John H. Dunning on Porter：Reshaping the Diamond of Competitive Advantage[J]. Working Paper，Institute of International Economics and Management Copenhagen，1991：6-91.

[8] Grossman G M，Krueger A B. Economic growth and the environment [J]. The Quarterly Journal of Economics，1995，110（2）：353-377.

[9] Holger Scheel. Undesirable Outputs in Efficiency Valuations[J]. European Journal of Operational Research，2001，132（2）：400-410.

[10] Keydic Che，Stevens. The Environment Effect of Trade [J]. Journal of World Economics，1993（7）：321-356.

[11] Kojima K. Direct Foreign Investment：A Japanese Model of Multinational Business Operations[M]. New York：Praeger，1978.

[12] Li，et al. Economic growth and pollutant emissions in China：a spatial econometric analysis [J]. Stochastic Environmental Research & Risk Assessment，2014，28（2）：429-442.

[13] Mei，Feng. Water pollution in China：Current status，future trends and countermeasures [J]. Chinese Geographical Science，1993，3（1）：22-33.

[14] Michael Porter，The Competitive Advantage of Nations[M]. Harvard Business School Press，1990.

[15] Vernon R. International Investment and International Trade in Product Cycle[J]. Quarterly Journal of Economics，1966，80（5）：197-207.

[16] Walter I，Ugelow J L. Environmental policies in developing Countries [J]. Ambio，1979：102-109.

[17] Zarsky L. Havens，halos and spaghetti：untangling the evidence about foreign direct investment and the environment [J]. Foreign Direct Investment and the Environment，1999：47-74.

[18] 包群，陈媛媛，宋立刚. 外商投资与东道国环境污染：存在倒“U”形曲线关系吗？[J]. 世界经济，2010（1）：3-17.

[19] 陈傲. 中国区域生态效率评价及影响因素实证分析——以 2000—2006 年省际数据为例[J]. 中国管理科学，2008（S1）：566-570.

[20] 陈昆仑，等. 长江经济带工业废水排放的时空格局演化及驱动因素[J]. 地理科学，2017（11）：1668-1677.

[21] 陈殊. 产业生态化指标体系构建及综合评价研究——基于重庆实证分析[D]. 重庆：重庆大学，2008.

[22] 陈桃红. 基于灰色关联度与聚类分析的西部区域竞争力评价研究[J]. 特区经济，2012（5）：201-203.

[23] 陈武新，吕秀娟. 中国区域生态效率差异的实证分析[J]. 统计与决策，2009（7）：107-108.

[24] 程翠云，任景明，王如松. 我国农业生态效率的时空差异[J]. 生态学报，2014（1）：142-148.

[25] 程晓娟，韩庆兰，全春光. 基于 PCA-DEA 组合模型的中国煤炭产业生态效率研究[J]. 资源科学，2013（6）：1292-1299.

[26] 崔家荣. 农村环境污染主要成因及防治对策探讨[J]. 环境与可持续发展，2015（3）：60-62.

[27] 董琨，白彬. 中国区域间产业转移的污染天堂效应检验[J]. 中国人口·资源与环境，2015，25（11）：46- 50.

[28] 豆建民，沈艳兵. 产业转移对中国中部地区的环境影响研究[J]. 中国人口·资源与环境，2014（24）：96-102.

[29] 方创琳，周成虎，王振波. 长江经济带城市群可持续发展战略问题与分级梯度发展重点[J]. 地理科学进展，2015（11）：1398-1408.

[30] 符正平，曾素英. 集群产业转移中的转移模式与行动特征——基于企业社会网络视角的分析[J]. 管理世界，2008（12）：83-92.

[31] 高楠. 长江经济带产业升级对环境污染的影响研究[D]. 安徽财经大学，2017.

[32] 郭守前. 产业生态化创新的理论与实践[J]. 生态经济，2002（4）：34-37.

[33] 韩瑞玲，佟连军，宋亚楠. 基于生态效率的辽宁省循环经济分析[J]. 生态学报，2011（16）：4732-4740.

[34] 韩永辉，黄亮雄，王贤彬. 产业结构优化升级改进生态效率了吗[J]. 数量经济技术经济研究，2016

（4）：40-59.

[35] 胡志强，苗健铭，苗长虹. 中国地市尺度工业污染的集聚特征与影响因素[J]. 地理研究，2016（8）：1470-1482.

[36] 江明清，张江雪，刘杨. 资源环境承载潜力测算及分析[J]. 经济研究参考，2012（14）：16-36.

[37] 孔凡斌，李华旭. 长江经济带产业梯度转移及其环境效应分析——基于沿江地区 11 个省（市）2006—2015 年统计数据[J]. 贵州社会科学，2017（9）：87-93.

[38] 孔凡斌. 以共抓大保护推动长江经济带绿色发展[N]. 江西日报（理论版），2018-04-23.

[39] 孔凡斌. 正确把握五个关系 打造长江“最美岸线”[N]. 江西日报（理论版），2018-05-28.

[40] 孔凡斌，许正松，胡俊. 经济增长、承接产业转移与环境污染的关系研究——基于江西 1989—2012 年统计数据的实证[J]. 经济经纬，2017（3）：25-30.

[41] 李立辉，万露，付冰婵. 长江经济带环境保护投资现状分析[J]. 区域金融研究，2017（7）：83-87.

[42] 李涛，等. 中国水环境保护规划实施效果评估[J]. 干旱区资源与环境，2016（9）：25-31.

[43] 李娅，伏润民. 为什么东部产业不向西部转移：基于空间经济理论的解释[J]. 世界经济，2010（8）：59-71.

[44] 刘刚，龙俊. 长江经济带区域物流竞争力评价研究[J]. 物流工程与管理，2016（1）：1-4

[45] 刘晶茹，吕彬，张娜，等. 生态产业园的复合生态效率及评价指标体系[J]. 生态学报，2014（1）：136-141.

[46] 马勇，刘军. 长江中游城市群产业生态化效率研究[J]. 经济地理，2015（6）：124-129.

[47] 孟祥海，等. 畜牧业环境污染形势与环境治理政策综述[J]. 生态与农村环境学报，2014（1）：1-8.

[48] 潘霞，鞠晓峰，陈军. 高新技术产业竞争力评价研究[J]. 经济问题探索，2013（4）：65-69.

[49] 潘丹，应瑞瑶. 中国农业生态效率评价方法与实证——基于非期望产出的 SBM 模型分析[J]. 生态学报，2013（12）：3837-3845.

[50] 潘丹，应瑞瑶. 资源环境约束下的中国农业全要素生产率增长研究[J]. 资源科学，2013（7）：1329-1338.

[51] 彭继增，邓梨红，曾荣平. 长江中上游地区承接东部地区产业转移的实证分析[J]. 经济地理，2017（1）：129-141.

[52] 彭可茂，席利卿，雷玉桃. 中国工业的污染避难所区域效应——基于 2002—2012 年工业总体与特定产业的测度与验证[J]. 中国工业经济，2013（10）：44-56.

[53] 沈惊宏，孟德友，陆玉麒. 皖江城市带承接长三角产业转移的空间差异分析[J]. 经济地理，2012，32（3）：43-49.

[54] 盛斌，吕越. 外国直接投资对中国环境的影响——来自工业行业面板数据的实证研究[J]. 中国社会科学，2012（5）：54-75.

[55] 盛昭翰，朱乔，吴广谋. DEA 理论方法与应用[M]. 北京：科学出版社，1996.

[56] 施发启，丛雅静，张亮. 经济增长绿化度测算及分析[J]. 经济研究参考，2012（13）：71-94.

[57] 滕堂伟，胡森林，侯路瑶. 长江经济带产业转移态势与承接的空间格局[J]. 经济地理，2016（5）：92-99.

[58] 万永坤. 西部欠发达地区产业转移承接效应的实证分析[J]. 兰州大学学报，2011（5）：105-107.

[59] 王恩旭，武春友. 基于超效率 DEA 模型的中国省际生态效率时空差异研究[J]. 管理学报，2011（3）：443-450.

[60] 王晶，孔凡斌. 区域产业生态化效率评价研究——以鄱阳湖生态经济区为例[J]. 经济地理，2012（12）：101-107.

[61] 王俊能，许振成，杨剑. 我国畜牧业的规模发展模式研究——从环保的角度[J]. 农业经济问题，2012（8）：13-18.

[62] 王圣云，翟晨阳. 长江经济带城市集群网络结构与空间合作路径[J]. 经济地理，2015（11）：61-70.

[63] 王钰. 应用 AHP 方法对产业国际竞争力评价的研究——1995—2010 年中国制造业低碳经济的验证[J]. 经济学家，2013（3）：61-68.

[64] 未良莉，孙欣，王立平. 产业转移与环境污染的空间动态面板分析[J]. 经济问题探索，2010（10）：23-27.

[65] 吴姗姗，张凤成，曹可. 基于集对分析和主成分分析的中国沿海省海洋产业竞争力评价[J]. 资源科学，2014，36（11）：2386-2391.

[66] 肖萍. 论我国农村环境污染的治理及立法完善[J]. 江西社会科学，2011（6）：214-219.

[67] 肖周燕. 中国人口空间聚集对生产和生活污染的影响差异[J]. 中国人口·资源与环境，2015（3）：128-134.

[68] 徐鹤，陈海英，廖卓玲. 外商直接投资与我国环境安全研究综述[J]. 中国地质大学学报（社会科学版），2007，7（4）：21-26.

[69] 杨斌. 2000－2006 年中国区域生态效率研究——基于 DEA 方法的实证分析[J]. 经济地理，2009（7）：1197-1202.

[70] 杨亚平，周泳宏. 成本上升、产业转移与结构升级——基于全国大中城市的实证研究[J]. 中国工业经济，2013（7）：147-156.

[71] 姚从容. 产业转移、环境规制与污染集聚：基于污染密集型产业空间变动的分析[J]. 广东社会科学，2016（5）：43-54.

[72] 伊科，王如松，周传斌，等. 国内外生态效率核算方法及其应用研究述评[J]. 生态学报，2012（11）：3595-3605.

[73] 虞孝感，等. 长江经济带战略的背景及创新发展的地理学解读[J]. 地理科学进展，2015（11）：1368-1376.

[74] 张俊容，郭耀煌. 评价指标与 DEA 有效的关系[J]. 系统工程理论方法应用，2004（6）：520-523.

[75] 张伟，李国祥. 中国环境保护投资对可持续发展的影响研究[J]. 中国人口·资源与环境，2016（10）：25-33.

[76] 张宇，蒋殿春. FDI、环境监管与工业大气污染——基于产业结构与技术进步分解指标的实证检验[J]. 国际贸易问题，2013（7）：102-118.

[77] 赵海霞，等. 城镇生活污染排放系数调查与核算——以常州市为例[J]. 环境科学学报，2016（7）：2658-2663.

[78] 赵军利，姜欣，宋涛. 政府政策支持度测算及分析[J]. 经济研究参考，2012（14）：51-71.

[79] 智冬晓. 指标相关性对 DEA 评价效用的影响[J]. 统计教育，2009（6）：40-44.

[80] 周力，应瑞瑶. 外商直接投资与工业污染[J]. 中国人口·资源与环境，2009（2）：42-50.

[81] 诸大建，邱寿丰. 作为我国循环经济测度的生态效率指标及其实证研究[J]. 长江流域资源与环境，2008（1）：1-5.

[82] 诸大建，邱寿丰. 生态效率是循环经济的合适测度[J]. 中国人口·资源与环境，2006（5）：1-6.